世界文化旅游名城的理论与实践探索

国家自然科学基金旅游研究项目文库

明庆忠　史鹏飞　和丽斌　等／著

中国旅游出版社

前言 PREFACE

城市作为人口和生产要素汇聚的中心，是人类历史文明演进中的重要产物，也是现代人类社会经济、政治、文化活动的重要空间载体。约在公元前4000年，第一批城市在亚洲西南部地区诞生。此后，雅典、罗马、君士坦丁堡、巴格达、长安等都曾发展为风光不二的国际大都会，佛罗伦萨、巴黎、伦敦等则在人类近代文明史上熠熠生辉。随着全球化浪潮及科技革命不断深化，城市化进程加速推进，城市在现代经济社会发展中的地位更加凸显，正在超越国家界限成为全球发展的重要载体。改革开放以来，我国逐渐形成了具有中国特色，包含中央直辖市、省会或自治区首府城市、地级市、县级市的城市体系。城市在推进我国现代化建设中扮演着重要角色，在扩大内需、涵养文化方面具有重要意义，不仅是形成国内大循环为主体、国内国际双循环相互促进的新发展格局的重要抓手，也是更好满足人民对美好生活的向往、实现共同富裕的重要依托。

亚里士多德有言："人们来到城市，是为了生活，人们居住在城市，是为了生活得更加美好。"现代旅游业诞生于城市，城市在旅游业发展中同时承担着客源地、目的地和集散地的功能。城市旅游是旅游者以城市内休闲资源和城市整体为吸引而在异地城市区域开展的暂时性休闲体验活动。城市作为重要旅游资源的主要原因包括：城市容纳和集聚了高品质的商品和服务，是多功能的设施体，并且相比大多数自然旅游区，其季节性并不明显。如果说对旅游者而言乡村旅游的吸引力在于乡村性，城市旅游的独特性便是其综合性的现代化气息，是由基础设施、商业环境和生活方式组成的关键要素，代表了人们对美好生活的向往。对旅游城市而言，城市旅游业的发展既是推动城市经济发展、活化城市文化、完善城市功能、孵化城市创意、更新城市形象的独特凭借，也是构建主客共享的高品质生活空间、彰显人类共同价值追求的重要路径。

旅游城市是城市旅游的载体，是全球80%以上旅游活动实现的依托。世界范围内，巴黎、伦敦、罗马、北京、上海、香港等都已成为知名的国际旅游城市。旅游城市的高品质建设与内涵式发展是城市旅游业可持续、高质量发展的必然要求，也代表了旅游者与城市居民的共同愿望。为了大力推动城市旅游业发展、提升旅游供给服务能力，国内以城市整体建设为核心的城市旅游业开发受到政府和学界等多方关注。20 世纪 90 年代以来，国家旅游局相继推动了《中国优秀旅游城市》《中国最佳旅游城市》等评选工作，上海、北京、杭州、桂林、南京、西安等城市提出了国际旅游城市的建设目标。近年来，丰都、洛阳、开封、扬州、长沙、西昌、敦煌等城市提出了打造国际文化旅游名城的发展目标和建议，济宁、丽江、腾冲等明确了世界文化旅游名城的发展方向。从中国优秀旅游城市到世界文化旅游名城，是国内城市立足不断变化升级的旅游消费需求，审度国内外经济社会发展不断凸显的新形势与新特征下的战略变革，是对城市旅游业发展和旅游城市建设理解不断深化的必然选择，是旅游城市发展理念的全方位升级，是发掘城市特色、涵养城市品质的重要举措，是城市旅游理论研究与实践的全新命题。从学理上溯源世界文化旅游名城，其内涵意蕴与世界城市（World City）理论一脉相承又独具特色。不过对究竟何谓世界文化旅游名城，学界和业界皆未给出明确系统的答案，既缺少对世界文化旅游名城是什么的学理内涵阐释，也欠缺对其评判标准的操作性理解，对如何打造世界文化旅游名城的关键问题更是鲜有问津，这使得世界文化旅游名城的理论研究已滞后于建设实践。由此，对以上问题的探寻成为本书研究论证的主要理论目标。

丽江市是云南省地级市，位于青藏高原东南缘云贵高原西北部、金沙江中游，是滇川藏大香格里拉旅游经济圈和大滇西旅游环线的重要节点城市。丽江市是中国唯一拥有文化、自然、记忆三项世界遗产桂冠的地级市，文化和旅游资源丰富，是“中国优秀旅游城市”“第一批国家文化和旅游消费试点城市”。丽江市较早地将城市旅游业作为战略性支柱产业重点培育，城市旅游业得到了长足发展。2019 年，丽江市旅游业增加值占全市国内生产总值比重已超 50%，旅游业成为丽江市城市高质量发展和综合实力提升的关键依托。近年来，丽江市委、市政府高位谋划打造世界文化旅游名城，将之作为城市发展的重点任务，已先后出台《丽江市打造世界文化旅游名城三年行动方案（2021—2023 年）》《丽江市打造世界文化旅游名城二十条保障措施》《建设世界文化旅游名城提升“文化丽江”品牌三年行动计划（2022—2024 年）》等文件。丽江市打造世界文化旅游名城是全面推动丽江市旅游向休闲度假康养旅居转变的必由之路，是全力重构丽江市旅游发展格局、重塑丽江市发展优势的必然选择，是提升丽江市旅游产品服务功能、促进城市内涵发展的重要举措，是弘扬优秀民族传统文化、活态传承世界遗产的必然要求，是增强国际国内辐射能力、夯实区域发展战略地位的关键之举，是扩大丽江市国际知名度、拓宽文化旅游品牌国际影响力的关键抓手。然而，关于如何打造世界文化旅游名城这一关键问题，学界和业界尚未形成对丽江市优势条件及短板的系统性认识，也未勾勒起从顶层设计到路径实施的全景蓝图。因此，对以上问题的回答成为本书致力彰显的现实价值。

本书以“什么是世界文化旅游名城”“如何打造世界文化旅游名城”为主线，结合世界城市、城市旅游及区域旅游规划的相关理论，通过文献研究、田野调查、理论演绎等方法，选取中国著名旅游城市——丽江市为典型案例，对世界文化旅游名城的理论内涵与实践路径进行了系统分析，重点阐释了世界文化旅游名城的内涵、特征、类型等，提出了世界文化旅游名城的评价指标体系，并以丽江市为例，对其打造世界文化旅游名城的基础条件做了分析，明确了丽江市打造世界文化旅游名城的总体谋划、支撑体系和实施体系。此外，本书还就中外文化旅游名城对比、丽江市文化旅游国际化发展、丽江市文化旅游市场扩容与消费提振等做了专题研究，以强化对世界文化旅游名城的学理认识，助力丽江市文化旅游产业高质量发展。

本书共包含七篇、十五章及三个专题研究，具体的章节安排及研究成果如下：

序篇分别由“世界文化旅游名城的内涵解读”和“世界文化旅游名城标准及评价”两章构成。本篇提出，世界文化旅游名城是指在世界范围内具有领袖魅力和标尺意义，创造了独特文化形态和文化氛围，旅游吸引强劲、产业发达、产品丰富、服务完善，且历史悠远、环境优良、兼容并包、开放创新、主客共享的现代化旅游城市。世界文化旅游名城表现出世界级的文化旅游吸引力、特色鲜明的文化旅游品牌、悠久持续的文明交流历史、全链发达的文化旅游产业体系、独树一帜的创新创意产品、主客共享的宜居宜游环境、要素齐备的现代城市功能、世界一流的城市治理能力、可持续性的城市发展理念等特征，可根据城市辐射力和影响力、文化特色、发展成因划分为不同类型。在此基础上，本篇设计了包括“文旅吸引力国际化水平”“产业发展能力国际化水平”“城市高质量发展国际化水平”“市场发育潜力国际化水平”“游客体验质量综合水平”五个维度的世界文化旅游名城评价指标架构，并选取了15个二级指标，细化出100个三级指标。

第一篇“丽江市打造世界文化旅游名城的基础分析”由“丽江市打造世界文化旅游名城的优势条件”和“丽江市打造世界文化旅游名城的短板”两章构成。本篇内容是对丽江市打造世界文化旅游名城基础条件的梳理和凝练。一是从资源、区位、政策、品牌、产品、人才等方面梳理总结了丽江市的特色和其在全省、全国和国际层面的地位，厘清了丽江市打造世界文化旅游名城的基础及条件；二是客观分析了目前丽江市与世界文化旅游名城的差距，指出了丽江市存在“资源极佳但产品传统，资源转换机制有待完善”“业态丰富但精品匮乏，企业创新与示范效应不足”“基础设施与服务较为薄弱，旅游功能拓展受限”“发展格局‘一花独大’，产业要素发育不均”“发展理念相对滞后，国际合作发力不足”等问题，为丽江市明晰短板，缩减差距提供了重要依据。

第二篇“丽江市打造世界文化旅游名城的战略思路”由“丽江市打造世界文化旅游名城的价值解读”“丽江市打造世界文化旅游名城的战略定位”“丽江市打造世界文化旅游名城的发展方略”三章构成。本篇内容是对丽江市打造世界文化旅游名城的顶层构建。首先，从产品转型升级、发展格局重构、服务水平优化、民族文化弘扬、世界遗产传承、区域战略地位夯实、品牌塑造及国际影响力提升等方面阐释了丽江市打造世界文化旅游名城的价值和意义。其次，指出了丽江市打造世界文化旅游名城的总体定位是世界一流的特色文化旅游名城，并结合丽江市自身特色，提出了“五城支撑六城合一”的子定位。最后，本篇系统勾勒了发展目标、总体思路、总体架构体系及发展方略。明确提出到 2035 年，将丽江市建设成为在世界范围内具有领袖魅力和标尺意义，文化形态和文化氛围独特、旅游吸引强劲、产业发达、产品丰富、服务完善、环境优良、兼容并包、开放创新、主客共享的世界一流的特色文化旅游名城，通过近期（2022—2025 年）、中期（2026—2030 年）、远期（2031—2035 年）分阶段谋划，力争到 2035 年丽江市全市接待国内外旅游者达到 15000 万人次以上，其海外游客（含港澳台）占比达到 5% 以上；旅游总收入突破 6000 亿元，文化产业增加值达 150 亿元以上，占 GDP 的比重达 8% 。

第三篇“丽江市打造世界文化旅游名城的总体谋划”由“丽江市打造世界文化旅游名城的空间布局”“丽江市打造世界文化旅游名城的项目体系”“丽江市打造世界文化旅游名城的产品体系”“丽江市打造世界文化旅游名城的融合发展”四章构成。本篇从空间布局、项目体系、产品体系、融合发展角度对丽江市打造世界文化旅游名城做了精准谋划。一是立足丽江市在州市、省域、区域、国际的区位优势和资源优势，提出了“一带联动、两核辐射、三区协同”空间布局结构（一带：金沙江世界级生态文化旅游带；两核：丽江古城国际文化旅游发展核、大玉龙雪山国际度假旅游发展核；三区：老君山山地休闲生态观光片区、泸沽湖摩梭风情旅居度假片区、高原农文康旅融合发展示范片区），实现丽江市与其他州市、其他省市、其他国家的有效联动。二是统筹策划项目体系和产品体系。提出了以“两核 + 三区”的空间布局为统领，以“世界级—世界知名—国内一流”为实施层级具体谋划世界文化旅游名城项目、产品。高品质建设四大世界级项目、七大世界知名项目和八大国内一流项目，夯实打造世界文化旅游名城的现实基础；精细化打造六大世界级、八大世界知名、五大国内一流文化旅游产品，并推动形成全季节、全天候、全龄层产品体系；品牌化设计四条世界级旅游线路、四条世界知名旅游线路和四条国内一流旅游线路，助力全域文化旅游产业升级。三是高水准谋划融合发展。以“产业 + 文化旅游”“文化旅游 + 业态”“文化旅游 + 模式”为具体路径，构建了“5 + 5 + 5”的整体融合发展模式，阐释了“一区四县”融合发展思路，以推动丽江市文化旅游产业链延链、补链、强链。

第四篇“丽江市打造世界文化旅游名城的支撑体系”由“丽江市打造世界文化旅游名城的产业要素”和“丽江市打造世界文化旅游名城的专项规划”两章构成。本篇主要从支撑体系和专项规划出发为丽江市打造世界文化旅游名城提供强力支撑。本篇提出丽江市打造世界文化旅游名城的支撑体系包括：深挖丽江市民族文化、优势资源的基础上构建的特色餐饮体系；围绕高品质酒店、精品（半山）酒店、旅游（客栈）民宿形成的旅游住宿体系；依托铁路、高速公路、机场等重点项目建设，提升国际国内通达性的立体化旅游交通体系；深挖丽江市特色，对接国际购物标准的旅游购物体系；立足全时、全域、全景体验，满足游客处处可娱乐、时时可游玩、次次不同感的旅游娱乐体系；涵盖游客集散中心、旅游厕所、旅游标识系统、旅游营地、社会资源国际旅游访问点等的旅游公共服务体系。在此基础上，本篇精致谋划了立足市场主体培育，充分释放市场活力的文旅企业发展规划；优化智慧旅游发展环境，彰显智慧化文旅发展新优势的智慧文旅发展规划；扩大优质人才规模，优化人才结构的文旅人才发展规划；增强金融聚集辐射能力，提升金融服务文旅经济功能的文旅金融发展规划；构建非物质文化遗产保护与创新发展体系，充分释放非物质文化遗产活力的非遗保护与创新发展规划；准确定位旅游形象，精准实施国际营销的国际文旅营销规划。

第五篇“丽江市打造世界文化旅游名城的实施体系”由“丽江市打造世界文化旅游名城的实施方略”和“丽江市打造世界文化旅游名城的实施计划”两章构成。本篇构建了丽江市打造世界文化旅游名城的“五大工程、五大体系”，提出了具体的实施计划。一是以五大工程促进丽江市世界文化旅游名城建设实施。从文旅服务国际化转型、文旅业态国际化提升、地方特色国际化传播等方面落实品质提升工程；以激发消费潜力、优化消费环境、建设消费平台为抓手推进消费引流工程；立足特色资源挖掘、供给体系建设、统筹协调发展、乡村文化振兴等推动乡村振兴工程；依托国际交流、区域合作和文化软实力提升等实施文化交流工程；围绕生态环境治理、保护与利用等方面构筑生态保护工程。二是构建五大保障体系，确保丽江市打造世界文化旅游名城目标顺利实现。从领导小组制度、协调制度、绩效考核制度等角度搭建组织促进体系；从土地保障、项目审批、入境旅游等方面搭建政策支持体系；从市场主体、政府引导等方面搭建市场管理体系；从建立专项资金、拓宽投融资渠道等方面搭建资金保障体系；从加强人才培养、促进人才引进等方面搭建人才保障体系。

附篇由专题研究1“中外文化旅游名城的对比研究”、专题研究2“丽江市文化旅游国际化发展研究”、专题研究3“丽江市文化旅游市场扩容与消费提振研究”三部分构成。本篇专题研究一通过对国内（北京、西安、杭州、桂林、敦煌、黄山、成都）、国外（意大利佛罗伦萨、法国巴黎、英国爱丁堡、意大利罗马、捷克布拉格、韩国釜山、法国波尔多）各7座文化旅游名城进行分析与对比，发现国内外文化旅游名城的共同点包括：都具有世界级文化旅游资源禀赋、都具有出色的资源创新利用能力、都具有鲜明的城市旅游品牌形象；国内外文化旅游名城的差异性包括发展力量差异、发展理念差异、发展阶段差异。本篇专题研究2通过剖析丽江市国际化发展的背景和现状、挑战与短板，认为丽江市要实现文化旅游国际化发展格局，应在“市场导向、比较优势、重点推进、统筹发展”的原则指引下，以业态国际化增强国际竞争力、以主体国际化保证国际竞争力、以服务国际化夯实国际竞争力、以品牌国际化宣传国际竞争力、以配套国际化落实国际竞争力。本篇专题研究3通过对丽江市文化旅游市场规模、客源市场结构与特征、旅游形象与网络关注度、游客体验质量水平等方面的现状及问题加以梳理，浮现出如何以资源存量刺激消费增量—以规模优势促成质量优势这一世界文化旅游名城建设的关键问题，并据此提出了丽江市文化旅游市场扩容的四条路径、消费提振的系统方案及具体策略。

本书是由云南财经大学首席教授明庆忠为总负责人、云南财经大学和云南师范大学等组成团队的集体研究成果。明庆忠教授、丽江市文化和旅游局局长和丽斌提出了撰写意向、撰写了本书提纲。同时，和丽斌局长对世界文化旅游名城的内涵以及丽江市打造世界文化旅游名城的路径、策略等提出了建设性意见及建议。各部分具体分工如下：第一章由明庆忠、史鹏飞、和丽斌撰写；第二章由明庆忠、周志利、史鹏飞撰写；第三章由刘宏芳撰写；第四章由史鹏飞撰写；第五章由明庆忠、李坤撰写；第六章由徐潇、张文娟撰写；第七章由张文娟撰写；第八章由陆保一撰写；第九章由邓杨夏、潘雪、陆保一撰写；第十章由曾凤鸣撰写；第十一章由赵小茜撰写；第十二章由唐雪凝撰写；第十三章由邹建琴撰写；第十四章由田瑾、徐潇撰写；第十五章由田瑾撰写；专题研究一由刘溧湛、史鹏飞撰写；专题研究二由王晓莹、田瑾、和丽斌撰写；专题研究三由王晓莹、邓杨夏、李坤、刘溧湛、邹建琴、田瑾撰写；最后由明庆忠、史鹏飞、和丽斌进行统稿。此外，孙连娇、刘溧湛、李坤、王晓莹、史鹏飞在图件编制修改等方面做了大量工作。在此非常感谢课题组的辛勤付出！

本书是以云南财经大学为主承担的国家自然科学基金项目“山地旅游目的地人地关系地域系统变化及其机制研究”（41961021）成果之一。在资料收集、实地调研等工作中，丽江市文化和旅游局及相关科室、丽江市人民政府各相关职能单位、各景区管委会等给予了大量帮助。本书的出版也离不开中国旅游出版社各位编辑老师的支持，在此一并表示由衷感谢！

作者

2022 年 10 月

目 录 CATALOG

序 篇

第一章 世界文化旅游名城的内涵解读

一、城市旅游发展的国际背景与基本趋势

城市是人类文明进步的重要成果，在全球经济、政治、文化等方面发挥着重要作用。自 20 世纪 50 年代以来，全球城市化进程明显加快（魏后凯，1998）。据《世界旅游城市未来发展议程（2021—2030）》可知，2020 年全球城市化率已经超过 56%，预计到 2030 年，这一数字可以达到 67%。中国国家统计局的数据显示，2021 年，我国城镇化率为 64.7%，其中 8 个省份超过 70%。据联合国《世界城市化展望 2018 修正报告》，70% 的 GDP 和 85% 的创新资源主要集中在城市。联合国人居署推测，到 2025 年城市的年度贡献额将超过 30 万亿美元。城市正在超越国家界限，成为全球发展的重要载体，人类社会已进入由城市主导的发展阶段。与此同时，城市既是人类物质文化生活最重要的空间场所之一，也是旅游活动开展的重要场所，在旅游活动中承担着客源地、集散地和目的地等复合功能（保继刚，2005），全球 80% 以上的旅游活动必须通过旅游城市这个载体才能实现（引自《世界旅游城市发展报告 2020》）。据《世界旅游城市发展报告 2019》显示，2019 年全球 600 个旅游城市共接待国际游客接近 10 亿人次，占全球国际游客总量的 65%。城市旅游已经成为现代旅游业最重要的增长点之一。

所谓城市旅游，是指以城市整体或城市的著名景点作为旅游吸引物，进而招徕旅游者的一种旅游活动，其实质是人们对都市文明的向往与追求（俞晟，2003）。城市化进程深刻影响着人们生活的方方面面，对新生活的体验追求形成了人们前往非惯常城市休闲娱乐的基本动力（杨力民，2013）。与此同时，旅游已成为城市创新形象、弘扬文化、塑造品牌的切实体现（吴文智等，2021）。随着旅游消费需求的升级变革以及城市功能的拓展更新，旅游与城市这两个社会经济最具活力领域相互作用下的城市旅游呈现出蓬勃发展之势，其内涵也不断丰富。尽管新冠肺炎疫情的暴发中断了世界旅游经济持续 20 年的增长势头，但全球旅游的核心资源、服务体系和本底需求依然存在，城市在资源要素配置、公共服务体系方面的优势在后疫情时代只会更为凸显，城市旅游在旅游业复苏和提振中也将扮演更加重要的角色。结合城市旅游长期以来的发展态势及在后疫情时代显现出的新特点，城市旅游发展呈现出如下基本态势：

（一）城市旅游发展的国际化程度大幅加强

全球化浪潮的深入推进，使得各类生产要素在世界范围内加速配置，世界银行发布的《2011 全球发展地平线——多极化：新的全球经济》中对世界经济前景做了预测，指出新兴经济体将成为推动经济发展的重要动力，这一预测已得到印证。与此同时，在城市旅游发展的国际化程度方面，也已呈现出发达经济体优势明显，新兴经济体表现强劲的态势。以中国为代表的新兴经济体得益于经济持续快速增长，城市综合实力显著增强，国际影响力日益增进，国际旅游发展指标表现十分突出。据《世界旅游城市发展报告（2019）》显示，北京、上海等中国城市进入世界旅游城市发展综合排行榜前 10 名，并在经济贡献度榜单中位居前列。不仅如此，旅游城市之间的跨国联系也日益增强，各国旅游企业走出国门，转向海外投资。例如，以迪士尼为代表的主题公园早已超越本土城市范围，并不断向新兴经济体旅游城市扩张。在不断加深的国际交往中，旅游城市的技术、信息、观念等不断更新，加速了城市与国际惯例的接轨和融合，进一步提升其国际化程度。

（二）文化品位与遗产价值渐成城市旅游发展内核

文化与旅游的深度融合不仅是中国情境下旅游发展的重要主题，也是世界范围内城市旅游发展的关键。凡是世界性的旅游城市，大多是古城或名城，在人类文明发展史上占据独特地位，有着深厚的文化品位和遗产价值。随着旅游消费偏好更加个性化与特色化，并追求深度体验和自我完善，文化因素已经成为城市旅游供给能力提升和生产模式优化的关键，也是形象培育和品牌建设的基础，在城市旅游发展中的地位越来越突出。在城市旅游实践中，旅游者和目的地都更加重视文化品位的提升与遗产价值的彰显，对城市文化遗产的保护性利用已成为国际共识。传统与现代、古典与时尚的文化交融中，巴黎的咖啡馆与博物馆、佛罗伦萨的教堂与钟楼、北京的故宫与胡同等积极进行着文化创新和遗产活化的努力，并已获得广泛的市场认可。在坚持独创性和差异性的基础上，全力优化文化遗产旅游开发模式，促进非物质文化遗产旅游价值转换，进行面向当下生活的内容创造和品质提升，业已成为城市旅游高质量发展的必然选择。

（三）城市旅游发展更加取决于城市综合实力

随着城市化水平以及产业融合程度的不断加深，城市旅游消费场景在创新创意中不断拓宽，由景区向全域加速渗透。围绕单一吸引物甚至多个吸引物而开展的城市旅游吸引力日渐下降，人们对美好生活的追求丝毫不亚于对美丽风景的渴望，主题明确且建设、管理、经济、文化、环境、基础设施等综合性水平高的旅游城市在旅游知名度和影响力方面的优势逐渐显现（徐福英等，2012）。近些年在世界旅游城市综合排名位居前列的城市大多是国际性或区域性的政治、经济、文化中心便可证明这一论断。由此，城市旅游发展中产生了综合实力更强的城市往往比过度依赖旅游业的城市旅游效益更为突出的现象（Ashworth 等，2011），其背后的原因不仅与过度依赖旅游业的城市优势突出但短板也十分明显的矛盾有关，更与旅游者的消费期望和偏好升级有关。旅游城市间的竞争不再局限于资源产品方面，而转变为综合实力的较量。在这一背景下，旅游城市联盟、区域一体化等通过品牌共建和优势互补以提升自身实力的合作模式也逐渐涌现。

（四）城市旅游发展的国内国际双循环格局正在形成

深受新冠肺炎疫情影响，2020 年全球入境旅游人次呈现断崖式下降。据《世界旅游城市发展报告（2020）》，世界旅游城市 2020 年入境旅游水平比 2019 年减少 68.2%（根据 40 个样本城市测算）。与此同时，国内旅游水平与 2019 年同期比只减少 37.4%，中国的北京、上海分别列国内旅游恢复最好的世界旅游城市前两位。由此来看，后疫情时代，城市旅游的国内市场韧性更强、潜力更足，也是国际市场得以恢复的基础。事实上，我国城市旅游的国内市场规模在新冠肺炎疫情暴发之前便已达到相当大的体量。据中国旅游研究院统计调查所的测算，2019 年中国城镇居民出游人数为 44.7 亿人次，出游花费 4.75 万亿元，占国内出游总量 74.4% 和旅游总收入的 83.6%，都市旅游（不含 10 公里以内的都市休闲）人数为 36.5 亿人次，相当于同期国内游客人次的 60.7%。在国际旅游停摆的情况下，城市旅游的国内市场逐渐呈现出持续向好趋势，国内大循环的城市旅游发展格局正处于逐步完善之中。后疫情时代，稳步畅通城市旅游国内国际双循环发展格局，对世界旅游业的复苏与提振具有重要意义。

（五）数智技术越发深刻地影响着城市旅游的发展

城市是人才、科技、资金等要素的聚集地，也为数智技术提供了最佳的孵化土壤。数智技术已广泛应用到城市规划与管理建设环节，是提升城市管理效率和治理能力的关键依托。紧紧依托数智技术推进城市智慧旅游服务设施完善，推动旅游产品智慧化升级，全面提升旅游城市智慧化水平，成为旅游城市内涵式建设与发展的重要选择。与此同时，数智技术深刻改变了旅游业发展模式及态势，为城市旅游带来了规模巨大的下沉市场和新兴消费，并不断突破网络圈层向线下延伸（戴斌，2020），是城市旅游创新创意与投资消费的新动能，也日益成为旅游者对城市旅游的基础需求。在城市旅游受到新冠肺炎疫情影响的背景下，数智技术也为城市旅游市场带来了重要增长点。据《世界旅游城市发展报告（2020）》显示，2020 年全球 40 个主要旅游城市之中，入境旅游、国内旅游、国际会议等主要旅游指标普遍呈现大幅下降态势，只有在线旅游发生率不降反升，表明数智技术已成为城市旅游发展新旧动能转换的关键动力，数智化转型也成为城市旅游发展的基本方向。

二、世界文化旅游名城的概念溯源

（一）世界文化旅游名城的概念缘起

1. 从城市到旅游城市：功能演进与定位升级

世界上最早的城市出现在距今约5000年前，彼时正是人类社会由原始社会向奴隶社会过渡时期（金丽，2014）。若加以追溯，12000~10000年前农业从畜牧业中分离，人类居所趋于稳定而形成的原始聚落（王克强，2011），可视为城市的雏形。从词源来看，英文中的city一词由拉丁语的civitas发展而来，起初泛指各类大小的人类聚集地，后来则专指尺度较大的居住地。拉丁语中另有urbs一词发展为现代英语中的urban，与地点和空间的范畴有涉。相比之下，city更具有成员身份与权力的意涵。中文的城市一词出现于战国时期，《韩非子·爱臣》中有言："是故大臣之禄虽大，不得藉威城市。"尽管此处将城与市连用，但实际上二者为并列结构。《说文解字》载，"城，以盛民也""市，买卖之所也"，城市即所谓有城有市的地方。宋代以来商品经济的发展，使得中国的城、市含义也逐渐发生变化（赵德馨，1990）。随着工业革命浪潮席卷全球，城市化已经成为人类社会向高阶文明迈进的重要标志之一。

现代社会中，城市是一种基本的地域类型，以非农业人口密集、二、三产业高度集中为主要标志，以人口、产业、社会、文化活动集中为特征，是人类文化的中心和区域发展的中心地（宋金平等，2015）。城市本身是多面的（Taylor，2015），由于研究者的学科背景及研究立场不同，对城市的认识和理解也存有差异。即便在实践中，各国对城市与乡村划分的具体标准也不一致。尽管如此，城市作为人类文明进步的重要标志，其所具有的政治、经济、文化中心地位已毋庸置疑。城市是综合多种功能的复杂巨系统。进入工业化社会后，城市主要发挥工业、居住、商业和交通等基本功能，高速的工业化令旅游与城市之间往往是相互背离，逃离城市成为旅游的重要目的（保继刚等，2012）。后工业化时代的到来和城市综合实力的增强，使得城市的精神消费功能逐渐显现（Page，1995）。1933年颁布的《雅典宪章》将城市基本功能划分为居住、交通、工作和游憩，城市所能提供的非城市地区并不具备的独特旅游体验也受到广泛重视。不过旅游仍在很长时间内被视为城市的边缘功能（Christaller，1964），直到20世纪70年代，人们才真正认识到城市旅游的重要性。

城市旅游的兴起同时唤起了人们对旅游城市的关切。有学者从旅游目的地特征出发，将目的地划分为城市型和胜地型两类，认为城市型旅游目的地在开发传统观光旅游产品之外，也具备新兴产品开发的优势（吴必虎等，2010）。显然，旅游城市的“城市”本身便是旅游目的地，但这仅是旅游城市的一个重要方面，尚不能表征其全部内涵。根据相关研究及旅游城市的发展实践，旅游城市可以从两个方面理解。一是旅游的“城市化”。即通过发展旅游业带动相关产业要素聚集，将旅游业作为推动人类社会经济转型、社会变迁和文化重构的动力以推动区域城市化。二是城市的“旅游化”。即城市配套服务不断完善、环境质量得以改善继而形成强劲的城市旅游吸引，以旅游业作为深度挖掘城市发展潜能的重要动力。既有研究指出，旅游业可为城市带来可观的经济效益，不过相较而言，经济最依赖旅游业的城市可能受益较少，而经济基础厚实（对旅游业的依赖较少）的城市可能从旅游业中获益更多（Ashworth 等，2011）。因此，对旅游城市的把握还需从旅游与城市间的关系着手，厘清旅游的“城市化”和城市的“旅游化”造就的旅游城市的差异。

综合既有观点来看，一个理想的旅游城市应具有资源特色鲜明、旅游吸引强劲、旅游产业发达、城市功能完善等特点。旅游城市特有的资源流转和要素集聚功能使其成为旅游业发展的重要支撑（陈岩英，2022），更是中国旅游业的主体（吴志强等，2005）。从城市到旅游城市，既表征了城市非农业生产功能向生活功能持续演进的进路，也体现了城市定位正不断向消费城市升级的过程。

2. 从旅游城市到世界旅游城市：空间溢出与形象更新

为了更好地理解从旅游城市到世界旅游城市的逻辑，不得不提及世界城市（World City）。世界城市概念提出已逾百年，由 Geddes 在 1915 年首创（Geddes 等，2021）。根据 Hall 所著 *The World Cities* 一书，可将世界城市内涵概括为“超越”所在地区，对全世界或大多数国家产生全球性政治、经济、文化影响的国际一流城市。Friedmann（1986）等提出了关于世界城市的假说，包括：（1）当代城市内部的就业结构调整与世界经济一体化的形式及程度有关；（2）在生产和市场的空间组织和环节中，中心城市被国际资本用作基点。由此产生的联系使得将世界城市排列成一个复杂的空间层级成为可能；（3）全球控制职能可以用跨国公司所设置的代表处数量来衡量；（4）世界城市是国际资本集中和积累的场所；（5）世界城市是国内和国际移民的目的地；（6）世界城市的形成带来了空间和等级的极化；（7）世界城市产生的社会成本往往超过政府的财政能力。以上假说得到了后续研究的深度响应。Sassen（1991）从经济控制中心、金融和服务中心、创新中心、消费中心等特征定义了世界城市，进一步丰富了世界城市理论。

针对世界城市的研究往往认为世界城市是全球城市网络的最高形态和城市发展的高级阶段（张金山，2013；宋金平等，2015）。世界城市的发展与全球科技革命、经济重心转移等趋势相交织（张金山，2013）。更具反思性的研究指出，世界城市不能概化为金字塔顶端的都市核心，世界城市既存在层级的差异（Friedmann，1995），也已超越静态的地方范畴而具有动态的过程性（曼纽尔·卡斯特，2001），必须重视世界城市的国际联系（Taylor，2015）。与此同时，也有学者对世界城市的内涵做了批判，认为其中忽略了对可持续发展的关注（Ng 等，2003）。世界城市兼有生产与消费双重属性（Glaeser 等，2001），不能只关注城市在全球经济中的作用，而要履行为人类提供高质量生活的使命，更多关注全球化对地方的影响，以及推动具有地方特色的发展举措的前景，努力成为“世界伟大城市（a great city of the world）”和可持续的城市（Ng 等，2003；Niemets 等，2021）。换言之，世界城市中的“世界”不仅意味着控制力和影响力，也彰显了城市的内涵与品质。

世界城市必然是世界旅游城市。Hall（1966）将旅游业作为世界城市的主要产业部门，旅游业发达与否成为判定是否为世界城市的重要标准。一些发达国家的首都，如伦敦、巴黎、纽约等，既是世界城市，也对游客而言具有丰富的象征意义与特殊吸引力（Maitland 等，2009）。世界城市之所以是世界旅游城市，一方面源自世界城市对全球产业要素的控制力和影响力而易成为交流与集散中心，并为旅游业的发育创设条件；另一方面也与旅游业的广延性、黏附性等特点有关（张金山，2013）。反之，世界旅游城市则并非全然是世界城市，毕竟仅依赖旅游产业尚无法形成对全球产业的综合控制力和影响力。因此，世界旅游城市是与世界城市内涵密切相关但又有其自身属性的概念。

作为旅游城市的一类，世界旅游城市是对旅游城市的概念延伸，并吸收了世界城市的内涵。“世界”赋予了旅游城市新的意蕴，意味着世界旅游城市应具备世界级旅游吸引物、世界领先水平的管理组织能力、世界一流的基础设施条件，支配着国际旅游流的流向，乃至成为旅游创新的发源地和旅游跨国企业总部所在地（宋金平等，2015）。世界旅游城市是旅游城市的高级形态，强调对世界旅游市场的控制力、支配力和引导力，并可对区域乃至全球的经济、政治、文化产生影响力和辐射力（金丽，2014）。这背后是旅游要素在“地方”与“全球”间包容同一的高效配置，既代表了城市旅游要素的增加，更意味着旅游城市品质的提升。从旅游城市到世界旅游城市，内含了旅游要素高质量的空间溢出，也深刻反映出旅游城市由“地方”形象向“地方”与“全球”兼容的形象更新。

3. 从世界旅游城市到世界文化旅游名城：特色彰显与内容扩张

城市是由各种文化元素组成的场所，每个城市所具有的独特历史和文化形式等也将塑造个人或集体的记忆、意义和想象力（黛博拉·史蒂文森，2018）。城市的发展不仅是长期的物质环境建设过程，也是漫长的文化积淀过程。城市与文化的联姻成为历史进步的必然产物。城市对文化而言，代表了沉淀、容器、载体和舞台；

文化对城市而言，则意味着内核、灵魂、实力和形象（单霁翔，2007）。然而，城市的发展伴随了大量的社会、环境问题，在不同发展阶段表现出不同形态（Button，1976），以至于后现代的人们出现了对城市的反叛，转而将荒野和乡村视为诗意的栖居之所和精神家园（史艳荣等，2020）。城市本应是人类的精神家园和文明载体，但在特定的阶段过于重视物质功能的完善却忽视了文化的养护，并引致精神的遗失。因此，城市需要凝聚城市文化以塑造文化城市，实现城市更新（唐燕等，2016），铸就城市精神。

相比文化与城市，文化与旅游的关系自旅游活动发轫之时便深受关注。即便不将中国古代文人墨客的山水游历考虑在内，16 世纪欧洲兴起的壮游（Grand Tour），也已视文化体验为旅游的主要目的（埃里克·朱洛，2021）。20 世纪以来，文化体验已超越了旅游目的的范畴，我国学者沈祖祥、冯乃康、申葆嘉等先生较早地便认识到了旅游的文化属性（谢彦君，2011），Urry（1990）甚至提出旅游即文化的观点。世界旅游组织（United Nations World Tourism Organization，UNWTO）指出，全世界旅游活动中约有 37% 涉及文化因素（徐翠蓉等，2020），这还仅是将文化框定在较为狭义范围内理解的结果。事实上，旅游活动各环节都渗透着与文化有涉的因素。随着国家政策推动及文化和旅游机关实现了行政融合，文旅融合成为中国语境下的一大热词而备受关注。文化和旅游的关系有着"灵魂载体说""诗与远方说""塑旅彰文说"等观点（厉新建等，2022）。在近些年的探索中，文旅融合语境下的文化已不仅作为一种旅游资源而存在（张朝枝等，2020），随着旅游越发成为学习、成长和生活的方式，所谓文旅融合更加需要在强调娱乐性基础上凸显其意义和价值，在"行万里路"中"读万卷书"（厉新建等，2022）。

文化与城市、文化与旅游的关系延伸至文化对旅游城市、世界旅游城市发展建设的意义，使得世界文化旅游名城建设成为可能。近些年，丰都、洛阳、开封、扬州、长沙、西昌、敦煌等提出了打造国际文化旅游名城的发展目标或建议，济宁、丽江、腾冲等明确了世界文化旅游名城的发展方向。2022 年 6 月，《世界文化旅游名城济宁（曲阜）论坛尼山宣言》在中国山东济宁正式发布，向世界旅游城市发出推动文化资源的高质量利用、探索新的文化表达与传播方式、发挥文化旅游的战略性价值、深入挖掘各具特色的地域文化旅游、借鉴科学有效的经验推动文化旅游创新、提升以城市为主体的文化旅游产业竞争力、促进居民文化与城市文化相融合、加强世界文化旅游名城的交流与合作等倡议，标志着世界文化旅游名城将成为世界旅游城市的重要发展方向。从世界旅游城市到世界文化旅游名城，不是对世界旅游城市的一个细分，而是一次全方位的升级，是特色的彰显与内容的扩张，是城市旅游发展和旅游城市建设的新命题。

（二）世界文化旅游名城的相近概念

1. 国际旅游城市与世界旅游城市

国际旅游城市被认为是专业化国际城市的一种。国际城市按照城市规模等级、职能丰度、吸引辐射范围等由弱到强，可以分为国际性城市、国际化城市、世界城市（金丽，2014）。从这一界定加以延伸可以看出，世界旅游城市应该是国际旅游城市的一种，并且是其中各项指标综合表现最强的一类。这一点也同样适用于对国际文化旅游名城与世界文化旅游名城的理解。

对于国际旅游城市和世界旅游城市的概念问题，主要受到了国内学者的关注。周玲强（1999）从经济社会发达、旅游资源丰富、资源品位高级、具有超国界吸引力、城市综合环境优美、旅游设施完善配套、旅游产业发达并成为城市主要支柱产业、国际国内游客数量众多、在国际上具有较高知名度等多个方面概括了国际旅游城市的特征。尽管后续研究中也有众多学者分析了国际旅游城市的内涵，但基本是对上述这一概念的修饰或其中某几方面的突出强调而已（吴志强等，2005；金丽，2014）。不过，金丽（2014）在概念中继承前人研究提出的城市国际影响力、吸引力和辐射力，以及对城市作为目的地、客源地、集散中心的定位对国际旅游城市的量化评估及建设实践也具有重要的指导意义。

世界旅游城市的提法稍晚于国际旅游城市。阳国亮（2012）提出了世界旅游城市建设应具有休闲化、低碳化、网络化、文明化、智慧化、集群化等新兴理念，已反映了对世界旅游城市内涵的理解。较多学者对世界旅游城市的阐释都顺承有关世界城市的研究。厉新建（2012）认为世界一流旅游城市的要义在于“超越地理界限的影响力”，包括集聚性吸引力和扩散性影响力。从实践层面看，就供给而言，世界旅游城市是指旅游供给达到世界级水准的旅游城市；就需求而言，世界旅游城市是指为国际旅游市场所熟知具有一定美誉度的旅游城市；综合来看，世界旅游城市要求足够高的国际交往程度、明确的城市旅游形象、完善的旅游接待设施、具有国际吸引力的旅游产品和独特的人文环境等（厉新建，2012）。值得一提的是，以上阐释已将人文环境置于世界旅游城市的重要位置，这也有助于理解世界文化旅游名城的内涵。后续研究中，宋金平等（2015）着重强调了世界旅游城市与其他国际旅游城市的区别在于，世界旅游城市更强调对世界旅游市场的控制力、支配力和旅游市场的引导力，进一步夯实了世界旅游城市的核心特质。

由此可以看出，国际旅游城市与世界旅游城市都是旅游城市发展演进中的重要概念，世界旅游城市既是国际旅游城市的下位范畴，也是其高级形态。与此同时，国际旅游城市与世界旅游城市偏重于强调外向性的影响力，而未能充分关照世界旅游城市地方性内涵的价值与意义，尤其对文化内核的挖掘仍具有很广阔的空间。

2. 中国优秀旅游城市、中国最佳旅游城市与旅游休闲示范城市

1995 年，为了促进城市旅游业发展，国家旅游局发起倡导创建中国优秀旅游城市的活动（2009 年 6 月起决定暂停评选），截至 2010 年年末，共有 337 座城市分 9 批通过了验收。2007 年修订版的《中国优秀旅游城市检查标准》中包含 20 大项和 183 个评分点，系统地涵盖了城市旅游经济和产业、政府主导机制、管理体系、旅游行业、旅游环境、旅游功能、旅游六要素、旅游市场及旅游安全等方面。中国优秀旅游城市评选在特定阶段深化了对政府主导型发展战略以及城市旅游业发展的认识，为旅游目的地建设指明了方向，更极大调动了全国各地旅游业发展的热情。不过，《中国优秀旅游城市检查标准》虽几经修订，仍然难以适应旅游业快速发展的态势，尤其是在一定程度上淡化了旅游城市之间的差异性。于是，在中国优秀旅游城市评选的基础上，中国最佳旅游城市创建工作展开，成为中国城市旅游发展的又一创新之举。

2003 年 2 月，国家旅游局公布了《中国最佳旅游城市创建指南》，创建活动随之展开。中国最佳旅游城市创建，既是中国优秀旅游城市评选活动的深化，也是应对中国加入世贸组织后面临的差异化旅游市场新要求以及旅游质量方面新挑战的重要策略。中国最佳旅游城市从中国优秀旅游城市中产生，设置了 9 个专项最佳旅游城市称号，更加关切旅游城市的差异性。按照《中国最佳旅游城市创建指南》总论的表述，中国最佳优秀城市首要目的就是进一步发展和提升中国旅游业，满足不同游客的需求，并引导全国各地的旅游业获得可持续发展，最终使中国城市与世界上领先的国际旅游城市相提并论。这体现了中国最佳旅游城市全面提升旅游业竞争力，对标国际的决心。结合具体标准来看，相较于中国优秀城市，中国最佳旅游城市更加关切“软旅游”和旅游业发展中的多方力量协同（吴必虎等，2003），这也体现了我国对城市旅游发展和旅游城市建设更加深刻的理解。

除了中国优秀旅游城市和中国最佳旅游城市外，2015 年 12 月，《旅游休闲示范城市》（LB/T 047—2015）行业标准由国家旅游局批准实施，标准提出旅游休闲示范城市是指旅游休闲功能突出、旅游休闲产业完善、旅游休闲环境和谐、能同时满足旅游者和本地居民旅游休闲需求、在全国具有典型示范意义的城市。其中涉及的部分要素也在后续全域旅游、主客共享等旅游业发展理念中得到贯彻。

3. 影响世界的中国文化旅游名城

2014 年 4 月，由人民网联合《中国旅游报》、中华文化促进会旅游研究中心、凤凰卫视共同主办的第二届中国文化旅游品牌建设与发展峰会暨“影响世界的中国文化旅游知名品牌”发布盛典评选出了“影响世界的中国文化旅游名城、名县、名镇、名景、名人、口号”等一批六类知名文化旅游品牌，共计 30 个城市获得影响

世界的中国文化旅游名城称号，旨在加快推动文旅融合，促进文化旅游品牌建设，宣传推广中国旅游整体形象等。影响世界的中国文化旅游名城评选结合了专家、网友、媒体等多方综评、投票与测评，反映出“创优”“评优”工作更加大众化的趋势。与此同时，影响世界的中国文化旅游名城相较于中国优秀旅游城市等的创建、评选，直接体现了旅游城市建设立足中国、面向世界的发展定位。

4. 世界著名文化旅游城市

2009 年 8 月，在 2009 世界文化旅游论坛上，云南省丽江市被授予“世界著名文化旅游城市”荣誉称号。论坛组委会认为，丽江市有丰富的旅游资源，深厚的文化底蕴以及在文化旅游领域的知名度和影响力，是旅游城市的突出代表。这是一次民间性质的旅游城市评选，在权威性与代表性方面存有不足（李麦产等，2018），并且也带有支持和鼓励的意味。不过，这一称号同时包含了世界、文化、旅游、城市等构念，与世界文化旅游名城在概念形式上最为接近。此次评选中涉及的旅游资源、文化底蕴、知名度和影响力等，也已在一定程度上体现了世界文化旅游名城的内涵。

总体而言，中国旅游城市的“创优”“评优”工作带有独创性和示范性，其创建、评选目的及评价标准已对旅游城市建设提出了较高要求，虽然尚不能完全体现世界旅游城市乃至世界文化旅游名城的具体内涵，但对深化我国旅游城市发展的积极意义已无须赘述。从世界范围来看，一些旅游城市如巴黎、佛罗伦萨等虽未经过严格的评选程序，但已是公认的世界文化旅游名城。中国旅游城市的“创优”“评优”工作在一定程度上是与我国城市旅游业发展现实有关，意在为提升城市旅游业发展质量和国际化水准树立标尺（吴志强等，2005）。因此，我国的世界文化旅游名城发展建设实践，也需吸收“创优”“评优”工作的宝贵经验。

三、世界文化旅游名城概念的提出

（一）世界文化旅游名城的概念

世界文化旅游名城是近年来国内旅游界颇为关注的一大热词。从属性上来看，世界文化旅游名城带有鲜明的实践导向，因此围绕其所进行的一些概念提出与内涵解读的努力也表现出较强的实践性。目前，国内相继有城市提出国际文化旅游名城、世界文化旅游名城的发展目标，从二者传达的意涵来看，似乎并没有明显区别。不过结合世界城市的理论发展，以及国际、世界的意义外延，将二者相混淆显然并不合理。由于国际文化旅游名城在国内提出较早且得到了更多响应，世界文化旅游名城内涵的把握，也需对国际文化旅游名城的理论和实践成果有所借鉴。

李麦产等（2018）认为，国际文化旅游名城有两个基本特点：其一是要有知名度和美誉度，在全球城市体系中占有一定地位；其二是文化积淀厚重，能够对国际旅游者形成吸引力。这两个特点侧重于解释“国际”与“文化”。类比之下，这也是世界文化旅游名城所应具备的基本特点。开封市于2017年出台了关于国际文化旅游名城的地方标准，其中给出的国际文化旅游名城定义为“文化资源丰富、城市环境优良、产业富有活力、特色突出且具有广泛国际影响力的旅游目的地”。此外，在《解读国际文化旅游名城——深入学习贯彻河南省第十次党代会精神》中，将“国际”“文化”“旅游”“名城”四个构念分别拆解为国际城市、文化城市、旅游城市、知名城市，并将国际文化旅游名城定义为：文化底蕴厚重且具有国际知名度，旅游功能显著、体系完备、符合国际标准且在城市功能中占据主导地位，同时这种功能辐射范围波及许多国家和地区的城市。

从国际文化旅游名城到世界文化旅游名城，“世界”二字为文化旅游名城带来了新的意义。魏小安（2022）认为世界文化旅游名城中的世界可从四个方面理解。第一，就是世界。世界代表着市场开拓、资源独特、个性化表现、差异化格局。第二，就是世界性。这是市场的要求。第三，就是世界化。这是品牌的要求。第四，就是世界名城。世界名城就是国际品牌城市［引自《关于打造世界文化旅游名城的战略研究》(济文旅普〔2020〕22号)］。在2022世界文化旅游名城济宁（曲阜）论坛上，魏小安（2022）进一步对世界文化旅游名城做了精辟解读：世界是范围，是知名度，也是影响力；文化是灵魂，也是龙头，是城市得以安身立命之本；旅游是基础，是市场，也是文化得以生发的环境；城市是载体，是文化和旅游得以发挥的天地。总体而言，世界文化旅游城市，就是在世界范围内，形成独特品牌，拥有巨大吸引力，能够具备领袖魅力的城市。

基于以上梳理可以看出，世界文化旅游名城与国际文化旅游名城确有内涵上的相似性。进一步来看，世界文化旅游名城就是一种国际文化旅游名城的形态，并且是其中的最高级形态。中国旅游业在世界旅游业格局中的地位越发重要，国际影响力日益提升。北京、上海、香港等城市即便仅从旅游产业来看，也已具有了世界性。在这一背景下，中国的旅游城市不仅要有国际视野，还要具备世界战略。国际文化旅游名城势必要进一步实现内涵式发展与世界性进阶，打造世界文化旅游名城将是接下来中国旅游业高质量发展和旅游城市建设的重要目标。

由此，对世界文化旅游名城的深度解析变得尤为重要。为了较系统地理解世界文化旅游名城的内涵，本书在审视既有以业界为主所形成的一些见解的基础上，结合世界城市理论及城市旅游原理、城市发展演变趋势等，从学理性出发将理论与实践相联系，对世界文化旅游名城进行重新定义。本书认为，世界文化旅游名城可以从独立构念、嵌套结构、交互系统、完型意义四层逻辑加以解构和解析。

1. 第一层逻辑——独立构念

首先，世界文化旅游名城中的“世界”具有外向性和内向性两重意蕴。从外向性来看，世界意味着领袖式的控制力、影响力与辐射力，世界既是资源要素配置的中心，也是人类价值文明创造的中心；从内向性来看，世界代表了涵养、示范与活力，传递着包容的观念、进取的决心和创新的精神。综合来看，世界还意味着开放、交流、动态和联系。“世界”为世界文化旅游名城带来了张力。

其次，世界文化旅游名城中的“文化”既是功能，也是价值。在功能层面，文化彰显了独特性的资源，是旅游吸引力的根本，更是城市创新创意的源泉；在价值层面，文化创造了地格，绘就了人们的精神世界和共同理想，为人地和谐创设了条件。“文化”为世界文化旅游名城塑造了内核。

再次，世界文化旅游名城中的“旅游”不仅是产业融合和价值转换的手段，也是个体学习、成长和生活的方式。旅游培育了市场，更成为推动秩序优化和要素创新的基本动力，同时也促进了人的自我完善与更新，凸显了享乐之外的精神意义。“旅游”为世界文化旅游名城丰富了价值。

最后，世界文化旅游名城中的“名城”既代表了城市的声誉，也暗含了城市的品质。名城不仅意指知名的、著名的城市，更是在人类历史发展中具有独特地位的、青史留名的城市。名城在特定阶段不一定具有完善的城市功能，但必定具有独特的象征意义。“名城”为世界文化旅游名城创造了意义空间与载体。

2. 第二层逻辑——嵌套结构

世界文化旅游名城首先是“名城”。因此，无论如何对名城加以限定和修饰，都不能忽视其作为城市的属性和功能，不能背离城市的特色和发展规律，必须保证其生产生活功能的充分发挥，维护其驱动人类文明进步的中心地位。其次，世界文化旅游名城是“旅游名城”。这意味着该城市具备推动旅游业高质量发展的基本条件，能够形成强劲的旅游吸引，并满足多层次的旅游功能。再次，世界文化旅游名城还是“文化旅游名城”。这赋予了该名城、该旅游名城的排他性和独特性，为城市打上了深深的文化烙印，并且传递了城市的核心竞争力和创新创意能力。最后，为文化旅游名城冠以“世界”之名便表明了品质和地位，意味着在世界范围内都是标尺和示范。

3. 第三层逻辑——交互系统

进一步地，可以从构念交互的角度审视世界文化旅游名城。世界文化旅游名城主要包含了三对构念的关系。一是“世界与文化”，二是“文化与旅游”，三是“旅游与名城”。世界与文化的关系实质上是全球化与地方性的关系。文化是特色，也是遗产，全球化浪潮理应为文化保护和交流提供经验和力量，而非将文化涵化以致湮没。同样地，地方性的彰显与维护本身就无法脱离全球化。因此，世界与文化的同一代表了世界标准与文化理想的兼容并包，是克服同质化、挖掘自身特色的核心动能。

文化与旅游的关系是互为表里的关系，是相辅相成的关系，也在很大程度上体现了传统和现代的关系。文化与旅游的深度融合，事实上也达成了传统文化与现代生活追求的统一。在某种程度上，没有厚重传统文化加持的旅游是肤浅的，没有现代旅游活动结合的文化是不易感知的。因此，文化与旅游势必需要相向而行，彰显传统与现代交融的生命力。

旅游与名城的关系在一定程度上反映出需求与供给，特别是旅游者与东道主的关系。在旅游发展的进程中，旅游者与东道主之间并非全然是和睦、和谐的，时常伴随着矛盾与冲突。旅游的主体是人，名城的核心也是人。旅游者需要异地体验的空间，东道主同样需要当地生活的空间。因此，世界文化旅游名城框架之下的旅游与名城关系必须立足于旅游者与东道主的诉求，秉持主客共享的理念，共创主客共享的价值。

4. 第四层逻辑——完型意义

基于以上三层逻辑，世界文化旅游名城的完型意义已经呼之欲出。所谓世界文化旅游名城，是指在世界范围内具有领袖魅力和标尺意义，创造了独特文化形态和文化氛围，旅游吸引强劲、产业发达、产品丰富、服务完善，且历史悠远、环境优良、兼容并包、开放创新、主客共享的现代化旅游城市。世界文化旅游名城是国际文化旅游名城的最高级形态，是集全球张力、文化特色、旅游品质、城市功能于一身的现代旅游综合体，是城市旅游发展和旅游城市建设的重要目标，是坚持以人为中心的新型城镇化建设的创新模式，将为后工业时代旅游产业高质量发展和城市功能内涵式提升提供强大动能。

（二）世界文化旅游名城的特征

1. 世界级的文化旅游吸引力

世界文化旅游名城必然要求文化旅游吸引物具有世界级的文化旅游吸引力。所谓世界级的文化旅游吸引力，是指城市的文化旅游吸引物能够超越地理界限、弥合文化距离，在世界范围内激发起不同国家或地区的不同游客群体的出游意愿。这意味着城市必须具备世界公认且独特的旅游资源和文化遗产，具有历史性、文化性、民族性的文化旅游地标。

2. 特色鲜明的文化旅游品牌

特色鲜明的文化旅游品牌是世界文化旅游名城的一面旗帜。特色鲜明的文化旅游品牌一方面意味着品牌的独特性和吸引力，易于在差异化竞争中加速各类文化旅游要素向世界文化旅游名城聚集；另一方面则代表了世界文化旅游名城的领袖形象和扩散性的影响力。独特鲜明的文化旅游品牌塑造与品牌优势确立为世界文化旅游名城带来的是世界范围内的竞争力。

3. 悠久持续的文明交流历史

世界文化旅游名城形成和发展的一大标志便是城市在文化旅游领域具有世界地位，而世界地位的确立则与城市是否形成了超越国界、广泛的文化认同基础有关，这必然要求城市存有悠久持续的文明交流历史。悠久持续的文明交流历史为不同文明的交融互鉴提供了条件，维护自身文明底蕴的同时，兼容吸收其他文明的养分，在美美与共中形成开放包容的城市精神和城市网络体系。

4. 全链发达的文化旅游产业体系

文化旅游产业在世界文化旅游名城的产业结构中必然占有重要地位，应作为战略性支柱产业。世界文化旅游名城的文化旅游产业链条完善，“链主”企业带动效应明显，价值链优势显著，产业要素全链贯通组合以及独立化发育能力大幅提升，能够提供国际化、高端化、特色化、智慧化的旅游产品与服务，文化旅游市场运行健康有序，产业支撑保障机制合理高效，政府、企业和行业多方协同能力突出。

5. 独树一帜的创新创意产品

世界文化旅游名城一定是创新创意之城，能够打造独树一帜的创新创意产品。创新创意是城市更新和产业升级的重要动能，是世界文化旅游名城国际竞争力的核心要素。世界文化旅游名城应具有旅游资源创新性利用、文化遗存创造性开发、生态价值创意性转换的能力，并通过供给能力的提升，支持和推进更广泛的文化旅游创新创意产品开发，引领文化旅游消费风尚。

6. 主客共享的宜居宜游环境

世界文化旅游名城的价值指向是为旅游者与东道主创设主客共享的宜居宜游环境。从以观光为主到旅居度假的文化旅游消费需求转向，意味着旅游者不仅需要美丽风景，也需要美好生活。能够吸引旅游者的不仅有戏剧场，还有菜市场。世界文化旅游名城需要能够拓展消费场景、营造消费氛围，将诗和远方牢牢嵌入城市的人间烟火中，在主客共享中构建城市的精神家园。

7. 要素齐备的现代城市功能

世界文化旅游名城必须能为旅游流带动的商务流、资本流、信息流、文化流、科技流提供汇聚空间，能够高质量满足旅游者对现代城市生活、休闲设施与服务的需求，必须承载有要素齐备的现代城市功能。更是要求世界文化旅游名城具有足够的休闲娱乐空间、内外通达的立体交通体系，人才、金融、科技等要素创新孵化平台，以及集聚、扩散的服务能力和生态、文化的涵养功能。

8. 世界一流的城市治理能力

城市治理能力迈向世界一流水平，是世界文化旅游名城各类功能得以发挥，效益得以彰显的基础和保障。世界一流的城市治理能力，集中体现为能够促进城市资源高效配置、多元主体良性互动、市场秩序合理优化、社会生活规范引导、安全保障健全成熟。除了需要政府的积极引导与体制机制创新，尤其需要专业性的治理人才和智慧化的治理手段，并处理好城市治理与旅游治理的关系。

9. 可持续性的城市发展理念

世界文化旅游名城不是一个阶段或状态的静态概念，而是联系和发展着的动态概念，不是对规模的追崇，而是对品质的坚持。因此，世界文化旅游名城必将秉承可持续性的城市发展理念，注重城市建设的内涵式提升及文化旅游产业的高质量发展。要保持全球性与地方性的统一、传统与现代的统一、旅游者需求与东道主诉求的统一，为人的自我完善与城市的持续发展提供不竭动力。

（三）世界文化旅游名城的类型

城市的资源条件、区位优势、发展基础及目标定位差异等使得城市之间表现出了异质性。从文化旅游业的发展角度看，这恰好赋予了各旅游城市不同的旅游吸引力。世界文化旅游名城尽管是一个宏大的范畴，但独特性也是其发展建设之本。不过，若不能从独特性中把握共性，将导致理论研究和实践发展的无所适从。因此，无论是深化对世界文化旅游名城的理解，还是指导世界文化旅游名城建设实践，都应对世界文化旅游名城进行类型划分。

周玲强（1999）从两个层面对国际旅游城市进行了划分。根据主体吸引物的不同，划分为自然风光型、花园型、娱乐型、商贸型、文化型五类国际旅游城市；根据主要功能的差异，将国际旅游城市划分为国际风景旅游城市、国际商务旅游城市、国际会议城市三类。中国最佳旅游城市评选则将旅游城市分为观光旅游、历史文化旅游、娱乐旅游、商务会展旅游、餐饮旅游、购物旅游、度假旅游、民俗风情旅游、绿色旅游九个主题（吴志强等，2005），其含义也比较接近按照主体吸引物和主要功能差异的分类依据。不过，随着文化旅游消费需求的变革及旅游城市供给能力的提升，如今的旅游城市以上述方式进行分类的现实指导意义有所局限。与此同时，以上分类也没有充分兼顾发展的动态性以及世界城市理论的基本内涵，难以契合世界文化旅游名城的分类要求。

在考虑城市功能辐射范围、影响程度和客源市场分布的基础上，有研究将国际旅游城市划分为全球性国际旅游城市、区域性国际旅游城市和地区性国际旅游城市（金丽，2014）。城市辐射力、影响力等是世界文化旅游名城分类的重要依据，只是世界文化旅游名城与国际性旅游城市尚有区别，地区性国际旅游城市很难成为世界文化旅游名城所考虑的范畴。进一步地，在有关世界旅游城市的研究中，根据世界旅游城市的定位要求以及城市职能综合性和专业化程度，世界旅游城市被划分为综合性世界旅游城市和特色性世界旅游城市。其中，特色性世界旅游城市更加表现出旅游功能的专业化，职能范围可以延伸至洲际区域。根据主题的不同还可将特色性世界旅游城市分为历史文化型、文化艺术型和自然风景型三类（宋金平等，2015）。

在结合以上研究的基础上，本书对世界文化旅游名城进行划分。

首先，世界文化旅游名城的分类需要考虑城市的辐射力和影响力，同时也要兼顾城市旅游与旅游城市的发展阶段及动态性。从这个角度可以将世界文化旅游名城分为全球性世界文化旅游名城和洲际世界文化旅游名城。（1）全球性世界文化旅游名城是在全球范围内具有极高的文化旅游知名度，游客构成丰富，客源遍及全球，在全球文化旅游业中都处于领袖地位的城市。（2）洲际世界文化旅游名城是在全球范围内享有较高文化旅游知名度，客源构成具有一定的区域性，但仍具有洲际影响力，并在一定国际区域的文化旅游业中处于领袖地位的城市。洲际世界文化旅游名城可能因发展条件的先天不足而限制了其全球影响力，也可能尚处在快速发展的规模扩张阶段。在进入发展成熟期后，这类城市可能转变为全球性世界文化旅游名城。

其次，世界文化旅游名城分类需要考虑其文化特色。相比于世界文化旅游名城建设在旅游功能和城市功能方面的极致追求，文化这一内核成为将世界文化旅游名城进行特色化区分，并确立自身优势的重要依据。因文化内涵及形态的丰富性，这一分类原则难以对世界文化旅游名城进行完整意义的划分，仅根据文化特色做一定程度的枚举。例如，民族文化型世界文化旅游名城、历史文化型世界文化旅游名城、文学故事型世界文化旅游名城、文化艺术型世界文化旅游名城等。

最后，考虑到旅游与名城的关系，并结合世界文化旅游名城的成因来看，世界文化旅游名城的分类也可立足城市的“旅游化”与旅游的“城市化”来加以分析。城市的“旅游化”所形成的世界文化旅游名城，其本质上就是世界城市，意味着其并非仅具有全球影响力的文化旅游产业及功能，其在政治、经济、文化等方面同样处于领袖地位，这类世界文化旅游名城往往是政治、经济强国的首都或世界一流城市，是为综合型世界文化旅游名城。旅游的“城市化”所形成的世界文化旅游名城则往往依靠得天独厚的资源禀赋和文化遗存等，通过确立文化旅游业的核心地位发展而来，较少在文化旅游之外的其他领域也具有全球影响力，是为专业型世界文化旅游名城。

参 考 文 献

[1] Ashworth G, Page S J. Urban tourism research: Recent progress and current paradoxes [J]. Tourism Management, 2011, 32 (1): 1-15.

[2] Button K J. Urban economics: theory and policy [M]. London: The MacMillan Press, 1976.

[3] Christaller W. Some considerations of tourism location in Europe: The peripheral regions-under-developed countries-recreation areas [C]//Papers of the Regional Science Association. Springer-Verlag, 1964, 12 (1): 95-105.

[4] Friedmann J. The world city hypothesis [J]. Development and Change, 1986, 17 (1): 69-83.

[5] Friedmann J. Where we stand: A decade of world city research [M]//Knox P L, Taylor P J. World Cities in a World System. Cambridge: Cambridge University Press, 1995.

[6] Geddes P, LeGates R, Stout F. Cities in evolution [M]. London: Routledge, 2021.

[7] Glaeser E L, Kolko J, Saiz A. Consumer city [J]. Journal of Economic Geography, 2001, 1 (1): 27-50.

[8] Hall P. The world cities [M]. London: Heinemann, 1966.

[9] Maitland R, Ritchie B. City tourism: national capital perspectives [M]. London: CABI, 2009.

[10] Ng M K, Hills P. World cities or great cities? A comparative study of five Asian metropolises [J]. Cities, 2003, 20 (3): 151-165.

[11] Niemets K, Kravchenko K, Kandyba Y, et al. World cities in terms of the sustainable development concept [J]. Geography and Sustainability, 2021, 2 (4): 304-311.

[12] Page S J. Urban tourism [M]. London: Routledge, 1995.

[13] Sassen S. The global city: New York, London, Tokyo [M]. Princeton: Princeton University Press, 1991.

[14] Taylor P, Derudder B. World city network: a global urban analysis [M]. London: Routledge, 2015.

[15] Urry J. The tourist gaze: leisure and travel in contemporary [M]. London: Societies, 1990.

[16] 埃里克·朱洛. 现代旅游史 [M]. 王向宁, 李淼, 译. 北京: 商务印书馆, 2021.

[17] 保继刚, 楚义芳. 旅游地理学 [M]. 3版. 北京: 高等教育出版社, 2012.

[18] 保继刚. 城市旅游: 原理·案例 [M]. 天津: 南开大学出版社, 2005.

[19] 陈岩英. 新时代旅游城市的高质量发展: 内涵与路径 [J]. 旅游学刊, 2022, 37 (2): 12-13.

[20] 戴斌. 旅游 & 经济 [M]. 北京: 旅游教育出版社, 2020.

[21] 黛博拉·史蒂文森. 文化城市: 全球视野的探究与未来 [M]. 董亚平, 何立民, 译. 上海: 上海财经大学出版社, 2018.

[22] 单霁翔. 从"功能城市"走向"文化城市" [M]. 天津: 天津大学出版社, 2007.

[23] 金丽. 国际旅游城市的理论与实践 [M]. 天津: 南开大学出版社, 2014.

[24] 李麦产, 张月. 建设国际文化旅游名城初论 [J]. 中国名城, 2018 (3): 4-9.

[25] 厉新建, 宋昌耀, 殷婷婷. 高质量文旅融合发展的学术再思考: 难点和路径 [J]. 旅游学刊, 2022, 37 (2): 5-6.

[26] 厉新建. 关于建设世界一流旅游城市的思考 [J]. 商业研究, 2012 (9): 160-164.

[27] 曼纽尔·卡斯特. 网络社会的崛起 [M]. 夏铸九, 等, 译. 北京: 社会科学文献出版社, 2001.

[28] 史艳荣, 谢彦君, 曾诗晴. 疏离感与亲和力: 乡村旅游体验中的院落情结与人际关系再造 [J]. 旅游学刊, 2020, 35 (12): 63-80.

[29] 宋金平, 于萍, 王永明. 世界旅游城市建设的理论与实践 [M]. 南京: 东南大学出版社, 2015.

[30] 唐燕, 克劳斯·昆兹曼. 文化、创意产业与城市更新 [M]. 北京: 清华大学出版社, 2016.

[31] 王克强, 马祖琦, 石忆邵. 城市规划原理 [M]. 上海: 上海财经大学出版社, 2011.

[32] 魏后凯. 面向21世纪的中国城市化战略 [J]. 管理世界, 1998 (1): 191-196.

[33] 魏小安. 世界文化旅游城市的新发展 [EB/OL]. (2022-07-04) [2022-09-01]. https://mp.weixin.qq.com/s?__biz=MzIxMTk2NTU1Mg==&mid=2247501884&idx=1&sn=cabc9fe513561d0537d9ca04caaa1b54&chksm=974fcb23a038423560ed4c5b51373b15108c2fdcb5f5f91503cdb6cbbe376f76f5c800a728a5&scene=27.

[34] 吴必虎，冯学钢，李咪咪．中国最佳旅游城市标准的理论与实施［J］．旅游学刊，2003（6）：40-44.
[35] 吴必虎，俞曦．旅游规划原理［M］．北京：中国旅游出版社，2010.
[36] 吴文智，赵磊．中国城市旅游业发展地区差异与空间极化研究［J］．旅游科学，2021，35（1）：23-43.
[37] 吴志强，吴承照．城市旅游规划原理［M］．北京：中国建筑工业出版社，2005.
[38] 谢彦君．基础旅游学［M］．3 版．北京：中国旅游出版社，2011.
[39] 徐翠蓉，赵玉宗，高洁．国内外文旅融合研究进展与启示：一个文献综述［J］．旅游学刊，2020，35（8）：94-104.
[40] 徐福英，马波．城市旅游在中国：研究回顾与发展展望［J］．旅游科学，2012，26（4）：52-64.
[41] 阳国亮．桂林世界旅游城建设的若干思考［J］．社会科学家，2012（2）：155-157.
[42] 杨力民．城市旅游：解读城市性格与旅游［M］．北京：中国旅游出版社，2013.
[43] 俞晟．城市旅游与城市游憩学［M］．上海：华东师范大学出版社，2003.
[44] 张朝枝，朱敏敏．文化和旅游融合：多层次关系内涵、挑战与践行路径［J］．旅游学刊，2020，35（3）：62-71.
[45] 张金山．世界城市视角下的北京旅游建设研究［J］．旅游学刊，2013，28（11）：42-49.
[46] 赵德馨．中国经济史辞典［M］．武汉：湖北辞书出版社，1990.
[47] 周玲强．国际风景旅游城市指标体系研究［J］．城市规划，1999（10）：31-34+64.

第二章 世界文化旅游名城标准及评价

一、相关评价标准回顾

目前关于世界文化旅游名城的界定并没有达成普遍的共识，对于世界文化旅游名城评价标准这一议题还在探索研究阶段，但越来越受到业界和学者的关注。现有的世界文化旅游名城评价标准研究主要从内涵解读、特征分析两个维度进行，尚未形成一个全球范围内公认的评价指标体系。近些年，丰都、洛阳、开封、扬州、敦煌等提出了打造国际文化旅游名城的发展目标，济宁、丽江、腾冲等明确了世界文化旅游名城的发展方向，这说明在应用方面，政府及行业组织都有一定的实践经验。本书拟从国家标准、行业标准以及学界标准三个层面梳理当前基于旅游城市、世界旅游名城、世界文化名城、国际旅游城市评价标准的研究成果，以期对我国世界文化旅游名城建设实践和研究提供参考与借鉴。

旅游城市是城市和旅游业发展到相当阶段的产物，随着社会生产力的迅速提高、交通运输条件的改善，国际化进程的进一步发展，催生了国际旅游城市这一概念（周玲强，1999），而世界旅游城市则是国际旅游城市发展的高级阶段（宋金平等，2015）。党的十九大报告提出了“坚定文化自信，推动社会主义文化繁荣兴盛”的文化发展战略思想，2018 年，国务院提出整合文化部与国家旅游局的职责，设立文化和旅游部，自此文旅融合成为中国语境下的一大热点而备受关注。近年来，诸多城市明确提出建设国际文化旅游名城或世界文化旅游名城的发展目标与方向，并开展了相关层面的工作。关于世界文化旅游名城的评估方法，政府与行业组织、学术界提出并应用了不少相关的旅游城市评价指标体系，影响力较大的有美国著名旅游杂志《旅游与休闲》排行、全球著名市场咨询公司欧睿（Euromonitor）发布的“全球百大最佳旅游目的地城市”报告以及世界旅游城市联合会发布的“世界旅游城市评价体系”，同时国内的中国优秀城市标准体系、中国最佳旅游城市标准体系等体系，以及国内外学者对于该研究领域的成果，对世界文化旅游名城的评价指标体系构建具有重要的现实指导意义。

（一）国家标准

1. 中国优秀旅游城市检查标准

改革开放以后，中国旅游业得到了飞速发展，为促进城市旅游业的发展，1996

年，国家旅游局发起创建“中国优秀旅游城市”工作，并于1998年出台了《中国优秀旅游城市检查标准（试行）》和《中国优秀旅游城市验收办法》，先后在2003年和2007年对《中国优秀旅游城市检查标准》进行了修订，为中国城市“创优”工作提供了科学依据。

中国优秀旅游城市检查标准是对国内城市旅游发展水平综合情况的评价，2007年修订版的《中国优秀旅游城市检查标准》中包含20大项和183个评分点（见表2–1）。

表2–1 中国优秀旅游城市检查标准（2007年修订版）

序号	项目分类	项目总分
1	城市旅游经济发展水平	60
2	城市旅游产业定位与规模	35
3	城市旅游业政策支持和资金投入	35
4	城市旅游业发展的政府主导机制	35
5	城市旅游业的管理体系	70
6	城市旅游行业精神文明建设	60
7	城市的生态自然环境	45
8	城市现代旅游功能	100
9	城市的旅游教育培训	40
10	城市的旅游交通	60
11	城市的旅游景区的开发与管理	40
12	城市的旅游促销与产品开发	60
13	城市的旅游住宿	50
14	城市的旅行社	40
15	城市的旅游餐饮	40
16	城市的旅游购物	40
17	城市的旅游文化娱乐	40
18	城市的旅游厕所	40
19	城市的旅游市场秩序	70
20	城市的旅游安全与保险	40

从表2-1可以看出，该检查标准主要从城市旅游产业层面对优秀旅游城市应该具备的素质提出了明确的要求，系统涵盖了城市旅游经济和产业、政府主导机制、管理体系、旅游行业、旅游功能、旅游要素、旅游市场及安全等方面的内容，构建成为一个较为全面的旅游城市评价标准。“旅游经济发展水平、旅游产业定位与规模、政策支持和资金投入、政府主导机制、精神文明建设及旅游市场秩序”等指标，关注各城市旅游产业及相关产业发展的现状与未来，突出了“政府主导”的作用；“旅游促销与产品开发、旅游住宿、旅游餐饮、旅游购物、旅游交通、旅游文化娱乐、旅行社、生态自然环境”等指标，在于衡量一个城市为旅游发展提供的支撑条件，同时突出了旅游业基础要素的完备性，但在该标准体系存在主题模糊的问题，在一定程度上淡化了国内旅游城市之间的差异性，并且忽视了旅游者感知的因素。

2. 中国最佳旅游城市标准体系

2002年，国家旅游局委托世界旅游组织和北京大学等单位共同研究编制了《中国最佳旅游城市标准》，在此基础上，国家旅游局于2003年公布了《中国最佳旅游城市创建指南》。该体系以旅游学界的经典理论为基础，针对中国城市旅游发展中出现的问题，充分地融合了旅游业发展的先进理念（吴必虎等，2003）。分别设立了基础标准和专项标准，旨在差异化市场，强调了城市间旅游发展的独特性。

《中国最佳旅游城市标准体系》共分为10项标准（见表2-2），检查得分最高的城市被冠名为“中国最佳旅游城市”。前9项为“基础标准”，是为了突出城市旅游发展水平的综合性；第10项为专项标准，是为了突出旅游城市某一方面显著的独特性，其分为了“九大主题”——观光、历史文化、娱乐旅行、商务会展、餐饮旅行、购物旅行、度假旅行、民俗风情、绿色，称号是“中国最佳专项旅游城市”。

表2-2 中国最佳旅游城市标准体系

	评估领域	权重（%）	最高得分	排除线
基础标准	旅游者体验及满意度	12	120	100
	当地居民获益度、满意度和参与度	8	80	65
	旅游资源和景区（点）的丰度、质量及独特性	12	120	不设定
	自然及文化景观的规划、保护	4	40	30
	环境保护、旅游自然和文化资源保护、污染控制	8	80	50
	交通及城市基础设施	4	40	25

续表

	评估领域	权重（%）	最高得分	排除线
基础标准	旅游设施和服务的覆盖面、质量和独特性	16	160	125
	城市旅游管理、规划、发展及营销	8	80	65
	有关方面合作发展旅游业的格局	8	80	65
专项标准	与9个专项相关的独特方面	20	200	150
合计		100	1000	675

从表2–2可以看出最佳旅游城市的评价指标选取范围和评价范围更为广泛，不再局限于旅游方面指标的选取以及城市都市区域的考量，内容和参评范围更为丰富了。同时考虑到各城市间资源禀赋、经济水平、文化特征等因素的不同，创新性地细化了某一特定领域的标准，使中国最佳旅游城市类型多样。总体来说中国最佳旅游城市标准体系较为先进、全面和系统，其特点在于：

（1）拓宽了参评范围，将城市所辖农村区域也纳入其中。表现为“观光专项”要考虑市区外围旅游区（点），“绿色专项”要考虑城市以外自然保护区等。

（2）突出对旅游者和旅游地居民的关注。表现为“旅游者体验及满意度”“当地居民获益度、满意度和参与度”等指标。

（3）强化了旅游地的资源丰度和地方独特性，表现为“旅游资源和景区（点）的丰度、质量及独特性”等指标，同时，九个专项相关方面更是对旅游城市提出了主题明确、特色鲜明的要求。

（4）突出对环境与资源的保护，表现为“自然及文化景观的规划、保护”“环境保护、旅游自然和文化资源保护、污染控制”等指标。

（二）行业标准

1.《旅游与休闲》排行

美国运通集团旗下的《旅游与休闲》（*Travel & Leisure*）是全球首屈一指的旅游杂志。每年都进行旅游相关的最佳奖项调查，要求读者回顾近期旅行经历，权衡其在全球的旅游体验，并分享自己的看法。涉及领域包括顶级岛屿、城市、酒店、度假村、邮轮、航空公司、国家公园等，其中对于“全球最佳旅游城市”评分项目包含城市的景点和地标、文化与艺术、美食、友善、购物、整体价值六项内容。

2. 欧睿排行

全球著名市场研究公司欧睿（Euromonitor）成立于1972年，总部位于英国伦敦，曾经以每年发布“全球百大城市旅游目的地”榜单而闻名，其最新发布的《2021年全球100强旅游城市目的地报告》中旅游目的地指数（City Destinations Index）涵盖六个绩效支柱：经济和商业业绩、旅游表现、旅游政策和吸引力、旅游基础设施、健康与安全、可持续发展。

3. 科尔尼排行

美国咨询公司科尔尼（A. T. Kearney）于1926年在芝加哥成立，经历近百年的发展，已成为一家全球领先的高增值管理咨询公司，其发布的《2020年全球城市指数》，共有5个一级指标，29个二级指标。其中一级指标中与旅游相关的文化体验指标包含博物馆、表演艺术、体育赛事、国际化水平、烹饪产品和姐妹城市六项内容。

4. 世界旅游城市联合会评价体系

世界旅游城市联合会于2012年9月15日在北京成立，是一家旅游领域的非政府、非营利国际组织，它是首个总部落户中国、落户北京的国际性旅游组织，也是全球首个以城市为主体的国际旅游组织，以“旅游让城市生活更美好”为核心理念。联合会重点关注旅游城市作为国际旅游目的地的吸引力方面，提升旅游质量和效益，优化旅游城市品牌形象，促进旅游城市以及区域经济社会协调发展，扩大世界各旅游城市之间的合作和交流，实现“资源共享、优势互补、互利共赢”的合作发展平台。

世界旅游城市联合会在成立之初，就启动了“世界旅游城市评价体系”的课题研究，构建了一个科学的世界旅游城市综合评价体系和旅游统计体系。世界旅游城市发展指数（Tourism City Development Index，TCDI）是评价城市旅游发展水平的综合性指标体系，可以用来概括性地评价与比较全球范围内不同城市的旅游发展水平与发展进程。为了横向比较各城市旅游产业发展现状，纵向比较城市间旅游业的发展进程，该指数从旅游者、旅游产业、城市三个层面，构建了“综合指数—单项指数—特征指标”的三级评价体系，单项指数分别为旅游景气指数、旅游发展潜力指数、旅游吸引力指数、旅游支持力指数、旅游经济贡献指数和旅游满意度指数（见表2-3）。旅游景气指数与旅游发展潜力指数关注各城市旅游产业及相关产业发展的现状与未来，是对城市旅游产业发展水平和发展潜力的衡量；旅游支持力指数与旅游经济贡献指数关注旅游业发展的客观条件和主观支持力度，是衡量一座城市为旅游业发展提供的条件和旅游对城市经济发展的影响力与贡献度，包含基础设施、社会经济水平以及政策保障等方面的衡量；旅游吸引力指数和旅游满意度指数反映了旅游者对旅游城市的感知和体验，包括城市旅游资源、旅游服务质量和城市旅游形象的衡量。

表 2–3　世界旅游城市评价指标体系

指数	二级指数	三级指标
世界旅游城市发展指数	A 旅游景气指数	A1 入境旅游人数
		A2 入境旅游收入
		A3 国内旅游人数
		A4 国内旅游收入
		A5 饭店平均客房出租率
		A6 饭店平均房价变动率
		A7 入境旅游人数增长率
		A8 入境旅游收入增长率
		A9 国内旅游人数增长率
		A10 国内旅游收入增长率
	B 旅游发展潜力指数	B1 航空客运吞吐量
		B2 城市人均 GDP
		B3 入境旅游人数年均增长率
		B4 国内旅游人数平均增长率
		B5 其他服务业产值占 GDP 的比重
	C 旅游吸引力指数	C1 网络关注度
		C2 世界遗产数量
		C3 环境质量
		C4 国际会议数量
		C5 国际航空目的地数量
	D 旅游支持力指数	D1 政府营销
		D2 人才支持
		D3 对外开放

续表

指数	二级指数	三级指标
世界旅游城市发展指数	E 旅游经济贡献指数	E1 入境旅游人均消费支出
		E2 国内旅游人均消费支出
		E3 旅游产值占 GDP 的比重
		E4 旅游业从业人数占总就业人数的比重
	F 旅游满意度指数	F1 酒店
		F2 餐饮
		F3 旅游吸引物
		F4 购物
		F5 娱乐
		F6 旅游活动
		F7 旅游交通

该评价体系以旅游者、旅游产业以及城市支持三层面、六个单项指数作为评价维度较为全面地聚焦了城市发展中的旅游业表现，突出了旅游业在旅游城市评价体系中的重要性，并且指标的选取也凸显了“世界性”这一概念，方法上也结合了定性评价，更加注重旅游者的感知与体验，强化了旅游最终目的在于满足旅游者的旅游需求。

（三）学界标准

近年来，越来越多城市都以创建“世界旅游名城”为战略目标或方向，相对于世界旅游名城在业界受到的关注，国内外学者关于世界旅游城市理论与实证研究相对不足，本书认为“世界旅游名城”与“国际旅游城市”具有某种程度上的一致性，故整合两者的评价指标体系进行综述。

1. 国外学者

国外学者对于国际旅游城市的研究有限，学者们侧重探讨国际城市与旅游业之间关系。在指标体系构建方面，多关注与旅游业（Maitland等，2014）、城市可持续发展（Tanguay等，2010）、旅游竞争力（Zhang等，2011）、旅游可持续发展（Logar，2010；Blancas等，2010）以及城市对旅游业的反哺（Henderson，2017）等相关领域的研究。从指标体系构成来看，旅游业指标主要从旅游业增加值占国内生产总值的比重，旅游就业人数、旅游景点、文化设施、本地游客和外国游客数量及消费支出等进行分析；城市可持续发展评价标准较多样，主要包括经济、社会和生态三方面，此外还涉及公共设施、制度政策等；旅游竞争力评价涵盖资源禀赋、产业实力、环境支持力度、接待能力等方面的指标；旅游可持续发展指标主要侧重于旅游生态和社会环境的测评。城市对旅游业的支持主要体现在对人均国民生产总值、社会及交通支持、居民友好程度等关键变量的评价。

2. 国内学者

目前，国内旅游城市评价标准研究主要集中在内涵解读、特征分析、评价指标构建等几个方面。

内涵解读维度。国内学者对国际旅游城市的研究开始于20世纪80年代末至90年代初，针对国际旅游城市的内涵进行了不同程度的探讨，并就“国际旅游城市”内涵解读的同时，隐含了国际旅游城市标准的内容，包括城市经济社会发达、旅游资源丰富、具有跨国界的吸引力，旅游产业发达、服务质量国际化等内容。

特征分析维度。国际旅游城市特征提炼的过程，也是国际旅游城市评价标准建立的过程。因此，可以从以往学者对国际旅游城市提炼的特征中，得出国际旅游城市标准，包括旅游产业经济指标、旅游资源丰度与吸引力、城市国际知名度、国际游客比例、基础设施及服务以及生态和社会环境等评估角度。

评价指标构建维度。国际旅游城市评价标准是一个系统且复杂的工程，由于其内涵的特殊性，尚没有公认、系统的标准，多是参照国际公认的旅游城市指标而自行设计参照性的内容和标准体系（丁于思等，2015）。国内旅游业在发展早期由于经济和政治环境的因素的原因，使得国内旅游主要以政治目的为主，旅游部门根据外交工作的需要，接待来华的国际友人。改革开放后，我国仍处于以接待入境旅游为主的发展阶段，城市是旅游者的集散地，也是旅游者活动的大本营，国际旅游尤其如此，作为首都的北京更是如此。因此，张广瑞早在1994年便以北京为例提出国际旅游城市应该具备四个基本条件：一是国际标准的旅游基础和服务设施，体现在交通、住宿和购物方面；二是旅游者来去方便，包括简化旅游者出入境手续、改善旅游信息的方式和改善城市标识系统以及预订和结算方式；三是独特而广泛吸引力的旅游吸引物，涉及保留建筑原始风貌、拥有国际水平的博物馆等；四是友好文明的社会环境，体现在居民的友好度和文明程度以及安全轻松的氛围。在此基础之上，邓卫（1997）对国际旅游城市评价标准更加具体，在强调国际旅游城市首先要具备国际性的旅游资源、创造国际性的旅游环境（包括游务设施和基础设施）以及享有国际知名度之外，对其他标准进行了一些量化的探讨，从旅游经济、专业化程度以及现代功能三大类进行概括，依据三类要求，提出了11个二级指标和26个三级指标。周玲强（1999）从旅游城市的现代化、国际化、主题化三方面入手，把国际风景旅游城市分解为三个子体系，即城市现代化指标体系、城市国际化指标体系、风景旅游指标体系，并根据三个子体系相关方面的研究成果，对国际风景旅游城市指标体系设定了指标参考值，为打造国际旅游城市提供了理论依据。随着国际旅游城市建设在国内如火如荼地进行，评价标准理论也在不断细化。为实现桂林建设现代化国际旅游城市的远景目标，有学者从城市经济与旅游经济、城市建设与旅游功能、社会发展与人文环境、可持续发展能力、旅游吸引体系与服务供给、城市经营与旅游业管理、城市形象与传播体系、科技人才与教育八大方面60个小项提出标准体系（李志刚等，2003）。阎友兵等（2007）提出国际旅游城市主要从旅游人数、旅游收入、旅游服务、旅游基础设施和旅游吸引物五个一级指标评估，进一步细化出27个二级指标，并利用层次分析法得出各个指标的权重。总体看来，以上学者的研究均是以定性研究方法对国际旅游城市评价标准进行阐述，虽然周玲强和阎友兵分别对指标体系进行了参考值和权重的分析，但均未进行实证研究，在实践运用中存在一定的局限性。

李娜（2004）从国际旅游业发展水平、国际旅游保障体系、国际旅游环境三个大方面设定了国际旅游城市指标体系。其中国际旅游业发展水平细化为主体旅游吸引物、国际旅游经济、国际接待水平和国际旅游宣传促销4个子主题；国际旅游保障体系细化为城市可进入性、金融通信服务和政府支持力3个子主题；国际旅游环境细化为城市生态环境、社会治安和国际旅游氛围3个子主题，共细分为41个指标，并采用模糊综合评价法对三亚市旅游国际化程度进行实证研究。朱梅等（2011）认为国际旅游城市的评价应基于旅游业国际化和城市环境国际化两方面的考量，将评价体系分解为城市旅游业国际化竞争力体系和城市环境国际化支持力体系，其中旅游业国际化竞争力体系从旅游业绩、旅游资源和产品、服务接待、旅游技术人才和旅游国际营销竞争力五个方面来评估；城市环境国际化竞争力体系从城市环境、公共设施、社会环境、生态环境、国际交流能力五个方面来评价，进而构建了一个含有70个三级标准的国际旅游城市评价指标体系，并以国外著名旅游城市数据为蓝本，结合我国旅游城市实情，得出各三级指标的参考值，运用层次分析法对南京和苏州两市做了初步实证研究。这些研究大多是对前人所形成评价指标体系的进一步调整，在指标的创新性及指标遴选的科学性上受到一定限制。马莉娟等（2020）为加强评价的科学性及指标体系的可用性，利用粗糙集理论中基于等价关系的方法对指标进行筛选及评价设计，构建了环境、社会、经济、旅游支持力四个子系统的一级指标。环境子系统以环境质量和资源禀赋进行体现；社会子系统以公共休闲、城市发展和文明安全等指标进行体现；经济子系统以经济总量和关联协调体现；旅游支持力子系统以要素配备、管理创新和旅游体验等指标进行体现。在此基础上，使用改进的熵权法对指标赋权，构建综合评价模型，并运用该模型对选取的10个“国家全域旅游示范区”进行评价和分析。虽然马莉娟等（2020）使用粗糙集理论、运用改进的熵权法能够从原始数据挖掘信息，但缺少了专家的经验和判断而过分依赖统计数据，也存在一定的不足。章杰宽（2021）在研究桂林打造世界级旅游城市的评价标准时，从经济、社会及资源和环境三大方面出发，构建了包含旅游宏观经济、旅游接待水平、城市旅游国际营销、旅游人力资源、国际交流情况、公共设施、政府及居民支持力度、旅游资源吸引力和生态环境9个维度的52个评价指标的世界级旅游城市指标体系，并通过对一手和二手数据的广泛收集，综合应用德尔菲法和网络层次分析法对旅游城市发展水平做了评价和分析，在数据收集和分析方法层面对评价指标体系做了较好改进。

综合上述分析可知，针对国际旅游城市、世界旅游城市，不断有学者就开发科学、合理，符合国内旅游城市特色，且能引领国内旅游城市提质增效的指标体系进行了挖掘与探索。从总体来看，由于不同学者对旅游城市内涵解读的不同，也造成了对旅游城市的评价指标的选取各有侧重。但学者们在指标选取方面已达成了某种程度的共识，常用的指标变量主要从城市和旅游业两个方面来构建评价指标体系，对城市文化底蕴、评价指标的动态性方面考虑有所欠缺，对“国际性”“世界级”的内涵挖掘相对有限。

二、世界文化旅游名城评价指标体系构建

（一）构建原则

1. 动态能力评估与静态指标评价相结合

世界文化旅游名城建设发展是一个长期且动态的过程，既涉及当下发展水平和发展状态的问题，也牵涉未来发展前景和发展潜力的问题。因此，在指标选取和指标体系构建过程中，不仅要通过静态指标的科学筛选，真实反映城市在世界文化旅游名城建设发展中所处的位置与水平，对其进行科学客观的评价，同时必须在指标体系中纳入对动态能力建设的评估，克服对固有指标过分迷信以致迷失的错误倾向，引入一定动态性指标对世界文化旅游名城建设进行动态化衡量，从能力建设的视角充分彰显“世界”的魅力、“文化”的活力、“旅游”的张力、“名城”的实力。

2. 客观指标测度与主观内容分析相结合

鉴于世界文化旅游名城内涵的丰富性，对其的评价应当是多维的、综合的，能够全方位反映城市的状况，为打造世界文化旅游名城提供切实的方向。因此，一方

面需要从旅游城市发展的客观指标出发进行测度，发挥统计数据的优势，充分揭示城市文化旅游产业水平和城市实力。另一方面也要充分坚持世界文化旅游名城所具有的“人的主体性”，能够在评价体系设计中纳入倾听人的声音、体现主客感知与诉求的部分，结合实地调研、问卷调查及网络获取等一手数据的获取方法与渠道，对统计数据所不易反映的主观内容进行系统解构与分析，以获得对世界文化旅游名城建设水平的系统认识。

3. 定量精确表征与定性柔性权衡相结合

世界文化旅游名城评价指标体系是多维度的复杂综合性系统，其中不仅包括经济、社会、生态等多方面效益，还包含文旅品牌吸引力、文化旅游产业发展能力、国际市场发展潜力、游客体验质量等多维度发展水平评价，更涉及城市之间的独特性和差异性。因此，既要在指标体系构建中树立精确可衡量的标尺，但也有必要谨慎对待城市间的差异性，必须考虑将柔性指标纳入指标体系中，充分考虑指标之间的内在联系，防止以某一孤立指标作为评判依据，克服“一刀切”的倾向。只有将定量的精确表征与定性的柔性权衡相结合，才能更加科学、真实、客观地反映旅游城市打造世界文化旅游名城的优势与短板，制定更具针对性的发展方略。

（二）指标构建依据及思路

科学的指标体系是世界文化旅游名城评价的基础。根据上文相关理论的研究以及相关文献的回顾可以发现，一级指标中，国际旅游城市指标主要涉及城市整体发展水平、基础设施、国际知名度、宜居性、环境、可持续发展能力、旅游产业、旅游资源丰度及吸引力、旅游服务接待等维度，但对于游客评价、城市创新、品牌形象维度方面较少体现。然而，游客满意度是旅游品质好坏的直接体现，创新能力是推动文化旅游产品高质量发展的主要动力，品牌形象是文化旅游城市吸引力的特色旗帜，应该在世界文化旅游名城评价指标体系构建中加以考虑。围绕世界文化旅游名城评价指标体系构建的三项原则，本书将评价指标体系分为三层，上层指标更综合，下层指标更具体。与此同时，为提高评价的实际可操作性，本书侧重选取那些能直接体现世界文化旅游名城水平的标准，用尽可能少的指标涵盖主要内容。

本书认为世界文化旅游名城是城市化推进和文化旅游产业发展共同作用的结果，结合魏小安（2022）等学者对世界文化旅游名城的概念阐释以及本书的系统解读来看，世界文化旅游名城有着深刻的内涵与鲜明的特征。因此，世界文化旅游名城评价指标体系的构建需要以自身的内涵和特征为基础，在借鉴以往国家、行业、学界的研究基础上进行指标体系构建。

（三）指标体系的确立

在以上认识的基础上，根据世界文化旅游名城评价指标体系设计的原则、依据及思路，通过理论分析法，专家咨询法进行评价指标筛选及体系构建，经过数轮筛选与调整，本书构建了包括“文旅吸引力国际化水平”“产业发展能力国际化水平”“城市高质量发展国际化水平”“市场发育潜力国际化水平”“游客体验质量综合水平”五个维度的体系架构，并选取了15个二级指标，细化出100个三级指标，最终形成世界文化旅游名城评价指标体系（见表2-4）。

表2-4 世界文化旅游名城评价指标体系

一级指标	二级指标	三级指标
文旅吸引力国际化水平	文旅吸引物等级与丰度	①城市拥有世界遗产数量 ②城市拥有国家级称号的旅游区（点） ③城市拥有国家4A级及以上旅游景区数量 ④城市拥有旅游度假区数量 ⑤城市拥有国家级非物质文化遗产数量 ⑥城市拥有国家级重点文物保护单位数量
	文旅品牌形象建设	①城市获得国际性旅游组织授予的荣誉称号数量 ②城市是否为国家文化和旅游消费（试点）城市 ③城市拥有国家级夜间文化和旅游消费集聚区数量 ④城市拥有国家级全域旅游示范区数量 ⑤城市拥有国家级旅游休闲街区数量 ⑥城市拥有国家级文旅示范村、镇、基地数量
产业发展能力国际化水平	旅游经济状况	①城市文化旅游产业增加值占城市GDP的比重 ②城市文化旅游产业对城市就业的综合贡献率 ③城市入境游客占游客总接待量的比重 ④城市入境游客增长率 ⑤城市旅游外汇收入占旅游总收入比重 ⑥城市旅游外汇收入增长率
	产品供给能力	①城市拥有特色旅居度假产品数量 ②城市拥有特色夜间旅游产品数量 ③城市旅游产品年度更新率 ④城市拥有多产融合的文旅服务主体数量 ⑤城市拥有文旅装备制造和创意研发企业数量 ⑥城市拥有规模以上文旅企业数量

续表

一级指标	二级指标	三级指标
产业发展能力国际化水平	服务保障能力	①城市拥有国际旅行社数量 ②城市拥有国际知名品牌酒店数量 ③城市拥有限额以上旅游餐饮单位数量 ④城市拥有国际旅游服务队伍数量 ⑤城市拥有旅游集散中心与咨询中心数量 ⑥城市拥有旅游专线运营总长度 ⑦城市旅游厕所等级及密度 ⑧城市主要文旅消费点智慧旅游平台覆盖率 ⑨城市主要旅游区（点）医疗点覆盖率 ⑩城市能够提供游客旅游保险险种数量
	文旅营销水平	①城市是否有特色鲜明的国际旅游宣传口号 ②城市年度举办（参与）国际文旅推介会数量 ③城市已建立国际友好城市关系数量 ④城市在国际主要搜索引擎搜索指数 ⑤城市官方设立的文旅类外语网站数量 ⑥城市官方文旅新媒体活跃度（更新频率）
	市场治理能力	①城市是否设有党政统筹的文旅综合监管机制 ②城市主要景区、度假区是否设有旅游综合执法部门 ③城市是否建有旅游公共服务与监管的志愿者队伍 ④城市出台的文旅发展地方标准数量 ⑤城市是否建立游客投诉的有效受理平台 ⑥城市受理旅游投诉结案率
	旅游地可持续发展能力	①城市制订文旅发展专项规划、行动计划数量 ②城市文旅发展专项资金投入规模 ③城市文旅资源保护资金投入规模 ④城市是否建立游客流量监控机制 ⑤城市主要景区、度假区专职环保人员数量 ⑥城市主要旅游设施建设生态化比例

续表

一级指标	二级指标	三级指标
城市高质量发展国际化水平	城市整体发展水平	①城市的城镇化率 ②城市第三产业增加值占 GDP 的比重 ③城市居民人均可支配收入 ④城市居民人均消费支出 ⑤城市社会消费品零售总额 ⑥城市实际外商直接投资额
	基础设施及配套	①城市公共交通运营线路长度 ②城市民用商业航线总条数 ③城市人均公园绿地面积 ④城市商业购物场所规模 ⑤城市医疗康复机构数量 ⑥城市冷链物流基地数量 ⑦城市拥有 5G 基站数量 ⑧城市警察、消防及特种救援队伍规模 ⑨城市无障碍服务设施覆盖率
	城市人文环境	①城市特色文化形态数量 ②城市特色文化地标建筑数量 ③城市人均公共文化场所数量 ④城市居民对旅游发展支持程度 ⑤城市居民对城市文化的认同感 ⑥城市流动人口对城市生活的满意度 ⑦城市获得专业机构人文环境评价荣誉数量
	城市生态环境	①城市人均碳排放量 ②城市空气质量优良天数比重 ③城市饮用水源水质达标率 ④城市环境噪声达标区覆盖率 ⑤城市森林覆盖率 ⑥城市生活垃圾无害化处理率

续表

一级指标	二级指标	三级指标
城市高质量发展国际化水平	创新发展能力	①城市制定科技创新、产业创新发展政策数量 ②城市金融业规模 ③城市拥有专业科研单位数量 ④城市创新发展智库人才储备数量 ⑤城市社会 R&D 经费支出比重 ⑥城市拥有专利授权数量
市场发育潜力国际化水平	国际交流便捷度	①城市国际航线吞吐量 ②城市国际航线通达境外城市数量 ③城市固定国际航班数量 ④城市国际电信通达率 ⑤城市国际货币汇兑率 ⑥城市国际互联网普及率
	国际开放度	①城市外资企业数量 ②城市常住外籍居民比例 ③城市举办国际会议会展数量 ④城市举办世界级文旅活动数量 ⑤城市由政府组织的跨国出访频次 ⑥城市签证办理的便利性 ⑦城市多（外）语种标识系统覆盖率
游客体验质量综合水平	游客综合体验满意度	

1. 评价体系构成要素分析

从评价指标体系与打造世界文化旅游名城间的关系来看，本书认为“文旅吸引力”是首要因素、“产业发展能力”是基础要求、“城市高质量发展”是重要依托、“市场发育潜力”是拓展重点、“游客体验质量”是核心目标。五大维度从操作性层面形成了对世界文化旅游名城的有力支撑。

（1）文旅吸引力国际化水平。文旅吸引力是城市文化旅游活动开展的基础，世界文化旅游名城必然要求世界级的文旅吸引力。文旅吸引力国际化水平细分为文旅吸引物等级与丰度、文旅品牌形象建设两个二级指标进行衡量。

（2）产业发展能力国际化水平。产业发展能力反映的是世界文化旅游名城文化旅游产业的总体发展状态和未来的持续发展能力。本书主要从旅游经济状况、产品供给能力、服务保障能力、文旅营销水平、市场治理能力和旅游地可持续发展能力六个二级指标反映产业发展能力国际化水平。

（3）城市高质量发展国际化水平。城市高质量发展水平表征了文化旅游产业发展环境与基础以及城市功能水平与整体发展能力，能够评估城市的软件、硬件设施及服务对文化旅游产业发展的支持力度。城市高质量发展国际化水平主要包括城市整体发展水平、基础设施及配套、城市人文环境、城市生态环境和创新发展能力五个二级指标。

（4）市场发育潜力国际化水平。市场发育潜力主要衡量的是城市文化旅游发展的交流便捷度和开放程度，是市场定位、营销及扩展的重要依据。市场发育潜力国际化水平涵盖了国际交流便捷度和国际开放度两个二级指标。

（5）游客体验质量综合水平。游客体验质量是世界文化旅游名城品质好坏的直接体现，反映了城市旅游供给满足游客需求的程度，是来自游客的主观感受。游客体验质量综合水平主要通过游客对旅游六要素以及城市整体形象的感知体验进行综合表征。

2. 分值及结果说明

为方便指标体系的操作化，本书以国内外著名旅游城市为蓝本，借鉴国内外学者及国家标准中的研究数据，再结合我国城市实情设定了三级指标的参考值（详见附录1）。目前各城市相关实践中尚未形成关于世界文化旅游名城的统计方法和指标，且本书设定的部分指标涉及官方之外的统计数据及一手资料。为此，本书在此对指标计算方法做进一步说明。三级指标中，城市居民对旅游发展支持程度、城市居民对城市文化的认同感、城市流动人口对城市生活的满意度和游客综合体验满意度为定性评价指标。关于居民部分，采用现场调研打分方式，通过抽样处理获得；关于游客部分采取发放问卷方式（共计20个题项，详见附录2），通过加权平均计算获得；其余指标数据一方面源于相关统计年鉴、政府网站及文化和旅游职能部门的内部统计，另一方面源于行业统计数据库及网络平台等。

通过专家咨询及研究团队讨论，本书将评价指标总分设定为1500分。其中，基础项目满分1400分，游客问卷调查满分100分，并划定800分为基准线。在此基础上根据分值划定了世界文化旅游名城的不同发展阶段（见表2-5）。

表2-5 世界文化旅游名城不同发展阶段及分值区间

分值	阶段	发展策略
800~1000分	基础夯实阶段	此阶段是建设“世界文化旅游名城”基底的稳定阶段，应全面改善基础环境，拓宽城市文化旅游品牌影响，优化文化旅游产业发展环境，提升文化旅游产品品质，增强综合竞争力
1001~1200分	建设冲刺阶段	此阶段是建设“世界文化旅游名城”的关键阶段，应充分发挥文化旅游产业带动作用，提升核心项目的世界级吸引力，全面优化旅游基础设施
1201~1400分	基本建成阶段	此阶段“世界文化旅游名城”建设基本目标达到，应进一步全面升级文化旅游公共服务体系，加强城市文化旅游品牌营销，强化区域世界级影响力，深化发展成果
1401~1500分	全面建成阶段	此阶段“世界文化旅游名城”进入到高质量建设期，应持续深入推动文化旅游产业和城市建设内涵式提升，持续增强世界范围内的控制力、影响力和竞争力

三、丽江市世界文化旅游名城综合评价

（一）案例地选择

丽江市是云南省辖地级市，位于青藏高原东南缘、滇西北高原、金沙江中游，是一个拥有三大世界遗产、八大国家级非物质文化遗产的中国著名旅游城市。据

统计，2019 年丽江市共接待国内外游客总数 5402. 35 万人次，旅游收入突破 1000 亿元，旅游业增加值占全市国内生产总值的比重超过 50%，旅游业已成为推动丽江市经济发展的重要支柱产业和提升人民群众生活品质的幸福产业。丽江市是个多民族共居的城市，形成了纳西文化、摩梭文化等多民族文化交融并存的丽江文化，是世界著名文化旅游城市，也是全国唯一拥有文化、自然、记忆三项世界遗产桂冠的城市。在文化和旅游深度融合方面，丽江市推出了《丽水金沙》《千里走单骑》《印象 · 丽江》《丽江千古情》等一批文化旅游精品；在智慧旅游方面，全面开展智慧景区、数字小镇建设，不断提升智慧服务、智慧监管水平，被列入“国家文化和科技融合示范基地”。近年来，丽江市委、市政府高位谋划文化旅游产业高质量发展，已先后出台《丽江市打造世界文化旅游名城三年行动方案（2021—2023 年）》《丽江市打造世界文化旅游名城二十条保障措施》《建设世界文化旅游名城提升“文化丽江”品牌三年行动计划（2022—2024 年）》等文件，凝心聚力打造世界文化旅游名城。以丽江市为案例开展打造世界文化旅游名城的深入研究，有利于探索形成世界文化旅游名城的理论成果，并为丽江市打造世界文化旅游名城提供智力支持。

（二）数据来源

为验证上述指标体系的科学性与合理性，本书以著名旅游城市丽江市为例做进一步分析。研究中涉及的统计数据主要依据 2019 年数据进行衡量（考虑到新冠肺炎疫情的因素），涉及居民、游客感知及网络数据的部分则以 2022 年所获取的为准，各类数据的获取途径如下所示。（1）大部分统计数据直接或间接从统计资料中获得，包括《丽江统计年鉴》《云南统计年鉴》《中国旅游年鉴》《2019 年丽江市国民经济和社会发展统计公报》《中国城市统计年鉴》及丽江市文化和旅游局直接提供的数据。（2）政策文件数量、搜索指数、网站数量、专利授权数量等指标数据通过北大法宝、中国知网及其他互联网平台获得。（3）城市居民对旅游发展支持程度、城市居民对城市文化的认同感、城市流动人口对城市生活的满意度等指标数据主要通过 2022 年 8 月研究团队实地调研后打分得出。（4）游客体验质量综合水平指标数据来源于对丽江市游客的问卷调查。研究团队于 2022 年 9 月 8—13 日通过问卷星平台发放问卷 318 份，有效问卷回收 220 份，有效回收率 69. 18%，游客人口统计学特征如表 2-6 所示。

表 2-6 丽江市游客调查人口统计学特征

类目		数量(人)	百分比	类目		数量(人)	百分比
性别	男	79	35.91%	文化程度	高中及以下(含职高、中专等)	14	6.37%
	女	141	64.09%		大专	27	12.27%
年龄结构	18岁以下	3	1.36%		本科	73	33.18%
	18~25岁	85	38.64%		研究生及以上	106	48.18%
	26~30岁	40	18.18%	月收入	2000~4000元	88	40.00%
	31~40岁	34	15.46%		4001~6000元	46	20.91%
	41~50岁	31	14.09%		6001~8000元	37	16.82%
	51~60岁	22	10.00%		8001~10000元	22	10.00%
	61岁及以上	5	2.27%		10000元以上	27	12.27%
市场结构	本省本市	6	2.73%	游玩次数	1次	97	44.09%
	本省外市	125	56.82%		2次	47	21.36%
	外省(东部)	35	15.91%		3次	25	11.36%
	外省(中部)	25	11.36%		4次	6	2.73%
	外省(西部)	29	13.18%		4次以上	45	20.46%
停留天数	1天	6	2.73%	出游方式	跟团游	19	8.64%
	2天	30	13.64%		自由行	118	53.63%
	3天	55	25.00%		自驾游	55	25.00%
	3天以上	129	58.63%		半自助游(跟团和自由行综合)	28	12.73%

(三)结果分析

根据以上建立的世界文化旅游名城评价指标体系，本书对丽江市打造世界文化旅游名城的现状进行了系统评分(见表2-7)，在总分为1500分的评价指标体系中，丽江市共得967分(位于800~1000分的得分区间内)，可以判断丽江市总体处于世界文化旅游名城建设的基础夯实阶段，具备进一步打造成为世界文化旅游名城的基本条件与优势，但仍存在一些短板。具体结果分析如下：

表 2–7　丽江市世界文化旅游名城评分明细

<table>
<tr><th>一级指标</th><th>二级指标</th><th>总分</th><th>自评分</th></tr>
<tr><td rowspan="2">文旅吸引力国际化水平</td><td>文旅吸引物等级与丰度</td><td>120</td><td>76</td></tr>
<tr><td>文旅品牌形象建设</td><td>100</td><td>70</td></tr>
<tr><td rowspan="6">产业发展能力国际化水平</td><td>旅游经济状况</td><td>80</td><td>25</td></tr>
<tr><td>产品供给能力</td><td>90</td><td>46</td></tr>
<tr><td>服务保障能力</td><td>110</td><td>78</td></tr>
<tr><td>文旅营销水平</td><td>75</td><td>43</td></tr>
<tr><td>市场治理能力</td><td>65</td><td>57</td></tr>
<tr><td>旅游地可持续发展能力</td><td>80</td><td>55</td></tr>
<tr><td rowspan="5">城市高质量发展国际化水平</td><td>城市整体发展水平</td><td>100</td><td>65</td></tr>
<tr><td>基础设施及配套</td><td>120</td><td>44</td></tr>
<tr><td>城市人文环境</td><td>100</td><td>74</td></tr>
<tr><td>城市生态环境</td><td>100</td><td>85</td></tr>
<tr><td>创新发展能力</td><td>70</td><td>41</td></tr>
<tr><td rowspan="2">市场发育潜力国际化水平</td><td>国际交流便捷度</td><td>70</td><td>53</td></tr>
<tr><td>国际开放度</td><td>120</td><td>80</td></tr>
<tr><td colspan="2">游客体验质量综合水平</td><td>100</td><td>75</td></tr>
<tr><td colspan="2">合计</td><td>1500</td><td>967</td></tr>
</table>

第一，从文旅吸引力国际化水平各指标得分来看：在文旅吸引物等级与丰度方面，丽江市的整体得分比较高，三项世界遗产及众多的非物质文化遗产、文物保护单位等也成为丽江市打造世界文化旅游名城的本底依托。然而目前，丽江市还没有国家级旅游度假区，国家 5A 级旅游景区只有 2 家，且开发模式较为传统。这导致丽江市吸引力在空间分布上较为集中，无法显著延缓游客停留时间，尚未在全域范围内形成世界级的吸引力；在文旅品牌形象建设能力方面，丽江市已在创优工作方面取得了很大成绩，不过目前国家级品牌还较少，未能形成世界级品牌的规模效应，品牌质量有待提升。

第二，从产业发展能力国际化水平各指标得分来看：在旅游经济状况方面，丽江市国内市场旅游经济总体表现强势，不过入境游客数量和旅游外汇收入较少，据统计数据显示，2019 年海外游客 108.5 万人次，仅占总接待量 2%，旅游外汇收入 69701.58 万美元，占旅游总收入 4.46%。产品供给能力方面，传统观光产品依然占据主流，旅游产品更新迭代缓慢，产品结构存在一定的滞后性，市场表现疲软，规模以上企业数量引进力度不足，企业创新支撑不足，旅游产业与其他产业融合度较低；服务保障能力方面，国际化旅游产业支撑要素的供给量和引进力度尚有不足，城市旅游厕所和旅游专线运营覆盖率有待提升，国际化旅游服务需求适应不足等；文旅营销水平方面，国际旅游营销投入较少，收效效应有限，尚未达到国际水准，对外交流层面欠缺，国际化旅游宣传力度较为有限；市场治理能力方面，丽江市坚定不移整治旅游行业乱象，重拳整治旅游市场秩序，但仍需更好地处理市场秩序和市场活力的关系问题；旅游地可持续发展方面有待强化，文化旅游发展专项和保护资金投入相对较少。

第三，从城市高质量发展国际化水平各指标得分来看：城市整体发展水平方面的主要失分点在于社会消费零售总额表现偏弱以及实际外商直接投资较低，说明社会的整体消费水平不高，对外商投资吸引力表现不佳；基础设施及配套方面，交通内外通达性方面已具备较好基础，但商业区规模、人均公共休闲空间、城市救援体系、无障碍服务设施等方面均有一定的提升空间，距世界文化旅游名城仍有一定差距；城市环境方面，从人文和生态环境来看已基本符合国际标准，在周边城市中存有优势，然而人均公共文化场所数量不足，多民族优质文化资源还有待进一步挖掘；创新发展能力方面，文化旅游人才供给不能满足发展需求，创新发展还有待进一步提升。

第四，从市场发育潜力国际化水平各指标得分来看：国家交流便捷度方面，在新冠肺炎疫情暴发前，国际航空运输能力不断提升，但国际航线及通航城市数量仍然有限，语言环境、货币通兑以及国际通信方面存在明显短板；国际开放度方面，签证便利程度有待加强，世界级的文旅活动以及国际会议会展数量都比较少，与其他境外城市特别是国际友好城市之间的经济、文化交流往来还不够密切。

第五，从游客体验质量综合水平得分来看：游客对于丽江市文化旅游资源、城市整体水平、居民友好程度等各方面都较为满意。从问卷主体来看，对于丽江市传统旅游六要素方面，游客普遍感到满意，但丽江市的交通与餐饮相较其他方面，游客满意度偏低；在城市整体水平方面，丽江市文化氛围、旅游服务水平、环境质量等方面都呈现出较高的满意度，但多数游客认为丽江市的医疗水平有待提高，旅游区（点）物价水平偏高，影响了游客的消费支出。此外，从游客特点来看，在本次问卷调查中，女性比例明显高于男性，游客群体以 18～60 岁的中青年游客为主（占九成以上），来自省内省外的游客比例大体持平，其中超过一半的游客在丽江市的停留天数在 3 天以上，说明丽江市在旅居度假产品开发方面已取得了较好效果。从样本反映的客源市场来看，省内客源市场占比接近 60%，省外客源市场具有相当大的拓展空间。需要说明的是，本次游客调查受到新冠肺炎疫情等外部条件的影响，样本的人口统计学特征或不能全面反映丽江市现实，仅作为分析参考。

综上，丽江市在打造世界文化旅游名城方面已具备一定的基础及优势条件，也存在显著的短板。从基础与优势角度来看，丽江市在资源、区位、政策方面的优势比较明显，传统品牌的吸引力仍在，新业态、产品的探索方面已形成一定基础，也具有一定的人才储备。从短板角度来看，新兴产品业态供给能力、文化资源创造性开发和创新性发展能力、生态价值转换能力、市场主体培育能力、现代产业要素发育能力及发展格局、人才储备、国际交流与合作方面仍存有很大的提升改善空间。下一步将对丽江市打造世界文化旅游名城的基础条件进行系统分析。

参考文献

[1] Blancas F J, Caballero R, González M, et al. Goal programming synthetic indicators: An application for sustainable tourism in Andalusian coastal counties [J]. Ecological Economics, 2010, 69 (11): 2158-2172.

[2] Henderson J. Transport and tourism destination development: An Indonesian perspective [J]. Tourism and Hospitality Research, 2017, 9 (3): 199-208.

[3] Logar I. Sustainable tourism management in Crikvenica, Croatia: An assessment of policy instruments [J]. Tourism management, 2010, 31 (1): 125-135.

[4] Maitland R, Newman P. World tourism cities: Developing tourism off the beaten track [M]. London: Routledge, 2014.

[5] Tanguay G A, Rajaonson J, Lefebvre J F, et al. Measuring the sustainability of cities: An analysis of the use of local indicators [J]. Ecological indicators, 2010, 10 (2): 407-418.

[6] Zhang H, Gu C L, Gu L, et al. The evaluation of tourism destination competitiveness by TOPSIS & information entropy: A case in the Yangtze River Delta of China [J]. Tourism Management, 2011, 32 (2): 443-451.

[7] 邓卫．建设国际旅游城市的基本规范［J］．科学决策，1997（1）：22-28.

[8] 丁于思，黄莉．国际旅游城市评价标准研究［J］．标准科学，2015（3）：31-34.

[9] 李娜．国际旅游城市指标体系研究［D］．浙江大学，2006.

[10] 李志刚，宾宁．建设现代化国际旅游城市标准体系初探——以桂林市为例［J］．社会科学家，2003（6）：121-123.

[11] 马莉娟，张松婷，蔡鲲鹏．城市旅游目的地综合评价指标体系构建及实证研究［J］．山西能源学院学报，2020，33（6）：64-67.

[12] 宋金平，于萍，王永明．世界旅游城市建设的理论与实践［M］．南京：东南大学出版社，2015.

[13] 魏小安．世界文化旅游城市的新发展［EB/OL］.（2022-07-04）［2022-09-01］. https://mp. weixin. qq. com/s? __biz = MzIxMTk2NTU1Mg == &mid = 2247501884& idx = 1&sn = cabc9fe513561d0537d9ca04caaa1b54&chksm = 974fcb23a038423560ed4c5b51373b15108c2fdcb5f5f91503cdb6cbbe376f76f5c800a728a5&scene = 27.

[14] 阎友兵，王忠．国际旅游城市评价指标体系研究［J］．湖南财经高等专科学校学报，2007（1）：88-91.

[15] 张广瑞．简谈国际旅游城市应具备的条件——兼谈北京作为国际旅游城市还缺什么［J］．旅游学刊，1994（1）：16-20.

[16] 章杰宽．桂林世界级旅游城市指标体系的构建与评价［J］．旅游论坛，2021，14（5）：117-125.

[17] 周玲强．国际风景旅游城市指标体系研究［J］．城市规划，1999（10）：31-34，64.

[18] 朱梅，魏向东．国际旅游城市评价指标体系的构建及应用研究［J］．经济地理，2011，31（1）：170-176.

01

第一篇 丽江市打造世界文化旅游名城的基础分析

第三章 丽江市打造世界文化旅游名城的优势条件

一、世界级的优质资源

（一）世界遗产级的资源奇观

丽江市拥有三大世界级遗产，分别是世界文化遗产“丽江古城”、世界记忆遗产“纳西东巴古籍文献”、世界自然遗产“三江并流核心区——老君山”

丽江古城始建于宋末元初，迄今已有近800年历史，见证了丽江市农耕文化、茶马古道商贸文化及城市多元文化形成和发展的完整过程。1997年12月4日，丽江古城以其保存浓郁的地方特色与自然完美结合的典型，被联合国教科文组织列入世界文化遗产名录，成为中国唯一一个以少数民族居民为主体的世界文化遗产地（杨海潮，2009）。

纳西族的东巴文是目前世界上唯一存活着的象形文字，常用单字约1500个，用较为规范的图形来直接或间接地表示纳西语语词，具有很强的图画性。在东巴文化发展后期，东巴祭司们在象形文字的基础上创造出一套标音音节符号，称为“格巴文”，充实了东巴文字体系，使纳西语的记录手段更加便捷、完备。东巴古籍文献凝结着纳西族社会历史、自然知识、文化艺术、思想观念、习俗礼仪等民族精神文化。向世人呈现了人类古代文明萌芽、发展、变迁的完整形态，是研究古老文明演变规律的典型范例。2003年8月，东巴古籍文献被联合国教科文组织列入世界记忆遗产名录。

金沙江从世界屋脊青藏高原奔腾而下，由滇西北进入云南，与澜沧江、怒江一起并肩在横断山脉的高山深谷中穿行。三条江并流南下在横断山之间的最近直线距离不足66.3公里处，形成了世界罕见的“三江并流”自然奇观。2003年7月，在27届联合国世界遗产大会上，“三江并流”（包括丽江市老君山片区）申报世界自然遗产成功。

在一个地级市市域范围内拥有如此众多的世界遗产，在国内乃至世界也实属罕见。丽江市是中国唯一拥有文化、记忆、自然三项世界遗产桂冠的城市。这为丽江市打造世界文化旅游名城提供了重要保障。丽江市是全省乃至全国具备优质文化旅游条件的地区之一。

（二）壮美秀丽的自然景观

丽江市拥有雪山、冰川、高山峡谷、湖泊、草甸、江河共同构成的壮美秀丽的自然景观（见图3-1）。玉龙雪山是纳西人民心中的神山，玉龙雪山及其发育的冰川宛如天边巨龙腾跃飞舞。丽江市的高山峡谷纵列举世罕见，自西向东有属云岭山脉的老君山、玉龙雪山、小凉山三大山系排列，海拔3500米以上的高山共有42座。老君山以“千龟山”丹霞地貌、杜鹃花海及九十九个冰蚀湖闻名遐迩。金沙江江水强烈下切，形成壮观的峡谷地貌景观。其中，位于玉龙雪山和哈巴雪山之间的“虎跳峡”，两侧山岭与江面高差达3500米以上，为世界著名峡谷之一。此外还有永兴峡谷、无极岭、白水河谷等峡谷景观①。泸沽湖、拉市海、文笔海、蓝月谷、程海、文海、吉子水库、姐妹湖、青龙湖是其静谧秀美的高原湖泊；牦牛坪、云杉坪、格拉丹草原及拉市海自然保护区周边的草甸牛羊自牧、五彩斑斓。金沙江流经丽江市651公里，占金沙江总长的1/4、占长江总长的1/10，形成了独特的立体地貌、立体气候、立体物产、立体人文景观，最具代表性的景点有长江第一湾、虎跳峡和宝山石头城，目前正努力建设成为金沙江绿色经济走廊和国际性高山峡谷旅游区（丽江市人民政府办公室，2022）。

（三）丰富多彩的人文景观

丽江市拥有包含地域特色建筑、革命胜迹、文化遗迹、特色村镇等在内的丰富多彩的人文景观。

丽江市的特色建筑以丽江古城纳西族传统民居形成的建筑群落、宝山石头城民居、永宁摩梭传统民居、普米民居、彝族民居、白沙明代建筑群等为代表。宝山石头城位于丽江市城北110公里处的金沙江峡谷中，因百余户人家聚居在一座独立的蘑菇状巨石之上而得名。石头城三面皆是悬崖绝壁，一面石坡直插金沙江，仅有南北两座石门可供出入，是一座天险之城（李群育，2000），其建于元朝初年，是全国重点文物保护单位，2012年入选首批中国传统村落，2020年被评为中国旅游名村。永宁摩梭传统民居以木楞房、摩梭院落、祖母房、花楼等为代表。丽江市的普米族、彝族民居以宁蒗县为代表。宁蒗县抓如村以普米族的特色建筑融合非物质文化遗产展示，正在打造普米族乡村博物馆（李亚，2021）。丽江市的彝族建筑以宁蒗小凉山彝族最为典型，拉市海后山的波多罗村（彝语“波多罗”意为“最美的山谷”）是一个彝族村寨，也是一个新兴的热门生态民族旅游村寨。白沙位于丽江市城北8公里处玉龙雪山脚下，是纳西族进入丽江盆地后的最早定居点和丽江文明的

① 资料来源：《丽江市旅游发展规划（2004—2020）说明书》。

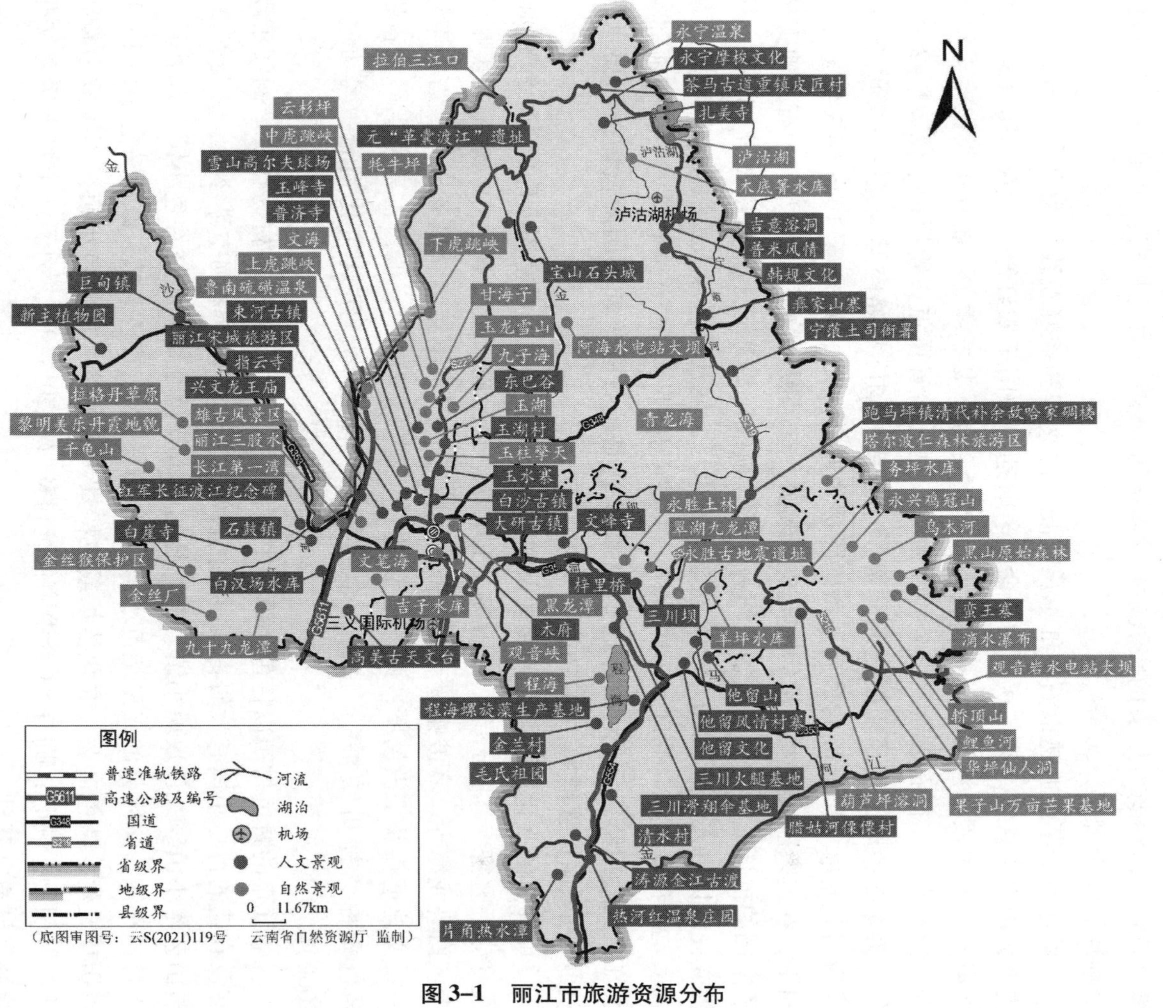

图 3-1　丽江市旅游资源分布

发祥地，也是宋元以前丽江市政治军事和文化的中心。白沙古建筑群由民居建筑群和宗教建筑群组成，分布在一条南北走向的主轴上，中心为方形广场，三条主要街道以广场为中心成十字形交会，一股清泉从北面引入广场，然后向南融入民居群落，极具特色。白沙老街尽头的宗教建筑主要有琉璃殿、大宝积宫、大定阁、文昌宫、金刚殿等（李群育，2000）。

丽江市的革命胜迹以石鼓红军长征渡口纪念碑和驼峰航线最为有名。石鼓为历史上云南军事要塞。第二次国内革命战争时期，中国工农红军二、六军团（第二方面军）在此抢渡金沙江北上抗日，谱写出壮丽的历史篇章。石鼓红军长征渡口纪念碑，耸峙在丽江市石鼓镇北端金沙江西岸，是云南省重点文物保护单位。1942 年 5 月，美军在中国云南至印度之间开辟了一条新的国际战略空运通道——驼峰航线，成为当时支撑中国抗战的最后一条国际援华通道。在 1942 年至 1945 年 3 年多的时间里，在这条航线上共飞越运输机 8 万架次，空运援华物资 80 多万吨，有力地支援了中国的抗日战争。但在这条被称为“死亡航线”的通道上，坠毁飞机 609 架，牺牲或失踪机组人员近 2000 名。坠机事件发生后，丽江市各族人民积极救护和关心帮助美军飞行员，在三仙姑、木斯主村、太安木什村、拉市海、七河忠义村等地都有丽江人民救护坠机飞行员的传说。驼峰航线是抗日战争期间国际友谊的重要见证（丽江古城保护管理局，2021）。

丽江市的文化遗迹与藏传佛教及纳西本土东巴信仰关系密切，形成了白沙壁画、文峰寺、普济寺、指云寺、福国寺、玉峰寺、北岳庙、巨甸兴化寺、永宁扎美喇嘛寺、白马龙潭寺、者波喇嘛寺、里务比喇嘛寺、萨雅喇嘛寺、里务比寺、雪松庵等一批文化遗存及宗教场所；此外还形成了巨甸“花马国”、他留古墓群、塔城古铁桥（又称“神川铁桥”）遗址、金龙桥等历史文化、建筑文化遗迹（李群育，2000）。

丽江市的特色村镇以特色小镇、中国传统村落以及旅游名村为代表。丽江市现有及在建的特色小镇有大研古镇、束河古镇、白沙古镇、七河空港小镇、金茂谷镇、雪山艺术小镇、九色玫瑰小镇、玉龙县的拉市特色小镇、石鼓特色小镇、永胜县三川特色小镇、华坪县的兴泉特色小镇、宁蒗县的永宁特色小镇、红桥特色小镇 13 个以历史文化、特色产业、文化传承或独特景观等为依托的特色小镇，不少成为新兴旅游吸引物，同时，拥有 53 个中国传统村落（见表 3-1），为丽江市打造世界文化旅游名城奠定基础。

表 3–1　丽江市传统村落汇总

区县名称	村落名称
古城区	大东乡大东行政村
	金山乡贵峰村
	金山乡漾西村
	七河乡共和西关村
	金安镇义新村委会五坝里村
	金山乡良美村委会启良村
	七河镇羊见村委会金安村
	七河镇新民村委会上村
	七河镇新民村委会新民下村
	七河镇共和村委会东关村
	束河街道黄山社区忠信村
	文化街道东江居委会向阳村
	束河街道龙泉村委会
	七河镇共和村委会南溪村
	束河街道中济社区普济村
	七河镇五峰村委会中排村
	九子海村
玉龙县	白沙乡白沙村
	宝山乡石头城村
	黄山镇文华村委会文华中村
	黄山镇白华村委会吉来村
	石鼓镇石鼓村委会海螺村
	石鼓镇大新村委会竹园村
	石鼓镇仁和村委会石支村
	白沙镇玉湖村委会玉湖村
	拉市镇海南村委会丰乐村
	拉市镇南尧村委会南尧自然村

续表

区县名称	村落名称
玉龙县	黄山镇五台村委会夏禾下東河村
	拉市镇海东村委会梅子村
	拉市镇吉余村委会余乐村
	拉市镇均良村委会打渔村
	拉市镇美泉村委会美泉村
	石头乡四华村委会龙华村
	大具乡培良村委会营盘村
	宝山乡吾木村委会吾木村
	龙蟠乡新联村委会土官村
	龙蟠乡兴文村委会宏文村
	巨甸镇拉市坝村
	塔城乡拉市落村
	黎明乡中兴村、柏木村、木瓜村
宁蒗县	永宁乡落水村
	永宁乡温泉村委会瓦拉别
	拉伯乡加泽村委会油米村
	翠玉乡培德村
永胜县	期纳镇谷宇村
	期纳镇清水村
	三川镇翠湖村委会翠湖村
	期纳镇文凤村委会果园南村
	程海镇海腰村委会蒲米村
	六德乡双河村委会双河二村
	东山乡河东村委会妈知务邑啰村
	松坪乡下啦嘛村委会看牦牛村
	程海镇兴仁村青草湾村

资料来源：住房和城乡建设部等部门公布列入中国传统村落名录的村落名单。

（四）和谐相融的民族文化

丽江市是典型的边疆少数民族地区，除汉族外，千百年来居住着纳西族、彝族、傈僳族、白族、普米族、傣族、苗族、藏族、回族、壮族等十多个主要少数民族。不同的民族文化绚丽多彩，共同孕育了和而不同的生产生活方式、节日庆典以及风俗习惯。泸沽湖畔的摩梭人至今保留着母系氏族社会男不娶、女不嫁的婚姻习俗，被称为“人类母系文化最后一片净土”（杨国清，2011）；纳西族“披星戴月”服饰、小凉山彝族服饰以及华坪“花傈僳”服饰等也各有特点；纳西族的东巴象形文字已成为丽江市重要的旅游符号之一。此外，丽江市已形成了纳西古乐、洞经音乐、山歌、民间小调、喜歌和丧歌、生产调、口弦等系列音乐文化以及东巴舞、甲搓舞等舞蹈艺术；形式多样的过年习俗、祭天、亲和自然的仪式、清明插柳、“舅父为大”的礼俗、成年礼、“青春棚”等独特的民族风俗以及棒棒会、三多节、骡马会、火把节、朝山节、粑粑节等节庆活动；也形成了东巴教、道教、汉传佛教、藏传佛教等多元宗教信仰并存的局面（李群育，2000），为丽江市丰富的自然遗产增添了文化内涵。

丽江市是一个多民族聚居地区，滇、川、藏文化的交会点的独特区位使其形成了多元并存、兼收并蓄的民族文化特色。在漫长的历史进程中，各民族在这片神奇美丽的土地上长期生息繁衍、和睦相处，各种文化在这里博采众长、共同发展，逐步形成了丰富独特、多民族共荣共存的优秀文化。以纳西族为主的东巴文化、以摩梭人为主的摩梭文化、以永胜县汉文化为主的边屯文化、以他留人为主的他留文化、以彝族为主的毕摩文化及花傈僳文化等多元文化和谐共存，又独具特色，使丽江市成为多民族和睦团结、交流交往交融的典范，成为多元文化共存的资源富矿（杨福泉，2006）。

截至2022年，丽江市共计有国家级非物质文化遗产8项、省级非物质文化遗产39项、市级非物质文化遗产97项及诸多县级非物质文化遗产；有194处文物保护单位，其中全国重点文物保护单位11处、省级文物保护单位14处、市级文物保护单位56处、县（区）级文物保护单位113处。

（五）悠远神秘的历史文化

丽江市历史悠久，文物古迹众多。丽江市的人类活动历史可追溯到10万年以前。1958年，在古城区以南13公里的漾弓江畔木家桥附近，出土了一批旧石器和兽骨化石，考古学界称这一发现填补了中国西南地区还没有出土过旧石器的空白。1960年又在该地出土了三根人类股骨化石，1975年再次在该地发现人类头盖骨化石一个，为少年女性，考古学上定名为“丽江人”，属旧石器时代晚期智人。距今10万年左右的“丽江人”，表现出蒙古人种的特征，说明早在10万年前，已有中华民族的祖先在丽江市繁衍生息。悠久的历史文化形成了“丽江人”遗址，新石器文化遗址，青铜文化遗址，丽江金沙江崖画遗址，巨津州（今巨甸）有字瓦遗址，宋、元、明火葬墓遗址，北胜土州城遗址，澜沧卫古城，丽江石刻等系列古文化遗址及遗迹，皆是重要的历史文化瑰宝。

丽江市历史沿革情况如下：战国时期，丽江市属秦国边地。两汉和蜀汉、西晋先后属越嶲郡、云南郡，称遂久县。东晋和南北朝仍属云南郡，隋朝属越嶲郡，唐属南诏铁桥节度（后改为剑川节度）。宋代，丽江市属大理国善巨郡、谋统府及么些部地。蒙古宪宗四年（1254 年），忽必烈南征大理，在丽江市境内“革囊渡江”（金沙江），纳西族首领率众迎降。元朝在丽江市设茶罕章管民官，至元八年（1271 年）改为宣慰司，至元十三年（1276 年）又改为丽江路军民总管府。明洪武十五年（1382 年）置丽江府，后改为丽江军民府，纳西族首领阿得因归附有功，明皇帝赐以木姓，并授“任本府世袭土官知府职事，中顺大夫”。丽江木氏土司制度发展进入鼎盛时期。清代仍为丽江军民府，雍正元年（1723 年），丽江实行“改土归流”，木氏降为土通判。丽江木氏土司政权，自 1253 年忽必烈南征到丽江设“茶罕章管民官”至清代改土归流，传世 22 代，共 470 年。从实行改土归流到清朝灭亡的 188 年间，朝廷共委派流官知府 75 位。清代初年，当时的世袭永宁土府、北胜土知州、鹤庆府所属顺州等，均属永北府（驻京永胜），辖地即今永胜、华坪、宁蒗三县区域。清乾隆三十五年（1770 年），改永北府为永北直隶厅，辖区未变。丽江市历史沿革对其人文旅游景观的形成演变有着重要影响，为丽江古城成为国家级历史文化名城、世界文化遗产创造了条件。

二、国际国内重要的战略区位

（一）“一带一路”和长江经济带的重要节点，辐射东南亚、南亚的知名城市

丽江市是“一带一路”之丝绸之路经济带和长江经济带的重要节点。茶马古道是南方丝绸之路的重要组成部分，丽江市又是茶马古道的必经之路。丽江市境内的金沙江是长江上游的重要支系，丽江市也是长江经济带的重要节点。同时，丽江市还主动对接国家“一带一路”和长江经济带基础设施规划建设，制定的《丽江市综合交通网发展规划》和《关于加快高速公路建设的实施意见》，提出了构建“一带两横三纵四射”综合运输大通道战略规划，形成东进四川入内地、南下大理通南亚、西出怒江到境外、北上迪庆进西藏，内外联通、四通八达的交通网络。更好地承接和服务丝绸之路经济带和长江经济带的社会、经济、文化的交流交往和贸易往来。丽江市还曾举行过“一带一路”文化遗产合作交流会，足见其战略地位。

丽江机场是云南省旅客吞吐量“百万级”的7个民用机场之一，也是全省4个国家口岸级机场之一。省内9条环飞航线中，丽江市就占据了3条，分别辐射南向的西双版纳、西南向的澜沧和西向的芒市。国内航线主要开通了直飞北京、上海、广州、深圳、成都、重庆等航线，实现国内主要城市与环线高效高质衔接。同时开通了我国香港、台北、高雄以及国外首尔、吉隆坡、曼谷、新加坡等多条国际（地区）航线，覆盖了省内热门旅游地、国内主要一级客源市场，对南亚、东南亚地区国际市场和我国港澳台地区都有极强的辐射能力。丽江市也正在努力打造面向南亚、东南亚辐射中心的重要节点。

（二）“驼峰航线”空中通道的重要依托，青藏高原南下横断山区的重要城市

驼峰航线是“第二次世界大战”时期中国和盟军一条主要的空中通道，始于1942年，终于“二战”结束，为打击日本法西斯做出了重要贡献。“驼峰航线”西起印度阿萨姆邦，向东横跨喜马拉雅山脉、高黎贡山、横断山、萨尔温江、怒江、澜沧江、金沙江，进入中国的云南高原和四川省。航线全长800多公里，地势海拔均在4500~5500米，最高海拔达7000米，山峰起伏连绵，犹如骆驼的峰背，故而得名“驼峰航线”。丽江市是驼峰航线的重要节点，这条航线经过的地区，海拔高、气流强、气压低，气候非常恶劣，运输机随时有撞山的危险。为了加强驼峰航线的导航、救护和加油等工作，有效保障飞行安全，美军在丽江白沙建立了航空导航站，作为昆明、重庆、成都至印度（阿桑）的中转站，陈纳德将军带领的飞虎队常驻这里。其间，美军的工作得到了丽江人民的大力支持。为了修电台、建军事设施，美军占用了玉湖、白沙等村农民的1100亩良田，拆毁了民房，切断了水源，但丽江人民为了抗战，无怨无悔。据统计，在1942年至1945年3年多的时间里，在这条航线上共飞越运输机8万架次，空运援华物资80多万吨，有力地支援了中国的抗日战争。

丽江市是青藏高原南下横断山区的重要城市，被誉为“高原姑苏”且蜚声海内外。丽江市也是汉文化旅游区向藏文化旅游区的过渡地带，其纳西文化体系也独树一帜，使得这一区域神秘而美好。丽江市一直是香格里拉民族文化旅游区及滇藏茶马古道的重点旅游城市之一，在国家层面旅游发展格局中也具有重要战略地位。此外，从地理区位和交通区位来看，丽江市还是通过214国道进入藏区东线的滇藏线必经之路，也是起点丽江、终点拉萨，号称最美进藏路线“丙察察”的必经之路。滇藏线全程2300多公里，从昆明出发，经过大理→丽江→香格里拉→芒康→林芝→拉萨。丙察察进藏线路途经丽江→丙中洛→察瓦龙→察隅→林芝→拉萨，被称为第七条进藏公路，是以险而名的道路，同时也是风景最为原始优美的道路。

（三）大香格里拉旅游经济圈核心腹地，大滇西旅游环线关键节点

丽江市是大香格里拉旅游经济圈的核心腹地之一。2002 年起，云南、四川、西藏三省（区）开始加强旅游合作，先后召开了数次协调会共同致力于“中国香格里拉生态旅游区”的发展。在三省区发表的《旅游合作宣言》中，认定“中国香格里拉生态旅游区大香格里拉”范围涵盖川西南、滇西北、藏东南 9 个地州市 82 个县（区），即四川省甘孜州、凉山州、攀枝花市的 40 个县（区），云南省迪庆州、大理州、怒江州、丽江市的 24 个县（市、区），西藏自治区昌都地区、林芝地区的 18 个县。2007 年 12 月，国家旅游局和国家发改委共同主持了《香格里拉生态旅游区总体规划》评审并予以通过。国家旅游局确定把“香格里拉生态旅游区规划”列为“十一五”期间区域旅游与专项规划的重点。2016 年 6 月，滇川藏三省区十一市县共同签署了《香格里拉区域旅游合作备忘录》，成立香格里拉区域旅游合作联盟，并发表《香格里拉宣言》，力争把香格里拉建设成世界一流的旅游目的地，将共同推动联盟旅游交通便捷化、旅游产品特色化、旅游市场一体化和旅游管理协作化。以大香格里拉旅游经济圈为平台，大力推动区域旅游合作，优化旅游发展体制机制，塑造大香格里拉旅游品牌，是丽江市打造世界文化旅游名城的重要契机。

丽江市是大滇西旅游环线的关键节点和金字招牌。在早期的云南旅游发展规划中，包含昆明、楚雄、大理、丽江、香格里拉在内的滇西北香格里拉旅游线路是云南的老牌经典线路之一。由于声名鹊起较早且经久不衰，丽江市始终是滇西北黄金旅游线路中必去旅游目的地之一。2019 年云南启动了大滇西旅游环线建设，大滇西旅游环线最初涉及德钦、香格里拉、丽江、大理、保山、瑞丽、腾冲、泸水、贡山等地约 1600 公里。之后又在原有的基础上新增 1600 公里西南环线（昆明—玉溪—红河—普洱—西双版纳—临沧—楚雄），形成“8 字形”蝶形大环线（见图 3-2）。处于大滇西旅游环线上的丽江市以优质资源和交通互联互通为基础，正在不断加快内联外通环线建设，全力服务和融入大滇西旅游环线，逐步凸显在大滇西旅游环线中作为关键节点的战略意义，这对推动大滇西旅游纵深发展、推进区域旅游创新能力提升具有关键作用，更是丽江市打造世界文化旅游名城的关键抓手。

（四）茶马古道历史重镇，藏羌彝走廊与汉、藏、纳西、白多文化交融区

茶马古道源于古代西南边疆的茶马互市，兴于唐宋，盛于明清。茶马古道分川藏、滇藏两路，连接川滇藏，延伸入不丹、尼泊尔、印度境内，直到西亚、西非红海海岸，是古代中国与南亚地区一条重要的贸易通道（杨跃萍，2003）。滇、川、藏三大区域为茶马古道的核心区，而丽江市刚好位于这三大区域的交会区，凸显了在茶马古道上的特殊地位。元代以前，丽江市一直处于南诏、大理、吐蕃的地方政

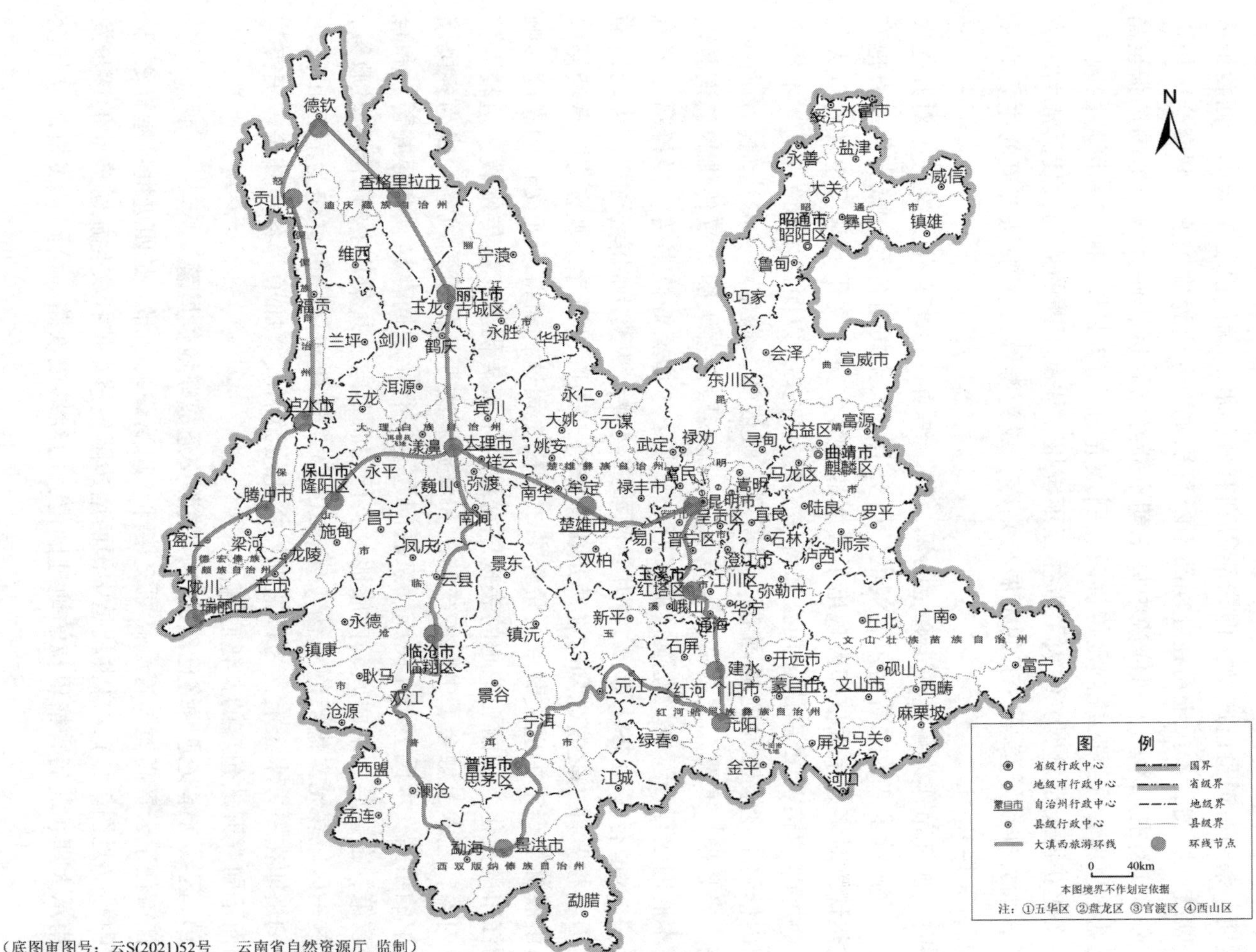

（底图审图号：云S(2021)52号　云南省自然资源厅 监制）

图 3–2　大滇西环线空间示意

权之间的博弈空间中，加上长时期的内部纷争，难以形成统一力量。同时，这一时期，地方势力间的割据纷争也不利于茶马古道的有机联系。所以，唐宋至元的漫长历史时期，茶马古道虽已成型，但未能得到有效拓展。元代以后，云南、西藏纳入中央王朝统一版图，木氏土司在此期间不断蓄积实力，成为雄控滇川藏交会区域近500年的一方霸主。木氏土司依恃中央王朝不断经略藏区，使其势力范围扩张至昌都、巴塘、里塘，在藏区扶持藏传佛教、引入先进生产技术，使这一区域的政治、经济、文化获得长足发展，结束了以往互不统摄、战乱不断的局面，使其成为一方“净土”，大力推动了茶马古道的发展与兴盛，成为继续开拓茶马古道的主要力量（杨杰宏，2014）。

同时，丽江市作为藏羌彝走廊上的汉、藏、纳西、白多文化交融区，对其他民族文化一直延续了兼收并蓄的包容气度。历史上木氏土司对待汉、藏文化一直抱有极大的热忱，对多元宗教信仰表现出了极大的包容，对汉文化的学习也怀着巨大的诚意。《明史》称：“云南诸土司，知诗书，好礼守义，以丽江木氏为首。”木氏土司在境内修建了规模宏大的福国寺、三清殿、皈依堂、觉显寺、护法堂、万德宫、珊碧院、光碧楼、寒潭、大觉宫、大宝积宫、琉璃殿、玄天阁等汉传佛教、道教建筑，在木府内建有万卷楼。乾隆《丽江府志》说：“增又好读书传，极群籍，家有万卷楼。”木增有《检书》诗云，“万卷浑如邺架藏，清藜小阁满云香”，生动地描画了“万卷楼”藏书之富。同时在鸡足山华严寺、永胜灵源寺、观音寺、藏经楼以及芝山解脱林等寺宇中也收藏了大量经书。木氏土司这种对待多元文化的态度影响到了丽江市的文化，如丽江壁画的表现题材融合了藏传佛教、汉传佛教、道教等多元宗教内容，艺术上融会了中原传统技法和藏族、纳西族的绘画风格，成为各民族团结友谊的结晶。木氏土司在民族、宗教问题上实行了求同存异、兼容并蓄、和合共荣的政策，在藏族、纳西族、白族地区实行和而不同、共荣共生的民族宗教政策，形成了这一区域多元文化特色（杨杰宏，2014）。这种文化特色也作为丽江市文化基因深刻烙印在一方水土上，为打造世界文化旅游名城增加了“各美其美、美美与共、和而不同”开放包容的文化底蕴。

（五）区域立体交通网络已然成型，旅游交通战略地位显著

丽江市位于云贵高原与青藏高原交接部、川滇藏结合部，是西进世界屋脊之门、滇西北中心（见图3–3），自古就是中国西南边陲重镇。依托文化旅游产业的逐步发展及其南承大理、北启香格里拉的地理区位，已经形成铁路、公路、飞机的立体交通网络。

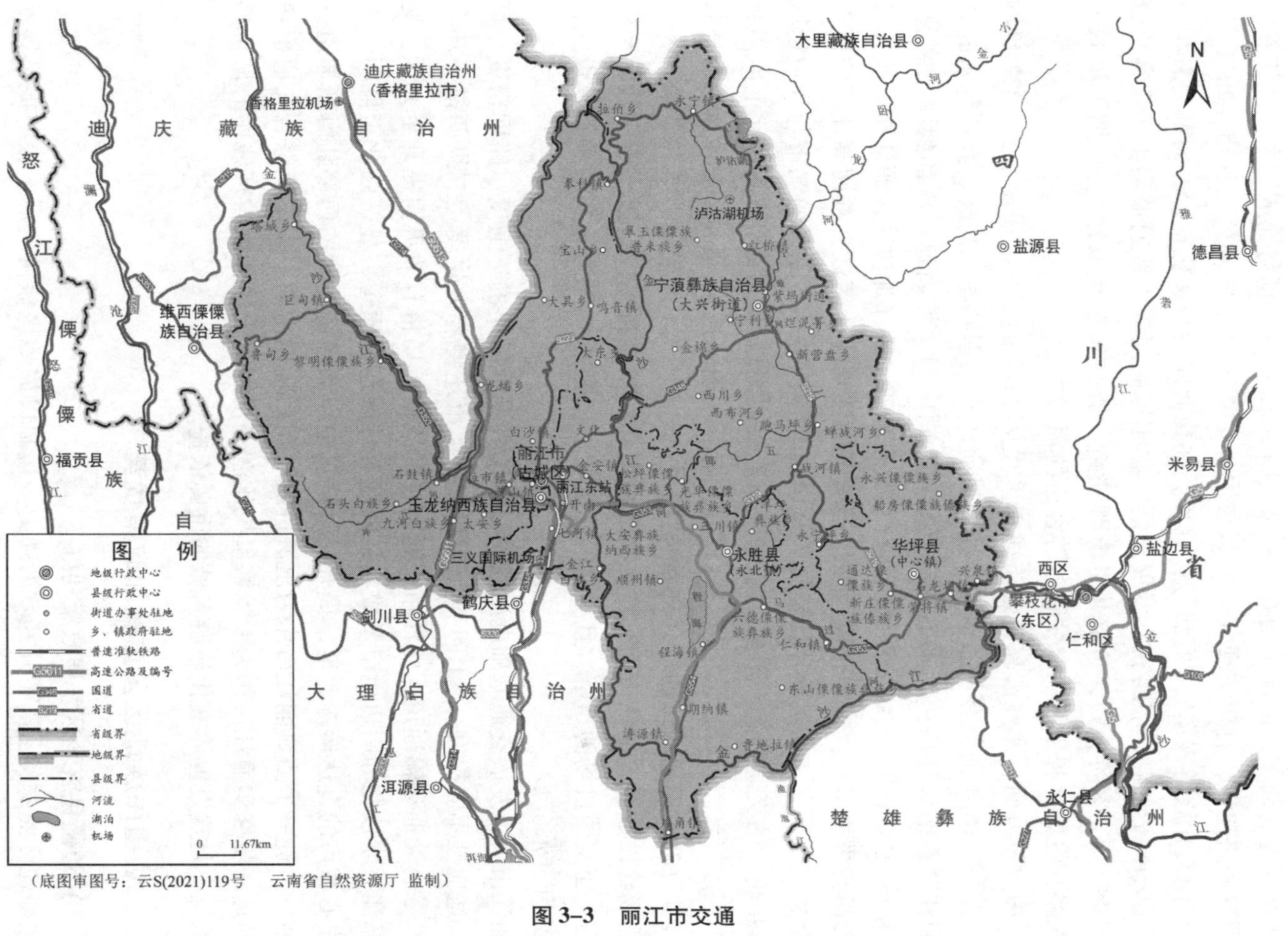

（底图审图号：云S(2021)119号　云南省自然资源厅 监制）

图3-3　丽江市交通

铁路建设方面，2019 年以来，丽江市已开通至大理、巍山、昆明、云县、临沧、桂林等地的动车。丽江市到香格里拉铁路 2022 年年底即将建成通车，并正在加快大丽攀铁路建设，有望实现 3 小时从成渝地区双城经济圈到达丽江市。2021 年，“七彩云南文化旅游列车”（丽江号）启程，在交通体验与文化宣传方面都起着积极作用。《云南省铁路“十四五”发展规划》提出昆大丽等干线通道逐步实现客货分行、客货分运、客货分站；争取开工滇藏铁路（香格里拉至波密），后期可串联大丽香铁路，将更有利于丽江市铁路旅游客运的辐射输送。

公路建设方面，丽江市高速公路通车里程从 2012 的 8.5 公里增加到 2022 年的 434 公里，从 10 年前仅有 1 条机场高速到目前建成大理到丽江高速、宾川到永胜高速、丽江到香格里拉高速、永胜到宁蒗高速、鹤庆到关坡高速、成都到丽江高速，从 10 年前县区仅通达三级公路到已实现县县通高速，正在加快建设丽江至攀枝花高速、西昌到香格里拉高速丽江段、四川稻城至丽江高速、丽江到维西高速、宁蒗至华坪至楚雄永仁高速、永胜片角至鹤庆金墩高速，将进一步完善丽江市与周边地区“互联互通”的交通网络，形成“东进四川连接成渝地区双城经济圈，北上四川甘孜、阿坝连接青海、甘肃、宁夏、内蒙古，南下入瑞丽连接国际大通道”的内外联通、互联互通、四通八达的综合交通网。

机场建设方面，丽江市拥有三义国际机场和泸沽湖机场，是云南省少数几个同时拥有 2 座支线机场的州市，且三义国际机场正在推进4E 机场改扩建项目建设，有望 2023 年年底完成。

丽江市大力发展交通基础设施建设，市内外交通网络的连通度、路网密度、可达性、适应性不断提升。“十四五”期间，丽江市还将着力建设“三纵两横一环一通道”综合交通运输通道。丽江市交通网络的战略布局将有效巩固提升至大理、迪庆、怒江、攀枝花等周边地市及成渝、西藏等传统运输通道，显著强化至昆明、成渝等中心城市的直达运输通道，提升完善至孟中印缅经济走廊的西部陆海新通道的区域地位，进一步凸显丽江市作为出滇进藏入川、辐射南亚、东南亚综合交通枢纽地位，进一步夯实丽江市作为大香格里拉旅游经济圈、大滇西旅游环线中心城市的战略地位，是建设世界文化旅游名城的重要依托。

三、边疆民族地区多重叠加政策优势

（一）边疆民族地区发展政策利好

边疆地区要发展，离不开好政策助力。边疆民族地区旅游发展、旅游促民族地区“三交”、传统文化保护及非物质文化遗产保护、云南省民族团结进步示范区建设等直接或间接地为丽江市打造世界文化旅游名城提供了有利的政策环境。

除联合国教科文组织非物质文化遗产名录外，国家文化和旅游部还组织认定了国家级非物质文化遗产生产性保护示范基地、国家级文化生态保护区、国家级非物质文化遗产代表性项目代表性传承人、国家级非物质文化遗产代表性项目名录等。对包含少数民族地区在内的边疆民族地区文化保护与传承有重大利好作用。

《云南省“十四五”非物质文化遗产保护发展规划》指出，要推进非遗区域性整体保护工程：一要加强国家级文化生态保护实验区建设；二要加强省级文化生态保护区管理工作；三要探索推进“非遗在社区”工作；四要建设非遗特色村镇、街区。在非遗融合发展工程方面，加强非遗基地建设、推动非遗助力乡村振兴、推出特色非遗主题旅游线路、鼓励支持非遗文创产品开发。以上非遗保护、管理与创新性开发都为丽江市打造世界文化旅游名城中的非遗文化建设指明了方向，形成了有利且有力的政策保障。

2021 年 2 月，云南省政府印发的《云南省国民经济和社会发展第十四个五年规划和二〇三五年远景目标纲要》明确指出，要推动民族地区高质量发展。持续推动政策、资金、项目向民族地区倾斜，完善转移支付机制，支持民族地区发展旅游、民族文化创意设计、民族工艺品等特色产业；要推进民族特色村镇保护与发展工程。巩固提升已命名的少数民族特色村镇建设水平，新增建设一批少数民族特色村镇，实现民族文化与旅游产业融合发展；要打造少数民族文化精品工程。建设 100 个思想精深、艺术精湛、制作精良的少数民族文化精品，巩固提升已有的少数民族文化品牌，推动民族文化创造性转化和创新性发展。并将旅游文化业与健康服务业列为云南省 5 个万亿元级产业之二。总体而言，云南省委、省政府高度重视边疆民族地区以及旅游文化产业、康养旅游业发展，为丽江市打造世界文化旅游名城营造了良好环境。

2021 年 10 月，云南省委、省政府印发实施《云南省建设我国民族团结进步示范区规划（2021—2025 年）》。2022 年 6 月，《丽江市贯彻落实〈云南省建设我国民族团结进步示范区规划〉实施方案》出台。2022 年 7 月，文化和旅游部、国家民委、国家发展改革委印发《关于实施旅游促进各民族交往交流交融计划的意见》，明确了旅游促进各民族交往交流交融计划的主要任务。提出：一是注入新内涵，赋予旅游业高质量发展以彰显中华民族共同体意识的意义，以改善民生、凝聚人心的意义；二是打造新线路，加快推进民族地区旅游业供给侧结构性改革，推动民族地区联手打造更多品质化、特色化、定制化且体现中华民族共同体意识和民族团结进步价值理念的旅游产品和精品线路；三是发展新业态，以当地群众广泛深入参与、游客深度融入体验、东西部市场主体深化合作为切入点，打造新型旅游发展业态；四是培育新主体，推动民族地区旅游演艺、文化遗产旅游、医药资源、特色节庆展会等传统商业综合体转型升级，成为涵盖“食、住、行、游、购、娱”的文体商旅综合体；五是用好新基地，坚持典型示范、创新引领，聚焦旅游城市、景区、乡村，充分发挥民族民俗文化旅游示范区和全国乡村旅游重点村镇创建的示范作用，突出旅游促进各民族交往交流交融的意义等，为多民族聚居地的丽江市以文化旅游产业推动民族团结、共同富裕提供了有力指导。

（二）生态保护政策助力资源可持续利用

生态与文化是世界文化旅游名城的两大王牌。生态为基，文化为魂，方可助力世界文化旅游名城行之久远。丽江市拥有雪山草甸、原始森林、高原湖泊等得天独厚的生态旅游资源，严格的生态保护政策为丽江市生态旅游资源的永续利用提供了重要支撑。近些年，丽江市始终坚持践行“两山”理念，坚决贯彻落实国家、云南省层面对生态保护的重要指示和有关文件精神，积极出台相关政策，增强生态环境保护力度，提升生态价值转换能力。

2018 年 8 月丽江市委办印发了《中共丽江市委、市人民政府关于建设金沙江经济走廊的决定》（以下简称《决定》）。《决定》提出，以习近平新时代中国特色社会主义思想为指导，认真贯彻落实习近平总书记关于推动长江经济带发展的重要论述，以共抓大保护、不搞大开发为导向，坚持绿水青山就是金山银山理念，坚持人与自然和谐共生的基本方略，以提高发展质量效益为中心，以生态优先、绿色发展，规划先行、农旅结合，政府引导、市场运作，示范带动、分步实施为原则，着力优化绿色空间布局，全面加强生态保护和污染防治，积极倡导绿色健康的生活方式，实现产业振兴、人才振兴、文化振兴、生态振兴、组织振兴，努力把金沙江绿色经济走廊建设成为生态更优美、交通更顺畅、经济更协调、市场更统一、机制更科学的黄金经济带，闯出一条生态优先、绿色发展的新路子。并提出了“九大行动”：实施乡村振兴“百村示范”行动、生态振兴行动、交通基础设施提升行动、打造“绿色能源牌”行动、打造“绿色食品牌”行动、打造“健康生活目的地牌”行动、文化旅游振兴行动、农村人居环境整治行动、脱贫攻坚行动。到 2050 年，力争将金沙江绿色经济走廊建成长江中上游地区科学发展、转型发展、绿色发展的典范。金沙江是丽江市的重要水系，是长江上游重要的生态安全屏障。《决定》的出台为建设生态丽江、绿色丽江提供了有力保障，也为将文化旅游作为金沙江绿色经济走廊的“驱动能”“放大器”，切实提升丽江市生态价值转换能力，高质量推进文化旅游产业发展提供了重要依据。

2021 年 3 月，丽江市人民政府根据《云南省河长制办公室关于制定九大高原湖泊流域清水净湖巩固提升行动方案的通知》（云河长办发〔2021〕16 号）要求，制定了《程海流域清水净湖巩固提升行动方案（2021—2023 年）》《泸沽湖流域清水净湖巩固提升行动方案（2021—2023 年）》《拉市海流域清水净湖巩固提升行动方案（2021—2023 年）》，以革命性举措推进丽江市三大高原湖泊的保护治理，加快从“水域之治”向“流域之治”及“生态之治”转变，保持丽江市高原湖泊水质稳中向好发展，也为三大高原湖泊的永续利用和水源保护打下了坚实基础。

2021 年 4 月，丽江市人民政府还发布了《关于泸沽湖程海拉市海保护“十严禁”的通告》，明确提出了严禁侵占湖体、严禁环湖开发、严禁污废入湖、严禁农残超标、严禁违法捕猎、严禁涉污项目、严禁违规取水、严禁破坏面山、严禁外来物种、严禁有规不依，明确了丽江市高原湖泊的“十项不可为”。

2021 年 4 月，丽江市林草局制定了《丽江市林业和草原生态修复方案》，明确提出要修复生态振兴乡村，进行森林生态修复、草原修复、湿地修复和“一库两园”［滇西北野生植物基因库、丽江植物园、中华高原芳香植物（航天育种）培育示范园］建设；并提出了到 2025 年，全市森林覆盖率达到 72.6%，保持在全省前五位，森林蓄积量达到 1.30 亿立方米，天然林面积稳定在 1540 万亩；草原综合植被覆盖度达 79.20%；湿地保有量 60.0 万亩，集镇绿化率 40%，村庄绿化率 48%。生态景观修复从沿河湖、沿路、沿村庄（简称“三沿”）绿化向国土空间全域延伸，景观功能和美景度不断增强，持续提升绿色颜值，全市呈现生态美、环境美、城市美、乡村美、山水美的良好格局，将为丽江市打造世界文化旅游名城提供优质的生态环境保障。

2021 年 7 月，丽江市人民政府办公室印发了《丽江市“三线一单”生态环境分区管控实施方案》，推动落实生态保护红线、环境质量底线、资源利用上线和生态环境准入清单，实施生态环境分区管控，推动生态环境质量改善，促进高质量发展。为丽江市的生态环境保护制订了行动框架。此外，还制定了《丽江市泸沽湖保护条例实施细则》等高原湖泊保护的具体实施细则，有力提升了高原湖泊保护的执行力度。

2022 年 6 月，《丽江市国土空间总体规划（2021—2035 年）》正式公示，确立了“生态优先、绿色发展”“尊重规律、底线思维”的原则。强调要统筹布局生态、农业、城镇等功能空间，保护生态屏障，构建生态廊道和生态网络，严格保护耕地，节约集约用地，引导城镇发展由外延扩张向内涵提升转变，提升国土空间利用效率和自然资源利用水平。要尊重自然规律、经济规律、社会规律和城乡发展规律，尊重地区差异，在资源环境承载能力和国土空间开发适宜性评价的基础上，因地制宜开展规划编制工作。坚持山水林田湖草生命共同体理念，加强生态环境分区管治，以水而定、量水而行，强化底线约束，建立规划“留白”机制，为可持续发展预留空间，切实保障了丽江市生态发展的行动走向。

（三）系列旅游政策助推打造世界文化旅游名城

旅游业一直是丽江市的支柱产业，在《“十四五”文化和旅游发展规划》《“十四五”旅游业发展规划》等的指导下，云南省、丽江市也出台了系列政策全力支持丽江市文化旅游产业高质量发展，助推丽江市打造世界文化旅游名城。

2021 年 4 月，《云南省“十四五”文化和旅游发展规划》明确提出要建设以丽江市为重要节点的大滇西旅游环线和金沙江生态旅游带；建设包含丽江古城—玉龙国际旅游中心在内的 6 个国际旅游中心；将丽江石鼓作为重点红色文化区进行打造；建设丽江—香格里拉—德钦为重点的“金沙水暖”红色旅游精品线路；建设丽江纳西族历史文化集中展示中心；重点推动玉龙雪山、泸沽湖创建国家级旅游度假区；将泸沽湖、老君山黎明景区纳入国家 5A 级旅游景区申报计划之中；推动丽江古城和玉龙雪山建设全国智慧旅游示范景区等。其中明确支持丽江市建设世界旅游名城，为丽江市打造世界文化旅游名城形成了强有力的政策支持。

2021 年 8 月，云南省交通运输厅制定的《大滇西旅游环线区域综合交通规划》明确提出要建设大滇西旅游环线西北环，构建“大理—丽江—香格里拉—德钦—贡山—福贡—泸水—腾冲—梁河—盈江—陇川—瑞丽—芒市—保山—大理”1600 公里大滇西旅游公路西北大环线。在完善内环建设方面，要加快推进丽江至维西高速公路前期研究，要打造“昆明—大理—丽江—香格里拉”精品环线，近期贯通“大理—丽江—香格里拉”铁路通道；航线建设方面，要加密丽江、大理、芒市、腾冲、迪庆、保山等机场至北京、上海、广州、成都、深圳、杭州、重庆等城市的航线，为丽江市打造世界文化旅游名城提供了坚实的支撑保障。

2022 年 3 月，《云南省“十四五”健康服务业发展规划》提出要发挥大理—丽江—迪庆—怒江—保山—德宏旅游环线景观多样性、民族多样性、文化多样性等特色，依托程海、泸沽湖等自然景观，以及玉龙雪山、丽江古城等国家 5A 级旅游景区，将健康服务融入旅游项目，积极探索多元化医疗旅游产品，建设大滇西健康旅游发展带，有力推动了丽江市健康旅游产业发展，将进一步丰富世界文化旅游名城产品供给。

2022 年 6 月，《云南省“十四五”旅游业发展实施方案》明确提出，要重点推进“茶马古道旅游经济带”建设，加快推动香格里拉民族文化旅游区建设；推动丽江市建设成为重点旅游城市；要提升改造重点文化遗产旅游地，深入打造一批具有云南历史文化底蕴的文博品牌；策划推出一批世界级旅游产品，打造“七彩云南滇西秘境”品牌；要进一步强化滇川藏文化和旅游合作，建立健全区域文化和旅游合作新机制。这为深入推动丽江市文化旅游产业高质量发展提供了重要路径。

2017年9月，丽江市评审通过了《丽江市全域旅游发展规划（2017—2030）》，其中以创建国家全域旅游示范区为总目标，以打造国际精品旅游胜地为总体定位，并从全域旅游交通游览体系、公共服务体系、产业融合、环境保护、品牌推广及市场营销几大方面高位谋划了丽江市全域旅游发展蓝图，为古城区成功创建国家级全域旅游示范区提供了有力指导，为丽江市瞄准国际化、高端化、特色化、智慧化方向深化全域旅游目的地建设、打造世界文化旅游名城形成了重要支撑。

2020年6月，丽江市制定了《丽江市旅游业高质量发展三年行动计划（2020—2022年)》，提出立足云南旅游发展大局，紧抓大滇西旅游环线建设机遇，整合丽江及周围州市优质旅游资源，以“亮点项目打造、传统景区提升与相关创建、新产品新业态建设、特色旅游产业发展布局、基础设施建设、智慧旅游服务体系建设”六个方面作为工作抓手，并制定了具体的发展目标和实施任务。

2021年8月，丽江市根据打造乡村振兴示范区的定位，全面对标落实云南省乡村振兴“百千万”工程，制定了《丽江市打造乡村振兴示范区试点方案（2021—2022年)》，同步配套制定了《丽江市乡村振兴示范区“2+6”试点建设十八条措施》，为乡村旅游发展和现代农业产业园、乡村振兴示范园（田园综合体）建设提出了明确系统的方案，为深化产业融合发展，促进全产业链提升提供了新的思路，并从用地、资金、投资主体和组织人才等方面予以了重要保障，为丽江市整合全域优势，推动文化旅游产业高质量发展指明了重要路径。

2022年8月，丽江市高标准完成编制《丽江市“十四五”文化和旅游发展规划》，明确以建设世界文化旅游名城为重要发展目标，重点对“十四五”期间丽江市文化和旅游业发展做出相关计划安排，提出了“十四五”文化和旅游发展战略、发展目标、建设方向、空间发展布局，在传统旅游业提升发展、新业态新产品创新、文化事业繁荣发展、非物质文化遗产保护、文旅融合发展、品牌体系建设、文化和旅游公共服务体系完善、智慧旅游发展、发展保障体系与规划实施等方面提出了明确的工作目标与路径，指引着丽江市向打造世界文化旅游名城新征程迈进。

从2021年开始，丽江市相继出台了《丽江市打造世界文化旅游名城三年行动方案（2021—2023年)》《丽江市打造世界文化旅游名城二十条保障措施》《建设世界文化旅游名城 提升“文化丽江”品牌三年行动计划（2022—2024年)》等政策文件，强调对标世界一流、国内领先，充分发挥比较优势，明确目标任务，细化落实措施，强化要素保障，畅通旅游全产业链，重构旅游发展新格局，举全市之力提升旅游品质，为丽江市打造世界文化旅游名城保驾护航。

四、响亮的国际国内知名度与品牌优势

（一）名牌：多个国际级、国家级品牌

丽江市拥有多项国际级、国家级品牌，具有超高的国际国内知名度，为建设世界文化旅游名城奠定了良好的品牌基础。

丽江市获得的国际级品牌及荣誉如表3–2所示，既有综合型荣誉，也有覆盖到丽江古城、物与岚酒店、玉湖村等单体型荣誉。荣获号称国际旅游业“奥斯卡”的“艾里缇斯”国际大奖、入选世界旅游联盟优选的“旅游助力乡村振兴案例”以及“世界文化遗产”“世界著名文化旅游城市”“世界上最令人向往的旅游目的地”“亚太地区文化遗产保护优秀奖”“海内外游客最向往的景区”“中外最美外景地”等荣誉称号均说明了丽江市在国际上所拥有的知名度和美誉度，初步具备了打造世界文化旅游名城的品牌优势。

表3–2　丽江市国际荣誉一览

荣誉名称	获得年份
联合国教科文组织将丽江古城列入世界文化遗产名录	1997年
联合国教科文组织将“三江并流”景区列入世界自然遗产名录	2003年
联合国教科文组织将东巴古籍文献列入世界记忆遗产名录	2003年
丽江市被评为世界上最令人向往的旅游目的地	2004年
丽江市被评为全球人居环境优秀城市、欧洲人最喜爱的中国旅游城市、地球上最值得光顾的100个小城市之一、中国最令人向往的10个小城市之首	2005年
丽江古城被评为2006年度海内外游客最向往的景区，被授予联合国教科文组织亚太地区文化遗产保护优秀奖；玉龙雪山获得“欧洲人最喜爱的中国十大旅游景区”荣誉称号	2007年
丽江市被联合国环境规划署、联合国粮农组织、中国绿色协会评为“十佳绿色城市”，市长王君正同时被评为“十大绿色新闻人物”	2008年
丽江市被世界文化旅游论坛授予“世界著名文化旅游城市”荣誉称号，市长王君正被评为“推动文化旅游建设杰出贡献人物”	2009年
丽江市被评为“国际精品文化旅游城市”，入围“全球网民推荐的中国旅游城市”前10强	2010年

续表

荣誉名称	获得年份
在国际华媒大奖评选中，丽江市荣获“中国十大魅力乡镇”	2013 年
丽江市获得第 74 届意大利威尼斯国际电影节“聚焦中国”——“中外最美外景地”称号	2017 年
第四届国际旅游年会丽江古城荣获“艾里缇斯”国际大奖①；丽江市玉龙县白沙镇玉湖村入选《2021 世界旅游联盟——旅游助力乡村振兴案例》；联合国中国书会以“聚焦象形文字”为主题，在纽约总部举办了 3 场线上活动，分别介绍了良渚文化刻画符号、东巴文和甲骨文三种象形文字，以及良渚古城遗址、丽江古城和殷墟 3 个世界遗产地；酒店体验与设计大奖 AHEAD 公布的 2021 年度亚洲区 16 个优胜奖项获奖名单中，物与岚·设计收藏酒店共斩获最佳新建酒店奖、最佳景观和户外设计奖、年度新品牌理念奖 3 项大奖	2021 年

资料来源：依据丽江市文化和旅游局及官方媒体提供资料整理而成。

丽江市创建成功的国家级品牌、获得的官方及非官方国家级荣誉如表 3-3 所示。可以看出，丽江市的国家级荣誉既有整体性、综合性的荣誉称号，也有专项荣誉称号，涉及文化旅游、乡村建设、特色小镇建设、景区建设、特色美食、智慧旅游建设、康养旅游、休闲旅游、生态建设、环境卫生、特色商品、党建工作、新时代精神标杆等方方面面。这些国家级荣誉也打响了丽江市的知名度，同时为打造世界文化旅游名城打好了底色、增加了亮色、确保了出色。

表 3-3　丽江市国家级荣誉一览

荣誉名称	获得年份
丽江古城被国家文化部列为中国历史文化名城	1986 年
老君山景区被国家建设部列为国家级风景名胜区	1988 年
丽江市名列中国“最值得去的 10 座小城”之首	1998 年
丽江市荣获“中国最美丽的地方”“中国优秀旅游城市”荣誉称号	2005 年

① “艾里缇斯”国际大奖是由国际旅游联合会推出的，为奖励在全球旅游业做出杰出贡献的企业与个人的最高国际荣誉奖项，被誉为国际旅游业的“奥斯卡”大奖。

续表

荣誉名称	获得年份
丽江市荣获“中国风景名胜区游客满意十佳品牌”“中国最具吸引力的地方”“2006CCTV 中国十大魅力城市”“中国旅游竞争力百强城市”“2006 年中国青年喜爱的旅游目的地”“中国品牌百城榜上榜城市——‘爱国者’品牌中国总评榜”等荣誉称号，获《新周刊》杂志评选的“世界最新锐城市”；丽江古城获评国家 4A 级风景名胜区、全国文明风景旅游区；泸沽湖景区被评为中国最佳休闲度假胜地、2006 年度中国十大优秀生态旅游景区	2006 年
丽江市获得“首批国家旅游名片”“中国十大休闲城市”“中国品牌城市荣誉奖”等荣誉称号；丽江古城被评为“2006 年度全国民族文化旅游十强品牌”“2006 年度海内外游客最向往的景区”；玉龙雪山被评为国家 5A 级旅游景区	2007 年
丽江市被评为十佳绿色城市、中国改革开放 30 周年 18 个典型地区之一；丽江古城被评为“2008 中国最佳旅游品牌景区”	2008 年
丽江市被评为中国最佳旅游目的地、中国国际旅游文化目的地、改革开放 30 年中国最佳旅游目的地	2009 年
丽江市荣获“十佳旅游品牌城市”荣誉称号；《印象·丽江》被评为“首届中国文化旅游发展贡献奖”	2010 年
丽江市入选中国“十佳宜游城市”和“最具幸福感城市”；丽江古城被评为国家 5A 级旅游景区	2011 年
丽江市被评为中国园林城市、中国特色魅力城市 200 强、全国文化体制改革先进地区、中国内地十佳宜居地	2012 年
丽江市位列第三届中国十大休闲城市之首	2013 年
丽江市被评为中国最佳生态宜居城市、入选中国城市避暑旅游胜地	2014 年
丽江市被评为国家卫生城市、国家节水型城市、美丽中国·最具人气城镇	2015 年
丽江市入围“中国国际特色旅游目的地”创建名单，首批创建“全国全域旅游示范区”单位	2016 年
丽江市在全球好空气城市排行榜中进入前十，在中国好空气城市排行榜中排名第一	2017 年

续表

荣誉名称	获得年份
丽江市获得“2018年中国旅游影响力品牌”“中国最美休闲度假胜地”“最美中国旅游目的地城市”称号，入选2018年中国康养城市排行榜50强，获评“徐霞客旅游奖”全球最具魅力旅游城市；古城区获得“中国十佳特色文化旅游名区”称号；玉龙纳西族自治县获得“中国生态魅力名县”称号；宁蒗彝族自治县获得“全国十佳生态休闲旅游城市”称号；丽江古城景区获评“徐霞客旅游奖”全球最具特色旅游景区，在“大国之旅——中国景区旅游综合服务能力指数评选”中荣获综合大奖、最具热度景区和厕所建设先锋景区三项大奖；丽江美食入选央视《舌尖上的中国3》；导游张宇被中华全国总工会授予“全国五一劳动奖章”	2018年
丽江市荣获“全国首批文化旅游胜地”“最佳全域旅游目的地”“中国魅力旅游城市奖”等荣誉称号及奖项；丽江古城景区斩获“2019年美丽中国文旅影响力品牌”“2019网友最喜爱的十大古村镇”“2019游客最喜欢的云南旅游景区”“2019大国之旅‘最受欢迎景区’”等荣誉称号；泸沽湖景区荣获“最佳全域智慧旅游品牌”奖项；纳西族三多节荣获“首批最具中国特色传统节庆（会）”	2019年
丽江市入选国家文化和旅游消费试点城市；古城区被文化和旅游部评为第二批国家全域旅游示范区；华坪县被生态环境部命名为国家第四批“绿水青山就是金山银山”实践创新基地；丽江古城荣获“年度精品目的地大奖”“年度文旅小镇品牌”；张桂梅被中共中央授予“全国优秀共产党员”、被中宣部授予“时代楷模”称号	2020年
丽江市入选国家文化和科技融合示范基地聚集类基地、上榜《中国康养旅游城市百强榜单》前十、创建成云南省文化和旅游志愿服务试点城市；玉龙县被评为2021中国县域旅游发展潜力百强县市；玉龙县“滇西北——高原民族民俗风情乡村游”线路入选文化和旅游部联合国家发展改革委推出“体验脱贫成就·助力乡村振兴”乡村旅游学习体验线路；丽江古城入选国家级夜间文化和旅游消费集聚区，荣获2021年第四届国际旅游年会文化体验旅游首选地、“2021文化旅游优选目的地”，入围“2020年度中国5A级景区品牌影响力100强”，并荣登年度榜单TOP5；玉龙雪山景区获评第一批国家级文明旅游示范单位、“2021文旅高质量发展景区”，以“多彩玉龙·醉美雪山”案例入编《文旅高质量发展案例汇编（2021）》；数字古镇5G全域旅游项目在第四届“绽放杯”5G应用征集大赛中荣获全国总决赛二等奖、文旅专题赛一等奖；文创新品“天意集·PIPU噼噗氧化银离子抗菌喷雾”荣获“2021中国旅游商品大赛（健康主题）”金奖；导游赵鑫荣获“全国巾帼建功标兵”称号；“柔软时光·休闲丽江”亮相天安门《辉煌中国》主题展	2021年

资料来源：依据丽江市文化和旅游局及官方媒体提供资料整理而成。

（二）名人：各界名士名家高度关注

丽江市因其独具特色的自然风光、人文风情等备受各界人士的关注。党和国家领导人、国际友人均高度关心、重视丽江市的发展，也使得丽江市名气大增。胡耀邦、江泽民、李鹏、朱镕基、乔石、李瑞环、吴邦国、温家宝、贾庆林、张德江等赴丽江视察时都强调，首先要保护好丽江优秀传统文化。明确指出丽江文化丰富独特，具有独特性与世界性；丽江“是云南的一块宝地，也是中国的一块宝地”“是一方难得的净土”；文化与生态是丽江发展的“生命线”、是生存发展之根，必须倍加珍惜，切实加以保护，特别要保护好世界文化、自然、记忆三大遗产。党和国家领导人对丽江文化的厚爱，极大地增强了丽江各族人民的文化自信。2003 年 9 月，丽江“撤地设市”庆典之时，中共云南省委副书记丹增、云南省人大常委会副主任牛绍尧，由瑞士驻华公使顾艾良率领的友好山峰代表团，由土野守市长为团长的日本高山市代表团等 6 个外国使团，以及省内外各界人士 2 万多人参加了当天的庆典活动（中国发展门户网，2003）。

国内著名专家学者如费孝通、任继愈、季羡林、吴良镛、周干峙、郑孝燮、罗哲文、阮仪三、谢辰生、于锦绣、吕大吉等对丽江文化的保护和开发提出了重要意见和建议，为增强丽江市各族人民的文化自信做出了重要贡献（李群育，2021）。

此外，众多文体明星、艺人及自媒体人借助文化类、综艺类节目及影视作品、自媒体平台等，积极打卡丽江、推介丽江，从不同角度介绍了丽江独特的美，引起了线上线下的广泛关注，形成了巨大的口碑推介效应。各界名士名家的关注，强化了丽江市打造世界文化旅游名城的文化基础、市场基础和品牌基础，为丽江市文化旅游产业的高质量发展注入了关键动能。

（三）名著：多部国际国内著作记录描绘

詹姆斯·希尔顿的《消失的地平线》、英国植物学家约瑟夫·洛克的《中国西南古纳西王国》《纳西语英语百科辞典》《纳西语英语汉语语汇》以及顾彼得的《被遗忘的王国》等都是描绘丽江市的国际著作，成为早期丽江走向世界的重要媒介。同时其在丽江的故事与经历也成为当代文化旅游开发的重要资源与素材。国内陆续也有不少学者出版关于丽江的著作及文章，为丽江市带来了独特的影响力和关注度。

1933 年，英国的詹姆斯·希尔顿（James Hilton）出版了一部小说《消失的地平线》，讲述了四名西方旅客在一处香格里拉秘境中的遭遇，在欧美引起了轰动。《不列颠文学家辞典》称此书为英语词汇创造了一个新词“Shangri－la”（世外桃源）。1937 年，同名电影上映，在世界范围内热播，连续三年打破票房纪录，将香格里拉的名声推向高峰。“香格里拉”是一个美丽而梦幻的秘境，在英语里它代表“遥远而迷人的地方”，在法语中的含义是“人间仙境”，西班牙语意为“天堂”，而汉语则被解释为“世外桃源”。有学者认为，小说中的“香格里拉”地处藏汉边界，那里有神秘祥和的蓝月山谷、形如金字塔高耸入云的卡拉卡尔雪山、威严的喇嘛庙……描绘的正是隐匿在青藏高原与云贵高原交界处的丽江。

20 世纪初，地理学家约瑟夫·洛克以美国《国家地理杂志》撰稿人、摄影师的身份来到丽江一带探险，并先后在丽江停留 27 年，拍摄上千幅珍贵照片，收集 8000 余册东巴经书，第一次将丽江、玉龙雪山、东巴文化推向全世界，书写了《中国西南古纳西王国》《纳西语英语百科辞典》《纳西语英语汉语语汇》等皇皇巨著。有人认为詹姆斯·希尔顿创作小说《消失的地平线》的灵感，正是源自这一时期约瑟夫·洛克在美国《国家地理杂志》发表的探险记述和照片，这也成就了“香格里拉”的美丽传说。晚年病重躺在夏威夷病房里的约瑟夫·洛克在弥留之际留下遗言：“宁愿回到玉龙雪山的鲜花丛中死去。”如今，玉龙雪山下玉湖村里还遗存有洛克故居（刘芳，2020）。以此为依托，丽江古城纳西人黄泰在白沙乡玉湖村创办了“玉柱擎天”生态游有限公司，他购买流散在民间的洛克遗物，2 年来总共收集了 68 件洛克遗物，包括洛克用过的衣服、床、书桌以及从美国带来的箱子、猎枪、牙医用具、照相的晒片夹等，收集和翻拍了 40 多张洛克在滇川藏地区所拍摄的黑白照片，创办了“洛克故居纪念馆”；重修了“玉柱擎天”景区的“太子庙”，重塑了“太子神像”；在“玉柱擎天”水潭附近建盖了传统民居式休闲之所“迎仙楼”与“仙迹崖”景观相对应。楼中还请玉湖村著名纳西族画家赵永恒画了《舞鲁肯纪事》的系列壁画。中国台湾人于涌也在同期收集了民间传统生产生活用具上千件，率先办起了私人经营的“民俗旧器博物馆”（杨福泉，2005）。

俄罗斯人顾彼得也与丽江有着不解之缘。父亲是圣彼得堡的茶商，让他在童年时就对遥远的中国有所认识。1917 年布尔什维克革命后，母亲带着他来到中国。顾彼得凭借他的语言天赋，在 20 世纪 20—30 年代成为美国旅行公司的导游、翻译。他在丧母之痛中，有机缘在杭州成了一个道教修行的传习者，最终落脚丽江，受政府任命帮当地少数民族组织合作社。1949 年 7 月底，他在国外出版了《被遗忘的王国》等著作，介绍了他眼中极其封闭又神奇的丽江（李群育，2021）。

国内与丽江市有关的主要著作如表 3-4 所示。可以看出，丽江市的相关著作既有以丽江市为素材的散文随笔，也有诸多学术研究成果，还不乏专门针对丽江市旅游发展的相关学术研究著作与通俗读物。学术研究著作涉及地方社会经济发展、文化变迁、与周边区域的文化互动等；既有土生土长的文化精英与文旅部门领导自省式的解读与剖白，也有作为“他者”的外地学者的介入与审视。通俗读物有文学作品、随笔散文、旅游读本、多语种的自然文化遗产相关介绍等，为丽江市打造世界文化旅游名城提供了多维度、多视角的优质智库资源与专业素材。

表 3–4　丽江市相关代表性著作一览

作者	著作名称	出版社	出版时间
阿来	《一滴水经过丽江》	陕西师范大学出版总社	2019 年
杨琦等	《丽江市经济发展研究》	中国经济出版社	2018 年
杨世瑜	《丽江地景：丽江旅游地质文化》	冶金工业出版社	2018 年
陆丽丽	《归隐丽江：致不甘平庸的我们》（文学作品）	清华大学出版社	2017 年
杨福泉等	《丽江市和迪庆州旅游与文化互动发展研究》	中国书籍出版社	2015 年
杨福泉	《圣山灵山与情山：一个纳西学人对玉龙雪山的解读》	云南大学出版社	2014 年
刘大伟	《丽江的柔软时光》	云南人民出版社	2012 年
杨国清	《丽江文化旅游崛起解读》	云南人民出版社	2011 年
王君正	《区域旅游创新》	云南人民出版社	2009 年
周克坚等	《世界自然与文化遗产：丽江》	中国旅游出版社	2008 年
宗晓莲	《旅游开发与文化变迁：以云南省丽江县纳西族文化为例》	中国旅游出版社	2006 年
周克坚	《情系丽江》	中国旅游出版社	2006 年
杨福泉	《策划丽江：旅游和文化篇》	民族出版社	2005 年
林之	《灵魂故乡：丽江》	中国工人出版社	2004 年
周克坚等	《世界文化遗产：丽江》（中英日文本）	中国旅游出版社	2000 年

资料来源：依据中国知网、全国图书馆参考咨询联盟检索结果整理而成。

（四）名剧：已形成几大经典剧目

迄今为止，丽江市已经推出了包括《丽水金沙》《印象·丽江》《丽江千古情》在内的几大经典剧目，演艺产业已成为丽江市文化旅游重要组成部分和展示形象的窗口。《纳西古乐》也同样受欢迎，在 20 世纪 90 年代已形成了较高的国际知名度。

与此同时，丽江市还打造了“三多节”“火把节”“正月十五棒棒会”等知名节庆活动。在传统节庆的基础上，积极开展了“文化和自然遗产日”“雪山国际音乐节”“国际东巴文化艺术节”“丽江茶马古道徒步长走节”“老君山国际帐篷节”“丽江国际啤酒节”等国际性的节庆会展活动，丰富了丽江市文化旅游及夜经济的活动储备。丽江古城被评为国家首批夜间文化和旅游消费集聚区，正尝试在大研古镇、束河古镇等主要旅游聚集区开展“奇幻灯光节、烟花啤酒节、古城奇妙夜、古城灯光秀、大研夜市小吃节”等活动，为游客提供丰富多样的夜游体验。

此外，丽江市也在依托经典剧目积极探索文化推介“走出去”和“引进来”的路子，为打造世界文化旅游名城奠定了良好基础。80 年代，丽江市的民族歌舞、东巴书画率先走出国门，将优秀民族文化推向世界；90 年代，纳西古乐会、东巴文化学者纷纷应邀到英国、法国、挪威、瑞士、意大利、爱沙尼亚、西班牙、葡萄牙、德国、日本、泰国、印度、韩国、新加坡、柬埔寨、越南、菲律宾、美国等国家开展文化交流访问活动，好评如潮，反响强烈。在“走出去”交流的同时，也积极“请进来”进行交流。例如，邀请国际著名导演菲尔·艾格兰拍摄了反映丽江市民族文化的专题片《云之南》（*China*：*Beyond the Clouds*）并在世界各地热映（李群育，2021）。

（五）名品：已开发一批名优特产

丽江市在文化旅游产业与其他产业融合互动发展过程中，已经形成了以非遗文创产品、中药产品、原生态土特产品系列为主的文化旅游商品体系，推出了丽江市“十大特产”名优土特产品。

截至 2022 年，丽江市共有国家级非物质文化遗产 8 项、省级非物质文化遗产 39 项、市级非物质文化遗产 97 项及诸多县级非物质文化遗产。其中，依托非物质文化遗产，已经开发形成了东巴纸、东巴木雕、东巴挂毯等纳西东巴文化衍生艺术品，还有纳西语录集、丽江铜器、纳西刺绣等为代表的非遗文创产品。

丽江市还是“云药之乡”。早在 2016 年，丽江市中药材“三项认定”就已共认定 35 个，居全省首位，成为名副其实的“云药之乡”。出产的中药材主要有：滇重楼、金铁锁、秦艽、云木香、珠子参、三七、羌活、桔梗、万寿菊等①。中药保健产品主要有程海螺旋藻、青刺果饮品、青刺果油、雪茶等。

丽江市“十大特产”名优土特产品分别有：三川火腿、华坪杧果、丽江雪桃、永胜瓷器、小凉山糖心苹果、东巴扎染、丽江窖酒、丽江雪茶、丽江蜜饯、玉龙滇重楼。其中，金芒果牌杧果连续 3 年入选云南“十大名果”，2013 年，华坪杧果入

---

① 资料来源：云南省科技厅统计数据。

选中国国家地理标志产品；2019 年，华坪金芒果入选中国农业品牌目录。丽江雪桃通过国家绿色食品中心合格认证、中国有机产品认证，还曾四入国宴。丽江石榴也较出名。

五、多元复合型的旅游产品格局

（一）传统观光与休闲度假产品并存

丽江市文化旅游业经过长期的发展与积淀，以及独有的“慢城”“柔软时光”等地方气质，已经形成了传统观光旅游与休闲度假产品并存的格局，较好地适应了当下人们对优质旅游产品供给以及高品质“慢旅游”的迫切需要。截至 2022 年，全市共有景点 104 处，其中 A 级旅游景区 20 家（见表 3–5），含玉龙雪山景区、丽江古城景区 2 家国家 5A 级旅游景区，泸沽湖景区、束河古镇景区、观音峡景区、玉水寨景区、东巴谷景区、黑龙潭景区、黎明景区 7 家国家 4A 级旅游景区，形成了多层次的传统观光旅游产品供给格局。

表 3–5 丽江市 A 级旅游景区一览

景区名称	景区级别
玉龙雪山景区	5A 级
丽江古城景区	5A 级
泸沽湖景区	4A 级
束河古镇景区	4A 级
观音峡景区	4A 级
玉水寨景区	4A 级
东巴谷景区	4A 级
黑龙潭景区	4A 级
黎明景区	4A 级
东巴万神园景区	3A 级
拉市海景区	3A 级
白沙壁画景区	3A 级
东巴王国景区	3A 级

续表

景区名称	景区级别
鲤鱼河景区	3A级
毛家湾景区	3A级
玉峰寺景区	2A级
虎跳峡景区	2A级
玉柱擎天景区	2A级
三股水景区	2A级
北岳庙（三多阁）景区	A级

资料来源：依据云南省文化和旅游厅、丽江市文化和旅游局数据整理而成。

云南旅游的转型升级一直强调要由观光型旅游向休闲度假旅游转变，并且提出要努力实现高质量发展。休闲度假产品的重要标志是"闲得下来、留得住人、停留时间长、消费品质高"。而与之匹配的休闲度假旅游设施则是实现休闲旅游的重要依托。丽江市已有一定规模的国际国内度假酒店品牌和民宿客栈，以及古镇、古村、非遗工作室、文化馆、博物馆等非传统观光型旅游吸引物，形成了良好的休闲度假旅游氛围。

（二）自然体验与文化体验产品丰富

自然体验与文化体验是两大核心旅游产品门类。丽江市已经形成了以玉龙雪山低纬高原雪山冰川、蓝月谷、泸沽湖、程海、黑龙潭等高原湖泊及原始森林、拉市海湿地体验、老君山丹霞地貌、虎跳峡、观音峡峡谷风光体验、长江第一湾等山水风光自然体验的知名旅游景区景点。

同时，丽江市还形成了纳西民族文化、民俗文化、红色文化、历史文化、茶马古道文化、生态农业文化、山野文化、文化创意等系列文化体验产品，为建设世界文化旅游名城奠定了良好的产品基础，其中：

纳西民族文化体验以大研古镇、束河古镇、白沙古镇为代表；多元民族文化则包含纳西东巴文化、摩梭文化、彝族毕摩文化、普米韩规文化、他留文化、傈僳文化，还可以通过纳西"三多节"、摩梭"转山节"、彝族"火把节"、普米"吾昔节"、他留"粑粑节"、傈僳"阔时节"等节庆活动感受丽江市特色的多元民族文化。

红色文化体验以石鼓长江第一湾红二、红六军团长征过丽江、滇西北革命根据地、张桂梅精神等红色资源、“驼峰航线”丽江遗址等为代表。正在推进长征国家文化公园（丽江段）项目、红军长征过巨甸红色文化公园、丽江华坪女子高级中学爱国主义教育基地等项目建设。

生态农业文化则形成了各式各类种植基地，也成为丽江市文化旅游中重要的生产性景观，形成了永胜三川的水稻田景观；华坪茶园景观、果子山万亩杧果农业观光园；雪山花卉景观如九色玫瑰小镇、百合、马蹄莲等球根花卉景观；拉市海周边的雪桃种植基地、万寿菊种植基地；宁蒗小凉山的苹果园；太安乡的洋芋花景观；芸豆、鹰嘴豆种植基地等特色农业景观。

此外，作为世界文化遗产的丽江古城吸引了诸多外地驻客前来经商，或开客栈，或开商铺、工作室，也由此为丽江市带来了新的在地化文创艺术及文化呈现。在白沙古镇和束河古镇，可以欣赏到各式各类有个性、别有生趣的店铺，或铺面名称特别，或文艺标语吸睛，或特色美食供不应求，或中英双语的解说牌随处可见。

（三）高端产品与经济型产品皆有

丽江市文化旅游供给端已形成了高端产品与经济型产品复合的格局。以住宿业为例，截至 2021 年 7 月，丽江市正在营业的国际品牌酒店、五星级酒店及高端酒店共有 21 家，有客房 4856 间（套），床位 8850 个①。其中国际品牌酒店 13 家、五星级酒店 3 家（1 家为国际品牌酒店）、高端酒店 6 家。13 家国际品牌酒店有客房 2818 间（套），床位 4788 个。包括：丽江悦榕庄酒店、丽江和府洲际度假酒店、丽江铂尔曼度假酒店、丽江英迪格酒店、丽江金茂·凯悦臻选酒店、丽江实力希尔顿酒店、丽江大研安缦、丽江金茂·璞修雪山酒店、茶马道丽江丽世酒店、丽江金林豪生大酒店、丽江古城希尔顿酒店、丽江晶玺希尔顿酒店、金林温德姆至尊豪廷全别墅度假酒店；五星级酒店包括：官房大酒店、中合长城金联国际饭店、丽江和府洲际度假酒店；高端酒店分别是丽江松赞林卡酒店、丽江复华丽朗度假酒店、丽江婕珞芙山野酒店、丽江泊心云舍·文苑、丽江泸沽湖摩梭小镇·寻云度假酒店、物与岚·设计收藏酒店。正在建设的国际品牌和高端酒店有丽江四季度假酒店、瑞吉酒店、丽江古城假日度假酒店、丽江金普顿酒店、丽江婕珞芙花园酒店、Club Med 丽江度假村、丽江华坪鲤鱼河国际康养酒店、华坪县芒果庄园酒店、格姆山庄民宿集群商业综合体开发项目，共计 9 个②。

可以说，丽江市的住宿业已初步形成了以古城区和玉龙县为核心的高端度假酒店集群，诸多国际连锁品牌都在丽江安营扎寨。此外，经济型酒店、主题型、个性化的

---

① 资料来源：丽江市文化和旅游局。

② 同①。

客栈也如雨后春笋般拔地而起，呈现出传统星级酒店与后发建设的个性化客栈并存的局面。在房型设计上，充分考虑不同客源市场需要，大床房、标间、家庭房、亲子房、套房等各类房间也较为齐全，并且各个客栈结合网络直播、氛围营造，引入宠物狗、猫、绿植、个性化的文艺标语等文艺化、清新化主题设计，建构出新的地方文化，形成了丽江市独特的客栈文化。据《2022 中国大陆民宿业发展数据报告》显示，丽江市在中国大陆民宿数量排名位于全国第七、西部城市中排名第二（见图 3–4）。

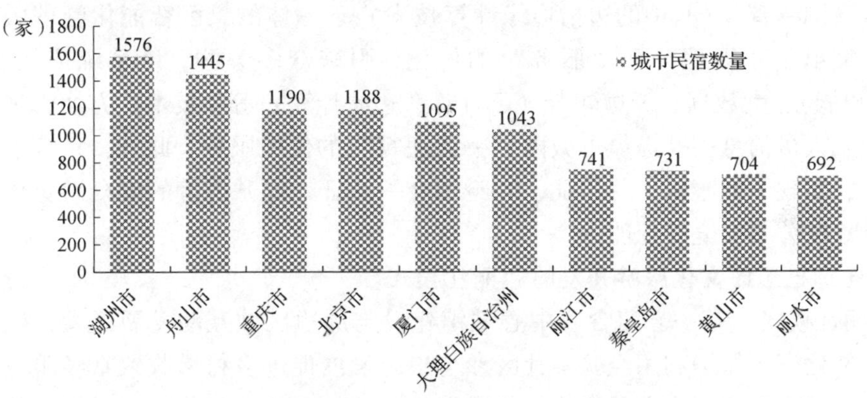

图 3–4 中国大陆民宿排名 Top10

资料来源：《2022 中国大陆民宿业发展数据报告》。

（四）智慧旅游发展标杆

丽江市的智慧旅游依托“一部手机游云南”平台，通过多种技术融合、科技赋能古城“旧貌换新颜”，努力打造全国智慧旅游发展新标杆。

丽江古城依托 5G、物联网、大数据、人工智能、区块链等技术，实施智慧小镇项目，构建智慧管理、服务、旅游、创新体系，科技赋能让“新古城”“嗨”起来。丽江古城历史文化展示馆运用了体感互动、360 度全息投影、多通道融合沉浸式空间等现代科技，游客身临其境般领略历史文化和民风民俗。“游云南” App 建成丽江古城智慧小镇专区，开设文化院落、诚信购物等板块，为游客提供智能化、个性化的服务；智能设备对酒吧声音实时监测，超过规定分贝数实时预警；人流量大数据平台与人流疏导系统衔接，实时监测人流量……智慧化运用遍布古城（新华社，2022）。全市 A 级旅游景区全部上线“一机游”平台，全面实现线上预约。4A 级以上旅游景区实现手绘地图、语音导览、扫码刷脸、智慧厕所、AI 识物全覆盖。建成 193 个智慧停车场，推出了刷脸消费、机器人导览等一系列全新旅游服务新体验。丽江古城紧抓“智慧小镇”建设机遇，立足数字科技与历史古城融合，完成 5G 无人观光车、明厨亮灶和智慧停车等 7 个项目；玉龙雪山景区基本形成信息化基础、数字化业务、集成化平台、智能化应用格局，为全省智慧景区建设积累了经验，探索了道路（云南网，2022）。

2021年，丽江数字古镇5G全域旅游项目在第四届“绽放杯”5G应用征集大赛中荣获全国总决赛二等奖、文旅专题赛一等奖。在2022年的旅游交易会上，丽江市提出将通过提升“智慧旅游”建设，打造“智慧旅游”全省标杆、全国样板。2022年8月，联想集团携丽江古城景区游客管理系统项目亮相展会，是一套集“端—边—云—网—智”（其中的边指边缘计算技术）于一体的景区智能化管理服务解决方案，突出了“管理”和“服务”的优化，引来众多关注。该系统依托5G、AI（人工智能）、大数据、云边融合（云计算、边缘计算）等新技术，方便管理方掌握古城出入人员信息，并提供古城内“一脸通行”的便捷服务。此外，系统借助数智化手段，实现了健康码、身份证、人脸三合一认证，提升游客的安全游览体验，助力提升景区公共安全管控能力。

（五）已形成文化旅游开发的“丽江模式”

“丽江模式”是一套蕴含着中心城镇建设与周边区域互动发展经验、生态资源与民族文化资源保护利用经验、社区参与旅游发展促进乡村增收致富经验、新移民与当地居民共促丽江市发展经验、传统文化保护与现代文明共襄盛举经验的文化旅游发展模式，有无数智慧蕴藏其中，值得推广借鉴。

依托独特的资源优势，丽江市已逐步探索出一条“以特色为根、自然为本、文化为魂、市场需求为导向”的发展道路。构建起以高A级旅游景区为核心、旅游演艺蓬勃发展、旅游业态门类丰富、旅游基础设施齐全的文化旅游产业体系。形成了以两山（玉龙雪山、老君山）、一城（丽江古城）、一湖（泸沽湖）、一江（金沙江）、一文化（纳西东巴文化）、一风情（摩梭风情）为代表的世界知名旅游品牌。“丽江模式”注重保护民族文化遗产，保持民族文化的传承性和延续性，形成了文化旅游产业参与性较强，产品空间组合度较高，区域差异化较为明显，产品、业态类型的多样性和丰富度不断增强等特点和态势，促进了丽江市文化旅游产业高质量发展。

六、本土文化精英与新移民共组文化创意阶层

（一）本土文化精英坚守文化传承

丽江市打造世界文化旅游名城需要本地居民与新移民形成内生动力与外界助推的合力。“天雨流芳”是丽江市的一句经典音译语，意为“读书去”，说明丽江市历来文化底蕴深厚。近现代涌现出一大批文化名人，如爱国学者范义田，历史学家方国瑜先生，国画家、诗人周霖，书法家李群杰，云南省原省长和志强，民族学家、

历史学家杨福泉，民间音乐艺人宣科等。这些本土文化精英在创造文艺作品或专业作品的同时也刻画了丽江市的地方形象，描摹了丽江市的地方气质。

一大批各级各类非遗传承人通过手艺执行“守艺”“传艺”，秉承自己对纳西文化的理解，锻造非遗文化精品的同时让丽江市非遗文化得以延续。年逾九旬的民族音乐家宣科坚持到场揭开纳西古乐演奏序幕；东巴造纸技艺传承人和秀昌亲手制作抗虫、防蛀的东巴纸，立志将这项文化遗产传承下去；纳西族东巴画传承人和闰元，在古城开设纳西象形文字绘画体验馆，为游客免费讲解东巴文字、绘画、历史，教游客写东巴文字。

近年来，在雪山书院举办的“丽江讲坛”等活动兴起，许多学者、文化名人前来讲授丽江历史、民族文化等知识。“丽江讲坛”自 2012 年开办以来，举办讲座 280 多场次，增强了群众保护文化遗产的主人翁意识和自信心。丽江古城在本土文化精英与专家学者的共同努力下，不断推动传统文化创造性转化和创新性发展，打造“文学、美术、音乐”新名片（新华社，2022），也赋予了丽江市文化旅游的底色与底蕴。

此外，丽江市还培养出了一大批文艺工作者。1975 年丽江市就设有文学（含民间文学）、美术、摄影、音乐、舞蹈、戏剧等地区群众艺术馆。随着丽江市的文化设施逐渐完善，丽江市也培育出了诸多文艺工作者。例如，农民画家杜及才、和国华，舞蹈家杨尔车，演员邱林、达坡玛吉，主持人张慧君，歌手蔡学珍、熊顺林、吉萨莎玛、和兴凤、靳松、和文军、达坡阿玻等。这些本土文化精英本身也是对丽江市文化风格与个性的表达。如吉萨莎玛在湖南卫视《春天花会开》演唱的《云南》，惊艳了观众，让许多人对丽江市的音乐作品都有了新认识。

（二）新移民助力文化创新

《丽江市打造世界文化旅游名城三年行动方案（2021—2023 年）》提出：“提升历史文化、民族文化、自然文化与景区的关联性、融合度，留住原住民，探索建立‘新老丽江人’共建、共管、共享机制，缔造古城文化、利益和命运共同体。”由此可见对丽江市新移民的重视程度。丽江市有许多“驻客”及外来的在地化艺术家，或从事客栈经营，或从事文艺作品创作，或开咖啡馆、酒馆等各类商店，为丽江市带来多元、开放、包容的文化气息与氛围，助力其文化创新，推动其国际化发展进而助力打造世界文化旅游名城。调研中发现，白沙古镇 90% 以上的咖啡馆、小吃铺、酒吧等均采用了中英双语标识，有的西式甜品、快餐还有纯正的英文翻译。新移民带着自身的文化技能、文化创意、文化基因参与丽江市发展，交融形成了独特的丽江市文化旅游氛围。

参考文献

[1] 李群育.【建设世界文化旅游名城大家谈】从“被遗忘的王国”到“国际文化旅游名市”[EB/OL].(2021-08-28)[2022-09-17]. https://mp. weixin. qq. com/s/ezOeYhxgEEEDi6SXvb52og.

[2] 李群育. 新编丽江风物志 [M]. 昆明：云南人民出版社，2000.

[3] 李亚. 宁蒗县抓如村：打造普米族乡村博物馆 每个角落都有历史记忆 [EB/OL].(2021-08-23)[2022-09-17]. http://www. wenlvnews. com/p/551355. html.

[4] 丽江市人民政府办公室. 自然资源 [EB/OL].(2022-04-25)[2022-09-17]. http://www. lijiang. gov. cn/ljsrmzf/c101853/202108/789502ce040245db88abfb91f4c900ad. shtml.

[5] 刘芳. 原来丽江才是小说《消失的地平线》里“香格里拉”的真正原型 [EB/OL].(2020-07-19)[2022-09-17]. https://www. sohu. com/a/408440962_403729.

[6] 新华社. 古城新韵——丽江古城的文化新表达 [EB/OL].(2022-07-05)[2022-09-17]. http://www. yn. gov. cn/ztgg/dldzddxlyhx/ywq/202207/t20220715_244480. html

[7] 杨福泉. 策划丽江：文化和旅游篇 [M]. 北京：民族出版社，2005.

[8] 杨福泉. 纳西族文化史论稿 [M]. 昆明：云南大学出版社，2006.

[9] 杨国清. 丽江文化旅游崛起解读 [M]. 昆明：云南人民出版社，2011.

[10] 杨海潮. 丽江古城及其形象的形成与变迁 [J]. 西南民族大学学报（人文社科版），2009，30（11）：44-51.

[11] 杨宏杰. 龙蟠故事：茶马古道民族志 [M]. 昆明：云南大学出版社，2014.

[12] 杨跃萍. 云南丽江 重整千年茶马古镇 [N]. 人民日报，2003-05-15.

[13] 云南网.「云发布」丽江：打造“智慧旅游”全省标杆、全国样板 [EB/OL].(2022-07-05)[2022-09-17]. https://baijiahao. baidu. com/s? id=1738428721078879370&wfr=spider&for=pc.

[14] 中国发展门户网. 丽江欢庆撤地设市 从“被遗忘的王国”走向世界 [EB/OL].(2003-09-22)[2022-09-17]. http://cn. chinagate. cn/society/2003-09/22/content_2307192. htm.

[15] 丽江古城保护管理局. 追寻红色记忆，驼峰航线上的丽江 [EB/OL].(2021-06-07)[2022-09-23]. https://m. thepaper. cn/baijiahao_13030105.

第四章　丽江市打造世界文化旅游名城的短板

一、资源极佳但产品传统，资源转换机制有待完善

（一）深度体验型产品缺乏，优质资源优势有待发挥

作为中国唯一拥有文化、自然、记忆三项世界遗产桂冠的城市，丽江市有着世界级的自然禀赋和文化遗存。特别是在以观光为主导需求的大众旅游发展初期，浅层次的资源开发利用为丽江市带来了深厚的发展红利，塑造了一批传统景区，形成了一定的品牌优势。由此来看，丽江市完全具有打造成为世界文化旅游名城的资源条件和品牌基础。然而，随着旅居度假时代的到来，人们对沉浸式、精品质、个性化的旅游体验需求日渐强劲，能够对人们形成旅游吸引力的不止于美丽风景，还有风景之上的美好生活。因此，游客不再满足于走马观花式的观光游览，而更希冀在目的地获得深度体验。在这一背景下，传统旅游产品的短板暴露无遗，已无法适应当下及未来文化旅游产业的发展态势和市场需求。丽江市倚靠着“白天上雪山、下午看束河、晚上逛古城”的“老三篇”成为国内较早一批优秀旅游城市，但随着消费需求的变化，“老三篇”的竞争力已显不足。统计数据显示，2019 年，丽江市游客接待量突破 5000 万人次、旅游总收入突破 1000 亿元，两项指标在全国各城市中排名均位列 40 名之外，人均消费水平、游客停留时间等方面也与一线城市存在不小差距。与此同时，游客的消费空间已不限于传统景区景点，新业态、新产品也逐渐受到游客的追捧。然而整体来看，传统旅游产品仍在丽江市旅游产品格局中占据主导。丽江旅游发布的 2019 年上半年财报显示，旅游索道业务仍是主要业务，报告期（2019 年上半年）内收入占公司总收入的 54.5%。丽江市的旅游产品突出表现为更新速率慢、融合性产品少、体验感单一的特点，旅游产品供给能力与丽江市丰富、深厚的文化遗存及生态资源极不相称，如何将资源的存量优势转换为文化旅游产业的增量能力，是丽江市打造世界文化旅游名城必须面对的问题。

（二）生态价值转换动能不足，经济效益转换率低

丽江市生态环境良好，动植物资源种类繁多。截至 2022 年，全市森林覆盖率 72.14%，是全国天然林保护重点区域之一，被世界保护联盟（IUCN）确定为中国横断山区全球 25 个生物多样性热点地区之一。丽江市拥有玉龙雪山、老君山、泸沽湖、拉市海等一批依托优质生态环境发展而来的传统观光型景区，并在发展中牢固

树立“绿水青山就是金山银山”的绿色发展理念，在生态保护与旅游发展之间达成了一定的平衡，生态环境优势得到了一定彰显。然而，除已开发成熟的部分热点景区外，丽江市的“好山好水”在文化旅游产业发展中还无法充分转换为竞争力和发展效益，制约了从景点旅游向全域旅游转型升级的能力和水平。一个突出的表现是丽江市一区四县中的华坪和永胜两县生态资源丰富、环境优质，但文化旅游产业发展仍处于起步阶段，缺乏具有强力品牌优势和竞争力的成熟旅游产品，旅游市场仅仅能够辐射周边。另外，即便在玉龙雪山、老君山、泸沽湖等高 A 级旅游景区，生态旅游产品也主要围绕观光等方式展开，业态、产品单一，深度体验类产品数量有限，消费场景有待拓展，生态资源要素市场规模较小。此外，从现有旅游产品来看，丽江市也较为欠缺整合新技术、新人才等多种现代产业发展要素集成复合的生态旅游产品。能否将居民福祉、游客体验、社会发展相结合，探索形成生态、景区、社区协同发展模式，显著提升生态价值转换能力，助力丽江市文化旅游产业高质量发展，是一关键问题。

（三）文化遗产欠缺系统开发，创造性开发利用不够

丽江市文化遗存众多，民族文化璀璨。除世界文化遗产、记忆遗产外，丽江市还拥有大量的非物质文化遗产、文物保护单位等。各类文化遗产是丽江市打造世界文化旅游名城的重要凭借，为优质旅游产品开发和品牌形象塑造提供了潜力，更为丽江市赋予了独特的城市气质。从文化旅游产业发展来看，无论是如丽江古城的景区建设，还是《印象·丽江》《丽江千古情》等旅游演艺产品打造，都取得了不俗的成就，也进一步推动丽江市文化旅游产业高质量发展。然而，从丽江市文化旅游产品结构和市场反响来看，旅游产品的文化内涵和文化特色还有待进一步提升，文化的厚重感与旅游的娱乐性之间还需进一步协调。根本上讲，丽江市文化遗产还欠缺系统性开发，创新性开发利用相对不足。首先，没有很好地处理文化浓度和商业密度的关系。这致使依托丽江古城世界遗产开发的部分旅游产品在特定发展阶段暴露出由于过度商业化而产生的文化失真、文化涵化等问题。其次，欠缺实力强劲的市场主体介入到文化遗产开发中来。与已形成品牌优势和市场吸引力的文化旅游产品数量相比，文化遗产的存量优势还没有得到充分发挥。除了政府引导外，更依赖地方文化精英的作用，所以造成了文化遗产类旅游产品开发存在着“小而散、散而弱”的问题，缺乏有实力市场主体的作用。最后，尚未形成能够在国内外具有影响力的一定数量的创新文旅 IP。与近些年以故宫文创为代表的国潮 IP 所受到的关注度相比，丽江市仍需进一步提升文化旅游产品的创新性，通过模式创新、技术创新等，打造形成具有显著竞争力的文化遗产 IP。

二、业态丰富但精品匮乏，企业创新与示范效应不足

（一）传统景区形象固化，新兴业态品质规模不足

长期以来，丽江市以丽江古城、玉龙雪山和泸沽湖等著名景点为游客熟知，但是随着游客需求变得个性化、差异化和多样化，逐渐暴露出观光产品和景区发展模式的弊端。近些年，丽江市正积极推动文化旅游业转型升级，古城区成功创建为国家级全域旅游示范区，并以产业融合为动力打造了一批户外研学、运动康养、房车旅拍和半山酒店等新业态，在很大程度上丰富了既有的业态、产品结构，形成了一定的知名度和影响力。然而，在市场认可度方面，“白天上雪山、下午看束河、晚上逛古城”的“老三篇”虽然正在被新业态、新产品“分流”，不过其市场认可度是新兴业态、产品难以比拟的。对大多数游客而言，丽江古城、玉龙雪山等传统旅游景区便是丽江市的文化符号和“金字招牌”，是丽江市最具特色和吸引力的部分。这一方面是由于丽江古城、玉龙雪山等地资源品阶高、开发历史久，已形成了固化形象。因此，即便新业态、产品围绕传统旅游景区布局，也在一定程度上存在固化形象的屏蔽效应。另一方面，新业态、产品虽然在类型上与丽江市传统文化旅游业态、产品形成了较好的互补关系，但大多在国内外其他城市已有先例，故而独特性不足，并存在同质化、不规范，以及与丽江市特色文化融合程度不深等问题。从根本上来讲，这反映出丽江市在文化旅游产品业态研发创新能力上的短板。打造世界文化旅游名城，丽江市亟待提升将独一无二的旅游资源转化为世界一流旅游产品的能力。

（二）文化旅游企业的创新与示范效应不足

截至 2021 年，丽江市共有规模以上文化企业有 26 家，营业收入上亿元的文化企业 3 家，星级饭店 153 家，特色民居客栈 108 家，引进国际品牌及高端酒店 19 家，旅行社 178 家，A 级旅游景区 19 家等①，其中不乏在国内外都具有较强影响力的文化旅游企业以及主营新业态、产品的创新型文化旅游企业，体现出丽江市在市场主体引进、培育方面所取得的成就。不过，目前丽江市文化旅游企业仍然存在一些问题，尤其表现出文化旅游企业的创新与示范效应不足的局限。一方面，以丽江玉龙旅游股份有限公司为代表的丽江市本土文化旅游企业虽已成长为滇西北地区实力最强的综合性旅游集团，但毕竟数量有限。同时企业营业创收的主要来源仍然是以玉龙雪山索道收入，创新型产品的效益并不显著。另一方面，以创新驱动的全球家庭消费产业集团——复星集团旗下复星旅游文化集团为代表的外来企业虽在理念、

① 资料来源：《丽江市“十四五”文化和旅游发展规划》。

模式、资金、人才等方面都有其自身优势，但在业态、产品与丽江市特色文化的融合方面还有很大的提升空间，特别是这一类具有旗帜性、标杆性的引领者，在推动丽江市文化旅游业态、产品创新，对丽江市本土文化旅游企业形成示范引领效应方面也存在不足。丽江市文化旅游市场活力还有待进一步激发。

三、基础设施与服务较为薄弱，旅游功能拓展受限

（一）立体化交通体系尚需优化，内外通达性有待增强

丽江市区位优势突出，自古便是中国西南边陲的茶马古道重镇，也是“一带一路”、长江经济带上的重要节点。在推动文化旅游产业高质量发展、打造世界文化旅游名城战略目标驱动下，丽江市正以交通设施完善为基础，着力打造成为大香格里拉旅游经济圈和大滇西旅游环线重要门户和集散中心。近些年，丽江市在交通网络完善方面成绩喜人，交通网络的连通度、路网密度、可达性、适应性不断提升。然而，无论是对标世界文化旅游名城建设，还是与国内一线城市相比，交通方面仍存在显著的薄弱点。其一是立体化的交通体系尚需优化。除了公路、铁路建设外，丽江市的航空运输能力亟须提升。尽管在省内、国内通航城市已超过 90 个，但国际通航城市数量较少。在新冠肺炎疫情暴发之前，丽江机场陆续开通香港、台北、高雄、首尔、吉隆坡、曼谷、新加坡 7 条国际（地区）航线，辐射范围主要限于东南亚一带，这对丽江市充分挖掘世界范围内的客源，确立在世界范围内的文化旅游吸引力等都是不利的，也限制了高质量立体化交通网络的形成。其二是内外通达性有待增强。“结构不合理、发展不平衡、衔接不顺畅”是丽江市交通运输需要解决的重要问题。与区域中心城市间的高等级运输通道数量偏少，市区与周边县之间的交通通达度差异明显，多种运输方式之间的衔接切换能力不足，旅游景区断头路尚未完全打通。以上问题的存在一方面制约了客源市场的扩容及游客消费体验的升级，另一方面也限制了文化旅游与交通深度融合以创新业态、产品的能力，势必需要加以解决。

（二）旅游设施亟待更新升级，多层次服务格局仍需完善

作为一个从 20 世纪 90 年代便已快速发展文化旅游产业的城市，丽江市具有满足基本旅游功能的服务设施，但在城市不断发展与消费不断升级的过程中也面临着旅游服务设施升级、服务格局完善的问题。近些年，丽江市围绕设施更新换代、智慧旅游升级等方面做了大量工作，在资金投入和项目策划方面做了相当努力，竭力弥补旅游服务设施和服务能力方面存在的短板。然而，从世界文化旅游名城打造和推动丽江市文化旅游产业高质量发展的目标来看，目前丽江市在旅游设施和服务方面仍然存在很大的改进空间。首先，旅游设施方面存在着陈旧老化问题。丽江市现存的老牌旅游景区的诸多旅游设施是 21 世纪初乃至 20 世纪 90 年代规划建设完成

的，虽仍具有一定的服务能力，但从设施本身的安全性和游客体验感双重角度考虑，势必需要尽快完成设施更新，在保障游客体验安全性和舒适性的同时，提升文化旅游产品的综合竞争力。其次，国际化、高端化、特色化、智慧化配套设施仍有不足。随着休闲度假逐渐成为旅游消费主流，对旅游配套设施的要求也不断提高，只有坚持在国际化、高端化、特色化、智慧化方面进行优化升级，才能满足国内外市场多层次的旅游服务需求。以智慧旅游配套设施为例，目前“一部手机游云南”平台已覆盖丽江市全部 A 级旅游景区，但不同等级 A 级旅游景区在智慧旅游配套的完善程度方面仍然存在差异。与此同时，智慧旅游配套设施也有待向非 A 级旅游景区的消费场景进行拓展，才能持续满足游客对全方位智慧化旅游接待能力的需求，完善多层次的旅游服务格局。

（三）公共服务体系有待优化，城市管理能力亟须提升

当前城市文化旅游产业竞争已不再是某一资源、产品的竞争，而是城市综合实力的比拼。打造世界文化旅游名城对城市文化旅游服务能力和城市治理能力方面提出了更高要求，需要以城市完善的公共服务体系和高水平的服务能力作为文化旅游产业发展的基底。近些年，丽江市在完善文化旅游公共服务体系、提升城市治理能力方面取得了显著成效。公共文化服务的可及性和便捷性不断提高，运行机制不断创新，城市治理能力得到进一步提升。与此同时，城市公共服务和治理能力方面依然存在着显著的短板，具体表现为以下几点。一是公共服务模式相对传统，衍生功能尚有不足。目前，公共服务设施的覆盖范围及规模较为可观，但整体的服务模式较为滞后，主要以被动的服务为主，而在主动的产品创新方面效果不佳。丽江市内数量较多的文博非遗场馆在吸引普通游客方面还需转变服务理念，注重服务氛围和游客体验，从服务的供给者转变为产品和消费场景的创造者。二是城市管理能力方面还需提升。例如，丽江市在城市智慧化管理能力方面积累了宝贵经验，不过从整个市域范围来看，城市管理人员在智慧化专业知识和工作经验方面还较为欠缺，能够应对城市管理能力现代化要求的专业化人才数量有限，管理模式、管理方式等都有待转型升级，以适应世界文化旅游名城对城市管理能力现代化提出的新要求。

四、发展格局“一花独大”，产业要素发育不均

（一）旅游发展布局有待优化，一体化协同能力有待提升

从丽江市文化旅游发展历程来看，文化旅游产品、业态无论数量分布还是品阶特征都表现出对丽江古城、玉龙雪山及泸沽湖景区过度依赖的特点，即便新产品、新业态也大多依附于这些传统旅游景区。例如，丽江市国际品牌、五星级酒店、高端酒店主要分布在古城区与玉龙县。截至 2022 年，已建成营业的 21 家国际品牌、

五星级酒店、高端酒店里古城区有 16 家，玉龙县有 4 家。即使将项目前期囊括在内，丽江市永胜县也没有配备 1 家国际品牌、五星级酒店、高端酒店。反映出文化旅游业态、产品分布的极端不均问题。从文化旅游产业发展的客观规律来看，这一特点的合理之处在于，这些传统旅游景区代表了丽江市旅游市场的绝大部分，要素吸引能力自然较强，符合市场逻辑。然而从城市长远发展来看，不利的后果则是旅游空间的过度集中和区域失衡，对局部区域吸引能力、服务能力、管理能力、环境承载能力造成极大消耗，甚至可能影响到城市可持续发展及区域协同能力。在丽江市一区四县中，永胜县、华坪县顶级文化旅游资源缺乏但生态优势比较突出，玉龙县东、西部旅游知名度差异较大但资源品级都比较高，不过囿于各方面因素，市域内尚未形成优势互补、区域协同的文化旅游发展格局，这既有客观条件的限制，同样也有协同能力不足的问题。从丽江市文化旅游产业的发展前景来看，能否充分调动市域范围内一切积极因素、协同推进打造世界文化旅游名城，事关丽江市文化旅游的持续性、影响力和竞争力。

（二）旅游产业要素发育不均，全产业链尚未形成

文化旅游产业所具有的带动性和辐射力使之具有强劲的要素发育和吸附能力，文化旅游产业高质量发展目标对产业要素发育和全产业链打造提出了更高要求。从丽江市文化旅游产业发展和目的地建设情况来看，近年来丽江市围绕旅游六要素进行了优化提升，在产业融合和内容提升方面取得了不错的效果。不过结合文化旅游消费趋势，目前丽江市文化旅游产业发展仍然面临着产业要素发育不均，全产业链尚未形成的问题，这将制约丽江市打造世界文化旅游名城。在产业要素发育方面，主要表现为产业要素发育的空间分布不均，多围绕古城区和玉龙县聚拢提升；产业要素内部发育的结构化差异，“游”的要素最受关注，“住”的要素逐渐强化，但其余要素尚有充分发育潜力；新旧要素发育程度不均，传统旅游六要素发育相对较好，“文、游、医、养、体、学、智”等新兴要素发育严重不足，传统旅游要素与金融、人才、数据等现代产业要素融合程度不深。在旅游全产业链构建方面，产业链断点、堵点短板明显，链条短且弱，缺乏强有力的链主支撑，尤其欠缺新兴要素的独立孵化能力。“旅游 +”“ + 旅游”融合发展不充分，农业资源、康养资源、生态资源、特色产业资源有待进一步挖掘、开发与整合，“文、游、医、养、体、学、智”全产业链尚未形成，产业带动性和辐射能力有待进一步增强。

五、发展理念相对滞后，国际合作发力不足

（一）专业人才储备不足，从业人员理念亟须提升

随着文化旅游消费需求趋势的转变和旅居度假时代的到来，丽江市文化旅游产

业也已从高速增长进入高质量发展阶段，加速产业转型升级，加快城市功能内涵式提升。与此同时，文化旅游产业发展的外部环境也在加剧变化，环境不确定性正在增加，文化旅游产业发展正面临着新形势、新变化与新挑战，这也对文化旅游产业人才的基本素质、知识结构、综合能力等提出了新的要求。在丽江市文化旅游产业发展过程中，尽管涌现出一批“全国五一劳动奖章”“全国最美导游”“金牌导游”等优秀旅游从业人员，人才队伍建设也在不断强化，但专业化人才一直是一大短板，从打造世界文化旅游名城的要求出发则进一步放大了这一劣势。一方面，专业化人才储备不足。虽然丽江市已储备有一定规模的专职文化队伍、导游从业队伍及酒店宾馆从业队伍等，但运营管理人才、市场营销人才、技术创新人才、金融服务人才数量还比较少，具有国际视野和创新意识的文化旅游产业领军人才匮乏，国际化服务人才也存在较大缺口，人才结构还较为单一，人才培养基地数量也较为不足，极大限制了文化旅游产业服务能力和创新能力的提升。另一方面，现有文化旅游从业人员的从业理念亟须提升。基层从业人员理念还没有从简单的服务供给向内容创造转变，没有完全跟上消费市场的变化趋势，难以成为打造世界文化旅游名城的创新先锋。与此同时，文化旅游从业人员无论是外部环境还是自身观念定位上都表现出主动性不足、创造性不足的问题，尚未凝心聚力，转换为打造世界文化旅游名城的合力。

（二）国际合作机制尚不完善，合作平台有待建立

丽江市文化旅游的区位优势突出，作为大滇西旅游环线和滇川藏大香格里拉旅游经济圈的重要节点，丽江市近些年正在借力开展区域合作，夯实区域旅游发展的战略地位，发挥区域一体化发展优势。从文化旅游产业国际合作层面来看，近年来，丽江市积极主动融入“一带一路”和云南面向南亚、东南亚辐射中心建设，国际友好城市工作发展迅速，已在 8 个国家有 9 对国际友好城市（山峰）。不过目前国际合作机制尚不完善，合作平台还有待建立。仍以国际友好城市（山峰）为例，丽江市国际友好城市数量在云南省位居前列，仅次于省会昆明市，覆盖了除非洲以外的四大洲，但旅游方面的交流合作现状并不理想，无论是“引进来”，还是“走出去”，双边乃至多边国际旅游交流规模都较为有限，旅游合作项目较少，并且主要以官方往来为主，民间交往偏少。与此同时，丽江市的国际宣传推介机会也较少，部分国际旅游合作仍处于意向和倡议阶段，实质性平台建设等工作推进不足，国际性文化交流、艺术创作平台等都亟须建立。此外，受到新冠肺炎疫情影响，国际资源配置、市场共享、信息共享、共同管理、分工协作、利益共赢等方面的合作机制陷入停滞，国内国际双循环的文化旅游发展格局有待深入推进。

02

第二篇
丽江市打造世界文化旅游名城的战略思路

第五章　丽江市打造世界文化旅游名城的价值解读

丽江市是全国第二批被批准的中国历史文化名城之一，是古代“南方丝绸之路”和“茶马古道”的重要通道，拥有世界级的遗产资源奇观、丰富多彩的民族文化。从战略角度看，丽江市打造世界文化旅游名城，是落实习近平总书记考察云南提出的建设民族团结进步示范区、生态文明建设排头兵、面向南亚、东南亚辐射中心“三个定位”的必然选择，是瞄准国际化、高端化、特色化、智慧化方向，打好“健康生活目的牌”，打造国际康养旅游示范区的重大举措。从具体意义看，丽江市打造世界文化旅游名城，是全面推动旅游向休闲度假康养旅居转变的必由之路；是全力重构旅游发展格局、重塑发展优势的必然选择；是提升旅游产品服务功能、促进城市内涵发展的重要举措；是弘扬优秀民族传统文化、活态传承世界遗产的必然要求；是增强国际国内辐射能力、夯实区域发展战略地位的关键之举；是扩大国际知名度、拓宽文化旅游品牌国际影响力的关键抓手。

一、全面推动旅游向休闲度假康养旅居转变的必由之路

在旅游市场转型、游客消费升级大背景下，游客的旅游消费需求日益呈现多样化、个性化，渴望更深度的体验，而传统旅游产品存在的同质化、低端化等问题日渐凸显，已无法满足游客日趋多元的高品质旅游需求，亟须通过旅游供给侧结构性改革，创新旅游产品业态的研发机制。作为一种健康闲适的生活新模式，康养旅居逐渐成为备受大众推崇的全新理念。特别是受到新冠肺炎疫情的影响，更加刺激了人们对健康生活品质的追求。站在新的发展时期，丽江市将从旅游高速发展阶段向优质旅游提升阶段转型，从观光旅游向休闲度假、康养旅游转型，从景区景点旅游向全域旅游转型。打造世界文化旅游名城，是全面推动丽江市从观光旅游向休闲度假康养旅居转变的必由之路。

（一）有利于促进世界康养旅居旅游目的地建设

上海交通大学对全国 75 个候选城市进行综合评价，发布《2022 中国候鸟式养老夏季栖息地适宜度指数》，丽江市排在第九位。独特的自然环境，温和宜人的气候，深厚的文化底蕴以及丰富的旅游资源，使丽江市具有发展康养旅游的先天优势。打造世界文化旅游名城，为丽江市大力开发文化康养、田园康养、生态康养、温泉

康养、养老康养、医疗康养、运动康养等产品业态，构建具有丽江市特色，集康养、度假、医疗于一体的大健康产业体系，深化世界康养旅居目的地建设提供了契机。打造世界文化旅游名城，有利于丽江市发挥资源优势、引领消费需求，对接云南省打好世界一流“健康生活目的地牌”、打造国际康养旅游示范区的战略任务，加快提升文化旅游产品供给能力，延伸文旅康养产业链，促进产业结构优化升级，建设山水人城和谐的世界级美丽城市；有利于以世界文化旅游名城重大、重点项目为引领，带动招商引资，增强市场主体活力，完善康养旅居配套服务设施，拓展文化旅游消费空间，塑造国际化、高端化、特色化、智慧化康养旅居目的地形象，能够更好促进目的地管理的体制机制创新，推动要素、业态全域化布局和融合协同发展，提升目的地品质，培育康养旅居目的建设的强劲动能。

（二）更好满足不断更新变革的旅游消费需求

《2021 国民健康洞察报告》显示，93% 的人认为“身体健康”是人生中最重要的事情，新冠肺炎疫情加速提高了全民大健康意识的形成和发展。伴随人口老龄化、亚健康、生态环境等问题备受重视，以及国家全力推进“健康中国”战略和“美好生活”建设，人们愈加追求健康和精神享受，康养旅居度假作为新时期人们的一种旅居生活方式，逐渐成为休闲生活主流。同时，在我国居民可支配收入不断增长及文化旅游产业进入高质量发展阶段背景下，人们的消费需求会随着生活质量不断改善而逐渐升级，呈现出个性化、多样化、品质化等特征，并从走马观光式的旅游向深度休闲度假体验游转变。丽江市打造世界文化旅游名城，能够有效发挥市场需求端在促进文化旅游科技创新中的倒逼功能，将游客需求作为科技创新工作中的核心关切点，加快优质旅游资源整合，推动市内旅游企业与科研机构提升研发能力，精致化打造康养旅居文化服务与产品。与此同时，丽江市打造世界文化旅游名城，有利于深度挖掘康养文化底蕴，创新发展康养旅游新业态，升级旅游消费，这对引领“大健康”时代背景下的游客需求、满足人民日益增长的美好生活需要具有重要意义，能显著提升人们的获得感与幸福感。

二、全力重构旅游发展格局、重塑发展优势的必然选择

自改革开放以来，我国旅游经济总量不断增长，文化事业持续繁荣，文化旅游产业地位逐步提升，已逐渐成为推动经济发展的重要驱动力。在中国经济进入高质量发展的当前阶段，文化旅游产业发展也势必需要由追求规模速度向追求质量效益转变调整，畅通产业链各个环节，加快构建以国内大循环为主体、国内国际双循环相互促进的新发展格局。长期以来，丽江市的旅游业态主要围绕丽江古城、玉龙雪山、老君山、泸沽湖等老牌旅游景区展开，随着旅游需求升级及外部高端供给的冲

击，丽江市传统旅游产品的转型升级与新兴业态的创意孵化尤为迫切。打造世界文化旅游名城，能够为丽江市旅游产业转型升级提供所需的契机与动力，助力丽江市重构旅游发展格局和重塑发展优势。

（一）有利于重构旅游发展格局

“十三五”时期，丽江市文化旅游产业快速发展，文化旅游重点项目稳步推进，新产品新业态竞相涌现，旅游品牌建设成效显著。但是仍然面临诸多问题和挑战，特别是需要应对后疫情时代如何立足新发展形势与新消费需求，实现文化旅游产业高质量发展的战略要求。借助打造世界文化旅游名城的契机，瞄准国际化、高端化、特色化、智慧化方向，以国际化眼光、世界级定位、高水平谋划丽江市文化旅游发展，对重构丽江市文化旅游发展格局具有重要意义。丽江市打造世界文化旅游名城，有助于将文化旅游与金融、科技、人才等现代产业发展要素相融合，与城市品质化建设、内涵式提升相统一，将一区四县特色化优势互补，拓展旅游发展空间，深化“处处皆美景、驻足即风景”的全域旅游风貌，建设“城景一体、旅居皆宜、中外共享”的大景区；有利于加速文化旅游资源高效利用，夯实文化旅游产业地位，提升丽江市文化旅游产品在世界范围内的吸引力，展现世界文化旅游名城形象，进一步畅通国内文化旅游市场循环，加速国际旅游市场开拓。世界文化旅游名城建设将成为丽江市加速提升内容能级、扩容国内外市场的重要机遇，为形成立足目的地建设、协同国际国内旅游市场的发展格局提供了强力支撑。

（二）有利于重塑旅游发展优势

悠久的历史文化、浓郁的民族风情，绝美的自然风景和舒适的气候环境是丽江市文化旅游发展的独特优势。在以观光旅游为主的市场格局中，以上优势为丽江市文化旅游发展赢得了重要红利与机遇。随着市场需求快速转变，特别是游客对个性化、体验性产品的需求增长以及外部环境竞争压力逐渐增加，如何在新发展阶段创新资源开发利用方式，形成面向未来的强劲消费吸引，重塑丽江市文化旅游发展新优势成为丽江市谋求高质量发展的关键命题。打造世界文化旅游名城，有利于突破观光旅游发展的思维桎梏，深度挖掘遗产价值和生态优势，促进文化和旅游深度融合，推动多产业要素良性互动，加快文化旅游产业模式创新，创设世界级的文化旅游品牌；有利于紧密衔接国家层面、省域层面及丽江市委、市政府对丽江市文化旅游发展的政策支撑，充分调动各类发展要素服务于文化旅游产业发展和目的地建设，有效发挥创新创意的驱动作用，将丽江市在旅游智慧化平台建设方面的积极成果转换为强劲的旅游吸引和竞争优势，释放城市整体发展活力，逐步实现由传统的资源优势向新兴的要素优势升级，由单一产品供给向综合性的目的地吸引提升，全方位塑造旅居度假时代丽江市旅游发展的新优势。

三、提升旅游产品服务功能、促进城市内涵发展的重要举措

加快城市文化旅游产业的发展将从根本上推动城市现代化进程，不但可以整合文化旅游资源，提升产品服务档次，促进旅游业的全面发展，还可以推进城市建设与管理，提升城市品位与调性，塑造城市对外开放的良好形象。丽江市在加快推进文化旅游产业发展过程中形成了一批影响力较强的传统旅游产品，在旅游城市建设方面积累了相当的基础。随着旅游者对旅游消费场景拓展及深度体验需求的不断升级，文化旅游产业发展将更加注重旅游产品服务功能的深度挖掘，更加关切主客共享体验空间的营造，更加强调城市的文化涵养和综合服务能力提升。丽江市打造世界文化旅游名城，需要立足人的主体性，推动文化旅游及其依托、辐射领域的全方位提升，将加快目的地综合实力升级提质。一方面有利于推进城市全域产品功能的主客共享，另一方面有助于推动城市品质的内涵式提升。

（一）有利于推进全域产品功能主客共享

世界文化旅游名城是以人为中心的新型城镇化建设的创新模式。打造世界文化旅游名城必须立足人的主体性、发挥人的主动性、体现人的价值追求。丽江市打造世界文化旅游名城既需要有面向游客需求的功能升级，也需要有立足居民的功能延伸，真正把握“景观之上是生活，寻常生活客自来”的一般规律，践行主客共享的价值理念。基于此，丽江市打造世界文化旅游名城有利于加快全域资源要素创新利用，推动完善文化旅游服务设施，积极促进生态、生活资源的旅游化升级，促进文化旅游消费功能由观光旅游向旅居度假转变，促进旅游消费场景持续由“戏剧场”向“菜市场”拓展，以创新创意赋能全域产品功能提升，为游客融入目的地生活提供品质场所与空间；有利于根植于居民的利益与诉求，充分挖掘丽江市的文化基因与符号，持续激发居民的城市休闲需求，调动居民在文化旅游产业发展和目的地建设过程中的积极性，以居民文化自觉驱动文化旅游产业发展模式创新，以居民的智慧、才情与努力促进文化旅游与生活品质的深度结合。丽江市打造世界文化旅游名城正是在协调游客和居民市场需求和利益诉求的基础上，推动全域产品功能更新完善、提质升级，促进人的全面发展的重要抓手。

（二）有助于推动城市品质的内涵式提升

文化旅游消费需求端的不断升级对供给端城市综合实力的提升提出了更高要求。丽江市是典型的以文化旅游产业推动城市发展的案例，凭借世界级的观光资源确立了景点旅游时代的优势地位，但在由景点旅游向城市全域空间体验拓展升级的过程中，丽江市显现出在城市综合功能方面的短板。推动城市品质的内涵式提升，既是打造世界文化旅游名城的要求，也是其使命所在。丽江市打造世界文化旅游名城，

有利于进一步畅通内外交通通达性，全面完善城市硬件配套和服务功能，促进现代发展要素向城市建设的各个领域汇聚，推动现代科技、人才、金融等助力城市治理体系和治理能力现代化，实现城市管理手段、管理模式、管理理念的创新；有利于以城市可持续、高质量发展为导向，将遗产、生态优势嵌入城市发展战略，探索资源要素创造性开发和创新性利用的新模式，将厚实的存量资源转换为发展禀赋，彰显城市的差异化与独特性。与此同时，打造世界文化旅游名城能够进一步凸显文化在联结市场需求和市场主体方面的独特作用，以文化创意驱动丽江市城市更新，促进城市形象和服务品质提升，推动建设承载具有世界级影响力的品质生活空间和旅游休闲空间，展现丽江市城市文化的包容度和发展张力。

四、弘扬优秀民族传统文化、活态传承世界遗产的必然要求

中华优秀传统文化作为中国特色社会主义文化的根基与灵魂，为中华民族的伟大复兴和中国特色社会主义现代化建设积淀了深厚的力量。传承和弘扬中华优秀传统文化，是实现民族伟大复兴、推进中国特色社会主义现代化建设的内在与必然要求。世界遗产作为一个民族古老的生命记忆和文化基因库，代表着民族普遍的心理认同和基因传承，代表着民族智慧和民族精神。“活态化”传承与传播遗产文化，才能讲好中国传统文化故事，塑造民族文化自觉、文化自信与文化认同。丽江市是全国唯一同时拥有三项世界遗产的地级市，拥有独具特色的纳西东巴文化和摩梭文化等民族文化。打造世界文化旅游名城，对弘扬丽江市优秀民族传统文化，活态传承世界遗产具有重要意义。

（一）有利于优秀民族文化的传播

地处滇、川、藏三角多元文化交会区的丽江市，有着纳西东巴文化、永胜“边屯文化”、华坪巴蜀文化、彝族毕摩文化、摩梭人达巴文化等民族文化，多元文化和谐共存又各具特色，是人们领略绚丽多彩的民俗风情和探寻古朴神秘的民族文化的一方圣土。传承文化、发展文化是城市的基本功能之一。文化的软实力和影响力，都是在不断传播中显示其价值和意义的。丽江市打造世界文化旅游名城，有助于塑造出符合民族特色、有文化归属感的艺术形象，有助于创作有文化内涵和艺术表现力的文艺作品，能够推动优秀传统文化走进日常生活，提高大众知识水平和审美水平，能够使其成为提升群众文化修养和审美能力的活教材；丽江市打造世界文化旅游名城，有利于深度挖掘民族文化核心要素，探索新的文化表达与传播方式，推动优秀传统文化资源的创造性转化，与当代信息科学技术相结合，以智慧化的方式推动文化形态的创新与传播，让古老的传统文化焕发出新的生机，实现现代化、多元化、年轻化、国际化表达；丽江市打造世界文化旅游名城，有利于推动凸显以丽江

市特色文化为代表的东方文化神韵，不断增强东方文化的话语权和表现力，增强丽江市文化旅游产业在世界产业格局中的竞争力，有利于加速社会文化的交流与传播速度。

（二）推动世界遗产“活起来”“走出去”

丽江市拥有三大世界遗产，八大国家级非物质文化遗产，是一座名副其实的遗产城市。在互联网高速发展的时代，酒香也怕巷子深，“好资源 + 好宣传”才能锦上添花。世界文化遗产保护传承的等级高，能够给世界提供与众不同的文化特质和内涵。丽江市打造世界文化旅游名城能够拓宽非遗传播渠道，加深传播深度。以打造世界文化旅游名城为抓手，有利于加快制定科学的遗产文化旅游发展战略，推动遗产文化资源的高质量利用，让收藏在博物馆里的文物、陈列在广阔大地上的遗产、书写在典籍里的文字都活起来。丽江市打造世界文化旅游名城，有利于激发社会各界保护世界遗产的使命感和责任感，能够营造全社会共同关注和积极参与文化遗产保护、共享文化遗产保护成果、增强文化遗产保护意识的良好氛围。打造世界文化旅游名城，能够持续推动丽江市非遗融入当代生活、发挥当代功用，推动大量文化遗产从“展品”变“产品”，推动“养在深闺”的文化遗产“飞入寻常百姓家”，满足人民群众日益增长的物质文化需要。借助世界文化旅游名城的国际舞台，有利于进行世界遗产互动交流，让世界了解当代丽江、学习特色的丽江文化，对达成文化共融具有积极的时代意义。

五、增强国际国内辐射能力、夯实区域发展战略地位的关键之举

“一带一路”是习近平总书记提出的国家级顶层合作倡议，是促进共同发展、实现共同繁荣的合作共赢之路，是增进理解信任、加强全方位交流的和平友谊之路。云南省是我国连接南亚、东南亚的重要大通道，是“一带一路”建设、长江经济带发展两大国家发展战略的重要交会点。丽江市地处云南省西北部，滇川藏三省区交界处，是长江经济带发展战略的重要节点，也是“南方丝绸之路”和“茶马古道”的重要通道。打造世界文化旅游名城，有利于增强丽江市国际国内辐射能力，夯实区域发展战略地位。

（一）更好服务“一带一路”，加快面向南亚、东南亚辐射中心建设

丽江市是西南地区连接“一带一路”的枢纽之一，是通向西藏、中亚的重要驿站。打造世界文化旅游名城，有利于扩大丽江市国际区域合作规模，强化国际间经济、文化交流合作，通过打造一条经由云南和四川，而从丽江进入香格里拉及西藏并通往印度、缅甸的“茶马古道”经济走廊，促使丽江市成为孟中印缅经济走廊重要枢纽，成为丝绸之路经济带上的重要开放窗口城市，逐步实现立足西南、融入国

内、联通周边、接轨国际的战略目标。打造世界文化旅游名城，有利于高标准统筹规划“一带一路”丽江段产品布局，以打造窗口示范城市要求规划沿线景区景点、康养基地、自驾营地、徒步线路、研学旅游、乡村旅游示范点及各类特色小镇和传统村落等，探索出一条以打造休闲度假、康体养生、户外探险、文化体验等为主题的新业态发展之路，为丽江市文化旅游产品辐射南亚、东南亚注入新动能。打造世界文化旅游名城，有利于推动丽江市文化旅游业的提质升级和多元融合发展，不断满足个性化、多样化的消费需求，努力打造更加便利、高效、优质的发展硬环境和软环境，破解入境旅游发展瓶颈，努力将丽江市建设成为我国面向南亚、东南亚辐射中心。

（二）更好融入长江经济带，推动打造国际生态文明示范点、边疆文化长廊的新亮点

丽江市地处横断山脉区域，立体气候、海拔高差以及多样地质结构造就了丰富的生物多样性资源，是长江上游重要的生态安全屏障和生物多样性宝库，也是滇西北生态文明建设的重要窗口。打造世界文化旅游名城，能够推动丽江市深入践行“绿水青山就是金山银山”发展理念，筑牢长江上游重要生态安全屏障，全面推进生态文明建设和生态环境保护工作取得突破性进展；有利于加快推进金沙江绿色经济走廊旅游带建设，调整经济结构，加快产业建设，着力打造国际绿色经济发展高地、国际生态文明示范城市。打造世界文化旅游名城，有利于推动长征国家文化公园（丽江段）建设，全面提升丽江市红色文化的保护、开发和利用水平，助力红色文化融入城市基因，打造“红色丽江”；有利于发扬茶马古道文化精神，把丽江市建设成为保护传承、展示体验茶马古道文化的中心，推动丽江市成为生态名优茶叶、茶马商贸文化交流的一个重要平台；有利于推动丽江市红色文化、遗产文化和茶马古道文化等特色文化产业带建设，推动形成千里边疆文化长廊的新亮点。

六、扩大国际知名度、拓宽文化旅游品牌国际影响力的关键抓手

文化是民族凝聚力和创造力的重要源泉，是综合实力竞争的重要因素，是经济社会发展的重要支撑。以打造世界文化旅游名城为目标，树立新的文化发展理念，探索新的文化发展方式，以文化品位塑造城市形象、以文化氛围凝聚人心、以文化繁荣丰富群众生活，增强文化软实力、竞争力和影响力，有利于为促进丽江市经济社会高质量跨越式发展提供强大的精神动力和文化支撑，有利于把丽江市建设成为对接国际市场、具有中国典范、独具东方休闲神韵的世界级旅游目的地。打造世界文化旅游名城，是丽江市扩大国际知名度、拓宽文化旅游品牌国际影响力的关键抓手。

（一）是丽江市提升城市知名度的现实选择

丽江市虽然有丰富的旅游资源，但新产品、新业态的核心品牌不够突出，影响力相对较弱，不能给游客较强的品牌意识和归属感。在日益推进的城市化进程中，城市竞争的核心就是城市形象的竞争，而这种竞争，不限于规模的竞争、经济的竞争，而更多地表现为城市文化、城市品位、城市生活环境与生活质量的竞争。城市品牌是良好城市形象的缩影，是一个城市综合竞争实力的标志。打造世界文化旅游名城，能够提升丽江市的对外文化传播能力，更好地将丽江市特色文化传播出去，将“柔软时光·休闲丽江”等旅游形象展现给世界。打造世界文化旅游名城，能够逐步调整深化旅游产业经济结构，能够激活城市的发展新动能，促进城市经济的高质量发展，为建设经济强市做出新的贡献，提高城市的知名度；打造世界文化旅游名城，为丽江市形象的传播提供了国际舞台，能够更好地表达丽江市的真善美及其形象价值，能够使讲述出来的城市故事具有吸引力、感染力、说服力、亲和力与影响力，获得较好的传播效果；打造世界文化旅游名城，有助于充分挖掘丽江市历史文化的内涵，在创新发展中延续城市的历史文化脉络，可以从更高层面提升丽江市的城市品质和国际形象。

（二）是提升“文化丽江”品牌影响力的加速器

随着科技革命的深化和市场体系的开放，城市之间的竞争日益激烈，并参与到全球竞争体系中，城市之间的竞争不仅仅是经济发展的硬实力的较量，更是文化主导的软实力的比拼。丽江市立足丰富独特的旅游资源，始终坚持品牌引领，充分发挥得天独厚的自然与人文资源优势，创新创意品牌 IP。打造世界文化旅游名城，能够推动深入挖掘、梳理和整合丽江市的文化旅游资源，完善“文化丽江”品牌建设，有利于强化文化认同，实现国内外游客对“文化丽江”品牌价值从认知、认可、认同到共鸣的转变；打造世界文化旅游名城，有利于借助国际舞台，让丽江走向世界，让世界了解丽江，不仅有助于传递给世界游客高质量旅游产品和服务质量信号，而且能够增强丽江市城市旅游的吸引力，同时可以延长丽江市城市旅游的生命周期，实现文化旅游的可持续发展，从而提高“文化丽江”品牌自身的竞争力；打造世界文化旅游名城，推动建立独特的“文化丽江”旅游品牌，有利于保持在整个旅游业市场中的不可替代的地位，提高其本身在整个旅游市场中的竞争优势。

第六章　丽江市打造世界文化旅游名城的战略定位

一、总体定位：世界一流的特色文化旅游名城

坚持以习近平新时代中国特色社会主义思想为指导，以习近平总书记考察云南重要讲话精神为指导，认真贯彻落实云南省委、省政府丽江现场办公会部署要求，立足新发展阶段，贯彻新发展理念，构建新发展格局，推动丽江市文化旅游产业高质量发展。紧扣国际化、高端化、特色化、智慧化发展方向，充分发挥丽江市生态资源、旅游资源、民族文化等方面的比较优势，全面重塑丽江市文化旅游新优势，打造世界一流的特色文化旅游名城。

打造世界一流的特色文化旅游名城，首先要有全球视野和全球性思维。立足于丽江市独有的区位优势，突出“南方丝绸之路”和“茶马古道”明珠的重要角色，充分发挥世界遗产聚集的比较优势，推动“走出去”和“引进来”战略的实施，积极吸收借鉴世界名城的发展理念，创新发展观念，用全球性的发展思维和本土化特色，推动丽江市与国内外交流融合。通过承接举办中外交流活动，积极搭建国际交流合作平台，努力将丽江市建设为文化交流融合发展的示范基地；通过加快拓展航空网络，建设面向南亚、东南亚的旅游集散地，将空中经济走廊打造成为支撑丽江市内、外循环的连接点，推进空港经济区提质升级，争取综合保税区政策延伸到丽江市；通过学习借鉴国际先进经验，引进国际品牌，促进国际贸易发展和文化旅游交流，构建产业互动、人口流动、天地联动的发展新格局。善用全球性思维制定全球性战略，努力将丽江市打造成为云南省面向南亚、东南亚、环印度洋等对外开放的重要平台，增强丽江市在世界范围内的辐射力和影响力，把丽江市打造为包容性强、影响力巨大的世界一流旅游目的地和集散地。

打造世界一流的特色文化旅游名城，其次要挖掘富有丽江市特色的世界级文化旅游资源。围绕满足人民群众美好生活需要的需求，在文化和旅游需求多元化的背景下，以丽江市丰富的旅游资源、深厚的文化底蕴以及在文化旅游领域的知名度和影响力为依托，重点突出丽江市拥有三项世界遗产的文化和品牌优势，深入挖掘旅游资源的文化内涵，推动文化和旅游深度融合，打造特色鲜明、辨识度高的文化旅游品牌。通过创新文旅产品业态，努力提升文化和旅游供给的品质，立足纳西东巴

文化、摩梭文化等本土文化特色，打造一批世界级的艺术精品、世界级旅游景区和度假区；通过构建全链发达的文化旅游产业体系，推动“文化旅游+”“+文化旅游”产品多元融合，延伸价值链、提升附加值，打造全国文化旅游产业高质量发展示范区；通过加强文物保护利用和文化遗产保护传承，与乡村振兴、文创开发、数字技术结合，让文物和非遗“活”起来；通过全面提升景区管理和服务的智慧化水平，抓住大滇西旅游环线发展机遇，加快推进半山酒店、户外营地、研学旅游、康养小镇、特色民宿、自驾游线路、文旅融合新项目等产业的发展，全面推动丽江市文化旅游业转型升级。充分运用丽江市文化元素，打造一批彰显丽江特色文化魅力、具有国际吸引力的文化旅游产品。

打造世界一流的特色文化旅游名城，建设现代化的文明城市是支撑。坚持可持续性的城市发展理念，以悠久持续的文明交流史为依托，以稳定发展的旅游经济为保障，以不断完善的设施配套为起点，加快丽江市建设现代化文明城市的步伐，为打造世界一流的特色文化旅游名城提供强力支撑。通过改善人居环境，提升城建品质，以“开门见山、出门见绿，城市花园、城郊田园，一街一景、四季花开”为目标，打造主客共享、宜居宜游的国际花园城市；通过完善城市功能和配套，补齐基础设施和公共服务短板，完善城市综合交通体系，推进全国文明城市创建；通过理念创新推动城市治理科学化、现代化，以科技创新推动城市治理智能化，以问题导向推动城市治理精细化，以制度创新推动城市治理长效化，多措并举打造治理能力一流的现代城市。

二、五城支撑六城合一的子定位

（一）国际文化休闲与旅居度假精品城市

随着健康中国战略实施，云南省提出打好世界一流“健康生活目的地牌”，打造国际康养旅游示范区的战略目标。当前，大众对美好生活的向往与追求更加强烈，特别受新冠肺炎疫情影响，人们对身心健康更为重视，这对以观光型产品为主的旅游城市提出了严峻的挑战。与时俱进、因时而变，加速战略定位调整，将观光旅游模式转变为休闲度假康养旅居模式是丽江市建设世界文化旅游名城的必由之路。依托丽江市在地理气候环境、生物资源和文化资源等方面的比较优势，发挥避暑避寒胜地的带动作用，在继续完善现代化文化休闲设施，提供个性化文化休闲服务，创造国际化文化休闲环境的基础上，推动丽江市建设一批康养旅居示范区和康养旅游示范小镇，大力推进包括生态康养、温泉康养、医疗养生在内的多种康养旅游业态共同发展，支持国际知名康养机构入驻丽江市，建构世界一流水平旅游度假服务体系；依托国家品牌，发挥重大文旅项目的引领作用，打造一批国家级休闲街区、国家级文旅消费示范试点、国家级夜间文旅消费集聚区等，提供多样化的文化休闲和旅居度假产品，构建世界一流的休闲度假品牌体系；依托丽江市浓厚的休闲文化底蕴，深入挖掘丽江市休闲文化内涵，贯彻慢节奏生活理念，树立面向国际的“慢节奏”丽江市文化休闲的品牌形象，将丽江市打造为具有国际影响力、城市功能完善和令人向往的国际文化休闲和适宜四季旅居度假的精品城市。

（二）中国著名文化旅游高质量发展示范城市

文化和旅游高水平融合、高质量发展、高效能治理，建成文化、旅游“双强市”和世界知名旅游目的地是全国文化旅游高质量发展示范城市的内在要求。丽江市要在打造世界文化旅游名城过程中做到“两个全国一流”，一个是文化建设全国一流，一个是旅游发展全国一流。具体为，一是建成全国文化强市，文化建设达到全国一流水平。文化建设成效显著，群众素质和社会文明达到新高度，城乡公共文化服务实现均等化，公共文化服务体系更加完善，文化遗产保护利用成效显著，文化艺术精品更加丰富，文化事业繁荣、文化产业发展，优质文化产品显著增多，面向南亚、东南亚文化旅游辐射能力显著提升，文化对外交流合作水平迈上新台阶。二是建成全国旅游强市，文化旅游产业发展成为全国一流水准。国家全域旅游示范区发展成为全国全域旅游示范区典范，旅游新业态新产品蓬勃发展，旅游服务水平大幅提高，旅游品牌更加响亮，世界文化旅游名城知名度和影响力显著提升，市场吸引力和竞争优势显著增强，基本建成现代文化旅游产业体系，将丽江市打造成中国著名文化旅游高质量发展示范城市。

（三）滇川藏大香格里拉旅游经济圈区域中心城市

坚持区域联动、协调发展的理念，依托丽江市在滇川藏大香格里拉旅游经济圈的区位优势和世界遗产禀赋优势，致力于打造大香格里拉生态旅游核心区和旅游经济圈示范中心城市。建设世界文化旅游名城意味着丽江市更需发挥核心区和示范中心城市的辐射带动作用，强化在大香格里拉旅游区经济文化交流合作中的枢纽作用和联结作用。一方面，突出丽江市的品牌形象优势，借助一流的营商环境和投资环境，充分利用在大香格里拉旅游区域内发展旅游早、旅游设施完善、旅游企业经验丰富、旅游人才充足的优势，加强丽江市与大香格里拉地区其他城市的联动，在品牌推广、招商引资、客源共享、人员交流、市场治理、环境保护、应急救援等多个领域开展深度合作，统筹全域发展、各具特色的区域旅游规划，实现各合作区域互利共赢。另一方面，以立体交通网络为依托，拓展国内国际航线，加密航班，打造四小时飞行经济圈，将空中经济走廊打造成为支撑丽江市内、外循环连接点，将丽江机场打造成为大香格里拉旅游经济圈中联系长江经济带和面向南亚、东南亚、环印度洋开放的重要平台。作为大滇西旅游环线和大香格里拉旅游经济圈的集散地和门户，丽江市将成为名副其实的滇川藏大香格里拉旅游经济圈区域中心城市。

（四）面向南亚、东南亚的国际旅游集散枢纽城市和目的地城市

为深入贯彻落实习近平总书记对云南努力建设成为我国面向南亚、东南亚辐射中心的嘱托和要求，围绕云南省打造面向南亚、东南亚人文交流中心的目标，充分利用丽江市的文化旅游资源对于南亚、东南亚具有明显差异性、独特性和互补性的优势，以丽江市持续增加的旅客吞吐量和货邮吞吐量为基础，构建辐射南亚、东南亚的空中经济走廊。一是优化航线网布局，构建机场网络、航线网络，畅通国际航空、国际物流等对外发展通道，推进丽江机场三期改扩建工程，增加国内国际和周边旅游环飞航线，打造千万级次区域枢纽机场，将“航空港”打造成丽江市对外开放的重要支点。二是加快丽江市由单纯的旅游目的地向功能齐全、要素完备的旅游集散中心和综合型、创新型旅游目的地转变，通过“走出去”“请进来”的方式，多渠道拓展国际客源市场，加快推进国际化旅游配套设施建设，提供国际化标准服务，打造安全的旅游环境，建立健全的跨境旅游安全应急救援合作体系。把丽江市打造为世界闻名、服务品质一流的面向南亚、东南亚的国际旅游集散枢纽城市和目的地城市。

（五）大滇西旅游环线生态文明与民族文化地标城市

为响应提高国家文化软实力、建设社会主义文化强国的战略，围绕建设美丽中国的目标，丽江市凭借多年来生态文明建设取得的成效以及民族文化品牌的打造，在大滇西旅游环线建设中已经起到“领头雁”的作用。打造世界文化旅游名城，丽江市仍需深度挖掘民族文化、优秀传统文化，将文化内容、文化符号、文化故事融入旅游产品，使城市文化景观、文化特色更加鲜明，文化开放度、集聚度、知名度显著提升，文化软实力、创造力、传播力日益增强。打造世界文化旅游名城，坚持绿色发展是关键，实现可持续发展是目标，丽江市作为长江上游重要生态安全屏障，要健全生态文明保护发展机制，在保护好优美自然生态环境、生物多样性资源和非遗文物资源的基础上，以推进金沙江绿色经济走廊建设为引领，大力发展以生态旅游、乡村旅游、户外旅游、农业旅游为重点方向的绿色经济产业发展，建成全国生态文明建设示范区的排头兵，打造成为大滇西旅游环线生态文明与民族文化地标城市。

第七章　丽江市打造世界文化旅游名城的发展方略

一、发展目标

近年来，丽江市加快推进世界级旅游目的地建设，《丽江市国民经济和社会发展第十四个五年规划和二〇三五年远景目标纲要》中描绘了“全力推进‘世界一流旅游目的地’建设”“建设一批富有文化底蕴的世界级旅游景区和度假区”的文化旅游产业高质量发展愿景。《丽江市“十四五”文化和旅游发展规划》中也明确目前阶段丽江市总体处于世界文化旅游名城建设的基础夯实期，在“十四五”期间，要以打造世界文化旅游名城为重要发展目标。丽江市委、市政府印发的《丽江市打造世界文化旅游名城三年行动方案（2021—2023 年）》提出了三年内建设世界文化旅游名城的具体目标和重点任务。《建设世界文化旅游名城提升“文化丽江”品牌三年行动计划（2022—2024 年）》更是从品牌提升、IP 打造的角度对世界文化旅游名城建设的文化支撑和品牌支撑提供了重要指导。

（一）总体目标

深入挖掘丽江市特色文化旅游资源，高位谋划丽江市文化旅游业发展，高标准推动、高水平建设，全域优化空间布局，创新产品供给，丰富文化内涵，完善配套服务，提升旅游品质，以国际化、高端化、特色化、智慧化理念为遵循，在全球打响丽江市文化旅游品牌。到 2035 年，将丽江市建设成为世界范围内具有领袖魅力和标尺意义、文化形态和文化氛围独特、旅游吸引强劲、产业发达、产品丰富、服务完善、环境优良、兼容并包、开放创新、主客共享的世界一流的特色文化旅游名城。

（二）阶段目标

1. 近期目标（2022—2025 年）

近期以“十四五”文化和旅游发展规划目标为主，对标世界一流、国内领先，全面重塑丽江市文化旅游新优势，大力提升旅游基础服务设施建设水平、大力提升旅游产品服务品质、大力推动文旅深度融合、大力提升丽江市旅游品牌影响力。州市层面，将丽江市打造成为滇西一体化门户和枢纽、大滇西旅游环线门户和集散中心；省域层面，加强与四川、西藏等周边区域的旅游合作，把丽江市打造成为大香格里拉旅游经济圈的重要集散地、大香格里拉民族文化旅游区的重要组成部分；国家层面，构建生态保护和绿色发展相得益彰的发展格局，把丽江市建设成为国家生态文化建设示范区的排头兵，开展国家文化生态示范区、国家级旅游度假区创建工作。

到 2025 年，全市接待国内外旅游者达到 8000 万人次以上，其海外游客（含港澳台）占比达到 3% 以上；旅游总收入突破 2000 亿元，文化产业增加值达 43 亿元以上，占 GDP 的比重达 6. 75% 。

2. 中期目标（2026—2030 年）

中期从更为宏大的视野谋划推动丽江市文化旅游国际化、高端化、特色化、智慧化发展，聚焦南亚、东南亚、环印度洋市场，与国际其他城市开展合作，充分发挥品牌效应、示范效应。国家层面，完成国家文化生态示范区、国家级旅游度假区创建，文化旅游国际影响力大幅提升，建成中国著名文化旅游高质量发展示范城市；区域层面，全面开展国际和地区合作，拓展国内国际航线，争取综合保税区政策，促进国际贸易发展和国际旅游交流，构建产业互动、人口流动、天地联动的发展新格局，将丽江机场打造成为联系长江经济带和面向南亚、东南亚、环印度洋开放的重要平台，推动丽江市成为面向南亚、东南亚的国际旅游集散枢纽和目的地城市。

到 2030 年，全市接待国内外旅游者达到 11000 万人次以上，其海外游客（含港澳台）占比达到 4% 以上；旅游总收入突破 3500 亿元，文化产业增加值达 80 亿元以上，占 GDP 的比重达 7. 3% 。

3. 远期目标（2031—2035 年）

世界层面，丽江市进入国际化旅游目的地前列，成为世界一流旅游目的地、国际文化休闲与旅居度假精品城市；建设完成“世界文化旅游名城”和全国现代文化旅游产业发展排头兵的总体目标。一是基本建成文化强市，文化建设达到全国一流水平。文化建设成效显著，文化事业繁荣、文化产业发展，面向南亚、东南亚文化旅游辐射能力显著提升，文化对外交流合作水平迈上新台阶。二是实现旅游强市新突破，旅游发展成为全国一流水准。旅游新业态新产品蓬勃发展，旅游服务水平大幅提高，旅游品牌更加响亮，世界文化旅游名城知名度和影响力显著提升，市场吸引力和竞争优势显著增强，成为世界一流的旅游目的地。

到 2035 年，全市接待国内外旅游者达到 15000 万人次以上，其海外游客（含港澳台）占比达到 5% 以上；旅游总收入突破 6000 亿元，文化产业增加值达 150 亿元以上，占 GDP 的比重达 8% 。

本书对规划期内丽江市文化和旅游主要指标测算结果如表 7-1 所示，阶段目标路线、时间表如图 7-1 所示。

表 7–1　丽江市文化和旅游主要指标测算

指标	基准		预测					
	2019 年（基期）	同比增长（%）	2025 年	年均增长率（%）	2030 年	年均增长率（%）	2035 年	年均增长率（%）
旅游总人数（万人次）	5402. 35	16. 35	8000	6. 76	11000	6. 58	15000	6. 4
海外旅游者占比（%）	2	2. 6	3	7	4	5. 92	5	4. 56
旅游总收入（亿元）	1078. 26	8	2000	10. 85	3500	11. 84	6000	7. 4
文化产业增加值（亿元）	28. 8	40. 49	43	6. 9	80	13. 22	150	13. 4
文化产业增加值占全市 GDP 比重（%）	6. 1	4. 45	6. 75	1. 7	7. 3	1. 57	8	1. 85

注释：(1) 采用 2019 年数据为规划基期数，是由于 2020 年受全球和国内新冠肺炎疫情影响，其数据不代表正常发展值。(2) 旅游人数、旅游收入、文化产业增加值等基期数据由丽江市文化和旅游局处提供。(3) 文化产业增加值占 GDP 比重来源于《丽江市“十四五”文化和旅游发展规划》。

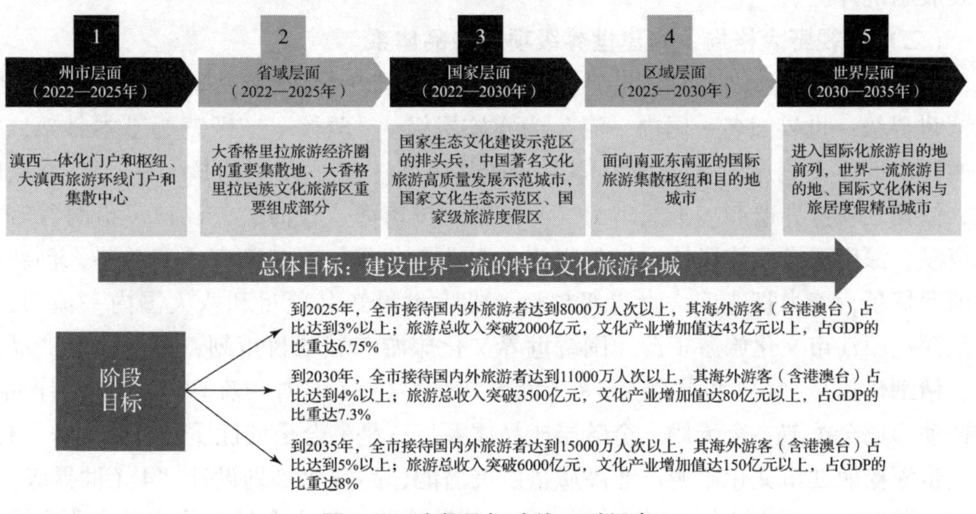

图 7–1　阶段目标路线、时间表

二、总体思路

以习近平新时代中国特色社会主义思想为指导，全面贯彻落实党的十九大和十九届历次全会精神，贯彻落实创新、协调、绿色、开放、共享的新发展理念，深入贯彻习近平总书记关于旅游文化重要论述和考察云南重要讲话精神，在云南省委、省政府的高位指导下，以“统筹谋划、有序推进”“遵循规律、彰显特色”“扬长补短、软硬结合”“政府引导、社会参与”“以人为本、主客共享”为原则，推动丽江市文化旅游业高质量发展，推进丽江市世界文化旅游名城建设进程。

（一）高位统筹谋划，构建城市发展空间新格局

为最大限度地发挥联动作用，在深入剖析丽江市文化旅游资源空间分布情况的基础上，谋划建设世界文化旅游名城的城市空间布局，构成“一带联动、两核辐射、三区协同”的联动新格局。一是将金沙江（丽江段）建设成为串联丽江市“一区四县”，推动文化旅游全域发展及世界知名的黄金生态文化旅游带，构建金沙江世界级生态文化旅游带。二是依托世界文化遗产“丽江古城”及丽江市优越的区位优势，构建丽江古城国际文化旅游发展核；以玉龙雪山创建国家级旅游度假区、全国生态文明建设与文旅融合示范型景区为抓手，构建大玉龙雪山国际度假旅游发展核。三是依托世界自然遗产“三江并流核心区——老君山”，构建老君山山地休闲生态观光片区；以泸沽湖景区创建国家级旅游度假区、国家5A级旅游景区为抓手，构建泸沽湖摩梭风情旅居度假片区；以打造田园综合体示范、民族团结示范、乡村振兴示范、农文旅融合示范区域为契机，将永胜县、华坪县构建为高原农文康旅融合发展示范片区。

（二）大视野大格局，构建世界级项目产品体系

按照空间布局谋划，对标世界一流，以大历史观把握发展规律、认清发展趋势，以“世界级—世界知名—国内一流”为实施层级、“两核+三区”为基本骨架，构建丽江市世界文化旅游名城项目体系和产品体系。一是在“两核+三区”重点区域，依托三项世界遗产、玉龙雪山、泸沽湖、拉市海、程海、三江口、猎鹰谷等资源禀赋，深度融合民族风情、红色文化、农业文化等，对接新兴消费趋势，创新拓展消费场景，着力打造四大世界级项目、七大世界知名项目和八大国内一流项目。二是深挖丽江市文化旅游资源，围绕世界文化旅游名城项目策划，厘清业态产品谱系，精细化打造“6（世界级）+8（世界知名）+5（国内一流）”文化旅游产品，并推动形成全季节、全天候、全龄层产品体系。三是整合全域优质资源和优势条件，进一步深挖丽江市文化旅游产业高质量发展潜能，品牌化筹划设计“4（世界级）+4（世界知名）+4（国内一流）”精品文化旅游线路，助力全域文化旅游产业升级。

（三）深化文旅融合，构建产业融合发展新局面

以“文旅+”“+文旅”推动全产业链延伸，打造“5+5+5”的整体融合模式，从产业、业态、模式层面构建融合发展新局面。一是推动“产业+文化旅游”，促进产业联动发展。深入挖掘丽江市优势文化和旅游资源，从“农业+文化旅游”“工业+文化旅游”“商业+文化旅游”“交通+文化旅游”“康养+文化旅游”方面促成产业联动、跨界融合。二是培育“文化旅游+业态”，构建多元产品体系。创新引领，打造“文化旅游+体育”“文化旅游+休闲”“文化旅游+节事”“文化旅游+创意”“文化旅游+研学”产品体系。三是鼓励“文化旅游+模式”，实现全域共建共享。结合国家战略，创新丽江市文旅融合模式，促成“文化旅游+新型城镇化”“文化旅游+乡村振兴”“文化旅游+生态文明”“文化旅游+数字技术”“文化旅游+夜间经济”等共建共享模式。

（四）全要素保障，确保项目可实施可落地

构建丽江市打造世界文化旅游名城的支撑体系和实施体系，提升完善要素保障机制，夯实基础支撑，以工程带项目、项目带产品的路径，确保项目可实施可落地。一是从“食、住、行、游、购、娱”要素保障及公共服务国际化水平提升着手，备齐文化旅游产业要素。在摸清要素资源的基础上形成特色餐饮体系、旅游住宿体系、旅游交通体系、旅游购物体系、旅游娱乐体系，对标国际一流，多措并举提升公共服务品质。二是围绕世界文化旅游名城建设目标，科学合理编制专项规划。从市场、人才、金融、文物保护、品牌营销等角度编制文旅企业发展规划、智慧文旅发展规划、文旅人才发展规划、文旅金融发展规划、非遗保护与创新发展规划、国际文旅营销规划等专项规划。三是以“五大工程五大体系”构筑实施保障体系。实施品质提升工程、消费引流工程、乡村振兴工程、文化交流工程、生态保护工程；构建组织促进体系、政策支持体系、市场管理体系、资金保障体系、人才保障体系；分时序、分区域展现项目实施计划。

三、总体架构体系

聚焦“丽江市打造世界文化旅游名城”核心目标，本书需要重点回答如下问题：

（1）丽江市打造世界文化旅游名城的条件如何？通过对丽江市开展基础条件分析，全面梳理丽江市具有国际竞争力、影响力的文化旅游比较优势，提炼丽江市打造世界文化旅游名城的优势条件及当前客观存在的短板与不足。

（2）丽江市为什么要打造世界文化旅游名城，目标是什么？通过阐述打造世界文化旅游名城对丽江市发展的意义和价值，明确战略定位和发展目标，科学提出建设总体思路和发展方略。

（3）丽江市如何打造世界文化旅游名城？遵循战略思路、围绕定位目标，通过整合优势资源、强化全域联动，科学引导发展空间；通过探索融合创新发展方式，精心策划“世界级—世界知名—国内一流”文旅项目体系和产品体系。

（4）丽江市打造世界文化旅游名城用什么来支撑？通过完善产业要素保障机制，配套市场、人才、金融等专项规划，对规划可实施、项目可落地形成强大支撑。

（5）丽江市打造世界文化旅游名城用什么来保障？将品质提升、消费引流等保障工程，组织、政策、市场管理等保障体系纳入实施方略，遵照方略制订实施计划，确保规划可操作、见成效。

丽江市打造世界文化旅游名城的总体架构体系示意图如图 7–2 所示。

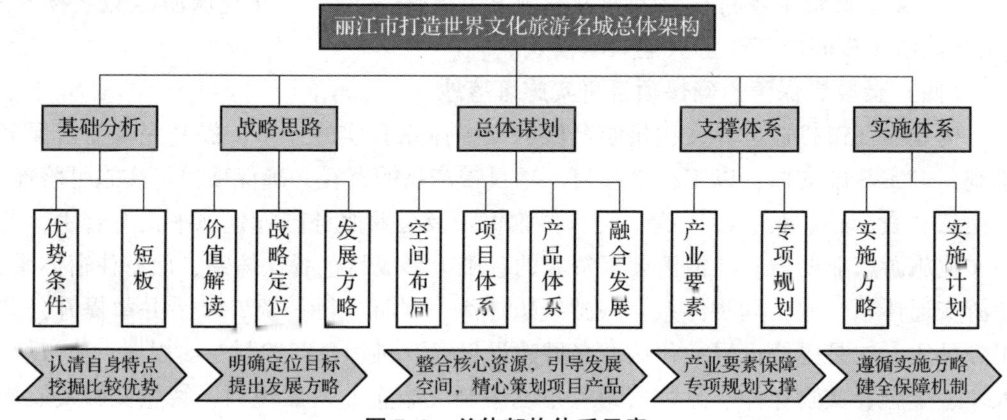

图 7–2　总体架构体系示意

四、发展方略

（一）立足“三新四化”发展方向，全领域挖掘世界级旅游资源禀赋与比较优势

丽江市打造世界文化旅游名城，须立足新发展阶段、贯彻新发展理念、构建新发展格局，紧扣国际化、高端化、特色化、智慧化发展方向，全面重塑丽江市旅游新优势。充分挖掘以世界遗产奇观为代表的资源优势，以“一带一路”之丝绸之路经济带和长江经济带重要节点、大香格里拉旅游经济圈重要集散地为代表的区位优势、以边疆民族地区和产业支持政策叠加为代表的政策优势、以世界级和国家级荣誉集聚为代表的品牌优势、以新业态新产品竞相涌现为代表的产品优势等，认清自身特点和优势，为明确发展目标和战略定位打下基础。

（二）明确“六城合一”发展目标，全方位优化“山水联动、路景一体”全域旅游空间

丽江市打造世界文化旅游名城，须充分利用世界级文化旅游资源优势，突出资

源特色，复合世界旅游名城、世界历史文化名城、世界生态山水名城、世界民族文化名城、世界绿色发展名城和世界旅居名城建设目标，积极优化、拓展旅游空间。优化提升丽江古城、玉龙雪山等核心旅游资源品质级体验功能，创建一批世界级旅游景区、度假区；推进金沙江绿色经济走廊旅游建设，创造性开发金沙江黄金旅游带；依托丽江市山水生态和农业资源，建设生态观光、旅居度假、农文康旅融合发展等功能片区，全面提升生态价值转换能力，真正构建“山水联动、路景一体”的多点支撑全域旅游发展新格局。

（三）遵循“六个国际化”发展逻辑，全层面提升旅游要素国际化水平

丽江市打造世界文化旅游名城，须与国际旅游标准化接轨，提升“食、住、行、游、购、娱”六要素及管理服务的国际化水平。科学分析国际客源市场，顺应世界旅游市场发展趋势，建立国际化的产品体系；持续实施品牌质量工程，提升丽江市文化旅游品牌的国际影响力，构建国际化文化旅游品牌体系；细化入境游目标市场，开展全球性精准营销活动，建立国际化旅游营销体系；挖掘国际友好城市资源，举办国际会议活动，构建国际化旅游交流合作体系；对标国际知名旅游城市，提升服务品质、完善公共配套，建立国际化旅游服务体系；提升智慧旅游管理水平，优化国际旅游营商环境，建立国际化旅游管理体系。

（四）坚持政府主导与市场主体相辅相成，高质量构筑文化旅游全产业链

丽江市打造世界文化旅游名城，须有为政府与有效市场相辅相成，坚持政府主导，释放市场主体活力，引进国内外一流市场主体参与建设，推进丽江市文化和旅游深度融合发展，形成“＋文化旅游”“文化旅游＋”融合发展机制，拓展文化旅游产业发展空间，形成更大规模或价值链条更长的全产业链结构。通过“产业＋文化旅游”，打造农业、工业、商业、交通、康养等与文化旅游深度融合的业态产品；通过“文化旅游＋业态”，创新“文化旅游＋体育”“文化旅游＋休闲”“文化旅游＋节事”“文化旅游＋创意”“文化旅游＋研学”等业态产品；探索“文化旅游＋模式”，结合新型城镇化、乡村振兴、生态文明、数字技术、夜间经济等国家重点战略和发展趋势，激活文化旅游产业的内生性动力，提升“丽江模式”的示范带动效应。

（五）坚持文化涵养与创造性开发相融相促，多角度创新文化传承与共同富裕实践路径

丽江市打造世界文化旅游名城，须发挥文创产业作用，深挖旅游资源文化内涵，传承中华优秀传统文化，在传承中创新、发展，多角度、多路径推进文化价值转化，实现共同富裕。通过实施民族民间优秀传统文化保护展示利用工程，创新文化遗产的保护与利用；通过丰富旅游吸引物和旅游要素的文化体验，加强城市文化精华的挖掘与传承；以新媒体、新渠道和新方式对丽江市的历史和文化故事进行传承和发扬，讲好故事、演活往事，提升丽江故事和丽江文化的传播力；通过举办国际赛事活动、剧目演出、国际学术会议等扩大丽江市对外文化贸易与文化交流。

（六）坚持生态保护与绿色发展相得益彰，精致化培育生态价值转换内生动能

丽江市打造世界文化旅游名城，须持续践行“绿水青山就是金山银山”的绿色发展理念，将生态文明、绿色发展全面渗透到社会经济发展的各个方面，培育生态价值转换动力。统筹实施自然生态“大保护”，持续开展生态保护与修复，全力筑牢长江上游生态安全屏障；探索生态产品的价值实现机制，持续推进金沙江绿色经济走廊建设，努力建成全国生态文明建设排头兵示范城市；着力改善人居环境，以文明城市、绿美城市建设为抓手，将丽江市打造为全国宜居、宜游的国际花园城市。

（七）坚持全力突破与错位发展统筹协同，多层次构建城市旅游空间发展导引

丽江市打造世界文化旅游名城，须全域规划、错位发展，强化统筹协调、精准施策，以“丽江只有一个景区”的全域发展理念，推动各空间联动发展。围绕丽江市文化旅游核心资源分布情况，形成“轴带联动、极核辐射、片区协同”的空间发展思路，打造“一带联动、两核辐射、三区协同”的空间发展导引体系。构建串联“一区四县”的金沙江世界级生态文化旅游带；发挥丽江古城国际文化旅游发展核和大玉龙雪山国际度假旅游发展核的引领作用与辐射效能；以“生态观光、旅居度假、多业融合”为发展导向，协同发展“老君山山地休闲生态观光片区”“泸沽湖摩梭风情旅居度假片区”“高原农文康旅融合发展示范片区”。

03

第三篇 丽江市打造世界文化旅游名城的总体谋划

第八章　丽江市打造世界文化旅游名城的空间布局

一、空间布局原则

（一）全域布局，突出重点

在统筹丽江市全域文化旅游资源基础上实施重点突破战略，遴选出带动效应强劲、市场影响力突出、国际知名度较高的核心文化旅游资源，整合全域政策、资金、人力、物力资源进行优化提升，塑造世界级文化旅游影响力，刻画出空间布局合理的文化旅游发展极核及相关支撑片区，实现丽江市文化旅游的全域空间布局。

（二）主题鲜明，跨界互融

根据丽江市全域文化旅游资源特色，高水平谋划一批主题定位鲜明、比较优势突出的文化旅游开发及优化提升项目，全面推进传统景区（点）迭代升级，并依托金沙江（丽江段）及重要交通轴线串联全域景区及散点旅游资源，利用“文化旅游+”“+文化旅游”推动形成多产业跨界融合、多业态互动有序的旅游空间区划。

（三）区域联动，协同发展

结合丽江市全域文化旅游资源禀赋及发展现状，推动多类型文化旅游资源差异化开发，通过“以线带面、辐射全域”的协同发展模式，发挥文化旅游资源的规模效应和组合优势，构建功能互补、区域联动的文化旅游空间布局，全面重塑丽江市文化旅游发展格局和新优势，赋能丽江市高质量打造世界文化旅游名城。

二、空间布局结构

本书以丽江市打造世界文化旅游名城空间布局原则为指导，立足丽江市全域文化旅游资源特色，优化“一区四县”文化旅游空间布局结构，按照“轴带联动、极核辐射、片区协同”的空间布局模式，构建“一带联动、两核辐射、三区协同”的世界文化旅游名城空间布局体系（见图8-1）。

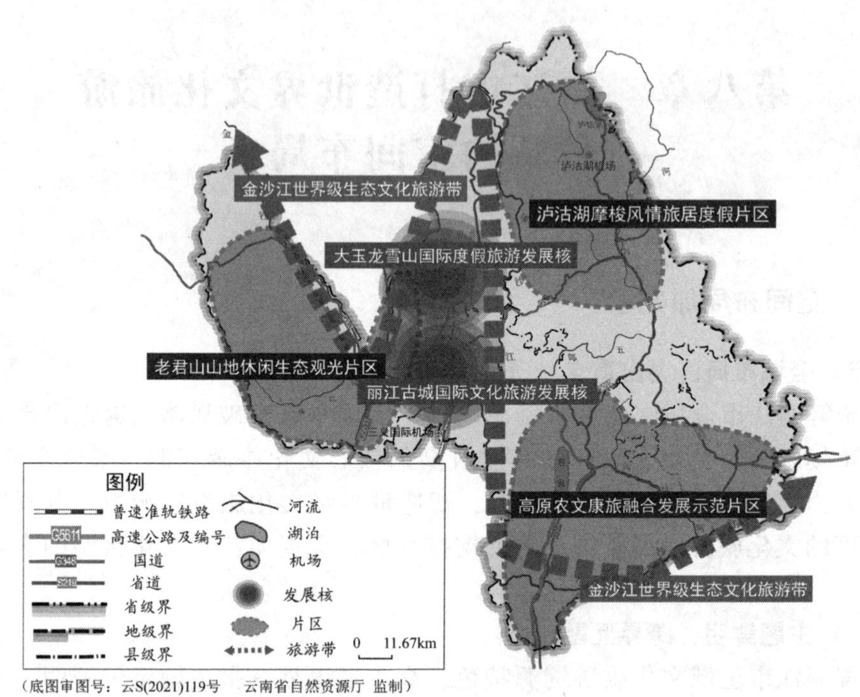

图 8-1 丽江市打造世界文化旅游名城的空间布局

一是依托金沙江（丽江段）沿线区域的重要交通轴线及文化旅游资源，构建串联丽江市古城区、玉龙县、宁蒗县、永胜县、华坪县的全域文化旅游“山水联动”发展体系，打造生态价值凸显、文化底蕴深厚、旅游资源特色鲜明且具有国际知名度的金沙江世界级生态文化旅游带。

二是围绕世界文化遗产丽江古城、国家重点风景名胜区玉龙雪山两大国家5A级旅游景区，积极拓展文化旅游发展空间，强化世界级文化旅游资源的引领作用与辐射效能，打造“丽江古城国际文化旅游发展核、大玉龙雪山国际度假旅游发展核”两大发展极核，为丽江市打造世界文化旅游名城提供核心动能。

三是结合老君山、泸沽湖及永胜、华坪两县的高品质文化旅游和生态资源，以“生态观光、旅居度假、多业融合”为发展导向，重构文化旅游产品与业态供给，打造“老君山山地休闲生态观光片区、泸沽湖摩梭风情旅居度假片区、高原农文康旅融合发展示范片区”三大协同发展片区，为丽江市打造世界文化旅游名城提供重要支撑。

（一）一带联动：金沙江世界级生态文化旅游带

联动范围：丽江市古城区、玉龙县、宁蒗县、永胜县、华坪县。

发展定位：具有国际知名度的自然生态观光与多元文化体验黄金旅游轴带。

发展基础：金沙江（丽江段）流经丽江市“一区四县”，区域联动性较强、外延拓展空间广阔，其沿线区域地形复杂多样、高山峡谷相间、民族聚居众多，这种独特的自然及人文环境造就了旖旎亮丽的自然风光、积淀厚重的历史文化、多姿多彩的民俗风情，为其建设成为世界级生态文化旅游带提供了良好发展基础和条件。目前，金沙江（丽江段）沿线区域分布有丽江古城、玉龙雪山、泸沽湖、老君山等众多高 A 级旅游景区及国家级风景名胜区，同时又是世界自然遗产“三江并流核心区——老君山”、世界文化遗产“丽江古城”、世界记忆遗产“纳西东巴古籍文献”等世界级文化旅游资源聚集地，已使其成为世界罕见的高品质文化旅游和生态资源富集地，是具有国际知名度的自然生态观光与多元文化体验黄金旅游轴带，也是丽江市打造世界文化旅游名城的核心牵引轴带。

发展思路：主动服务和融入长江经济带、长江国际黄金旅游带、大滇西旅游环线、大香格里拉旅游经济圈，依托丽江三义国际机场、泸沽湖机场、丽江市高铁站、大丽高速、华丽高速、鹤关高速、丽香高速、宾永高速等高速旅游交通设施，充分发挥金沙江（丽江段）大江大峡谷奇景、优美的生态环境、独特的文化赋存、浓郁的民族风情等资源优势，培育打造生态观光旅游、文化体验旅游、旅居度假旅游、康体养生旅游、节事节庆旅游等新业态新产品，提升国际文化旅游知名度，建设世界级旅游景区及度假区、世界级高山峡谷旅游区及国家级旅游度假区，最终将金沙江（丽江段）打造成为实现文化旅游深度融合、联动丽江市“一区四县”全域发展的世界知名黄金生态文化旅游带。

（二）两核辐射

1. 丽江古城国际文化旅游发展核

空间范围：古城区、玉龙县白沙镇及拉市镇等周边区域。

功能定位：文化体验、慢游度假、商贸休闲、旅游集散、生态游憩、夜间旅游。

发展现状：丽江古城国际文化旅游发展核主要包括丽江古城（大研古镇、束河古镇、白沙古镇）、白沙壁画景区、拉市海景区及古城区，是以多元文化资源为主，兼具优良生态禀赋的文化旅游发展极核。其中，丽江古城凭借其悠久的历史文化、浓郁的民族风情及保存完好的人文建筑景观，于 1986 年被国务院列为“国家历史文化名城”、1997 年被联合国教科文组织列入世界文化遗产名录，是全国唯一一家集“世界文化遗产”“国家历史文化名城”“全国文明风景旅游区”“国家 5A 级旅游景区”“全国文明单位”五项荣誉于一身的旅游景区，具有世界级的文化旅游知名度；

白沙壁画景区目前为国家3A级旅游景区，景区内现存的55幅壁画是古纳西人对多元文化兼收并蓄的生动反映，是藏传佛教、汉传佛教、东巴教等多种宗教文化交会的结晶，具有极高的艺术价值；拉市海景区是国际重要湿地，也是云南省第一个以“湿地”命名的自然保护区，生态资源禀赋优良，目前已被评为国家3A级旅游景区，并规划建设为生产生活生态“三生同步”、一二三产业“三产融合”、农业文化旅游“三位一体”的乡村振兴示范园（田园综合体）。此外，古城区是丽江市的核心主城区，自古以来是汉、藏、白、纳西等民族文化、经济交往的枢纽，目前已成为丽江市夜间文化和夜间经济中心，具备发展夜间文化旅游的巨大潜力。

发展思路：以“国际化、高端化、特色化、智慧化”为发展方向，整合世界文化遗产“丽江古城”（大研古镇、束河古镇、白沙古镇）、拉市海省级湿地自然保护区、白沙壁画景区、古城区建筑景观资源，以“文化体验、慢游度假”为重点，丰富优质文化旅游产品供给，创造世界级文化体验旅游品牌，整体打造丽江古城国际文化旅游发展核。依托大研古镇建设世界级文化体验旅游目的地、世界级文化旅游景区，进一步强化旅游集散与综合服务功能，将其建设成为大香格里拉旅游经济圈的重要集散地和大滇西旅游环线的重要门户；以束河古镇为依托，引入高端度假酒店集群，深挖茶马古道文化内涵，聚力打造国家级旅游度假区；凭借白沙古镇及白沙壁画景区丰裕的历史文化底蕴，重点提升旅游公共服务设施体系，打造彰显纳西多元文化的人文体验旅游区；立足拉市海省级湿地自然保护区优美的生态环境，建设省级旅游度假区及高原特色产业融合示范区；紧抓丽江古城入选首批国家级夜间文化和旅游消费集聚区的发展机遇，拓展夜间旅游发展空间，联动古城区打造世界级城市夜游文化旅游品牌，引爆古城夜间文化旅游市场，塑造古城夜间文化旅游大IP。

项目支撑：大研古镇世界级景区建设项目、束河国家级旅游度假区建设项目、白沙纳西人文体验旅游区、拉市海湿地生态文化旅游区、古城区夜间休闲示范精品项目。

2. 大玉龙雪山国际度假旅游发展核

空间范围：玉龙县玉龙雪山景区及其周边区域。

功能定位：雪山观光、休闲度假、生态游憩、体育运动、科普研学、文化体验。

发展现状：大玉龙雪山国际度假旅游发展核主要包括玉龙雪山景区、复游城·地中海国际度假小镇、猎鹰谷景区、丽江（玉龙雪山）旅游集散中心及东巴谷景区等，是以雪山生态观光及休闲度假资源为主的国际度假旅游发展极核。其中，玉龙雪山景区发育有亚欧大陆距离赤道最近的温带海洋性冰川，拥有世界级的高原雪山景观资源及深厚的纳西文化底蕴，是全国首批5A级旅游景区、国家级冰川地质公园及国家级重点风景名胜区，景区内目前主要分布有甘海子、冰川公园、蓝月谷、牦牛坪、云杉坪等景点；复游城·丽江地中海国际度假小镇是由复星旅文打造的全新旅居度假目的地产品，也是集合旅居生活、度假住宿、艺术文化、自然休闲、教育研学等功能板块的综合性度假旅游区，未来有望成为玉龙雪山景区国际高端度假服务体系的重要构成；猎鹰谷景区坐拥玉龙雪山全景最佳观赏地，现已发展成为丽江市民日常出游、体育运动及外地游客旅游休闲的重要目的地和网红打卡地；丽江（玉龙雪山）旅游集散中心是玉龙雪山景区旅游综合服务枢纽及丽江市北部旅游交通枢纽，项目建成后将发挥旅游集散、交通服务、休闲购物等功能，成为引领丽江市及玉龙雪山景区文化旅游高质量发展的新引擎、新动力；以东巴谷景区为核心的东巴文化主题景区，目前已形成以国家4A级、3A级旅游景区为构成的东巴文化景群，是传承、展示纳西东巴文化的重要载体。

发展思路：以玉龙雪山国家5A级旅游景区为核心支撑，充分利用其世界级的雪山资源优势，串联其周边的复游城·丽江地中海国际度假小镇、玉湖村、猎鹰谷景区、丽江（玉龙雪山）旅游集散中心及东巴文化主题景区等，实现生态资源、文化资源及旅居资源的功能互补，整体打造大玉龙雪山国际度假旅游发展核。紧抓玉龙雪山景区创建国家级旅游度假区、全国生态文明建设与文旅融合示范型景区的发展契机，强化雪山文化底蕴、拓展旅游发展空间、完善旅游基础服务设施，将玉龙雪山景区打造成为世界级雪山度假旅游目的地、美誉度最高的雪山5A级旅游景区；整合复游城·丽江地中海国际度假旅游区、玉湖村等既有资源，打造玉龙雪山山麓国际度假区；依托猎鹰谷景区，以体育休闲运动为主题，打造多种业态集聚、产业融合发展的户外体育运动旅游区；加快推进丽江（玉龙雪山）旅游集散中心建设进度，发挥旅游集散、交通服务、休闲购物等功能，进一步延长玉龙雪山景区旅游价值链，并推动其成为丽江市旅游集散中心；依托世界记忆遗产“纳西东巴古籍文献”，大力挖掘东巴文化资源，以东巴谷、玉水寨、东巴万神园、玉峰寺、东巴王国等景区为建设核心，开展传统景区质量提升工程，打造具有世界级知名度的东巴文化传承示范体验区。

项目支撑：玉龙雪山世界级景区建设项目、玉龙雪山山麓国际度假区建设项目、丽江（玉龙雪山）旅游集散中心建设项目、丽江猎鹰谷户外运动旅游区、东巴文化传承示范体验区。

（三）三区协同

1. 老君山山地休闲生态观光片区

空间范围：玉龙县中部及西部区域、金沙江（玉龙段）沿线区域。

功能定位：生态观光、山地运动、自驾露营、野奢度假、体育运动、户外探险、红色教育。

发展现状：老君山山地休闲生态观光片区主要包括老君山（黎明片区、格拉丹片区、九十九龙潭片区、金丝厂片区）、石鼓镇（长江第一湾、红军长征过丽江纪念馆、石鼓红军渡口）、三股水景区、虎跳峡景区等，是以山地生态观光及金沙江水域景观资源为主的山地休闲生态观光片区。其中，老君山是“三江并流”风景名胜区的主体部分之一及世界自然遗产“三江并流”的八大片区之一，拥有丰富的高山植被、珍稀动植物、众多的冰蚀湖、奇异的丹霞地貌和多元民族风情，目前为国家地质公园、国家4A级旅游景区（老君山—黎明片区）；石鼓镇拥有“万里长江第一湾”壮丽的自然景观及红军长征过丽江纪念馆、石鼓红军渡口等红色文化资源，目前石鼓红军渡口已被列为云南省文物保护单位及全国爱国主义教育基地；三股水景区、虎跳峡景区为国家2A级旅游景区，目前已沿金沙江形成集山水、峡谷等自然景观和茶马古街、纳西村落、田园风情等人文景观于一体的景区群，是茶马文化、金沙江文化、边屯文化、田园农耕文化的集中展示地域，也是未来拓展老君山旅游发展空间及展现金沙江世界级生态文化资源的重要空间场域。

发展思路：以世界自然遗产“三江并流核心区——老君山”（包括黎明片区、格拉丹片区、九十九龙潭片区及金丝厂片区）为核心支撑，串联金沙江（玉龙县段）沿线区域石鼓镇、三股水景区、虎跳峡景区等景群，以生态观光、山地运动、自驾露营、野奢度假等为主导功能，打造老君山山地休闲生态观光片区。依托老君山—黎明片区高山丹霞地貌的独特景观资源，坚持“绿水青山就是金山银山”的绿色发展理念，积极开发以生态观光及山地户外体育运动为主题的多元化旅游产品，完善旅游交通服务设施，提升交通通达性，推动老君山—黎明片区提质升级，聚力打造国家5A级旅游景区，并着力建设“两山”理论实践创新基地；整合老君山地区的格拉丹片区、九十九龙潭片区及金丝厂片区，充分利用金沙江（玉龙县段）沿线以214国道、丽维公路为骨架的旅游环线，打造以生态观光及自驾露营为主题的老君山精品山地营地建设提升项目；依托石鼓镇“长江第一湾”、红军长征过丽江纪念馆、石鼓红军渡口、三股水、虎跳峡等景区（点），强化金沙江（玉龙县段）沿线区域文化旅游资源的联动开发力度，设计精品文化旅游线路，打造金沙江山水联动红色文化旅游廊道。

项目支撑：老君山—黎明国家5A级旅游景区建设项目、老君山精品山地营地建设提升项目、金沙江山水联动红色文化旅游廊道。

2. 泸沽湖摩梭风情旅居度假片区

空间范围：宁蒗县泸沽湖景区及其周边区域。

功能定位：旅居度假、摩梭风情体验、生态观光、高原湖泊养生、休闲避暑。

发展现状：泸沽湖摩梭风情旅居度假片区主要包括泸沽湖景区、拉伯镇三江口景区、宁蒗县城区及其周边区域等，是以高原湖泊山水景观及多元民族文化资源为主的旅居度假片区。其中，泸沽湖景区位于丽江市宁蒗县永宁乡与四川盐源县左所乡交界处，其以“湖光山色、摩梭风情”为主要特色，是世界罕见的至今未被污染的处女湖，目前为省级自然保护区、国家级重点风景名胜区、国家4A级旅游景区，近年来已先后荣获“中国最佳休闲度假胜地”“中国十大优秀生态旅游景区”“中国文化生态旅游最佳目的地”“中国十大最美湖泊”“中国十大生态名湖”等荣誉称号；拉伯三江口景区位于抓子河、冲天河与金沙江的交汇区域，是一处集自然风光、人文风情的旅游宝地，也是宁蒗县“十四五”文化旅游产业的重点旅游开发项目，但其目前仍处于待开发阶段；宁蒗县城区及其周边区域分布有众多民族文化博物馆及特色民族村寨，多元民族文化资源丰富，目前已形成4个县级非遗文化保护区（西川沙力河毕摩文化保护区、翠玉普米族傈僳族传统文化保护区、永宁温泉瓦拉别摩梭文化保护区、新营盘普米族文化保护区），具备建设彰显特色多元民族风情旅游区的良好基础。

发展思路：以泸沽湖世界级的湖光山色自然风光为依托，深入挖掘摩梭母系文化，塑造“天下泸沽湖、情归女儿国”的文化旅游品牌形象，优化泸沽湖景区旅游公共服务设施，串联宁蒗县多元民族文化及自然景观资源，聚力打造泸沽湖摩梭风情旅居度假片区。依托泸沽湖景区现有建设基础，升级以自然景观群为串联的高原湖泊生态观光旅游产品体系，完善多层次旅游住宿服务设施体系，强化旅居度假功能，助力泸沽湖景区打造国家级旅游度假区、国家5A级旅游景区；立足拉伯三江口（抓子河、冲天河与金沙江的交汇区域）区域壮丽的自然景观，结合资源优势开展三江口生态观光游、森林康体休闲游、高山植物科考游、人文风情体验游等复合性文化旅游产品体系，打造业态多元、特色鲜明的拉伯三江口旅游区；以宁蒗县博物馆、摩梭民俗博物馆、番人古寨普米民俗博物馆、毕摩谷毕摩文化展览馆等民族文化场馆为依托，联动宁蒗县城区及其周边的传统村落，整合摩梭母系文化、彝族毕摩文化、普米韩规文化、傈僳族尼扒文化等多元民族文化资源，打造特色多元民族风情旅游区。

项目支撑：泸沽湖国家5A级旅游景区建设项目、宁蒗特色多元民族风情旅游区、拉伯三江口生态旅游区。

3. 高原农文康旅融合发展示范片区

空间范围：永胜县、华坪县。

功能定位：高原康养、文化体验、温泉康疗、田园休闲、户外游憩、农事休闲。

发展现状：高原农文康旅融合发展示范片区主要包括永胜县程海、中国边屯文化博物馆（博览园）、毛家湾景区、“美丽三川”国家级田园综合体、华坪县果子山景区等，是以农业、文化、康养、旅游等产业融合发展为主要特色的示范片区。其中程海是滇西第二大淡水湖、云南省第四大高原湖泊及世界上自然生长螺旋藻的三个湖泊之一，其周边分布有毛家湾国家3A级旅游景区、中国边屯文化博物馆（博览园）、他留山村等景区（点），目前已成为集高原山水观光及边屯文化、毛氏文化、他留文化风情于一体的休闲度假目的地；“美丽三川”国家级田园综合体位于永胜县三川镇，其于2021年成为国家级田园综合体13个试点项目之一，目前正按照“一湖、两园、一区”的总体空间布局规划，整合水系综合治理、农特产品加工业、旅游服务设施、休闲体验区、生活居住区“五大板块”，推动打造集现代农业、文化旅游和乡村社区为一体的田园综合体；华坪县果子山景区占地面积63平方公里，拥有“世界最大规模的杧果种植园”吉尼斯世界纪录，目前该景区以万亩杧果庄园为主体景观，以华坪现代休闲农业旅游先行示范区为发展方向，已成为驱动华坪县经济发展的新引擎。

发展思路：以程海高原湖泊景观为核心支撑，深入挖掘周边区域边屯文化、他留文化、毛氏文化、傈僳文化等文化资源，串联永胜县“美丽三川”国家级田园综合体、中国永胜边屯文化博物馆（博览园）、毛家湾景区、华坪县果子山景区等景群，按照建设共同富裕示范区、民族团结进步示范区、乡村振兴示范区的发展方向，共同打造高原农文康旅融合发展示范片区。依托程海及其周边区域，以建设生态度假旅游目的地为目标，整合生态及文化资源优势，开发具有竞争力的生态度假旅游产品，统筹推进程海环湖生态廊道及慢行栈道、螺旋藻工业旅游园区、程海玫瑰康养小镇等项目的建设进度，完善旅游公共服务设施，联动毛家湾国家3A级旅游景区创建国家4A级旅游景区，共同打造程海国家级生态度假旅游区；依托永胜县“美丽三川”国家级田园综合体建设项目，拓展宜居宜业的生产、生活、生态空间，以乡村振兴示范园为发展目标，开创“山水美、产业融、业态新”的美丽乡村发展新格局，联动片角镇适度温泉度假酒店、热河红温泉山庄，打造永胜田园康养度假旅游区；依托华坪果子山景区（万亩杧果庄园），延伸杧果产业链及价值链，打响“中国杧乡·华夏之坪”文化旅游品牌，打造华坪杧果长廊休闲度假小镇。

项目支撑：程海国家级生态度假旅游区、永胜田园康养度假旅游区、华坪杧果长廊休闲度假小镇。

第九章　丽江市打造世界文化旅游名城的项目体系

一、项目体系构建

以丽江市打造世界文化旅游名城的发展要求为统领，依托“两大国际级文化旅游发展极核”与“三大文化旅游发展协同片区”构建世界文化旅游名城项目体系。根据各极核及协同片区的文化旅游资源优势、产业基础、交通条件及发展潜力等，对丽江市核心文化旅游资源进行集中谋划和综合提炼，按照“4＋7＋8”层级模式，合理设计“世界级—世界知名—国内一流”三级项目体系，共策划文化旅游项目19项。其中，世界级文化旅游项目4项、世界知名的文化旅游项目7项、国内一流的文化旅游项目8项（见表9-1、图9-1）。

表9-1　丽江市打造世界文化旅游名城的项目体系

项目分区	项目名称	项目层级	项目性质
丽江古城国际文化旅游发展核	大研古镇世界级景区建设项目	世界级	提升
	束河国家级旅游度假区建设项目	世界知名	提升
	白沙纳西人文体验旅游区	世界知名	提升
	拉市海湿地生态文化旅游区	国内一流	提升
	古城区夜间休闲示范精品项目	国内一流	新建
大玉龙雪山国际度假旅游发展核	玉龙雪山世界级景区建设项目	世界级	提升
	玉龙雪山山麓国际度假区建设项目	世界知名	提升
	丽江（玉龙雪山）旅游集散中心建设项目	世界知名	新建
	丽江猎鹰谷户外运动旅游区	国内一流	提升
	东巴文化传承示范体验区	国内一流	提升

续表

项目分区	项目名称	项目层级	项目性质
老君山山地休闲生态观光片区	老君山—黎明国家 5A 级旅游景区建设项目	世界级	提升
	老君山精品山地营地建设提升项目	世界知名	新建
	金沙江山水联动红色文化旅游廊道	国内一流	提升
泸沽湖摩梭风情旅居度假片区	泸沽湖国家 5A 级旅游景区建设项目	世界级	提升
	宁蒗特色多元民族风情旅游区	世界知名	提升
	拉伯三江口生态旅游区	国内一流	新建
高原农文康旅融合发展示范片区	程海国家级生态度假旅游区	世界知名	新建
	永胜田园康养度假旅游区	国内一流	提升
	华坪杧果长廊休闲度假小镇	国内一流	新建

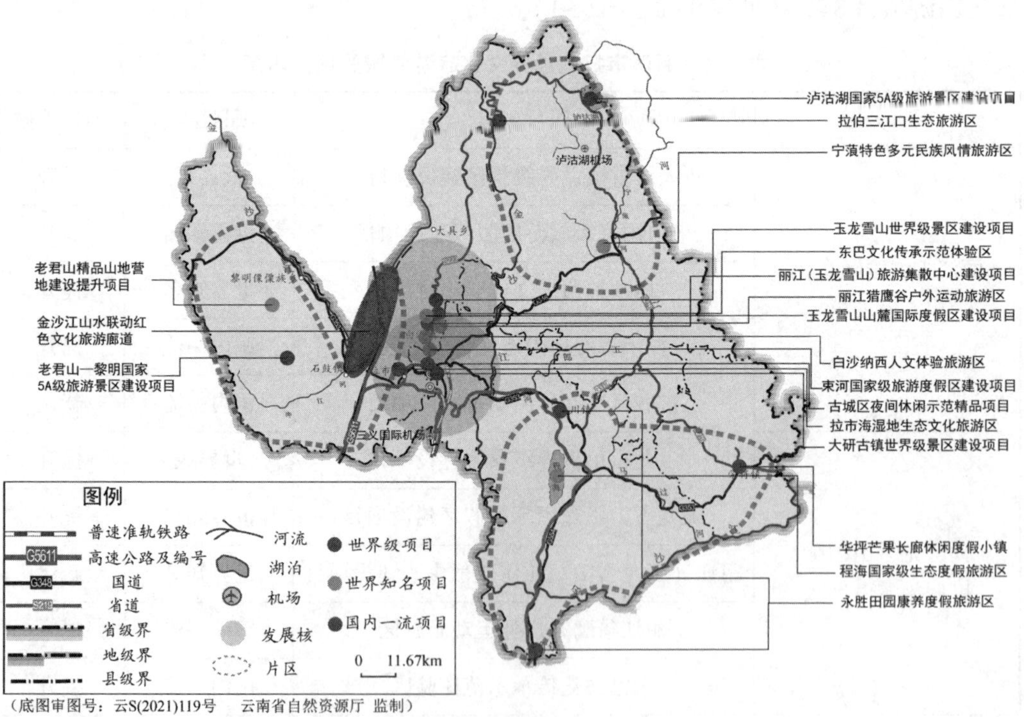

（底图审图号：云S(2021)119号 云南省自然资源厅 监制）

图 9–1 丽江市打造世界文化旅游名城的项目体系布局

二、项目体系策划

（一）丽江古城国际文化旅游发展核

1. 大研古镇世界级景区建设项目

项目范围：大研古镇及其周边区域。

现状评析：大研古镇是世界文化遗产“丽江古城”的重要组成部分，其以四方街为中心，以新华街、东大街、新义街、五一街、七一街、光义街6条主街为主要通道，串联着木府、文昌宫、白马龙潭寺、净莲寺、普贤寺、方国瑜故居、顾彼得旧居、丽江市博物院、东巴文化研究院等景区（点）。大研古镇因浓郁的纳西风情、悠久的历史文化、静美的园林风景而享有“高原姑苏”“东方威尼斯”的美誉，是丽江市打造世界文化旅游名城的核心支撑景区。

由于长期以来较为粗放的旅游发展模式，大研古镇面临如下问题：商业浓度过高，文化浓度不足，本土文化挖掘开发力度较低；优质文化旅游产品供给不足，游客停留时间较短，游客体验浅表化；木府、文昌宫、博物馆等传统景区（点）吸引力不足，难以作为文化名片吸引游客；文旅要素丰富，但整合不足，没有形成相互支撑的发展整体，品牌效应不够突出；客流量虽大，但过于集中，没有和周边区域形成良好互动，集散中心作用发挥不足。

针对以上问题，应着重打造世界级文化旅游品牌，充分挖掘纳西文化基因，聚力打造以慢文化休闲体验为主题的国际慢城；利用信息化技术，提升传统景区吸引力，打造古城优质历史文化展示群落；整合文旅要素，统筹谋划节事活动，营造古城浓郁文化氛围；强化集散中心作用，使大研古镇和周边区域形成相互支撑、共促发展、业态融合的文化旅游联动网络体系。

项目定位：世界文化遗产体验核心区、国际慢城旅游示范区、世界级旅游景区、区域旅游集散中心。

功能定位：文化体验、休闲娱乐、研学科普、旅游集散。

目标客群：文化体验客群、研学科普客群、休闲娱乐客群。

发展思路：

①打造世遗大研，发展世界级文化旅游品牌。充分挖掘东巴文化内涵，将文字、古籍、手工艺、饮食文化、民族习俗等文化元素进行提炼融合，并联合当地非遗文化传承人，将东巴纸、东巴木刻、皮毛产品、滇绣等传统艺术进行深度开发，构建非遗文化产业链；大力发展文化创意产业，打造红谷坡地、益田文创等世界级文化创意产业园区，推动非遗文化活态化利用，开发一批中高端文创产品。推动大研古镇文化演艺产业发展，提升原有《丽水金沙》《云南的响声》等知名演艺节目的影

响力，鼓励创造更多融入纳西风情的歌舞剧、话剧产品；重视国际宣传推广，利用具有国际影响力的媒介平台（如油管、推特）对大研古镇进行国际化的宣传推广，拓展大研古镇文化旅游的国际知名度，打造品质高端、影响广泛、重点突出的世界级文化旅游品牌。

②塑造慢城大研，树立国际慢城旅游示范标杆。以古镇慢文化休闲体验为主题，打造大研古镇慢游交通网络，为游客规划多条静心闲适、放慢脚步的游览线路，拓展古城慢文化旅游体验新空间；着重强调体验型、互动型的深度游览方式，引导古城内部各独立景区（点）讲好自己的故事，并使其融入整个大研古镇的历史文化脉络之中，使游客在游览时能够拼凑属于自己的“大研故事”；依托大研古镇现有的27个文化创意院落进行品质升级，打造更多可供游客操作的文化旅游体验项目；优化大研古镇建筑景观风貌，摒弃与古镇静美氛围不统一的建筑、招牌，将纳西族“蛙”“披星戴月”“虎”“木石”等文化符号融入古镇街区建设当中；以自然山水之美助力古城慢文化氛围营造，使田园绕城、水润花城、花景满城、文化融城的行动进一步落实，打造慢活休闲的花园古镇。

③建造文城大研，建设博物文化纪念馆群落。结合大研古镇悠久的历史文化，对木府、普贤寺、静莲寺、文昌宫等历史文化建筑进行重点宣传推介，以建筑记忆的形式生动展示大研古镇好学崇礼的文化传统；结合方国瑜故居、王丕震纪念馆、周霖故居、顾彼得旧居等一系列名人故居，将其建设成为展现近现代文化基因的重要载体；依托丽江市博物院、东巴文化研究院等文博馆，将其打造成集文化展示、科普研学、游览观光于一体的现代化博物馆；依托上述博物文化纪念馆群落的空间场域，积极做好纪念品及文创产品的研发工作，打造具有国际知名度的文创产品体系。

④创造盛世大研，挖掘纳西族传统节事节庆文化。将纳西族三多节、火把节、龙王庙会、骡马会、朝山会等传统节庆活动及相关要素加以整合，使其成为传递纳西民族特色、吸引世界游客的良好平台；做好节事活动前的文化普及与宣传推广工作，在国内外各大门户网站及媒体平台进行宣传营销，塑造节事节庆活动世界级的影响力；在既有传统节庆活动基础上，策划各具特色、重点突出、内容丰富、体验多样的现代节庆活动，注重利用全息投影等技术，营造亦真亦幻的沉浸式文化体验氛围，打造享誉世界的国际节庆文化旅游品牌。

⑤智造数字大研，规划智慧畅游的旅游集散中心。充分应用新兴数字技术，通过对景区客流进行监控、预测、疏导，做好智慧化导览工作，使游客可以快速获取最全面的景点信息、最适合的游玩方式、最便捷的服务资讯、最畅通的游览线路；通过网络端将大研古镇的最新旅游信息发布到海内外，打造双向互动、开放共享的

文化旅游信息服务体系；优化提升古城旅游集散中心的服务接待能力，构建“集散中心—服务站—服务点”的三级旅游服务体系，推进丽江古城南门、北门、黑龙潭等15个游客服务中心的建设进度，使游客能够获得最充分的古城游览信息和便捷高效的服务。

2. 束河国家级旅游度假区建设项目

项目范围：束河古镇及其周边区域。

现状评析：束河古镇背依九鼎、疏河龙潭，倚靠聚宝、龙泉、莲花三山，以四方街为中心，呈扇形铺展开来，其是茶马古道上有名的集市及纳西先民在丽江最早建立的集镇之一，也是世界文化遗产“丽江古城”的重要组成部分，有“清泉之乡”“皮革之乡”“丹凤含书”之地的美称，曾获“最佳人居环境名镇奖”。

现今束河古镇及周边区域面临如下发展问题：历史建筑保护与更新矛盾突出；住宿业发展不平衡，优质旅游住宿供给匮乏；历史文化挖掘力度不足，本土文化流失严重，挤出效应明显。

基于此，后续优化发展应以建设国家级旅游度假区为目标，在束河古镇核心保护区强化历史建筑景观保护力度，在合理范围内进行建筑更新，降低古镇内商业业态比例，提高文化业态比重；在束河古镇控制区应注重整体建筑风貌提升，发展纳西风格浓郁的中高端民宿，营造古镇闲适美好的旅游氛围；在束河古镇环境协调区内应发展中高端的休闲度假业态，打造高端度假酒店集群，锻造多元化的休闲度假产品。

项目定位：高端休闲度假旅游胜地、茶马古道文化体验地、国家级旅游度假区。

功能定位：旅居度假、文化体验、高端旅拍。

目标客群：旅居度假客群、文化体验客群、旅拍客群。

发展思路：

①构建多元化、多层次的旅游住宿服务设施体系。面向不同层级客群的旅游住宿服务需求，构建高、中、低层级合理搭配的旅游住宿服务设施体系。整合束河古镇周边高端度假酒店，引进国际知名酒店品牌，培育高水准的服务团队，打造国际顶级的度假服务产业集群；根据大众旅游市场发展经济型连锁品牌酒店，在束河古镇引入经济型、连锁型酒店品牌（如7天酒店、美豪丽致、喆啡酒店、亚朵酒店、希岸酒店等），完善旅游住宿服务设施体系；控制束河古镇核心区客栈数量，对与古镇风貌不相符合的小、弱、差客栈进行改造升级，提升束河古镇内的客栈品质。

②发展茶马古道特色古集市，升级茶马古道博物馆。发挥束河古镇茶马古道商品集散地功能，将束河古镇打造成彰显茶马古道文化的特色集市，售卖丽江市本地出产的雪桃、杧果、软籽石榴等农产品及加工品；东巴木雕、民族皮具首饰、纳西

刺绣、东巴纸等传统手工艺品；以及川藏、滇藏沿线民族地区的特色产品，打造茶马古道古市集体验街区，使游客能够参与制作、品尝美食、舒心游购。围绕将茶马古道博物馆打造成国家一级博物馆的发展目标，将茶马古道沿线八省的藏品（复制品）进行集中展示，并建设专业化的教育服务基地，发展“马载茶香、商路千年”的国家级科普研学项目，使茶马古道博物馆成为世界级文教科普体验中心。

③培育发展“皮匠小镇”“清泉小镇”等特色小镇。大力加强对束河传统皮匠手工艺的创新性保护，打造“一根锥子走天下”的束河皮革文化品牌，并和国内知名艺术类院校合作，打造皮革手工艺研习基地，将传统制造手艺与现代审美理念结合，推动非遗焕发出新的生机活力，形成皮革产业聚集的特色小镇；发挥束河古镇山清水秀“清泉之乡”的环境优势，打造以泉水为主题的特色度假小镇，推出泉水茶艺、泉水洗浴、泉水理疗等康体养生、休闲度假产品，发展康养疗愈高端度假产业。

④建设束河高端摄影旅拍基地。推动束河古镇与玉龙雪山、拉市海等景区进行联动，共同打造国际旅拍产业基地，发展出面向不同用户群体的高端旅拍产品；积极推进束河哈里谷影视旅拍基地建设，打造旅拍创意空间，以“束河八景”为主题开发本土化的爱情蜜月旅拍、亲子家庭旅拍、夕阳红慢生活旅拍、青春毕业旅拍等高端旅拍产品；大力建设旅拍服务站体系，提高旅拍基础服务设施水平；制作高水准宣传片对束河古镇旅拍产品及旅拍基地进行宣传，策划举办国际旅拍艺术文化节，打造束河旅拍民族文化街区。

3. 白沙纳西人文体验旅游区

项目范围：白沙古镇及其周边区域。

现状评析：白沙古镇是丽江古城最早的雏形，也是宋元时期丽江的政治经济文化中心，为后来大研古镇的建造发展奠定了重要基础。白沙古镇民居建筑群面积达21公顷，其缓冲区包含束白村、太平村、丰乐村在内，面积达85公顷。纳西先民在这里建造了雪松庵、大定阁、大宝积宫在内的众多寺庙和民居建筑群，具有极高的人文艺术价值。白沙古镇也是白沙壁画、白沙细乐的诞生地，同时拥有扎染、口弦调在内的多项非物质文化遗产，是东巴文化保留传承的核心地区。

现阶段，相较于大研古镇和束河古镇，白沙古镇的开发力度总体较小，缺乏整体规划，对文化遗产保护、开发均不到位，旅游公共服务设施体系不够完善。因而，白沙古镇的旅游开发应主要围绕文化保护传承、非遗活态化、文化生态康养旅游、基础设施完善提升等方向进行，将其打造成为令游客深度可感的纳西文化综合体验区。

项目定位：纳西文化传承地、非遗保护传习体验区。

功能定位：文化保护、非遗活态化、文化体验。

目标客群：文化体验客群、科普研学客群、康养度假客群。

发展思路：

①文物保护提升改造及非遗活态化项目。开展白沙壁画、古镇牌坊等修旧如旧的修缮工作，大力推进大宝积宫、琉璃宫等古建筑的保护利用，加快建设非遗数字化博物馆，推动博物馆内基础服务设施、信息平台、实物展示、数字化展示等服务及布展体系持续完善，提升非遗文化的旅游吸引力；依托白沙古镇民族文化遗存，建设白沙民族文化村、白沙古镇扎染文化传习所、纳西族口弦调传习中心，建立白沙古镇文创集市、纳西生活文创产品购物广场等文创基地，推动非遗文创产品开发，促进非遗资源的活态化利用。

②打造民族特色鲜明的国际化精品节事旅游项目。依托白沙细乐传习馆，整合纳西族文化艺术资源，依托洞经音乐、热美蹉等共同举办白沙古乐音乐节、纳西民乐巡回音乐节，大力推进音乐节国际巡演常态化，提升非遗表演艺术的国际影响力；结合纳西族绘画艺术，举办白沙壁画艺术展，提升白沙壁画知名度，将其打造成为丽江市文化旅游的国际知名品牌；利用纳西族“棒棒会”等传统节庆，定期举办白沙庙会及民族特色美食节，加大宣传力度，增强游客对纳西民族文化的感知体验。

③建设新兴业态驱动的高端非遗度假项目。将白沙古镇建设成集乡村振兴、文化体验、休闲娱乐、康养度假于一体的综合型特色小镇，突出纳西族民居建筑特色，打造高水准纳西民族文化特色的半山酒店；推动纳西古镇街区建筑风貌修复、传统手工作坊复建工作，使旅居度假的游客可以和纳西传统文化近距离接触；将雪嵩营地打造成集房车营地、非遗主题民宿、户外越野、户外徒步、科普研学为一体的主题营地，推动白沙旅游业态多样化、创新化发展；进一步完善白沙古镇的旅游公共服务设施，推动智慧停车场、旅游厕所等服务设施建设进度，为打造纳西活态文化体验区提供重要支撑。

4. 拉市海湿地生态文化旅游区

项目范围：拉市镇（拉市海）及其周边区域。

现状评析：拉市海景区位于丽江市城西面10公里处的拉市坝中部，是云南省第一个以“湿地”命名的自然保护区，也是越冬候鸟的栖息乐园，国家3A级旅游景区。拉市海景区自然景观资源丰富，同时又兼具纳西族、彝族等民族文化特色，是茶马古道上的重要节点及滇川藏走廊的重要组成部分，其与玉龙雪山、丽江古城在空间上形成“三角状”的资源互补之势，共同构成丽江市文化旅游发展的核心景群资源。

目前，拉市海景区主要面临着旅游规划不足、设施落后、业态单一、特色不足等问题，在发展上应进一步完善旅游公共服务设施体系，坚持乡村振兴示范园（田园综合体）的发展方向，积极进行国家4A级旅游景区创建，打造高端休闲度假旅游区、国际爱情产业基地，促进产业融合，推动乡村旅游创新转型，使其成为保护和发展并重的新型湿地生态文化旅游区。

项目定位：国家4A级旅游景区、省级旅游度假区、高原特色体育运动旅游区、乡村产业融合示范区。

功能定位：生态观光、休闲度假、体育运动、田园游憩、农文旅融合。

目标客群：康养度假客群、体育运动客群、休闲观光客群、科普研学客群。

发展思路：

①打造拉市海省级旅游度假区及高原特色体育运动旅游区。积极开发休闲观光、康体运动、观鸟研学等旅游项目，大力提升省级旅游度假区旅游供给能力；拓展高原特色体育运动旅游项目，打造高原特色体育运动旅游区，加快建设拉市海环湖步道、自行车道等，举办环海骑行节、环湖马拉松等体育赛事活动；依托拉市海周边山体资源建设拉市海半山湖景酒店、园庭帐篷酒店等高水准休闲度假酒店，并结合周边村寨打造民族风情民宿；策划建设拉市海国际爱情基地，将其和束河古镇、玉龙雪山一并串联成爱情旅行、特色旅拍的中高端旅拍度假线路。

②建设特色高原乡村产业融合示范区。依托雪桃、木梨等特色农产品资源，打造集休闲观光，田园采摘、农事体验、湿地观光于一体的休闲农业旅游项目，发展田园度假综合体；通过举办丽江雪桃节，提高丽江市雪桃及其相关文旅产品的知名度，打造丽江市雪桃高档新型水果品牌；将海东村、美泉村、均良村、南尧村打造成为森林康养度假综合体，修建特色农家乐和品质乡村民宿；在打渔村、美泉村等地发展垂钓、泛舟等渔村特色体验旅游项目，打造渔业生态景观；进行乡村文化旅游产品的转型创新，加快建设拉市海农产品及文创商品购物市场，将其打造成品类繁多、品质高端、特色突出的农副产品游购集市。

③湿地生态、民族文化保护及旅游服务设施提升项目。根据生态红线的控制范围对湿地进行重点保护，拆除临湖建筑，发展观鸟旅游、科普研学、徒步休闲等环境友好型旅游项目；重视民族文化的保护开发，保护美泉传统村落，发展纳西族文化体验项目，打造拉市海大型民族文化演艺中心，建设展演剧场、民族文化体验区、民族民俗文化展示区、非物质文化展示区、民族特色美食街、民族精品工艺街、文化休闲区等主要板块，使其成为民族文化体验综合体；修建拉市海自驾服务中心、汽车租赁点、旅游救援点、智慧旅游厕所、环海旅游营地服务中心、旅游综合信息服务中心等基础服务设施，助力拉市海4A级旅游景区创建。

5. 古城区夜间休闲示范精品项目

项目范围：古城区相关景区（大研古镇、束河古镇）及玉龙县白沙古镇。

现状评析："丽江古城"（大研古镇）于2021年成为国家首批夜间文化和消费聚集区，夜间经济发展具有良好基础，相关业态已覆盖"食、住、行、游、购、娱"旅游全产业要素，产品和服务供给丰富。目前，古城区夜间经济发展主要集中在大研古镇、束河古镇等景区，玉龙县白沙古镇夜间经济发展也有一定基础，但其旅游业态多以观光、游憩为主，游客深度消费体验欠缺。针对以上问题，应当拓展夜经济发展新空间，将文化、科技、娱乐、演艺、节庆等消费有机融合，发展集"夜食、夜宿、夜购、夜娱、夜游"为一体的夜间休闲文化体验产品，同时要积极在夜旅游的全过程中融入丽江市民族文化特色，打造区别于其他地区的"夜丽江"世界知名夜间文化旅游品牌。

项目定位：国家级夜间休闲精品示范区、休闲文化旅游区。

功能定位：夜间游憩、夜间休闲、夜景观光、文化体验、夜间购物。

目标客群：休闲娱乐客群、文化体验客群、旅居度假客群。

发展思路：

①打造"夜丽江"夜间文化旅游品牌。拓展白沙古镇夜经济形态，发展区别于大研古镇和束河古镇的特色业态（如庙会、棒棒会等本身缘起于白沙的特色民族节事活动），形成大研古镇主导火把节、三多节，束河古镇主导茶马文化古市集，白沙古镇主导庙会、棒棒会的多层次、多主题民族夜文化体验活动项目体系；依托既有文化旅游资源，将木府博物院、沿河茶马主题公园、樱花广场等多个区域融入夜间文旅活动范围，增强民族文化和游客之间的互动体验，打造狮子山山景璀璨夜、古城奇妙灯光展、木府古宅夜光游等项目，增强"夜丽江"夜间文化旅游品牌的知名度和影响力。

②丰富"夜丽江"文化旅游业态产品。依托项目区内的景区（点），在"食、住、行、游、购、娱"旅游全产业要素中融入民族文化创意元素，打造"纳西风情小吃街""茶马古道美食市集"等夜食街区，建设"纳西手作"等集体验、购买于一体的特色纪念品夜购街区；结合项目区内现有民宿进行提升改造，发展中高端精品特色民宿，打造"夜丽江"旅游住宿品牌；举办奇幻灯光节、烟花啤酒节、古城奇妙夜、古城邻里文化节、四方街打跳等一系列互动性较强、沉浸式体验的夜游夜娱主题活动；大力发展高品质的夜间演艺活动，举办古城音乐节、民族音乐剧、话剧等夜间文化体验活动，使"夜丽江"成为业态丰富、特色突出、品质高端的世界知名夜旅游品牌。

③提升"夜丽江"智慧化管理水平。采用智慧监测系统，对项目区夜晚人流量、噪声分贝、灯光明度进行监测，划定控制范围，在超过标准之前进行流量限制、噪声控制、灯光调节；增设智慧导览系统，对客流进行引导控制，提升旅游安全的

事前预警能力，保障旅游安全；定期进行智慧评价活动，通过设置诚信榜单、品质榜单、最受欢迎活动榜单来获得游客的反馈，以便有针对性地提升夜间文旅产品品质，实现夜经济高质量发展。

（二）大玉龙雪山国际度假旅游发展核

1. 玉龙雪山世界级景区建设项目

项目范围：玉龙雪山景区及其周边区域。

现状评析：玉龙雪山南起白沙玉湖，北至大具虎跳峡口，东至鸣音公路，西临金沙江虎跳峡口，南北纵距约35公里，东西横宽约25公里，是我国纬度最南、北半球离赤道最近的现代性海洋冰川及纳西族人心中的神山、圣山和情山，也是国家5A级旅游景区和世界知名旅游胜地，被誉为“天然冰川博物馆”。玉龙雪山景区由甘海子、冰川公园、蓝月谷、牦牛坪等景点组成，因特殊的地理位置，其形成了“一山分四季，十里不同天”的独特气候，也孕育了丰富的动植物资源。

目前玉龙雪山景区发展的主要问题体现在：全球气候变暖导致的冰川退化，以及旅游者大范围活动导致的森林草甸破坏；仍以“门票经济”为景区创收手段，对雪山文化、纳西文化的挖掘力度不足；游客在景区及其周边区域停留时间较短，难以形成深度游览。

针对以上问题，应当以保护玉龙雪山景区环境为主，创新开发山地旅游产品，增强和周边景区、村落的联动性，拓展山地旅游体验空间；深度发掘雪山文化及纳西文化内涵，打造整合自然和人文资源的多层次文化旅游产品体系。

项目定位：世界一流旅游胜地、世界级旅游景区、国际爱情产业基地。

功能定位：雪山观光、文化体验、科普研学、户外运动、爱情旅游。

目标客群：雪山观光客群、文化体验客群、科普研学客群、户外运动客群、爱情旅游客群。

发展思路：

①做精玉龙雪山多层次旅游产品体系。以打造世界级的雪山文化旅游产品为导向，针对学生、青少年，重点打造青少年夏令营及冬令营、教学基地、冰雪奇境主题乐园、蓝月谷科普教育基地、冰川博物馆等项目，推出以研学探秘为主题的青少年研学项目产品；针对中青年，重点打造高原特色体育运动项目，开发雪山精品徒步探险线路、超级越野赛——天空跑等项目，完善自驾游网络，使其充分融入大滇西旅游环线；针对中老年客户，深挖雪山文化及纳西文化内涵，打造以“朝圣之行、康养之行”为主题的相关文化旅游项目。

②做新玉龙雪山文化大IP项目。大力促进以玉龙雪山为主题的文化创意项目，发掘东巴文化中雪山的图腾、传说、象形文字等文化符号，推动影视基地建设和演

艺项目开发，通过与知名电影、电视剧、动漫等制作团队合作，推出以玉龙雪山为背景、以东巴文化为核心的文艺作品；将雪山文创产业做大做强，以雪山景观、珍稀动植物、东巴文化图腾、冰川博物馆等资源为依托，打造一批融合木雕、东巴画、铜制品、滇绣的文创产品，延伸玉龙雪山文创产业链；举办高山国际杜鹃节、国际雪山兰花节、雪山国际音乐节、雪山汽车越野文化节等节事活动，利用节事活动扩大影响力，推广雪山文化形象和旅游相关购物品，塑造玉龙雪山文化大 IP。

③做优国际雪山爱情产业基地项目。整合爱情产业相关产品，打造集婚礼、蜜月、旅拍、度假于一体的爱情旅游产品体系。发展突出特色、品质高端的定制化爱情旅游产品，大力支持蓝月谷、甘海子等地建设婚纱摄影基地，使游客感受到快捷便利的同时，也能够得到雪山祝福的神圣感；推出雪山蜜月之旅、周年纪念之旅等产品，延长爱情产业链条，并提高重游率、培养忠诚度；推出精品化的爱情住宿产品，建设高品质的爱情半山酒店、庭院帐篷酒店、纳西木阁酒店等，结合雪山与爱情主题推出相应的高端客房产品，打造国际高端雪山爱情旅游品牌。

④做深大玉龙景区智慧联动项目。结合"一部手机游云南"智慧化终端解决票务问题，并尽快实现一票畅游的模式构建，打造"一票在手、畅游玉龙"的"自由行"模式；对景区车流量、人流量、天气、班车、厕所等信息进行实时监控，实现精准营销、调控疏导；加快景区内牦牛坪索道、蓝月谷换乘驿站、观光火车、徒步栈道、自行车道等交通系统的修建，使游客可以通过多样化、多组合的交通形式游览玉龙雪山；建设玉龙雪山新游客服务中心、甘海子集散港，增强玉龙雪山景区的游客集散能力；加快县域旅游交通网络的打造，尽快完成丽江市轨道交通系统的修建，强化旅游大巴的换乘速度；开通雪山到周边区域的各时段班车，使玉龙雪山的客流可以进一步流向各个县区，带动周边区域共同发展。

2. 玉龙雪山山麓国际度假区建设项目

项目范围：复游城·丽江地中海旅游度假区、玉湖村及其周边区域。

现状评析：复游城·丽江地中海旅游度假区总占地面积1800亩，核心区域占地1043亩，背靠世界最暖雪山玉龙雪山，是复星旅文继成功打造三亚·亚特兰蒂斯后倾力打造的又一个旅游度假目的地产品，主要建设高端度假酒店、精品民宿客栈、游客服务中心、主题户外娱乐群及主题商业街区，目前已形成以 Club Med 为核心，包含托管公寓、帐篷营地、野奢度假酒店的多元化度假产品体系。被称为"雪山脚下第一村"的玉湖村是纳西族先民最早的聚居地之一，也是纳西族传统建筑风貌保存最完整的古村落之一，因美国人约瑟夫·洛克等国际友人的事迹而获得了较高的国际关注。近年来，玉湖村正在推动农、文、旅三产融合发展，以高端民宿业态为主导，推进建设小众高端旅游目的地。

目前，复游城·丽江地中海旅游度假区虽然有着较为成熟的运营模式及先进理念，但与丽江市特色文化融合不深，产品创新发展的内生动能不足；玉湖村则在资金、人才保障及配套设施方面存在明显短板，区域带动性与示范效应不强。总体来看，两地与玉龙雪山景区的联动偏弱，尚未由点式发展模式转变为集群发展优势，尚需进一步培育内生发展动能。

有鉴于此，未来两地应依托玉龙雪山优美壮丽的自然风光、纳西族突出的民族文化，建设独具特色、品质上乘的雪山旅游项目，打造文化创新、特色鲜明、服务优质的高端旅游目的地，使其成为大玉龙雪山度假旅游发展的重要支撑。

项目定位：国际知名度假区、国内一流康养旅居地、高端会议中心。

功能定位：休闲度假、康养旅居、商务会展。

目标客群：休闲度假客群、康养旅居客群、商务会展客群。

发展思路：

①建设国际高端休闲山地旅居目的地。依托复游城·丽江地中海旅游度假区现有建设基础，打造集高端酒店、度假别墅、艺术街区、会展中心、雪山营地于一体的国际度假区。依托雪山美景，打造文旅社区，提供私人化定制服务，打造高端消费服务度假示范区；建设 FOLIDAY 雪山营地，将户外轻奢运动、自然研学、雪山集市等元素融为一体，打造野奢旅游度假产品；发挥山水人文环境优势，修建以纳西古村落文化为依托的农文融合康养度假小镇；以森林公园、湿地景观为资源，建设森林研学基地、户外露营基地、中草药园地，融入科技元素，将星座元素植入文创业态及精品酒店的打造当中，使其成为全国知名的山地旅居生活目的地。

②打造独具特色的主题户外娱乐集群。建设户外娱乐运动街区，将飞跃驼峰主题娱乐区打造成国内首个集飞行、地面娱乐于一体的探险主题乐园，修建飞虎队历史纪念馆、飞跃驼峰 VR 体验馆、高空旋转餐厅等设施，丰富以飞行探险为主题的文旅业态；将星空探秘主题户外娱乐区打造成大型星空主题商业街区，修建星空观景台、太空体验馆，开发定制化的个人星座主题纪念品、星际穿越虚拟现实游戏等，增强其吸引力；发掘“洛克”探险元素，以其探险经历为基础，修建不同的纳西风格商业街区，开发纳西文化创意产品，将其打造成集合纳西传统文化和户外探险活动的新型综合商业区；定期举办“雪山读书会”“非遗音乐节”“纳西舞蹈节”等社区文化活动，使旅居游客沉浸在雪山文化的氛围之中。

③打造雪山国际会展文化艺术中心。依托玉龙雪山山麓的玉湖村及其高端民宿配套，以洛克等国际友人的国际知名度为基底，建设高端会展艺术中心，承办环保类、科技类、雪山研究类、动植物保护研究类、旅游发展类的各种国际学术会议，提高玉龙雪山的国际知名度，吸引商务游客及学者等高端客群；举办纳西文化艺术

展、雪山诗画艺术展等传统艺术展览，以及各种融合性、后现代的非常规艺术展览，吸引国际国内知名艺术家驻村创作，精致打造艺术写生与创客空间，并辐射带动周边村镇进一步发展，使玉龙雪山玉湖村成为惠泽周边、享誉中外的国际知名文化艺术基地。

3. 丽江（玉龙雪山）旅游集散中心建设项目

项目范围：玉龙县白沙镇玉甘路东侧。

现状评析：丽江（玉龙雪山）旅游集散中心是云南省 2021 年“四个一百”重点建设项目，是云南省委、省政府确定的丽江市 3 个重大产业项目之一，已被列入云南省“十四五”时期文化保护传承利用工程储备库。项目作为丽江市轨道交通 1 号线始发站、丽江市北部旅游交通枢纽，是延长玉龙雪山景区旅游产业链、提升价值链的具体实践，也是玉龙雪山景区旅游综合服务的枢纽。项目建成后以将发挥区域旅游集散、交通服务、休闲购物等功能，实现玉龙雪山旅游园区化运营管理的目的，成为引领玉龙雪山景区高质量发展的新引擎、新动力、新高地，为彰显丽江市在面向南亚、东南亚旅游集散地、大香格里拉旅游经济圈和大滇西旅游环线重要节点价值方面提供有力支撑。

项目定位：区域旅游集散中心。

功能定位：旅游集散、交通服务、休闲购物。

目标客群：有旅游中转需求的各类型游客。

发展思路：

①打造山地旅游观光列车黄金线路。以丽江（玉龙雪山）旅游集散中心为起点，轨道交通 1 号线的运行线路将串联玉龙雪山游客中心、白沙古镇、玉水寨、东巴谷及甘海子服务区，涵盖了丽江市诸多旅游景区及客流集散点，是丽江市构建“快旅慢游”轨道交通网络的历史性一步。项目建成后，应根据客流量合理调节列车运行班次，在节假日增加列车班次数量，延长运营时间，做好周边站点的接驳工作，着力完善轨道交通停靠点的公交班车、共享单车、租车服务点、餐饮住宿、旅游购物等一系列相关设施配套，聚力打造全球知名的山地旅游观光列车黄金线路。

②构建高质量自驾及游客服务体系。以丽江（玉龙雪山）旅游集散中心为核心枢纽，加快建设旅游自驾服务站，修建智慧停车场、露营地等，方便自驾游客更好地到达雪山进行游览；拓展丽江（玉龙雪山）旅游集散中心服务功能，按照绿色生态、智慧高效的发展方向，将其打造成集生活、餐饮、信息咨询、旅游购物、休憩调整于一体的自驾旅游服务综合体；提升游客疏导、集散、分流工作的服务水平和质量，构建具体、全面的服务流程，提供及时有效、温馨关怀的旅游服务。

③提高丽江（玉龙雪山）旅游集散中心与周边景区的交通联系度。开通丽江

（玉龙雪山）旅游集散中心到周边度假村、特色小镇、古镇的班车，形成相互支撑、共促发展的大玉龙国际旅游度假区格局；开通丽江（玉龙雪山）旅游集散中心到老君山、泸沽湖等地的班车，拓展丽江市文化旅游发展的空间格局，实现全域联动发展；充分发挥丽江（玉龙雪山）旅游集散中心在文化旅游资源宣传推介方面的独特作用，创新宣传推介模式，深化玉龙雪山的辐射带动效应。

4. 丽江猎鹰谷户外运动旅游区

项目范围：白沙镇木都村丽江猎鹰谷景区。

现状评析：猎鹰谷景区位于丽江古城到玉龙雪山的黄金旅游带，是丽江市城区旅游环线上的重要节点，主要经营户外体育运动旅游项目，有夏令营、冬令营、房车营地、森林康养酒店、射击营地、草地卡丁车等多种文旅业态，是一个户外体育运动综合创新型旅游基地，具有较高的旅游开发价值。目前，猎鹰谷虽开发了多种旅游业态，且夏冬令营、户外体育拓展、轻极限运动等项目拥有较高的知名度。但其仍面临业态产品的系统规划与整合、后续发展战略与发展定位选择、如何与周边景区景点形成协同发展合力等问题。未来发展势必要明确项目定位与发展方向，细分市场需求，精致化提升既有项目，培育优质特种旅游品牌，大力挖掘可持续的旅游消费增长点。

项目定位：户外体育运动基地、拓展培训基地、研学基地、房车营地。

功能定位：山地探险运动、团队建设、科普研学、亲子互动。

目标客群：户外探险客群、体育运动客群、公司团建客群、青少年研学客群、家庭亲子客群。

发展思路：

①打造全国知名的山地户外体育运动俱乐部。依托猎鹰谷景区现有的射击俱乐部项目，聘请专业培训团队，对前来体验的学员进行专业化的培训，邀请国内外知名射击运动员进行明星课程讲解、宣传片拍摄等，提高知名度；建设高品质的马术骑乘训练场，建立马术俱乐部，邀请马术爱好者积极举办各类赛事活动，并组建专业的马术青少年训练营；对于越野车、真人CS、彩虹滑道、林空穿越等低难度的项目则可以组合，建成方便游客快速体验的户外体育运动俱乐部。

②建设高互动性研学拓展基地。依托雪山的壮丽景色及区域生态资源，引入智慧化技术打造自然、智慧的研学场景，拓展研学体验空间；进一步做好青少年夏令营、冬令营等活动，针对不同年龄段的孩子推出不同强度的集训营项目；丰富文化拓展类营地项目，重点带领学员对纳西族传统文化、游牧民族狩猎技能和精神进行学习；增加专业化、特色化的团建活动，提升住宿餐饮产品供给质量，将之打造成为国内首屈一指的高质量团建基地。

③提升特色化服务设施供给能力。围绕猎鹰谷景区现有康养酒店品牌，推动打造特色野奢露营住宿品牌。建设玻璃球星空主题酒店、纳西风情酒店等高品质半山酒店，增加高端化旅游住宿设施供给；建设适合家庭出游的田园野趣酒店、庄园度假别墅，配备私人管家，配套相应的采摘园、宠物乐园等设施；建设房车营地、高端露营地，提高配套设施水平，并且定期举办各种美食节、营地篝火晚会等活动，充分提高游客的参与感；修建智慧停车场、智慧厕所、游客服务中心等服务设施，并通过融媒体平台、官方网站等形式实施精准化营销，为游客提供个性化、智慧化服务。

④改造提升丽江狩猎博物馆。充分宣传纳西族狩猎文化，讲好纳西鹰猎文化故事，按照鹰猎活动的进行步骤可以将其分为“捕鹰、驯鹰、鹰猎、放飞”四个场馆，也可按照鹰猎文化的历史演进脉络进行展览，引导游客逐步了解纳西族鹰猎文化，体会鹰猎精神；要注重运用现代化的声光电技术，还原展示鹰猎的场景，利用VR设备，让参观者体验到鹰猎活动的开展过程，设计相应的游戏，使游客在互动中沉浸学习，更深入地了解到纳西的鹰猎文化；此外，在狩猎博物馆可考虑划定专门区域，设计和售卖鹰猎主题文创产品，延展鹰猎文化产业链。

5. 东巴文化传承示范体验区

项目范围：东巴谷、玉水寨、东巴万神园、玉峰寺、东巴王国、玉柱擎天等景区及大具乡、鸣音乡纳西族传统文化保护区。

现状评析：玉龙县是纳西族聚居最多的地区，纳西文化底蕴深厚，分布有众多以东巴文化为主题的国家3A级、4A级旅游景区。目前，这些东巴文化主题景区主要停留在观光展示层面，没有形成链条完整的文化旅游产业链和特色鲜明的文旅品牌，所以相关产品较为匮乏，业态也相对单一。未来应充分发掘纳西东巴文化，将东巴文化中的要素和现代旅游业态深度融合，大力发展文创产业，发展活态化、互动化的文化旅游产品，提升现有景区功能质量，发挥景区聚集优势。

项目定位：纳西文化保护传承发展核心区。

功能定位：文化保护、文化体验、休闲度假、文化传承。

目标客群：休闲度假客群、文化体验客群、科普研学客群、康体养生客群。

发展思路：

①东巴文化传统景区质量提升项目。通过对东巴谷景区进行建筑维护、景区扩建及业态升级，引入更多文化体验类活动（如传统编织手艺的课程教授学习、木雕、石雕的体验课程等），将其打造成手工产品体验街区；通过与全国各地的艺术类院校合作，策划举办文创作品大赛、艺术展览活动等，提高其产品质量和知名度，将其打造成真正的民族手工活态化保护基地；玉水寨、万神园、玉柱擎

天等景区，应打造互相联动的纳西神圣仪式体验群，举办相应的节事活动，推出探秘游戏、实景剧本杀等，增强景区和游客的互动性，以互动的形式展示纳西族的神秘仪式，提高其吸引力。此外，以上景区也要进行智慧化升级，建设智慧停车场、智慧导览系统、智慧厕所等，并积极打造以东巴文化为主题的景区联动项目。

②东巴谷康养小镇建设提升项目。依托玉龙雪山天然氧吧的优良自然环境，结合纳西传统中医药文化、生活风俗、茶保健文化、宗教文化等，将东巴谷康养小镇打造成生态文化特色鲜明的“健康生活目的地”；建造养生特色民宿、康养酒店、纳西特色餐饮街区、能工巧匠“匠人街”、森林健身步道等设施，完善东巴谷康养小镇的旅游公共服务体系；建设东巴谷汽车旅游营地，修建特色帐篷营地、纳西族木屋别墅、景观停车场、充电桩等服务设施；开发攀岩、轻蹦极、徒步、自行车、速降等户外体育运动项目产品；举办纳西族美食品鉴会、纳西文化艺术节、纳西医药养生节等一系列节事活动，全方位提升小镇的纳西文化氛围。

③发展纳西族民俗文化创意体验产业。对东巴蜡染、木雕、挂毯、刺绣等传统手工业技术进行开发，打造高质量手工产品，开设体验馆、体验课程，聘请非遗传承人亲自授课，使旅游者近距离深度体验东巴文化；对东巴古籍、音乐、舞蹈等进行保护，并打造智慧化的古籍展示项目。结合前沿信息技术，直观展现东巴古籍中记录的神秘仪式及特色山水世界，打造“东巴文化探秘之旅”，使游客深度参与到东巴祭祀、东巴舞、东巴唱腔等传统仪式歌舞之中，创造全新的沉浸式体验场景；大力提升民俗文化创意创新能力，积极推动打造“披星戴月”“神蛙”等文创产品，将其融合在景区的展览展示、商品售卖等各个环节。

（三）老君山山地休闲生态观光片区

1. 老君山—黎明国家5A级旅游景区建设项目①

项目范围：玉龙县黎明乡境内。

现状评析：老君山位于玉龙县与大理剑川县、怒江兰坪县、迪庆维西县的交界处，有“滇省众山之祖”“中国森林氧吧”的美誉。老君山以其生物多样性、地质多样性、民族文化多样性著称，包括黎明片区、格拉丹片区、九十九龙潭片区及金丝厂片区。其中，黎明片区是我国体量最大、发育最完善的高山丹霞地貌区，拥有世界自然遗产、国家级风景名胜区、国家地质公园三项桂冠，具有很高的科研价值、环境价值、文化价值、旅游价值。目前，老君山—黎明片区受限于地理环境因素，交通可达性较差，文旅产品开发力度不足，旅游公共服务设施体系也相对薄弱。未

① 此项目后文以“老君山黎明景区”代称。

来应以创建国家5A级旅游景区为发展目标，提升景区宣传营销力度，突出户外休闲、体育运动、科普教育基地、世界自然遗产、国家地质公园等品牌，进一步完善旅游公共服务设施，全面维护、提升景区旅游环境质量。

项目定位：国家5A级旅游景区、世界级科普研学基地、国际户外体育运动基地。

功能定位：生态旅游、休闲观光、运动探险、科普研学、森林康养。

目标客群：休闲观光客群、科普研学客群、运动探险客群、康养体验客群。

发展思路：

①立足丹霞地貌，开发高质量科普观光产品。打造“逐日之旅”，将“三起三落”“神鸟彩屏”等景观整合成奇特天像的观光产品，在相应观景点修建观景台及连通各个节点的步道，并配备个性化的智能语音导览系统，使每个游客都可以欣赏到老君山独一无二的天象奇观；打造“赤地奇石之旅”，将千龟山、自然佛、老君炼丹炉、情人柱等神奇丹霞地貌进行联合打造，用精彩故事剧情将其串联起来，引导游客进行探秘解密；修建高山丹霞地貌博物馆，运用大数据、物联网、云计算等技术将其打造成智慧博物馆，给游客带去最全面的丹霞科普信息和最深度的沉浸式体验场景，使游客对高山丹霞地质地貌产生浓厚的兴趣。

②依托优美环境，打造森林生态研学康养综合体。依托老君山—黎明片区“中国森林氧吧”的影响力，大力建设特色森林康养度假区；加快建设黎明乡高端半山酒店群，打造以丹霞地貌、森林禅修、星空夜景、山岚水雾等为主题的特色景观康养精品民宿及野奢观景帐篷营地；依托老君山—黎明片区山体资源，建设多条健身步道、森林空气浴中心、溪泉水疗中心、静观冥想台等多种形式的康养设施，令游客徜徉其中，得到身心的全方位放松；利用老君山—黎明片区丰富的动植物资源以及地貌资源，建设森林生态研学营地，打造杜鹃花科普之旅、观鸟研学之旅、高原兰花之旅、地质层探秘之旅等产品，并与电视台、网络自媒体等进行合作，拍摄科研纪录片、科普宣传片，投放在海内外平台网站，增加老君山—黎明片区的国际知名度和影响力，使其成为享誉全球的知名景点。

③挖掘奇境气质，建设户外体育休闲运动基地。围绕创建国家5A级旅游景区的发展目标，加快红石街户外体育休闲运动基地项目建设进度，将安七尼飞达拉攀岩打造成世界知名的攀岩品牌，针对不同用户群体，开发不同难度的攀岩模式，并将周围适合攀岩的岩壁进行共同开发，打造“飞跃安七尼”的国际攀岩赛事；打造户外徒步精品线路，邀请国内外知名户外徒步运动爱好者、旅游达人等对该线路进行游览，并报道相关活动，提升老君山—黎明片区户外徒步线路的影响力；继续扩大老君山国际越野挑战赛的知名度，进行全程直播和跟踪报道，并对途经的景区

（点）进行详尽介绍，利用赛事影响力进一步塑造老君山国际户外运动探险基地品牌。

④紧扣傈僳文化，打造傈僳族文化体验旅游精品。在黎明、黎光、美乐等地打造傈僳族民族风情体验区，建设以傈僳族元素为特色的中高端酒店民宿；打造傈僳族手工体验集市，将傈僳族传统弓弩、手工织布、竹艺编织等手工技艺打造成体验性较强的文化旅游项目；将傈僳族蜂蜜、粮食酒、麻籽茶等打造成特色旅游商品品牌，开发苦荞蜂蜜粑粑、蜂蜜琵琶肉等特色产品，并通过网络渠道进行售卖；举办阔时节等大型民族节庆活动，利用节事活动提升民族文化影响力；建造射弩体验基地，将傈僳族传统射弩活动打造成户外运动体验项目。

⑤升级基础设施，创造有口皆碑的优质文旅体验。加强老君山—黎明片区与大理州、怒江州的联系，建设立体化的内外交通体系，使老君山—黎明片区成为大香格里拉旅游经济圈、大滇西旅游环线的重要组成部分；完善老君山机动车旅游环线，加快建设老君山全景观光列车，串联老君山—黎明片区内部各个景区，打造“山水联动、快旅慢游”的优质旅游交通体验；打通景区内部各个景点之间的公交线路，在节假日增加班次，方便团队及散客进行游览；修建智慧停车场，完善游客集散中心、服务站、服务点形成的服务网络，使游客得到最充分的信息和最便捷的服务；加快建设智慧旅游厕所、电动车充电桩、自驾游服务站点等基础服务设施，打造优质的自驾服务网络；大力建设高质量、有特色的酒店住宿服务群、旅游商品售卖游购广场，为游客带去优质的旅游体验。

2. 老君山精品山地营地建设提升项目

项目范围：老君山—九十九龙潭片区、金丝厂片区、格拉丹片区。

现状评析：老君山—格拉丹片区位于玉龙县黎明乡，距离红石街26公里，其以高山草甸景观为主，四季皆有美景，牧场湖泊、杜鹃花海、民族村落交相呼应，素有“天上草原”“丽江最后一片净土”“高山上宁静的乌托邦”“伸手可摘星星的灵魂天堂”等美誉；老君山—九十九龙潭片区位于老君山山系南部，是典型的冰川地貌，其中负有盛名的是黑龙潭和黄龙潭构成的“阴阳鱼眼”景观以及错落有致的杜鹃花海景观；老君山—金丝厂片区位于老君山山系中段，拥有老君山山系的最高峰——玉峰，是黎明河的发源地，也是珍稀动物滇金丝猴的栖息地，金丝厂片区一年三季皆覆白雪，大大小小的冰蚀湖宛如晶莹宝石散落其中，造就了山峰、神水、丽雪、日出金丝厂四大景观；目前，仅有九十九龙潭片区建设了游客服务中心，格拉丹景区建设了帐篷营地，金丝片区还有待开发。

交通不便、基础设施建设不足、旅游业态单一是上述片区存在共性问题。因而，上述片区应以建设国际知名的精品山地营地为发展目标，进一步拓展文化旅游业态，创新山地景区开发模式，在保护山地生态环境前提下，依托格拉丹片区建设高山草原精品帐篷营地，并推动其成为中国高山营地精品旅游区；依托九十九龙潭片区建设生态观光溯溪滨水营地，持续丰富高端文化旅游要素供给；依托金丝厂片区建设系列观景台和户外研学科普营地，充分彰显老君山生物多样性优势。

项目定位：国际知名的精品山地营地。

功能定位：生态观光、自驾露营、科普研学、户外运动、休闲康养。

目标客群：自驾游客群、观光休闲客群、康养客群、科普研学客群、户外运动客群。

发展思路：

①打造格拉丹高山精品户外帐篷营地。依托格拉丹片区的高山草原、杜鹃花海、夜空美景等生态景观资源，修建一批特色突出、品质高端的精品帐篷酒店、野奢主题民宿；积极开展汽车越野、低空飞行、徒步穿越、马术骑行等一系列适合在草原开展的户外运动项目；打造星垂平野阔的草原之夜文化旅游活动品牌，开展篝火晚会、星空读书会、星月美食会等活动；大力建设老君山格拉丹客运索道项目，使游客能更加快捷地到达格拉丹营地，并在乘坐索道的过程中更好地欣赏老君山的山地美景。

②修建金丝厂金山玉湖户外研学科普营地。将金山玉峰、金刀岭、七人石、锦绣谷、双龙塘等景点串联起来，打造金丝厂生态旅游景观步道，修建观景平台，充分挖掘金丝厂片区的景观价值；在周边的湖泊森林周围修建生态营地，建造森林树屋酒店、湖景滨水酒店等高端酒店民宿；依托滇金丝猴的生物资源，建设滇金丝猴科普研学基地，研究滇金丝猴生活习性，并举办科普展览、冬令营、夏令营等活动；开发以滇金丝猴为主题的旅游纪念品和亲子主题酒店，丰富以滇金丝猴为主题的旅游业态。

③建设九十九龙潭山地生态度假基地。引入中高端住宿业态，加快布局九十九龙潭片区九子岩半山酒店，精致打造一批能够一览滨水风光的精品民宿，为建设山地生态度假基地提供重要支撑；打造野外徒步、丛林探险等活动项目，将九十九龙潭片区的户外体育运动项目打造成全国知名的户外体育运动品牌；依托九十九龙潭片区面积广阔的高山杜鹃资源，将其打造成全国知名的“杜鹃花海”生态观光旅游品牌；举办国际山地杜鹃节，丰富节事期间学术研讨和休闲娱乐活动，提升老君山—九十九龙潭片区的国际知名度。

④打造高效便捷的立体网络服务设施。修建格拉丹片区、金丝厂片区、九十九龙潭片区的自驾车服务点，建设充电桩、观景平台等设施；加快建设老君山国家步道、老君山三江并流旅游公路环线，大力建设老君山山地全景观光轨道交通体系，

在上述片区修建停靠站点，缩短各片区之间的旅行时间；加快完善上述片区旅游厕所、游客信息服务中心、景区标识系统等基础设施体系，提高该地区的旅游接待能力；紧密衔接玉龙县乡村振兴发展规划，进一步完善上述片区的生活服务设施，带动周边乡村发展，形成共同发展的良好局面。

3. 金沙江山水联动红色文化旅游廊道

项目范围：由金沙江串联的玉龙县巨甸镇、石鼓镇、龙蟠乡等区域。

现状评析：玉龙县巨甸镇、石鼓镇、龙蟠乡三个乡镇都位于金沙江沿线区域，拥有众多高品质旅游景区，文化旅游资源优势突出。其中，巨甸镇是通往大理和吐蕃的古渡口，是纳西、藏族、普米族、白族、傈僳族等少数民族的聚居地；石鼓镇拥有悠久的历史文化及“万里长江第一湾”的知名盛景，是自古以来的兵家必争之地，同时也是红军长征的渡江地，现有石鼓渡口、红军长征纪念碑、红军长征过丽江纪念馆、红军长征渡江纪念雕塑等丰裕的红色文化旅游资源；龙蟠乡拥有世界最险峡谷之称的上虎跳峡，还有玉龙雪山、老君山、云岭等山脉大三角交会的三股水景区，是香格里拉环线和茶马古道的重要组成部分，拥有丰富的自然和人文旅游资源。

目前，上述地区的旅游开发主要围绕观光旅游进行，业态较为单一，体验性项目开发不足，对红色旅游项目的打造和宣传也不够到位。未来应深入挖掘当地纳西文化内涵，优化提升红色旅游项目，开发水面游船、峡谷漂流、山涧蹦极等观光探险项目，打造各有特色、相互促进的旅游产品体系，提高该地区的旅游接待能力，为游客提供更加舒适优质的旅游体验。

项目定位：金沙江山水生态景观廊道、红色旅游示范区、峡谷户外运动基地。

功能定位：生态观光、乡村旅游、红色旅游、科普研学、户外探险。

目标客群：生态观光客群、乡村旅游客群、红色旅游客群、科普研学客群、户外探险客群。

发展思路：

①金沙江绿色经济走廊乡村旅游建设项目。依托优质风景资源和农业文化，在松子村打造自然庄园、山水公园、生态酒店、露营营地、户外运动基地等，加快建设石鼓镇松坪子村、龙蟠乡阿喜村等“百村行动”示范点项目；依托阿喜村特色纳西文化，修建纳西风俗博物馆，打造龙王庙庙会等活动，优化游客旅游体验；在石鼓镇、龙蟠乡建设游客集散中心、智慧旅游系统等，完善旅游基础服务功能；建设虎跳峡观光台，打造鲁南虎跳峡特色旅游村，并依托黄梨种植、温泉等资源，开发黄梨观光采摘、温泉酒店等亲子度假旅游项目。

②金沙江“山水联动”旅游开发项目。开通金沙江沿线航道，将石鼓至虎跳峡

航道延伸到整个石鼓镇，推进梨园、阿海等库区绿色航道的建设进度；推进金沙江大峡谷综合航运旅游线路建设，重点打造“长江第一湾、石鼓独一镇”旅游综合体验码头，发展航运观光旅游。配套金沙江沿江绿色生态公路，构建畅游可达的旅游交通体系；建设长江第一湾观景台、虎跳峡观景台、三江并流景观步道等，丰富山水慢游金沙江的旅游业态，并在龙蟠乡、石鼓镇、鲁南等地发展“飞跃金沙江”的低空飞行体验项目、吊索桥江面蹦极项目、金沙江峡谷大漂流等户外轻极限旅游项目，形成业态多元、功能互补的金沙江“山水联动”旅游开发项目体系。

③“金沙水暖”红色文旅带打造项目。联动巨甸镇、石鼓镇、龙蟠乡等乡镇的红色文化资源，聚力打造“金沙水暖”红色文旅带；加快推进玉龙县融入长征国家文化公园，修建贺龙渡江指挥部纪念馆、木瓜寨渡口遗址公园；在木取独、格子、士可、巨甸渡江遗址地修建石碑、景观台、介绍牌和多语种的智能语音讲解系统；升级红军长征过丽江纪念馆，增设智慧导览系统和全景模拟系统，使游客能身临其境感受到红军长征的艰苦卓绝；打造“跟着红军过丽江”红色旅游线路，追忆往昔峥嵘岁月；开办金沙水暖红色诗歌品鉴会，征集以横渡金沙江为主题的诗歌作品，并进行评选展示，打造红色诗歌品鉴会；结合当地特色，开发红军长征为主题的滇绣、木雕木刻、石雕石刻等纪念品，丰富红色旅游业态。

（四）泸沽湖摩梭风情旅居度假片区

1. 泸沽湖国家5A级旅游景区建设项目

项目范围：泸沽湖景区及其周边区域。

现状评析：泸沽湖是一风光旖旎的高原湖泊，位于云南省北部滇川交界处，是国家级风景名胜区、国家4A级旅游景区、省级自然保护区、省级旅游度假区，承载着具有世界文化遗产价值的摩梭母系氏族文化，被当地摩梭人奉为“母亲湖”。目前，泸沽湖景区拥有格姆女神索道、摩梭民俗博物馆、“蓬莱三岛”、观景台、环湖生态廊道等景观资源与服务设施，但受制于景区内有优质生态而缺乏优质度假产品的发展实际，景区过夜游客有限，旅居功能有待加强。同时，泸沽湖的旅游开发目前已相对成熟，但景区周边地区的旅游开发才处于起步阶段。因而，泸沽湖景区的项目建设应依托其优越的生态环境和独具魅力的摩梭风情，由传统的生态观光向湖山旅居度假转型升级，未来应以泸沽湖景区为中心，充分利用其优质的自然生态资源、丰富的摩梭文化资源，开发特色民宿、主题客栈、宣教中心、节事演艺等旅游产品，延长泸沽湖景区游客的停留时间，打造泸沽湖国际旅居度假区，并加快推进创建国家5A级旅游景区。

项目定位：国际旅居度假区、国家5A级旅游景区、摩梭文化体验区、高原湖泊生态旅游区。

功能定位：旅居度假、生态观光、文化体验、生态研学。

目标客群：旅居度假客群、生态观光客群、文化体验客群、生态研学客群。

发展思路：

①生态为依，打造综合性生态观光旅游区。依托泸沽湖优质山水风光，提升生态资源创新利用能力，将旅游发展重点着眼于湖滨湿地观光廊道、摄影写生基地、科普教育中心等重点项目。在泸沽湖沿线80米进行生态修复，充分利用现有滨水生态条件，结合人文生态景观小品，打造湖滨湿地观光廊道，供游客进行观光游览，吸引国内外观光客群；依托泸沽湖优质自然生态景观，打造摄影写生基地，提供浪漫摄影、观光旅拍、艺术写生等服务，让游客尽情领略自然生态魅力；拓展泸沽湖周边区域旅游发展空间，建设高原湖泊科普中心，通过720°全景、VR等技术的综合运用，营造身临其境的科普文化教育氛围，进一步拓展亲子娱乐、生态研学等主题活动。

②因势利导，打造特色旅游住宿服务设施。依托泸沽湖优质生态环境，以生态保护为理念，在景区北部圣山探秘观海区的尼赛村，还原摩梭传统村落的建筑风貌，打造一批具有摩梭风情的高端半山酒店；充分利用里格村良好的湖滨环境优势，提升现有建筑风貌，打造高端湖景度假酒店，让游客可近距离领略泸沽湖湖面及湖中小岛景观；提升红崖子半岛民宿现有服务水平，进行专业化统一管理，充分利用现有生态优势打造精品半岛度假精品民宿群落。

③文化立身，打造摩梭文化活态展示中心。一是紧抓眼球，规划建设一批符号化景观，将摩梭文化贯穿于空间格局、景观建筑、标识系统中，全景化展示摩梭文化元素，形成系统化文化印记；二是紧扣体验，提升打造一批民族节事演艺项目，依托大落水等传统村落，挖掘摩梭文化，根据不同村落资源实现“一村一品”，在有条件的村落开展摩梭特色演艺、摩梭成丁礼、摩梭打跳、摩梭传统手工艺体验等活动；三是紧跟潮流，依托永宁温泉片区保存良好的传统风貌，结合祖母屋宴、摩梭土司宴打造最具民族传统风情的特色民宿，带给海内外游客以食住休闲为一体的摩梭文化深度旅居体验，使其成为集文化旅游、民俗旅游、文化研学、摩梭演艺、民俗餐饮体验等于一体的摩梭文化活态社区。

④以田园景观为核心，共建生态研学基地。依托普洛村、普米村的休闲农业资源、乡村资源、自然景观资源和山地资源，以田园景观为核心，在原有的生产、生活基础上融入观光、科普、休闲、研学等功能，打造以摩梭、普米田园风光为基调，宣传教育、生态环境科普为特色的生态研学基地。以“归园田居”为主题，结合周边的自然资源与文化资源，打造具有鲜明研学特色的摩梭风情与普米风情田园民宿；以生态科普与环保宣传教育为主，打破传统的陈列教育式格局，完善泸沽湖保护区

宣传网站多语言模块内容，结合时下 VR、MR 等热门互动科技，共建泸沽湖生态研学基地。

⑤文化为基，小镇携康养塑造品牌。依托竹地片区的区域优势和摩梭母系文化，打造集旅居度假、摩梭文化体验、康养休闲于一体的摩梭风情小镇，塑造泸沽湖摩梭风情旅居度假品牌。充分利用竹地片区的村寨旅游资源，营造高品质旅游环境，在摩梭风情小镇建设综合性的文化体验度假村，主要项目包括精品度假酒店、传统特色美食街区、娱乐中心等；推进建设民族文化广场、民族文化园等项目，进行彝族文化展示、摩梭文化展示，并依托民族文化资源打造民族特色购物节；依托泸沽湖丰富的生态自然景观，在摩梭风情小镇开展牵引式热气球、滑翔翼、动力伞等康体观光旅游项目，开辟低空旅游市场，多角度俯瞰泸沽湖全貌，给予游客全新视觉体验，打造该区域新的旅游热点。

2. 宁蒗特色多元民族风情旅游区

项目范围：宁蒗县西川沙力河小丫口村寨、吉意溶洞、跑马坪沙力坪彝家村寨等区域。

现状评析：宁蒗县民族文化及自然景观资源丰富、特色明显。其中，吉意溶洞是以温带喀斯特地貌为典型景观的地质旅游资源，具有较高的旅游开发价值，其附近的比依村寨为普米族聚居村寨；西川沙力河小丫口村、跑马坪沙力坪村是以展示彝族毕摩文化为主的旅游村寨，民族文化底蕴深厚。现阶段，上述区域除吉意溶洞具备基本的旅游设施及接待功能外，其他地区的旅游开发均处于起步阶段。因此，未来应充分依托彝族、普米族等民族风情，结合自然景观资源，建设以民族风情体验、乡村文化休闲等为发展导向的文化旅游项目，把项目区打造成为融自然山水和民族文化于一体的特色多元民族风情旅游区。

项目定位：少数民族文化体验区。

功能定位：民族风情体验、乡村文化休闲。

目标客群：民族风情体验客群、乡村文化休闲客群。

发展思路：

①依托普米族文化，打造普米风情体验中心。加快建设普米族文化博物馆，将其提升为普米风情体验中心。将现存于村民家中有价值的普米族特色物件集中编号，存入博物馆统一收藏，对普米族的历史、民族歌舞、建筑文化、饮食文化、宗教文化等资料进行分类整理，并将其编写成书籍或制成 VCD、DVD 等各类影碟进行留存展示；向社会征收各类普米族工艺品以及有代表性的民族服饰等文化载体存放于博物馆内，并配以文字解说，向游客集中展示；在普米文化博物馆内增设普米文化传习馆，召集热爱本民族传统文化的普米族青少年学员每天到馆 1～2 小时，系统地学

习掌握本民族的传统文化，为打造普米风情体验中心提供人才支撑。

②优化基础设施，提升改造吉意溶洞。在吉意溶洞原有景观的基础上进行修缮，对洞内景观进行升级改造，使各个景观更加形象逼真。在保护资源的前提下，根据溶洞内不同的地质结构，结合普米文化打造多样化文化体验场景；同时，对洞内道路两边的乱石、高低不平的路面、景观周围道路进行改造提升，对洞内的围栏、扶梯、廊桥进行仿木式更换，对洞内尘土飞扬的空气环境进行有效治理，以增加建筑美感，提高游客参观游览的舒适感。

③依托毕摩文化，打造彝族乡居休闲观光基地。深挖彝族毕摩文化内涵，推动西川沙力河小丫口村寨人居环境整治及景观小品打造工作，并利用展板、雕塑、壁画等各种形式展示彝族毕摩村寨独特的历史沿革、民族图腾、文化传统、民间传说、特色饮食等，丰富村寨内的少数民族文化特色符号，打造“东篱采菊”的景致，营造“悠然见村”的意境。

④完善基础设施，打造特色彝族风情民俗村。结合沙力坪彝家村寨的彝族文化资源，打造以体现彝族文化为主体，兼具生态游憩及休闲度假功能的特色彝族风情民俗村。在村内各景点、路口疏密有致地设置生态厕所、避雨亭、木椅、木凳、秋千、词牌、路牌、标示牌等旅游基础设施，使村内具备良好的旅游环境；升级改造村内现有农家住房，开发彝族乡村民宿，为游客提供自制的乡村菜肴及农产品销售场所；利用现有村落格局及民居建筑，建设体现彝族风情的乡村大舞台，策划少数民族歌舞表演节目，将彝族传统的打歌、跳弦、披毡舞等进行舞台化呈现，丰富彝族风情旅游产品。

3. 拉伯三江口生态旅游区

项目范围：宁蒗县拉伯乡抓子河、冲天河与金沙江交汇的区域。

现状评析：拉伯乡是进滇入藏的必经之路，也是茶马古道上商品的集散地，在过去是两省（云南省、四川省）、四县（宁蒗县、木里县、玉龙县、中甸县）的商贾云集之地，区位优势较为突出。现阶段，拉伯三江口区域有三江交汇的壮观自然景观及茫茫无垠的原始森林，马帮文化与满清文化在此交集荟萃，是一处待开发的生态及人文旅游宝地。然而，拉伯三江口区域交通可进入性较差，开发建设难度也较高，目前仍未进行大规模旅游开发。未来应依托三江交汇的壮观自然景观及颇具特色的人文风情，高标准建设集旅游集散中心、民族风情体验、自然康养旅游于一体的旅游区。

项目定位：旅游集散中心、生态观光旅游区。

功能定位：生态观光、旅游集散、文化体验、森林康养。

目标客群：生态观光、休闲自驾客群、文化体验客群、森林康养客群。

发展思路：

①依托民族文化，打造民族风情体验中心。整合拉伯三江口的文化资源，深入挖掘满清文化内涵，打造精品满族风情客栈集群，创新客栈设计理念，以三江口自然生态与满族文化为底衬进行客栈包装；利用满族传统颁金节、开山节、春节以及小年等民族特色节日开展盛会，策划设计民歌大赛、民族舞蹈大会、民族乐器大会、满族服装服饰展示等综合性民俗文化活动；推出“满汉全席特色菜”展示及品鉴活动，拓展满族小吃电商平台销售渠道，提升满族美食知名度，提炼满族美食文化IP，打造满族特色风情体验基地。

②利用区位优势，构建旅游综合服务体系。立足拉伯乡作为香格里拉方向和稻城方向进入丽江市的重要节点地位，加强旅游公共服务设施配套，新建旅游停车场、生态厕所、标识标牌等设施，建立智慧化交通服务系统；加快推进三江口道路、引水、输电、通信、排水、自驾营地、餐饮点、游客服务中心等旅游基础服务设施建设；完善“游云南”App拉伯三江口旅游综合服务功能板块，配套旅游产品预定咨询、线路查询、旅游装备租赁服务、信息发布、电子付款、宣传推介等功能；建立旅游服务人才队伍体系和智慧旅游服务系统，提升服务品质，建设成为大香格里拉旅游经济圈重要的集散中心。

③利用生态优势，打造森林生态康养基地。利用拉伯乡加泽原始森林良好的生态环境禀赋优势，完善慢行游憩步道及森林康疗设施，谋划布局森林生态康养基地。加快建设加泽“森林呼吸”健康步道，精心设计“林荫小道”“茶道品茗”“景观雕塑”等景观小品，配套冥想平台、吸氧亭等设施；依托拉伯当地中草药资源创新药浴养生业态，在森林中地势开阔处建设森林康养浴场、休闲长廊等，为游客创设闲适静谧的康疗环境，达到洗肺又净身的良好效果。

（五）高原农文康旅融合发展示范片区

1. 程海国家级生态度假旅游区

项目范围：程海及其周边地区。

现状评析：程海是云南省九大高原湖泊中面积排名第四的湖泊，也是世界上自然生长蓝藻（螺旋藻）的三个湖泊之一，目前已发展为世界上最大的螺旋藻养殖生产基地。程海周边区域边屯文化、他留文化、毛氏文化、傈僳文化等文化资源丰裕，分布有中国边屯文化博物馆（博览园）、毛家湾国家3A级旅游景区等景区（点），文化旅游资源的空间组合优势突出。现阶段，程海统筹推进高原湖泊水环境治理工程，湖面“颜值”不断提升，水质稳定在Ⅳ类，未来可考虑依托程海优质的高原农业、传统村落、山林湖泊及周边区域的景区（点）等优质资源，以国家级生态旅游度假区为发展目标，重点打造高原湖泊生态观光、田园生态康养、旅居度假、文化休闲体验项目。

项目定位：国家级生态度假旅游区。

功能定位：生态观光、休闲康养、旅居度假、文化体验。

目标客群：生态观光客群、休闲康养客群、旅居度假客群、文化体验客群。

发展思路：

①建设环湖生态观光廊道，丰富优质文化旅游产品供给。加快推进程海环湖生态观光廊道建设，推动实现“丽水金沙”补水口与生态观光廊道互联互通，并逐步完善生态观光廊道休息亭、生态公厕、垃圾箱等旅游基础设施；在生态观光廊道建设过程中注重整合程海文化元素，努力把生态廊道从物理隔离的单一功能提升到集隔离、管护、监测、生态文化于一体的多功能生态带；在生态观光廊道沿线配套交通及旅游标识标牌，健全驿站服务，设置沿线摄影观景台，形成绵延永胜县西南部的风景廊道和文化流线，打造国内知名的滨水生态休闲胜地；以骑行旅拍为先导，在设施完善和品牌巩固的基础上，逐步开展环湖音乐节、自行车赛、马拉松赛等节事活动，打造环湖康旅休闲精品 IP。

②开拓客源市场，打造程海国际自驾露营基地。依托火爆的自驾游的市场，打造程海原生态的自驾车大本营，努力做好自驾车营地及周边自然生态环境养护工作，营造一个让人回归自然又享受自然的舒适氛围；完善自驾服务配套设施，提升基础服务功能，健全自驾车、房车服务营地管理机制，实行严密的自驾车营地安全核查和垃圾处理制度，打造安全、生态的国际自驾露营基地。

③依托传统文化，打造毛氏文化党群教育基地。立足毛家湾国家 3A 级旅游景区（毛氏宗祠），深挖提炼毛氏传统祠堂文化，打造基层文化服务新载体，开启“祠堂 + 文化”的乡村文化发展新模式的先期探索；以毛氏宗祠为阵地，建设宗祠历史文化馆、红色图书阅览室、家风家训教育基地、游客公共服务站、综合性文化服务中心等配套项目，将毛氏祠堂建设成为党建引领、开放共享的“一站式”党群教育基地。

④完善主客共享的配套设施，推动中国边屯文化博物馆提升改造。重点推进中国边屯文化博物馆（博览园）内设施维护和景观优化工作，引入智慧旅游导览、解说、流量监控及安全预警系统；设置以游客服务中心功能为核心的“博物馆服务家园”，对馆内环境建设、服务质量提升及品牌宣传推广进行综合管理服务；以边屯文化博览园为舞台，依托多媒体互动和数字艺术搭建故事场景，打造虚拟互动体验式活态研学产品。

⑤做好产业延伸，打造农业休闲观光基地。围绕程海特有的螺旋藻养殖资源，结合其良好的区位优势，着力打造包括螺旋藻休闲观光区、螺旋藻产品展销中心等

子项目在内的农业休闲观光基地，并推动其成为国家级休闲农业观光及农旅融合示范区；以螺旋藻养殖片区所依托的水体为核心区域，结合螺旋藻的养殖方式、康体养生功效（如提高免疫力、降低血脂）等，建设集入口服务区、科普教育区、宣传推介区于一体的螺旋藻休闲观光区；串联丽江保尔生物开发有限公司、云南绿A生物产业园区、房车基地、农家乐等，整合多类型资源，打造集螺旋藻科技文化、螺旋藻大健康产业、程海优质自然景观于一体的综合性农业休闲观光基地。

2. 永胜田园康养度假旅游区

项目范围：永胜县三川镇、片角镇。

现状评析：永胜县三川镇（俗称三川坝）因盟川（桥头河）、汇川（板山河）、济川（清水河）三条河流从境内穿过，故得名“三川”，其地处四川攀枝花市与丽江市的交通节点上，交通条件便利、田园风光秀美、美食资源丰富，具有发展乡村旅游的先天优势。近年来，三川镇积极推进“美丽乡村”建设，充分发挥农旅融合潜力，已初步形成荷花为主的旅游观光生态农业新体系，目前正着力打造“美丽三川”国家级田园综合体。永胜县片角镇境内以地热温泉资源为主，适度温泉度假酒店、热河红温泉山庄是其发展较成熟的温泉度假酒店。未来三川镇应在“美丽三川”国家级田园综合体项目引领下，以田园康养度假为主要发展方向，积极建设乡村振兴示范园，拓展低空康体运动项目；片角镇应紧密结合温泉资源，积极打造温泉度假小镇。

项目定位：乡村田园康养度假公园。

功能定位：田园康养、温泉疗养、户外运动。

目标客群：田园康养客群、温泉疗养客群、户外运动客群。

发展思路：

①依托田园综合体，建设乡村田园康养度假公园。以打造乡村田园康养度假公园为发展目标，依托“美丽三川”国家级田园综合体项目，充分开发利用大面积水稻和万亩荷塘，挖掘荷塘和水稻在不同季节的观赏游憩和美食价值，推出系列特色节庆活动（如荷塘摄影节、水稻音乐节等），充实田园康养度假产品体系；依托稻田和万亩荷塘资源，打造田园康养农庄及相关康养服务设施，增强游客参与体验感，提升当地农民收益；打造田园特色集市街区，主要包括农产品售卖、民间游艺表演、节日庙会、手工艺品现做现卖、特色小吃现场烹饪等，塑造接地气、聚人气的田园集市品牌。

②完善旅游接待设施，打造温泉康养度假小镇。依托片角镇现有温泉开发项目，改造提升旅游接待设施，深入挖掘片角镇温泉资源的文化底蕴，谋划建设温泉康养度假小镇，并着力将其打造为省级旅游度假区。结合适度温泉度假酒店、热河红温

泉山庄，适时建设温泉文化馆，对中外温泉文化发展历史及其相关流派进行详细介绍，推动温泉资源从简单的物理功效升级为文化体验功能，丰富丽江市温泉资源的文化内涵；聚集多方力量打造中国温泉文化旅游节，并借助节庆活动举办中国温泉文化旅游论坛、温泉养生保健论坛、地热矿泉水产业发展论坛、温泉茶会等系列主题活动，大力宣传丽江市温泉文化旅游品牌，达到“以节事造声势、以节事聚人气、以节事促发展”的目的，提升丽江市温泉旅游的知名度、美誉度。

③引入低空旅游，建设航空运动小镇。依托已建成投入使用的三川航空小镇滑翔伞基地，进一步拓展低空康体运动项目，打造三川航空运动小镇。借由航空运动小镇的建设以及相关低空活动赛事的举办，后期可以进行通用机场建设，引进旋翼机、小型固定翼飞机、直升机、水上飞机等项目，将通用航空产业、低空旅游产业作为航空运动小镇的主要发展方向，力争将三川镇打造成为国内一流的航空运动小镇。

3. 华坪杧果长廊休闲度假小镇

项目范围：华坪县荣将镇（果子山景区）。

现状评析：荣将镇地处华坪县城中南部，东接攀枝花，南望彝州楚雄，西通丽江、大理，北与泸沽湖毗邻，是华坪通往滇西、攀西地区的必经之路，素有华坪县城“南大门”的美誉。其地处山区、半山区、坝区结合部，拥有良好的立体气候资源，其中果子山景区是华坪县最大的集中连片杧果种植区，2020 年果子山万亩杧果基地荣获“最大规模的杧果种植园”吉尼斯世界纪录。目前华坪县旅游产业整体都处于起步阶段，面临资源开发不足、文旅产品缺乏、配套不完善等问题。该区域应立足杧果产业，结合华坪地域文化、杧果文化，深度挖掘休闲经济、共享经济，重点突出休闲度假理念，按照国家 4A 级旅游景区标准建设果子山景区、杧果小镇等核心产品，推动三产融合，延伸杧果产业链及价值链，打响“中国杧乡·华夏之坪”文化旅游品牌，打造华坪杧果长廊休闲度假小镇。

项目定位：杧果文化主题小镇、河谷休闲度假示范区、三产融合示范基地。

功能定位：农业观光、休闲度假。

目标客群：农业观光客群、休闲度假客群。

发展思路：

①夯实产业基础，打造农业生态观光休闲园。以杧果种植产业为先导，通过建立村民农业合作机构，集资引进先进种植技术进行规模化经营，研发面向消费端的特色深加工产品，完善冷链物流，推动农产品供销电子商务平台建设，打造规模化杧果种植基地，形成干热河谷杧果生产示范区和华坪杧果精品品牌；在此基础上，进一步开发公共田园种植区域、定制私家果园等体验性旅游项目，推动打造农业景

观，建设杧果观光大道，并配套夜间灯光照明设施，推动建设网红农业景观廊道，积极塑造华坪杧果旅游文化节品牌，进而围绕农业休闲体验，构建集农业观光、农事体验、科普研学、商品展销于一体的农业生态观光休闲庄园。

②完善配套设施，塑造果子山杧果文化休闲品牌。依托果子山集聚的杧果生产基地，打造杧果休闲采摘、文化体验、创意节庆、特色餐饮和精品住宿于一体的果子山杧果主题庄园；拓展特色民宿和精品客栈的数量，加快旅游厕所、生态停车场的建设，加快推进区域内旅游标识标牌的建设进度，完善农副产品电子商务平台和旅游信息监测系统，构建集信息咨询、景点导览、产品推介、餐饮住宿、应急服务于一体的旅游服务驿站，提升区域旅游接待能力；以“杧果 + 文化创意”为思路，立足本地文化和杧果文化，注重挖掘杧果衍生产品、文化创意商品，塑造果子山杧果文化休闲品牌。

第十章　丽江市打造世界文化旅游名城的产品体系

一、文化旅游产品策划思路

遵循文化为魂的原则，以世界文化旅游名城项目谋划为主导，深刻挖掘和利用丽江市璀璨多元的文化旅游资源，逐步延伸现有景区的旅游功能，推动旅游配套服务设施与国际标准接轨，以世界的眼光和胸怀，精致化打造一批世界级旅游产品，高水平开发一批世界知名旅游产品，战略性谋划一批国内一流旅游产品，全面提升文化旅游产品供给能力，擦亮"文化丽江"国际旅游品牌，助力丽江市高质量打造世界文化旅游名城。

二、主题文化旅游产品层级体系

（一）文化旅游业态产品谱系

以丽江市文化旅游资源禀赋和国际市场需求为依托，以文化旅游战略布局为引领，以旅游转型升级、文旅深度融合发展、优质旅游新战略为抓手，精致打造文化体验、生态观光、旅居度假、康体养生、节事节庆、购物美食六大世界级文化旅游产品，积极发展幸福旅拍、体育运动、科普研学、红色党建、田园休闲、实景演艺、自驾露营、乡村游憩八大世界知名文化旅游产品，创意培育商务会展、工业旅游、低空旅游、亲子娱乐、航运旅游五大国内一流文化旅游产品，形成体验、观光、旅居、康养、休闲、研学等新业态协调发展的"6 + 8 + 5"三层级文化旅游产品体系（见图 10-1、图 10-2），实现资源集群式、组合式、持续性发展，提升经济、社会、生态、文化等综合效益。

世界级文化旅游产品	世界知名文化旅游产品	国内一流文化旅游产品
·文化体验旅游产品 ·生态观光旅游产品 ·旅居度假旅游产品 ·康体养生旅游产品 ·节事节庆旅游产品 ·购物美食旅游产品	·幸福旅拍旅游产品 ·体育运动旅游产品 ·科普研学旅游产品 ·红色党建旅游产品 ·田园休闲旅游产品 ·实景演艺旅游产品 ·自驾露营旅游产品 ·乡村游憩旅游产品	·商务会展旅游产品 ·工业旅游产品 ·低空旅游产品 ·亲子娱乐旅游产品 ·航运旅游产品

图 10-1　丽江市文化旅游业态产品谱系

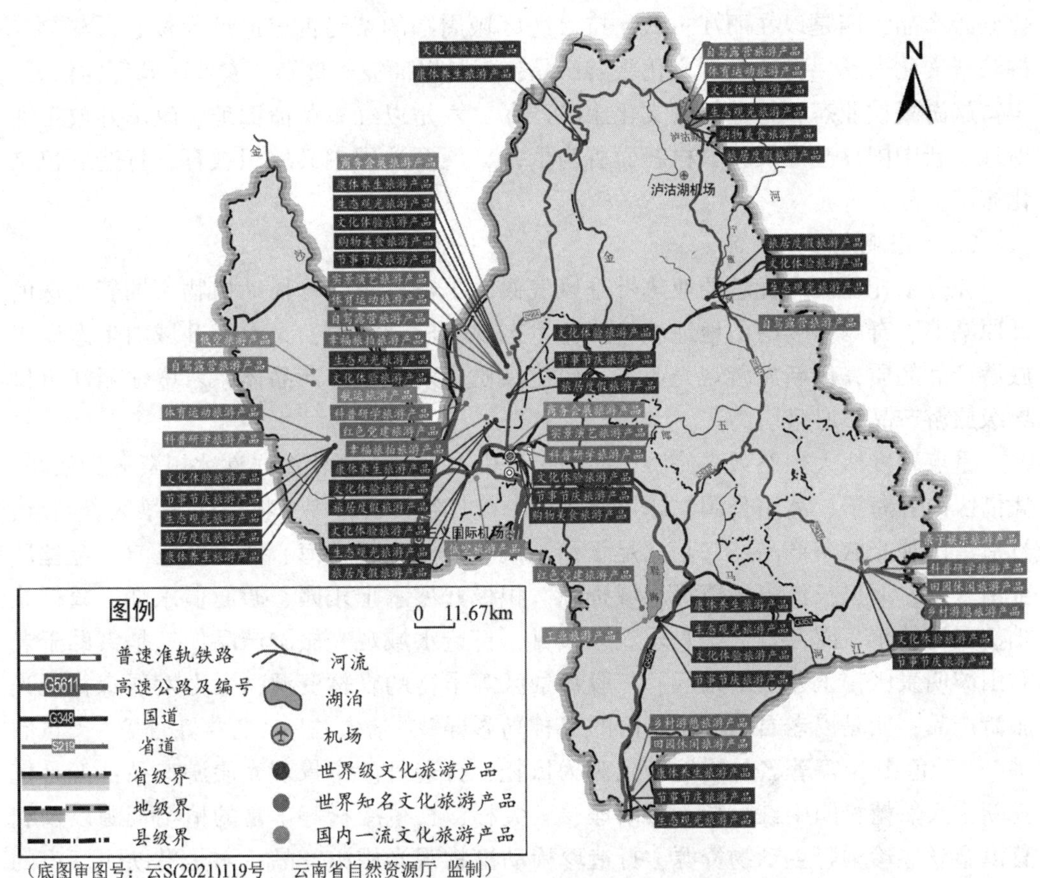

（底图审图号：云S(2021)119号　云南省自然资源厅　监制）

图 10–2　丽江市文化旅游业态产品空间分布

（二）世界级文化旅游产品

1. 文化体验旅游产品

以文旅深度融合发展为契机，全面挖掘丽江市文化旅游资源，打响丽江市“世界文化旅游名城”品牌，通过活态化展现历史文明和文化传统，打造多元文化体验和文化创意产品，形成丽江市文化旅游核心增长极，塑造文化旅游新标杆。

主要打造六类文化体验旅游产品。一是以纳西族、彝族、普米族、傈僳族等少数民族的村寨风貌、传统街区、民族服饰、特色饮食、生活习惯、礼仪民俗、岁时节日、宗教信仰、民间艺术、游艺活动等文化资源为依托，打造演艺旅游产品、影视旅游产品、文创旅游商品等民族文化旅游产品；二是以丽江市历史文物、历史遗址、文化遗址等为载体，打造历史文化旅游产品；三是以永胜毛氏宗祠、边屯文化资源为重点，努力推进文化展览馆、实景演艺、主题街区等项目建设，打造边屯文化旅游产品；四是以在丽江古城、拉市海区域周围的茶马古道遗址为核心，深刻挖掘马帮文化内涵，打造马帮文化旅游产品；五是以商业美食街、农业庄园等为依托，丰富旅游餐饮业态，打造饮食文化旅游产品；六是以红军革命旧址、改革开放工业遗址、新中国社会发展新农村新面貌为依托，展开爱国主义思想教育，打造红色文化旅游产品。

2. 生态观光旅游产品

充分依托丽江市优越的亚热带季风气候、丰富多彩的珍稀动植物、灿若明珠的高原湖泊、奇丽多姿的山地地貌等特色生态观光旅游资源，大力提升域内生态观光旅游产品品质，创新旅游观光业态，构建品质化观光旅游产品体系，增强丽江市世界级旅游产品核心吸引力。

重点开发八大生态观光旅游产品：一是以玉龙雪山现代海洋性冰川资源为依托，凭借区内甘海子、冰川公园、冰川博物馆、蓝月谷、云杉坪、牦牛坪等景区资源点，打造雪山观光旅游产品；二是立足于泸沽湖、程海、拉市海、九十九龙潭、金丝厂金山玉湖、万里长江第一湾等水域资源，积极开展水上乐园、游艇俱乐部、骑行旅拍、山地徒步、露营自驾等娱乐观光项目，打造水域观光旅游产品；三是借助于老君山黎明景区、玉龙雪山景区、三股水景区等丰富的森林资源，大力发展森林观光旅游产品；四是以老君山黎明景区的“神鸟彩屏”“情人柱”“老君炼丹炉”“自然佛”“千龟山”等著名丹霞地貌景观为依托，打造丹霞奇景观光旅游产品；五是依托新主天然植物园中红豆杉、云南榧、三尖杉、长苞冷杉等丰富的植物资源以及利苴滇金丝猴珍稀野生动物资源，打造珍稀动植物观光旅游产品；六是借助丽江市的观音峡、虎跳峡等峡谷资源，打造峡谷观光旅游产品；七是立足于丽江市比依溶洞、仙人洞、葫芦坪溶洞等喀斯特溶洞资源，打造喀斯特溶洞观光旅游产品；八是借助金丝厂金山玉湖的杜鹃花海、永胜三川镇的万亩荷塘、玉龙太安乡的油菜花、马铃薯花等，打造花海观光旅游产品。

3. 旅居度假旅游产品

主要依托丽江市完整的古镇风貌、优美的田园景观、多彩的民族村寨、巍峨高大的山体景观、清澈无瑕且繁多的高原湖泊等文化旅游资源，逐步推进域内旅居度假产品发展，打造丽江市旅居度假新增长极，引导丽江市文化旅游产品提质升级。

重点打造五大旅居度假产品：一是以保存完好的大研古镇、束河民居建筑群、白沙民居建筑群为主，推进古镇养老基地、主题街区、酒店民宿等项目的建设，打造古镇旅居旅游产品；二是依托丽江市纳西族、普米族、傈僳族、彝族等少数民族村寨以及永胜、华坪等优质田园村落资源，推进乡村民宿、休闲农场、共享农庄等项目的建设，打造乡村旅居度假旅游产品；三是依托丽江市众多的高原湖泊资源，推进泸沽湖、程海、拉市海等高原湖泊旅居度假资源的开发，打造滨湖旅居度假旅游产品；四是以植被茂密、风景秀丽的高大山体为依托，加快玉龙雪山景区、老君山黎明景区、三股水景区的半山酒店、精品酒店、旅游民宿、旅游营地等山地度假设施的建设，打造山地旅居度假旅游产品；五是以金沙江世界级生态文化旅游带为重要依托，加快建设休闲娱乐、酒店住宿、康体养生等设施，打造滨江旅居度假旅游产品。

4. 康体养生旅游产品

以打造“健康生活目的地牌”为战略指引，充分整合丽江市文化资源、温泉资源、田园资源、森林资源、气候资源、中医药资源等，提升配套服务，逐步推进区域内康体养生旅游产品发展，培育丽江市世界级旅游产品新动能。

主要开发六类康体养生旅游产品：一是以丽江猎鹰谷景区、玉龙雪山景区、束河古镇景区为基础，打造文化康养旅游产品；二是以丽江市优质温泉资源为依托，提升永胜片角镇、大东温泉山庄、半山温泉、永宁温泉等温泉资源集聚区的康体养生功能，打造温泉康养旅游产品；三是依托丽江市森林、湖泊、湿地等生态资源，通过逐水阁、古城区森林康养产业项目、丽江束河红山康乐森林康养基地等项目，打造生态康养旅游产品；四是以丽江市滇重楼、云木香、云当归、程海螺旋藻等优质的中药材和健康养生产品资源为基础，寻求大型专业医疗科研机构的合作，加快专业人才的培训，打造医疗康养旅游产品；五是根据丽江市独特的环境和地域特征，推进高山徒步、山地自驾、山地越野、高山瑜伽等众多运动康养项目的建设，打造运动康养旅游产品；六是充分利用丽江市绿色农副产品和中医药等，借助生态农庄、美食街区、特色餐馆、疗养康复机构等平台，开发膳食养生旅游产品。

5. 节事节庆旅游产品

充分挖掘丽江市丰富的民族文化资源，以纳西族、傈僳族、普米族、彝族等少数民族传统节日，非物质文化遗产、特色民俗、少数民族体育赛事等为载体，大力发展丽江市节事节庆活动，从形式和内容上加以丰富，从活动体验上加以重视，设计多样、生动的体验活动，让游客从视觉、听觉、嗅觉、触觉、味觉等方面与旅游产品进行相互交流，满足个性化旅游需求，提高旅游节庆对游客的吸引力，构筑丽江市世界级节事节庆旅游产品品牌，增强丽江市节庆旅游国际影响力。

主要打造五类节事节庆旅游产品：一是以纳西族三多节、摩梭人转山节、彝族火把节、他留粑粑节、普米二月八等少数民族节日为依托，挖掘节事文化元素，开发民族节庆旅游产品；二是以丽江市体育赛事为依托，积极推进“丽江国际马拉松赛”“雪山国际越野文化节”“国际山地自行车赛”“国际高山徒步大赛”“国际登山文化节”“全国中老年广场舞大赛”等体育赛事活动的举办，培育一批具备国际影响力的体育赛事旅游产品；三是以丽江市多元化的传统美食和民族美食为基础，积极承办“丽江风味美食节”“丽江国际啤酒节”“丽江美食展销会”等美食节庆活动，开发美食节庆旅游产品；四是依据丽江市优越的资源条件和地理区位，积极承办“世界文化旅游名城论坛”“丽江古城区国际旅游高端论坛”“世界遗产大会”“世界旅游峰会”“生态文明与绿色发展高端论坛”等品牌论坛活动，打造具有国际影响力的品牌论坛旅游产品；五是以丽江市华坪杧果文化节、永胜石榴节、三川荷花节、菌香节、摸鱼节、农民丰收节等节庆活动为核心，进行创意策划，扩大节事规模，打造农事节庆旅游产品。

6. 购物美食旅游产品

充分依托丽江市特色餐饮、民族美食、生态农产品等美食资源及相应的文化资源，积极打造美食购物类旅游产品，增加游客美食购物体验，强调顾客的参与性和满足感，提升区域整体旅游形象。

重点打造四类美食购物旅游产品：一是依据丽江市鸡豆凉粉、腊排骨火锅、丽江粑粑、三川火腿、汽锅鸡、水性杨花、纳西米灌肠、丽江鸡粽、猪膘肉、东巴烤鱼等传统美食和地方名吃以及藏族钱包、氆氇（藏毛呢)、地毯、牛肋巴花织品等民族手工艺品，打造传统餐饮购物产品；二是推进丽江东巴谷康养小镇、长江第一湾、石鼓特色小镇、程海康养小镇、华坪杧果小镇等重点景区建设，打造一批特色鲜明、主题突出的美食街区购物产品；三是鼓励各县（区）结合地方特色举办美食节、长街宴、品鉴大会等美食活动，打造美食节庆旅游产品；四是依托古茶、中医药、温泉等资源，以不同方式和手段将“形而上”的文化予以物化和形象体现，打造养身美食购物产品。

（三）世界知名的文化旅游产品

1. 幸福旅拍旅游产品

主要依托丽江市历史悠久的古镇景观、神秘圣洁的雪山风光、清澈透亮的高原湖泊、风景秀丽的高大山体、种类丰富的动植物资源等，建设国际幸福旅拍基地，开发特色幸福旅拍旅游产品，提升幸福旅拍旅游品质，促进丽江市文化旅游高质量发展。

主要打造四类幸福旅拍旅游产品：一是依托玉龙雪山的蓝月谷、云杉坪、牦牛坪等景点，打造国际幸福旅拍基地，推进丽江（国际）爱情旅游摄影节、蜜月旅拍创作空间等项目的建设，完善相关基础设施服务，开发雪山幸福旅拍旅游产品；二是以大研古镇、白沙古镇、束河古镇保存完整的传统民居建筑群为重点，推进蜜月旅拍民族文化街区、古镇旅拍基地等项目的建设，打造古镇幸福旅拍旅游产品；三是以泸沽湖、拉市海、程海天然的湖滨风光为依托，打造国际滨湖幸福旅拍基地，不断加强旅拍服务站点建设及专业人才的培训工作，开发滨湖幸福旅拍旅游产品；四是以丽江市少数民族的服饰、建筑、节庆、传统手工艺等民族文化资源为基底，打造一批能够展现地域民族风情的幸福旅拍景观，并以此来策划一批定制化的民族风情幸福旅拍旅游产品。

2. 体育运动旅游产品

围绕丽江市高山峡谷、瀑布溪流、野外丛林等发展体育赛事活动的良好环境，深度把握体育旅游发展方向，积极推进“体育＋旅游”深入融合，大力提升区域内体育运动旅游产品品质，创新体育旅游业态，构建品质化体育运动旅游产品体系。

重点推进五大体育运动产品：一是依托玉龙雪山、猎鹰谷、万里长江第一湾等旅游景区以及丽江市各大训练基地和体育公园，鼓励开发以登山徒步、山地越野、山地自行车、河谷漂流、登山、攀岩为主的山地户外运动旅游产品；二是依托泸沽湖、拉市海、程海等资源点，积极开展皮划艇、帆船、摩托艇、游船等为主的水上竞赛旅游产品；三是依托丽江市民族特色村寨，打造射箭、摔跤、武术、骑马等为主的民族体育运动旅游产品；四是依托拉市海湿地公园、老君山黎明景区、三股水景区等资源点，大力发展以骑行、绿道漫步为主的休闲健身旅游产品；五是以体育赛事为载体，以丽江古镇、老君山、程海、拉市海等旅游目的地为依托，积极承办“七彩云南·格兰芬多自行车节（丽江站）”“丽江国际马拉松”“全国中老年广场舞大赛”“丽江老君山越野挑战赛”“环程海自行车赛”等体育赛事活动，打造体育节庆赛事旅游产品。

3. 科普研学旅游产品

立足丽江市良好的山地生态、浓郁的文化底蕴和工农生产技术，紧盯研学旅游发展态势和市场需求，挖掘涵盖地理、人文、科学技术等领域的研学资源，积极打造科普研学类旅游产品，进一步完善丽江市世界知名旅游产品体系。

重点打造四类科普研学产品：一是依托泸沽湖、程海、虎跳峡、高美古天文台、玉龙雪山、老君山黎明景区、老君山—九十九龙潭片区、新主天然植物园、利苴—滇金丝猴栖息地、仙人洞等自然资源，开展水利、峡谷、天文、冰川、地貌、溶洞、湖泊、林业、珍稀动植物等自然生态研学活动，打造自然生态研学旅游产品；二是依托各大博物馆和研学基地，重点打造以摩梭文化、东巴文化、非遗文化、红色文化等为主的文化研学旅游产品；三是以施普瑞基地、蜂蜜生产基地、金安桥电站、东巴造纸、丽江皮革厂、扎染作坊等为核心，全力打造以现代工业生产展示、工业遗址、工业博物馆为主的工业研学旅游产品；四是借助丽江市丰富的乡村田园资源和农业文化遗存，积极开展以田园休闲、农业科普、生活体验为主的农业研学旅游产品。

4. 红色党建旅游产品

依托丽江市红色革命历史，深度挖掘红色文化资源，围绕爱国主义教育和主题党建活动，将红色文化与民俗文化、文物保护有机融合，重温波澜壮阔的革命历史，打造精品红色党建旅游产品，推动红色旅游繁荣发展。

重点打造四类红色旅游产品：一是立足丽江古城红太阳广场、红军长征过丽江指挥部纪念馆、石鼓红军长征过丽江纪念馆等红色资源点，大力推动长征国家文化公园、红色旅游小镇、爱国主义影视基地、红色文化旅游步道等项目的建设，打造红色研学旅游产品；二是以丽江市红色文化资源为依托，重点推出红色精品、红色教育、红色研学等红色旅游线路产品；三是立足于丽江市红色资源，积极推进红色文化展览馆、红色文化体验馆等项目建设，打造沉浸式红色体验旅游产品；四是围绕丽江市时代楷模、新时代脱贫攻坚伟大精神等，拓展红色演艺、红色文学、红色影视等爱国主义教育文艺形式，打造新时代党建教育旅游产品。

5. 田园休闲旅游产品

主要依托丽江市丰富的农业资源，运用科技、文化、艺术等创意手段，提升华坪县、永胜县及其周边地区传统农业及其农产品附加值，实现资源优化配置，发展田园休闲旅游产品。

主要开发的五类田园休闲旅游产品有：一是利用植物的花期（如荷花、油菜花、波斯菊、万寿菊等）、果品的成熟期（如雪桃、杧果、苹果等）开展一系列观光采摘活动，并配合烧烤野餐、摄影、写生等其他活动，吸引众多游客前来农场从事赏花采果等活动，打造观光采摘旅游产品；二是依据各个旅游村寨的实际情况，积极推进垂钓、烧烤、果蔬采摘、摸虾捉蟹、茶室、露天游泳池、健身设备等必要休闲度假设施的建设，打造农业休闲旅游产品；三是采用先进的农业种植技术，研发独特的农产品种植种类，开辟技术性较强的农业技术展览室，开展各种农产品科普教育活动，打造农业研学旅游产品；四是依据丽江市丰富的农业资源，积极开展翻耕、深松耕、耙地、耮地、镇压、平地等农事体验活动，打造农事体验旅游产品；五是以丽江市浓厚的农业文化为依托，积极举办“华坪杧果文化节”“永胜石榴节”“三川荷花节”等节庆活动，打造农事节庆旅游产品。

6. 实景演艺旅游产品

深挖丽江市内各民族文化内涵，要在“大演艺”的理念下不断创新表演形态，整合文化演艺机构资源，找准文旅融合的结合点，定制沉浸式演艺产品，并且通过深挖主题内涵、定期更换节目内容与形式等方法，不断创造吸引亮点，打造丽江市实景演艺旅游产品。

主要打造开发两类实景演艺旅游产品：一是以丽江市民族文化为基础，创新性地从民族文化中寻找旅游演艺的灵感和独特魅力，用反映时代精神和现代文明的思路设计情节，将丰富的民族文化资源优势转化为现实的产品优势，重点提升《丽水金沙》《印象·丽江》《丽江千古情》《喜院故事》《纳西古乐》《雪山神话》等旅游演艺及曲目的观赏功能，打造一批具有国际影响力的民族文化演艺产品；二是以丽江市自然山水为依托，积极创新丽江市山水生态主题实景演艺活动，打造能体现丽江市形象的山水实景演艺旅游产品。

7. 自驾露营旅游产品

充分借助丽江市成熟的交通网络体系和突出区位优势，结合自驾旅游、休闲露营等新兴旅游需求，优化交通网络布局，完善相应的综合服务配套设施，串联自然资源和人文资源丰富的关键景观功能节点，开发自驾露营旅游产品。

重点打造两类自驾露营旅游产品：一是依托丽江市九十九龙潭景区、泸沽湖景区、三股水景区、玉龙雪山景区、老君山黎明景区、高美天文小镇、格拉丹草原等自然景观和人文景观，打造水域、森林、雪山、星空、草甸、峡谷、田野等主题式自驾露营旅游产品；二是加快推进宁蒗泸沽湖营地、丽江东巴谷房车旅拍营地、拉市海亿通营地、丽江国际鹰猎文化公园营地、九河高速服务区等功能性营地建设，提升旅游营地的综合服务设施，打造功能性自驾露营旅游产品。

8. 乡村游憩旅游产品

以共同富裕和乡村振兴战略目标为导向，以旅游特色村为载体，以丽江市内的纳西族、傈僳族、普米族等少数民族村寨为重点依托，突出“乡情”和“乡愁”，围绕民族风情、历史文化和乡野体验等，充分挖掘乡村旅游资源，打造一批主题鲜明、文化突出、旅居合一、主客共享的高品质乡村旅游产品。

全力开发三大类乡村旅游产品：一是以玉湖村、白沙村、石头城村、黎明村、南尧村、文林村等民族特色村寨为依托，彰显少数民族文化，打造乡村民族文化体验旅游产品；二是依托永胜、华坪等地的现代化村落，增加住宿、餐饮、娱乐观光、休闲体验等旅游业态，打造乡村休闲观光旅游产品；三是依托丽江市的集市贸易文化资源，打造集农产品展销、小品文艺欣赏、住宿餐饮、娱乐购物等于一体化的现代化集市街，发展乡村娱乐购物旅游产品。

（四）国内一流的文化旅游产品

1. 商务会展旅游产品

基于市场及消费者的真实需求，依托丽江市已有的商业文化基础，融入新运营、新体验，塑造商务会展品牌，开发具有国际时尚和民族特色的商务会展旅游产品。

重点打造三类商务会展旅游商品：一是依托丽江市优越的文化遗存和旅游资源，积极承办“丽江古城区国际旅游高端论坛”“世界遗产大会”“世界旅游峰会”“世界文化旅游名城论坛”等文化遗产和旅游论坛类会议，并完善旅游相关综合服务设施，打造国际性遗产保护与旅游发展主题会展产品；二是依托丽江市富饶的农副产品及浓厚的饮食文化，积极举办“丽江风味美食节”“丽江美食展销会”等美食交流活动，打造美食体验主题会展产品；三是以老君山、玉龙雪山、猎鹰谷、蛇山公园等资源点为依托，积极申办国际、国内体育会议、体育赛事等，打造体育运动主题会展产品。

2. 工业旅游产品

重点依托丽江市工业资源，以工业生产过程、工厂风貌、工人劳动生活场景以及工业制品为主要吸引物，引入工业生产基地观光、工业产品购物、工业生产技术展示科普等业态，深度促进工旅融合，健全工业旅游产品体系，助力丽江市区域旅游业发展。

重点打造四类工业文化旅游产品：一是以丽江市程海螺旋藻加工厂、金安桥电站、丽江皮革厂等工厂为依托，充分利用大规模的老旧厂房、职工宿舍等闲置场所，合理规划观光区、文化展示区、生活体验区、休息区等功能分区，打造工业观光旅游产品；二是依托挖掘丽江市工业文化资源，汇聚工业发展各个时期、各个工艺环节的重要资料，诠释工业文化、展示工业精神，建设工业博物馆，打造工业科普旅游产品；三是利用工厂闲置空间，建设创意产业园，打造影视拍摄、摄影写生、文化创意坊等旅游产品，开发工厂文化创意旅游产品；四是以大型企业的人文精神、生产技术、生产工艺、企业环境等为载体，以市场需求为导向，开发企业文化展示旅游产品。

3. 低空旅游产品

基于低空旅游发展的广阔前景以及丽江市良好的空域条件，积极开发低空旅游产品，引领周边县域旅游消费新热点，培育优质低空旅游品牌形象。

重点打造两类低空旅游产品：一是以长江第一湾、老君山、拉市海、泸沽湖、玉龙雪山、金沙江峡谷、三川镇等区域的大地景观资源为依托，开展低空热气球、低空飞行伞等空中旅游活动，打造空中娱乐观光旅游产品；二是积极推动地方管委会与国内民用通用航空公司开展合作，建设直升机飞行基地，开设空中游览及应急救援专线，拓展低空旅游相关衍生产品。

4. 亲子娱乐旅游产品

紧盯亲子娱乐市场快速发展趋势，立足丽江市亲子娱乐业态发展现实，通过开发亲子娱乐类旅游项目，推动形成亲子娱乐类旅游品牌。

重点开发四大亲子娱乐产品：一是依托拉市海、程海、泸沽湖等水域资源，建设亲子水上乐园，打造水上亲子娱乐旅游产品；二是以丽江市生态文化产业园、农业庄园、特色产业基地、现代农业园区等为载体，积极开展农事采摘、农耕体验、农产品制作、农业科普等农业亲子活动，发展农业亲子娱乐旅游产品；三是借助玉龙雪山、老君山等丰富的森林资源和奇特的地貌景观，积极开展山地体育竞赛、山地极限运动、山地自然资源科普等亲子娱乐活动，打造山地亲子娱乐旅游产品；四是以丽江市典故传说为原型，开发设计文创亲子娱乐旅游商品。

5. *航运旅游产品*

充分借助丽江市金沙江丰富的河流水系网络，重点推进航运旅游项目建设，完善沿线旅游基础设施和公共服务设施，打造集观光、度假、探险、运动等于一体的航运旅游产品。

重点打造两类航运旅游产品：一是推动金沙江沿岸中万里长江第一湾、虎跳峡、大具、梨园、奉科革囊渡、太子关、宝山石头城、树底以及金安桥等景区建设，打造航运观光旅游产品；二是利用阿海电站库区、金安桥电站库区、龙开口电站库区等库区资源，适时发展游泳、跳水、赛艇、皮划艇等体育项目，打造航运体育旅游产品。

三、文化旅游四季主题产品体系

立足丽江市自然文化旅游资源优势，依托丽江古城国际文化旅游发展核、大玉龙雪山国际度假旅游发展核、老君山山地休闲生态观光片区、泸沽湖摩梭风情旅居度假片区、高原农文康旅融合发展示范片区的项目，规划设置“春之活力”“夏之热情”“秋之丰饶”“冬之厚重”的文化旅游四季主题产品体系（见表10-1），并以此为指导进行模块式开发，即通过全季旅游产品的带动作用，逐步形成体系完备的文化旅游四季主题产品体系，打响丽江市四季旅游产品的国际品牌。

四、文化旅游昼夜主题产品体系

依托丽江市丰富的休闲文化旅游资源，大力发展夜间经济，对于增强丽江市文化旅游产品的国际竞争力具有重要价值。围绕昼夜全时旅游主题，重点推进大研古镇、束河古镇、白沙古镇、金沙江沿线、老君山、泸沽湖等景区（点）夜间文化旅游产品的开发，打造一批夜间亮化景观、夜间公园景观、夜间文艺表演、夜间休闲娱乐活动、夜间特色餐饮等产品，与核心景群的白昼业态产品一起，构建具有世界级影响力的全时文化旅游产品体系（见表10-2）。

表 10–1 文化旅游四季主题产品体系

	春季			夏季			秋季			冬季		
	3 月	4 月	5 月	6 月	7 月	8 月	9 月	10 月	11 月	12 月	1 月	2 月
丽江古城（大研古镇）	风味美食节	古镇观光	实景演艺	文化和自然遗产日	国际啤酒节	科普研学	美食展销会	国际东巴文化艺术节	国际旅游高端论坛	婚纱摄影	旅居度假	康体养生
玉龙雪山景区	旅拍写生	低空娱乐	高尔夫运动	冰川科普	休闲度假	七夕旅行	实景演艺	雪山观光	婚纱摄影	星空探索	康养旅居	户外探险
老君山黎明景区	踏青写生	露营烧烤	花海欣赏	动植物科考	山水观光	蜜月旅行	国际帐篷节	攀岩运动	丛林探险	低空娱乐	康养旅居	婚纱摄影
泸沽湖景区	骑行旅拍	徒步观光	科普研学	休闲度假	火把节	转山节	低空娱乐	婚纱摄影	休闲度假	水上竞赛	康养旅居	温泉养生
束河古镇	三多节	美食购物	婚纱摄影	科普研学	休闲观光	雪山国际音乐节	商品商贸交易会	旅拍写生	实景演艺	康养旅居	棒棒节	
白沙古镇	旅拍写生	古镇观光	碱泉会	旅居度假	科普研学	实景演艺	美食购物	婚纱摄影		康体养生	棒棒节	
玉水寨景区	三多节	旅拍写生	实景演艺	休闲观光	火把节	科普研学	亲子娱乐	休闲观光	旅居度假		棒棒节	
东巴谷景区	骑行旅拍		科普研学	旅居观光	火把节	实景演艺		休闲度假	彝族年	阔时节	棒棒节	
观音峡景区	踏青写生		美食购物	休闲度假	科普研学	水上娱乐		旅居观光				

续表

	春季			夏季			秋季			冬季		
	3月	4月	5月	6月	7月	8月	9月	10月	11月	12月	1月	2月
白沙壁画景区		文化体验		科普研学	实景演艺			文化体验				
猎鹰谷景区	踏青写生	烧烤露营	极限越野	休闲观光	科普研学	亲子娱乐	农业采摘	婚纱摄影	低空娱乐	体育运动	康养度假	商务会展
程海景区	徒步观光	骑行旅拍	低空娱乐	马拉松赛	工业旅游	蜜月之旅	水上竞赛	自行车赛	运动健身	旅居度假	生态康养	
拉市海国际湿地公园	骑行旅拍	徒步观光	科普研学	休闲度假	亲子娱乐	婚纱摄影	田园采摘	康养旅居	美食购物	体育运动	低空娱乐	
宝山石头城	三多节	休闲观光	旅拍写生	烧烤露营	纳西火把节		篝火晚会	旅居度假			棒棒节	
虎跳峡景区	徒步观光	旅拍写生	低空娱乐	生态科考	休闲度假	水上竞赛	峡谷漂流		体育运动	康养旅居		
果子山景区（华坪杧果庄园）	休闲漫步	农事体验	亲子娱乐	田园观光	科普研学	杧果文化节	烧烤露营	农业采摘			旅居度假	
“美丽三川”国家级田园综合体	踏青写生	农事体验	工业旅游	休闲逛逛	荷花节	亲子娱乐	生态采摘	烧烤露营		避寒度假	旅居度假	
石鼓镇		生态观光	漂流探险		红色研学			户外运动	旅居度假			

表 10–2 文化旅游昼夜主题产品体系

类型	要素	发展举措
日间文化旅游产品	商	依托丽江市独特的区位优势，重点发展商务旅游、会议会展、奖励旅游、品牌论坛等旅游产品
	养	立足丽江市中医药、温泉、森林等康养资源，发展养身、养老、养心、体育健身等康体养生旅游产品
	学	立足丽江市水利、峡谷、天文、冰川、地貌、溶洞、湖泊、林业、珍稀动植物等旅游资源，发展研学旅游、科考、培训、拓展训练、摄影、采风、夏令营等各类教育学习类旅游产品
	闲	立足丽江市古镇风光、雪山冰川、田园景观、高原湖泊等旅游资源，打造旅居度假、田园休闲、生态观光、乡村游憩等各类休闲旅游产品
	情	围绕丽江市独特的民族婚俗及自然景致，着重打造具有民族风情的爱情婚俗体验、蜜月旅拍等情感类旅游产品
	奇	依托丽江市东巴文化、摩梭文化、雪山冰川、高原湖泊、高山草甸、珍稀动植物等自然文化旅游资源，打造以“奇”为主题的创新创意旅游产品
夜间文化旅游产品	夜游	全面提升旅游休闲街区夜游功能，精致打造夜间文化旅游消费聚集区。重点推进建设夜游地标，积极营造夜游氛围、拓展夜游场景，策划推出面向公众的主题灯光秀、夜间主题展演、青年创意夜市等活动，进一步丰富夜间主题旅游线路，建设夜间观光廊道，多元化夜游产品组合
	夜食	以增强丽江市游客美食体验和市民休闲就餐为重点，深入发掘、培育夜间特色饮食餐品，开发本地传统民族菜肴、市井小吃等。同时调整餐饮业态结构，适度发展特色茶饮、休闲餐吧、主题酒吧、演艺吧等休闲餐饮业态，丰富餐饮业态结构，增强美食吸引力
	夜宿	转变旅游住宿业发展思想，走高端化和品质化旅游发展路线，充分依托丽江市独特的自然文化资源，打造一批主题鲜明、功能齐全、设施完善、富有国际影响力的酒店住宿类旅游产品

五、文化旅游全龄主题产品体系

紧盯国际亲子市场和“银发”市场的发展趋势，深刻把握儿童、青年、中年和老年的消费偏好，针对性开发各龄层旅游产品，是全面提升丽江市文化旅游竞争力的重要抓手。丽江市要立足民族文化资源、生态观光资源、康体养生资源、体育运动资源等来构建全龄主题产品体系（见表 10–3）。

表 10–3　文化旅游全龄主题产品体系

类型	具体产品
儿童旅游产品	依托丽江市生态观光、科普研学、田园休闲、节事节庆、亲子娱乐等文化旅游资源，开发营地教育、国际课堂、亲子场馆、户外活动、实验室、博物馆、自然教育、城市印象、亲子票务、学堂、公益课堂、定制旅游、主题乐园、游乐场、儿童剧、演出展览等益智主题旅游产品
青少年旅游产品	依托文化体验、体育运动、实景演艺、工业旅游、红色党建、自驾露营、乡村游憩等文化旅游资源，开发以影视动漫、人文科技、爱心扶贫、旅游探秘、户外运动、爱国主义教育、乡村乡情等为特色主题的青少年旅游产品
中年旅游产品	依托丽江市文化体验、生态观光、旅居度假、康体养生、美食购物、田园休闲、商务会展等文化旅游资源，开发以休闲、度假、购物、商务等为主题的中年旅游产品
老年旅游产品	依托丽江市旅居度假、康体养生、体育运动、美食购物、红色党建等文化旅游资源，开发医疗保健、运动健身、休闲娱乐、老年教育等为主题的老年旅游产品

六、文化旅游线路设计

（一）世界级文化体验旅游线路

发展思路：围绕丽江市世界级的民族文化、历史文化、红色文化、边屯文化、饮食文化、马帮文化等文化旅游资源，串联丽江古城、玉龙雪山、东巴谷、泸沽湖等精品景点景群，着力打造具有世界影响力的文化体验和民族风情体验走廊，塑造世界级文化旅游品牌，构建世界级文化体验旅游线路（见图 10–3）。

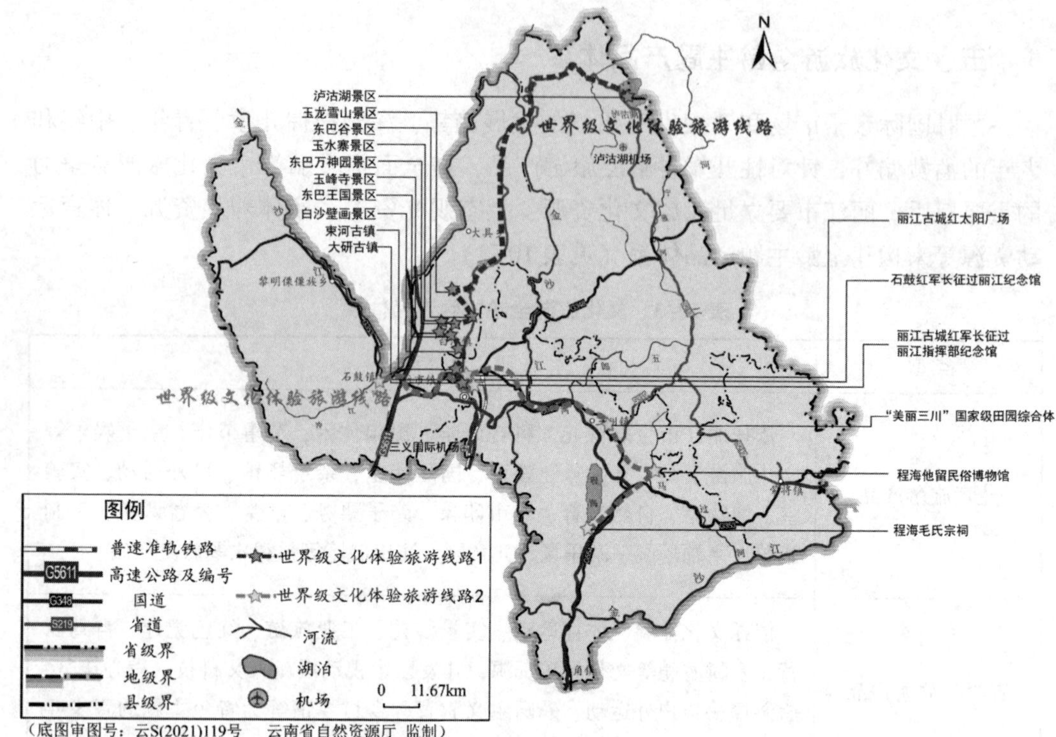

（底图审图号：云S(2021)119号 云南省自然资源厅 监制）

图 10–3 世界级文化体验旅游线路

线路设计：

①大研古镇—束河古镇—白沙壁画景区—东巴王国景区—玉峰寺景区—东巴万神园景区—玉水寨景区—东巴谷景区—玉龙雪山景区（《印象·丽江》）—泸沽湖景区；

②石鼓红军长征过丽江纪念馆—丽江古城红太阳广场—丽江古城红军长征过丽江指挥部纪念馆—程海毛氏宗祠—程海他留民俗博物馆—“美丽三川”国家级田园综合体。

（二）世界级生态观光旅游线路

发展思路：紧扣大滇西旅游环线上的雪山冰川、高原草甸、江河湖泊、高山峡谷、珍稀动植物、田园风光等世界级生态旅游资源，以及丽江市扼守大滇西旅游环线的重要旅游区位优势，以国际化的标准来提升丽江市旅游集散和综合服务功能，服务于大滇西环线战略布局，打造具有世界级品质的生态观光旅游线路（见图 10–4）。

线路设计：

①新主天然植物园—老君山黎明景区—三股水景区—拉市海湿地公园—黑龙潭景区—猎鹰谷景区—玉水寨景区—玉龙雪山景区—虎跳峡景区—泸沽湖景区；

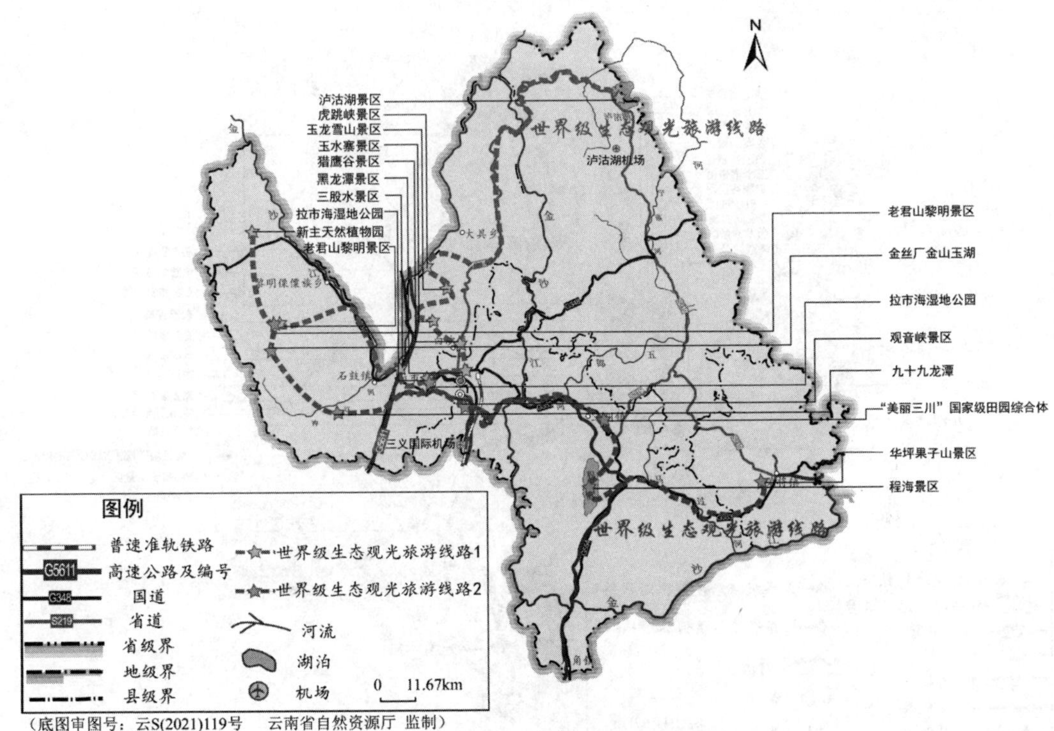

（底图审图号：云S(2021)119号　云南省自然资源厅 监制）

图 10-4　世界级生态观光旅游线路

②老君山黎明景区—金丝厂金山玉湖—九十九龙潭—拉市海湿地公园—观音峡景区—程海景区—“美丽三川”国家级田园综合体—华坪果子山景区。

(三) 世界级旅居度假旅游线路

发展思路：依托丽江市境内悠久的古镇风貌、圣洁的雪山冰川、丰富的民族村寨、繁多的高原湖泊、巍峨高大的山体、茂密的森林植被等世界级资源优势，串联丽江古城、玉龙雪山、老君山、泸沽湖、程海、拉市海等精品景点景群，打造集旅居、度假、养老、运动、疗养、娱乐等多功能于一体的世界级旅居度假旅游线路(见图 10-5)。

线路设计：

①老君山黎明景区—九十九龙潭—金丝厂金山玉湖—大研古镇—拉市海湿地公园—束河古镇—黑龙潭景区—白沙古镇—猎鹰谷景区—玉水寨景区—东巴谷景区—虎跳峡景区—宝山石头城—玉龙雪山景区—泸沽湖景区；

②华坪果子山景区—“美丽三川”国家级田园综合体—程海景区—大研古镇—拉市海湿地公园—束河古镇—黑龙潭景区—白沙古镇—东巴谷景区—玉水寨景区—玉龙雪山景区—虎跳峡景区—泸沽湖景区。

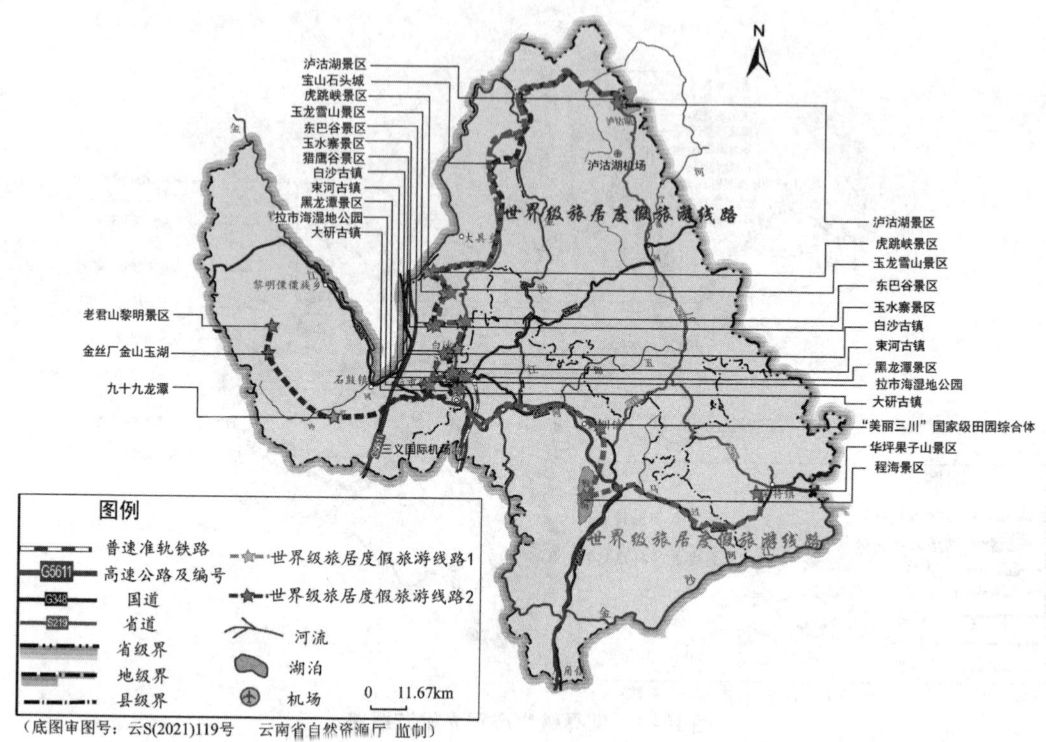

图 10-5 世界级旅居度假旅游线路

（四）世界级康体养生旅游线路

发展思路：充分整合丽江市自然生态环境、丰富的中医药、温泉资源、森林资源等世界级康体养生旅游资源，打造以丽江古城、老君山、泸沽湖等为主导的国际知名康养旅游胜地，努力研发文化康养、田园康养、生态康养、温泉康养、养老康养、医疗康养、运动康养等具有国际竞争力的康体养生旅游产品，打造具有世界级影响力的康体养生旅游线路（见图 10-6）。

线路设计：

①九十九龙潭—金丝厂金山玉湖—老君山黎明景区—三股水景区—大研古镇—拉市海湿地公园—束河古镇—白沙古镇—猎鹰谷景区—玉水寨景区—东巴谷景区—玉龙雪山景区—虎跳峡景区—泸沽湖景区；

②华坪果子山景区—“美丽三川”国家级田园综合体—程海景区—大研古镇—黑龙潭景区—拉市海湿地公园—束河古镇—白沙古镇—玉水寨景区—东巴谷景区—玉龙雪山景区—泸沽湖景区。

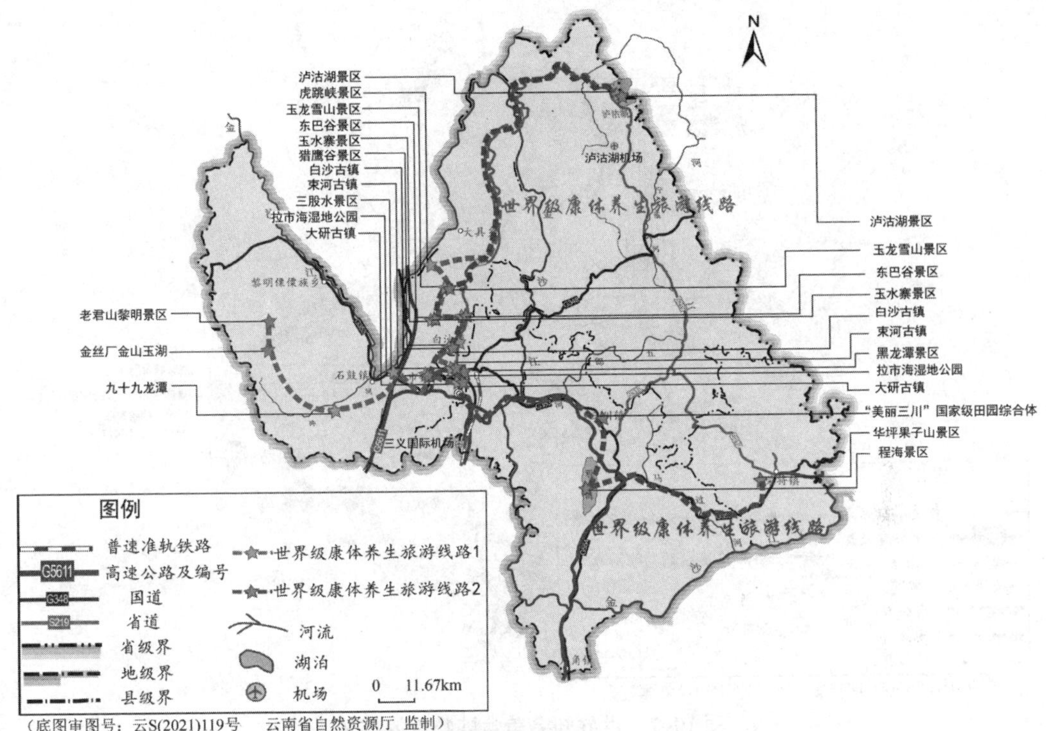

（底图审图号：云S(2021)119号　云南省自然资源厅 监制）

图 10-6　世界级康体养生旅游线路

（五）世界知名美食购物旅游线路

发展思路：充分依托丽江市特色餐饮、民族美食、生态农产品、民族手工艺等世界级美食购物资源优势，串联丽江古城、东巴谷、泸沽湖等国际知名景点景群，加速建设符合国际标准的餐馆、主题街区、购物商店等服务设施，打造具有世界知名度的美食购物旅游线路（见图 10-7）。

线路设计：

①老君山黎明景区—大研古镇—束河古镇—白沙古镇—东巴王国景区—玉水寨景区—东巴谷景区—玉龙雪山景区—泸沽湖景区；

②老君山黎明景区—大研古镇—观音峡景区—“美丽三川”国家级田园综合体—华坪果子山景区。

（六）世界知名幸福旅拍旅游线路

发展思路：串联丽江市玉龙雪山、丽江古城、拉市海、泸沽湖等世界知名旅拍景点景群，以国际化标准完善幸福旅拍服务站点等基础服务设施的建设，并依据国内、国外游客多样化的旅游需求，积极推出不同龄层、不同时节、不同主题的幸福旅拍旅游产品，打造具有世界知名度的幸福旅拍旅游线路（见图 10-8）。

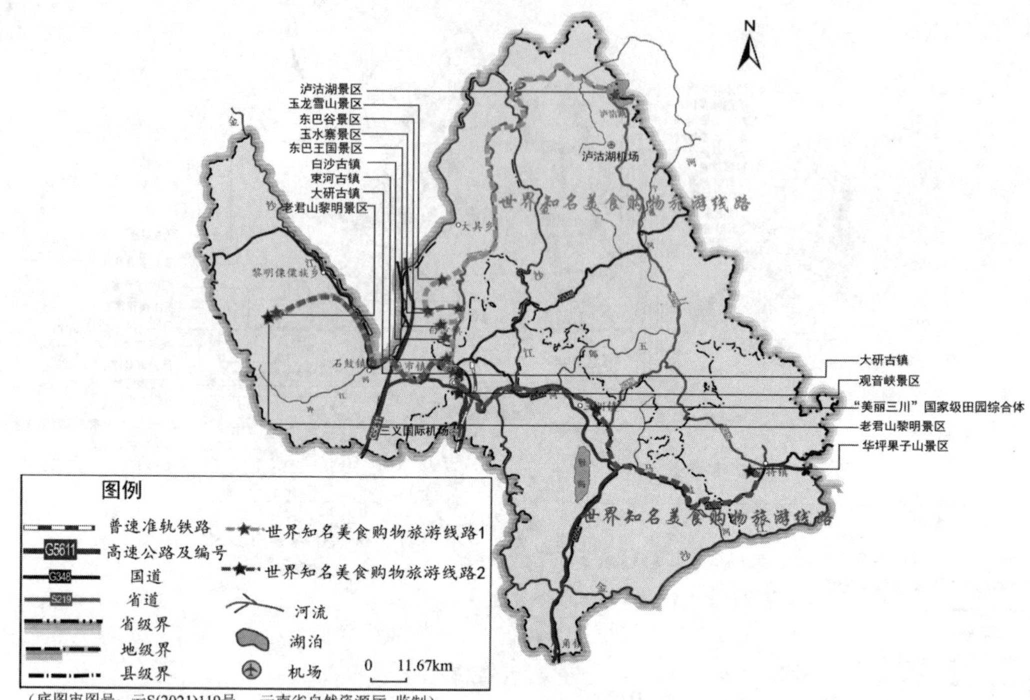

图 10–7 世界知名美食购物旅游线路

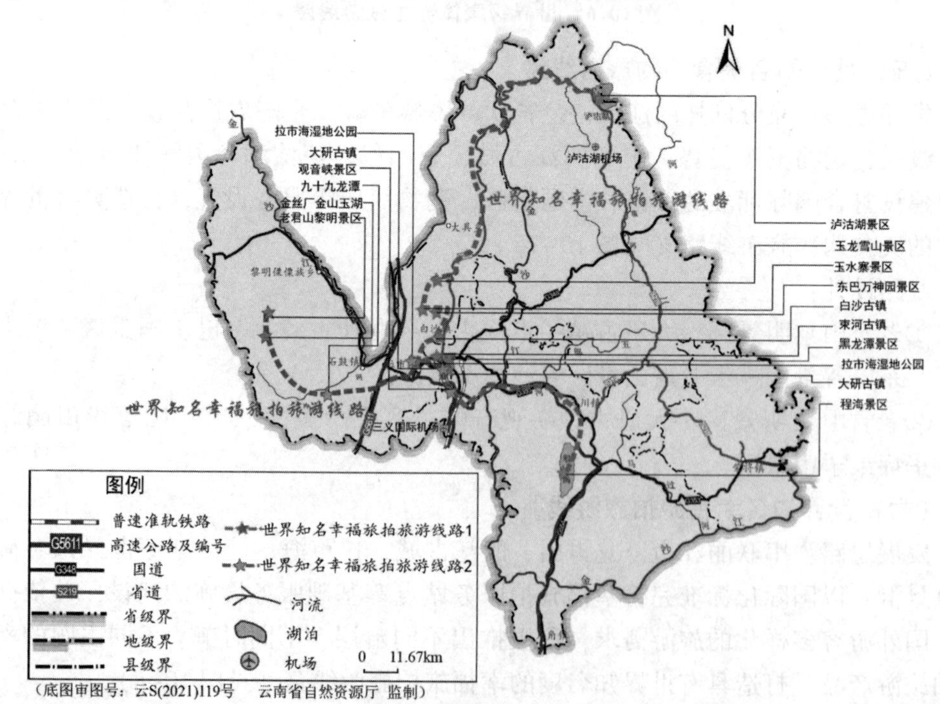

图 10–8 世界知名幸福旅拍旅游线路

线路设计：

①程海景区—大研古镇—黑龙潭景区—拉市海湿地公园—束河古镇—白沙古镇—东巴万神园景区—玉水寨景区—玉龙雪山景区（蓝月谷）—泸沽湖景区；

②大研古镇—拉市海湿地公园—观音峡景区—九十九龙潭—金丝厂金山玉湖—老君山黎明景区。

（七）世界知名体育运动旅游线路

发展思路：围绕丽江市高山峡谷、瀑布溪流、野外丛林等世界一流的户外体育运动资源，串联老君山、程海、拉市海、猎鹰谷、虎跳峡、金沙江沿岸等国际知名景点景群，推进登山徒步、山地越野、水上娱乐、运动健身等具有国际竞争力的体育运动项目的建设，打造集运动、健身、竞赛、疗养等多功能于一体的世界知名体育运动旅游线路（见图 10-9）。

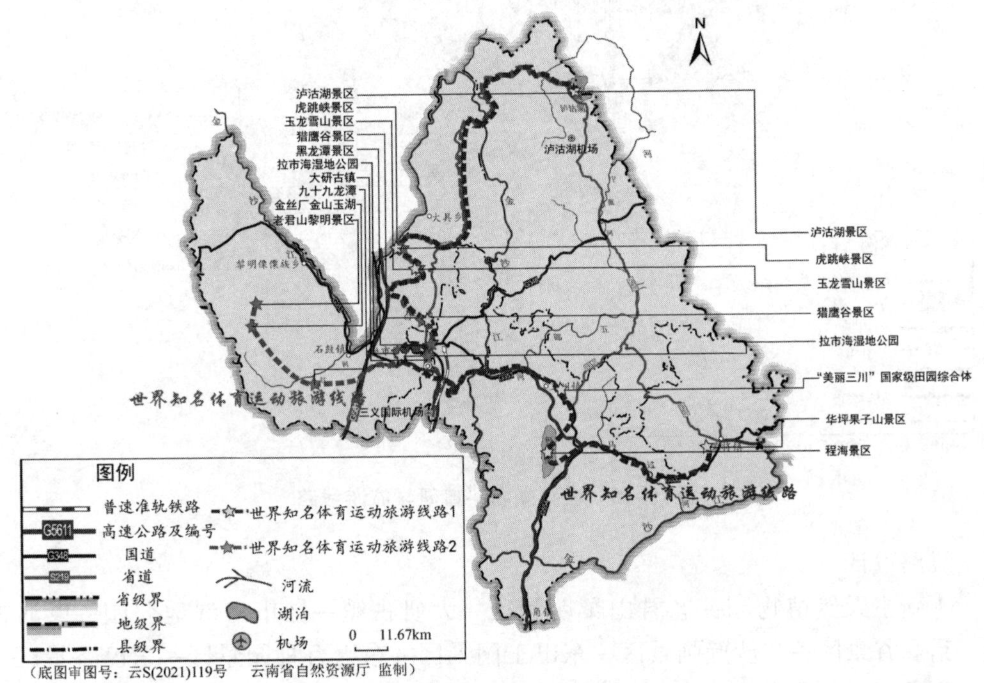

图 10-9　世界知名体育运动旅游线路

线路设计：

①华坪果子山景区—“美丽三川”国家级田园综合体—程海景区—拉市海湿地公园—猎鹰谷景区—玉龙雪山景区—虎跳峡景区—泸沽湖景区；

②老君山黎明景区—九十九龙潭—金丝厂金山玉湖—大研古镇—黑龙潭景区—

拉市海湿地公园—猎鹰谷景区—玉龙雪山景区—虎跳峡景区—泸沽湖景区。

（八）世界知名科普研学旅游线路

发展思路：紧扣国际研学旅游的发展趋势，依托丽江市世界知名的生态资源、历史文化资源、民族民俗非遗资源、农业资源等资源优势，推出一批具有世界影响力的冰川科普、民俗非遗科普、农业科普、地质地貌科普、珍稀动植物科普等研学项目，打造具有世界知名度的科普研学旅游线路（见图10–10）。

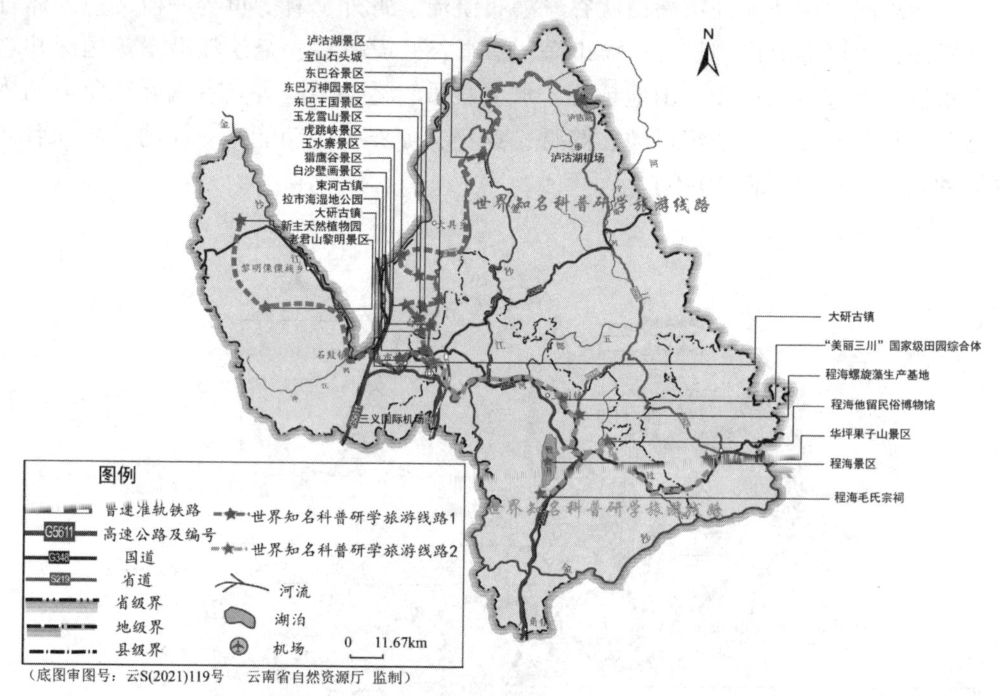

（底图审图号：云S(2021)119号 云南省自然资源厅 监制）

图10–10 世界知名科普研学旅游线路

线路设计：

①新主天然植物园—老君山黎明景区—大研古镇—拉市海湿地公园—束河古镇—猎鹰谷景区—白沙壁画景区—东巴王国景区—东巴万神园景区—东巴谷景区—玉水寨景区—玉龙雪山景区—虎跳峡景区—宝山石头城—泸沽湖景区；

②大研古镇—程海景区—程海毛氏宗祠—程海螺旋藻生产基地—程海他留民俗博物馆—“美丽三川”国家级田园综合体—华坪果子山景区。

（九）国内一流红色党建旅游线路

发展思路：立足于丽江市国内知名的革命文物、文献、建筑、故事等红色旅游资源，串联丽江古城红太阳广场、红军长征过丽江指挥部纪念馆、石鼓红军长征过丽江纪念馆等著名景区（点），推出以党建教育、爱国主义等为主题的国内一流红色党建旅游线路（见图 10–11）。

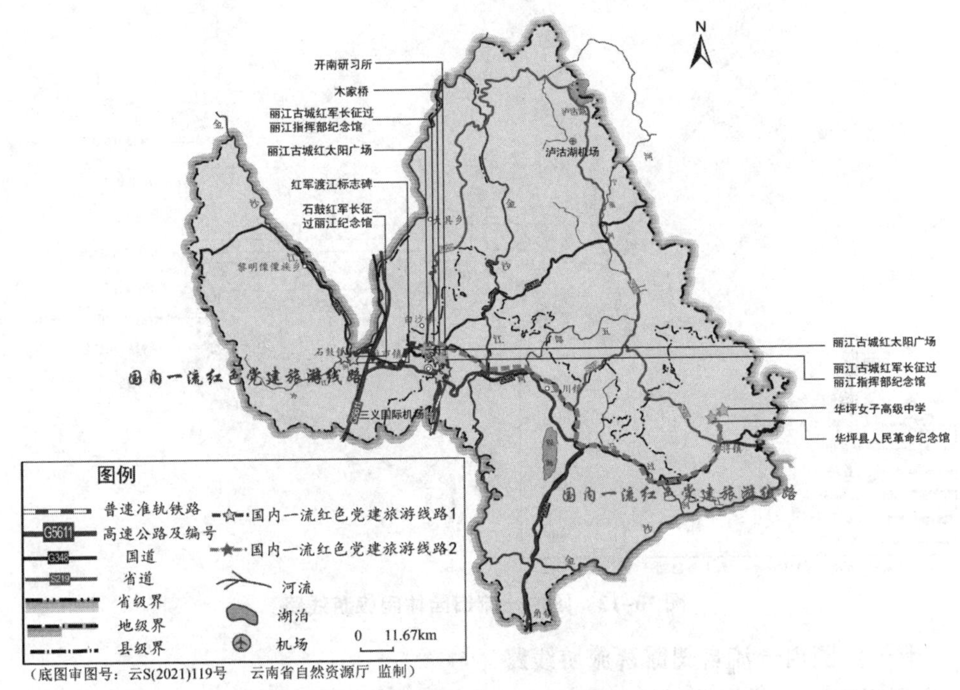

图 10–11 国内一流红色党建旅游线路

线路设计：

①丽江古城红太阳广场—丽江古城红军长征过丽江指挥部纪念馆—开南研习所—木家桥—石鼓红军长征过丽江纪念馆—红军渡江标志碑；

②丽江古城红太阳广场—丽江古城红军长征过丽江指挥部纪念馆—华坪县人民革命纪念馆—华坪女子高级中学。

（十）国内一流田园休闲旅游线路

发展思路：依托丽江市国内一流的田园风光，串联丽江古城、泸沽湖、太安乡、石鼓镇、三川镇等国内知名的乡村景点景群，完善沿线景点的休闲、度假、旅居、娱乐、观光等功能，打造国内一流的精品田园休闲旅游线路（见图 10–12）。

线路设计：

华坪果子山景区—“美丽三川”国家级田园综合体—程海景区—大研古镇—拉市海湿地公园—束河古镇—白沙古镇—玉龙雪山景区—泸沽湖景区。

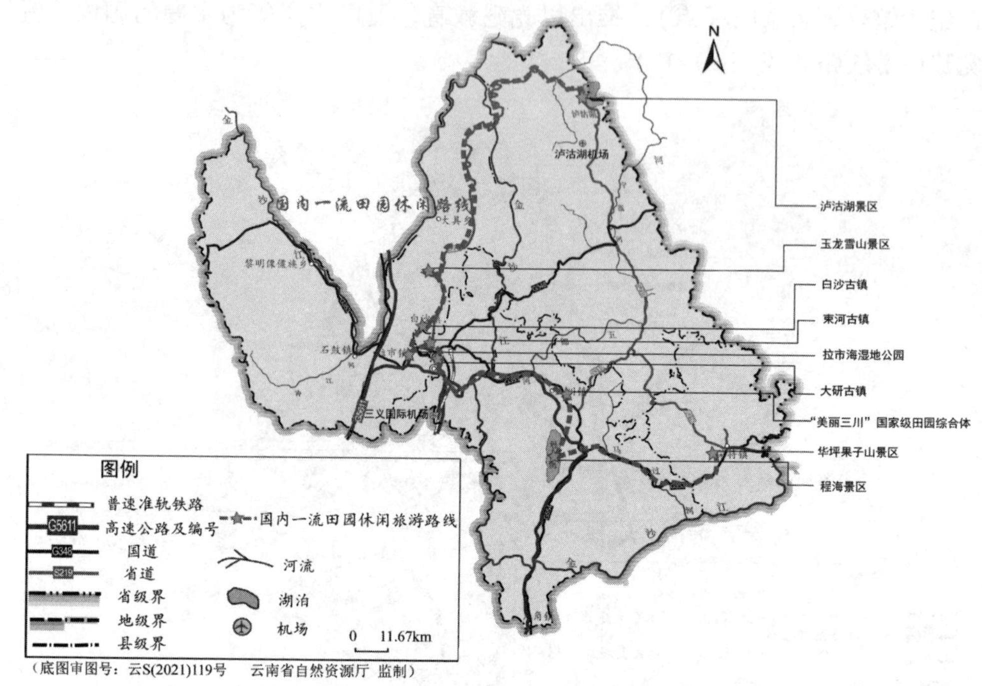

图 10-12 国内一流田园休闲旅游线路

（十一）国内一流自驾露营旅游线路

发展思路：充分借助丽江市发达的交通网络体系和大滇西旅游环线节点的区位优势，结合自驾旅游、休闲露营等新兴旅游需求，优化旅游交通网络布局，完善旅游驿站等相关基础设施服务，串联自然人文气息浓厚的景区、公园、村庄等，打造主题多样、功能齐全的国内一流自驾露营旅游线路（见图 10-13）。

线路设计：

①观音峡景区—拉市海湿地公园—黑龙潭景区—玉水寨景区—玉龙雪山景区—虎跳峡景区—宝山石头城—泸沽湖景区；

②华坪果子山景区—"美丽三川"国家级田园综合体—程海景区—观音峡景区—拉市海湿地公园—三股水景区—老君山黎明景区—九十九龙潭—金丝厂金山玉湖。

（十二）国内一流徒步旅游线路

发展思路：围绕丽江市玉龙雪山、泸沽湖、老君山等国内知名景观富集区，积极推进滨水景观走廊、峡谷观光廊道、健康休闲步道等基础设施建设，并根据国内游客多样化的旅游需求，打造集观光、健身、疗养、写生、旅拍等多功能于一体的国内一流精品徒步旅游线路（见图 10-14）。

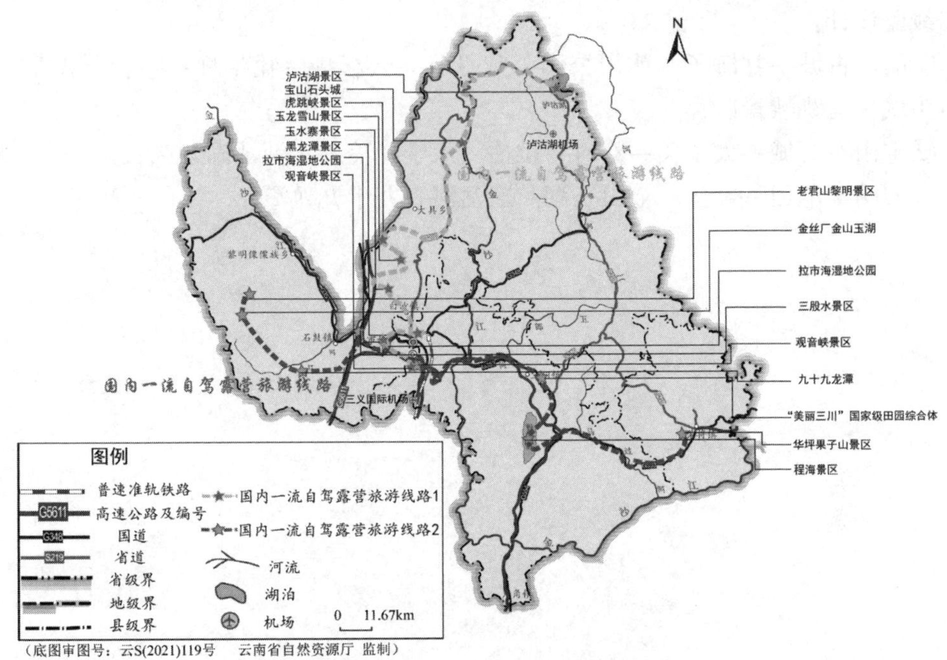

图 10–13　国内一流自驾露营旅游线路

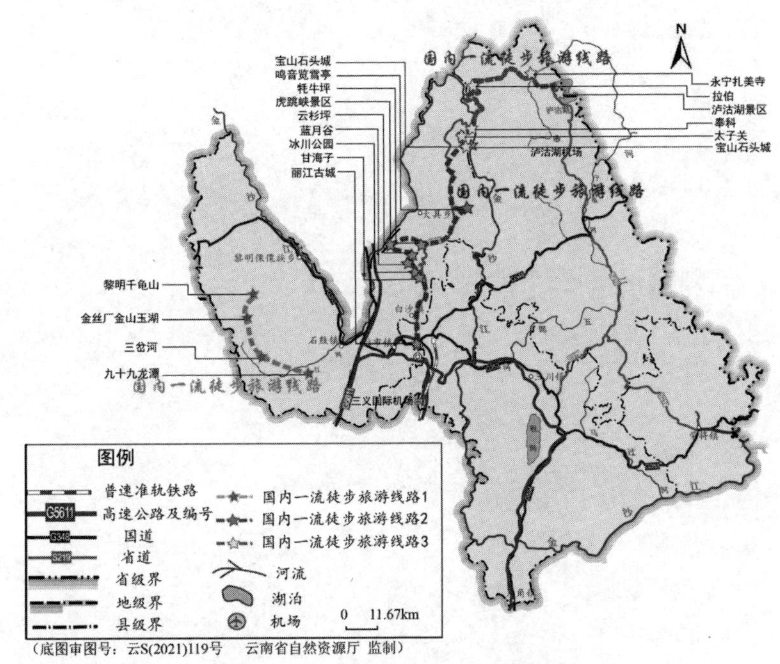

图 10–14　国内一流徒步旅游线路

线路设计：

①丽江古城—甘海子—冰川公园—蓝月谷—云杉坪—牦牛坪—鸣音览雪亭—宝山石头城—虎跳峡景区；

②宝山石头城—太子关—奉科—拉伯—永宁扎美寺—泸沽湖景区；

③黎明千龟山—金丝厂金山玉湖—三岔河—九十九龙潭。

第十一章　丽江市打造世界文化旅游名城的融合发展

一、"文化旅游+"融合发展总体思路

(一) 打造"5+5+5"的整体融合模式

坚持"宜融则融、能融尽融"的原则，依托丽江市特色文化旅游资源、优势产业以及区域特色，立足丽江市文化旅游业发展现状，把握丽江市打造世界文化旅游名城的发展契机，以游客多样化需求为导向，以文化旅游业创新发展为重点，积极发挥文化旅游业带动作用，走特色化、差异化的文化旅游融合发展道路。以"文化旅游+""+文化旅游"发展模式，构建"5+5+5"的世界文化旅游名城融合发展体系（见图11-1）。积极促进文化旅游业与农业、工业、商业、交通、康养产业融合发展；加快培育体育文化旅游、休闲文化旅游、节事文化旅游、创意文化旅游、研学文化旅游等文化旅游业态，打造多元化世界文化旅游产品体系；大力推动文化旅游业与新型城镇化、乡村振兴、生态文明、数字技术以及夜间经济的融合发展，促进丽江市文化旅游业转型升级，同时积极推动"农业+创意+文化旅游""商业+节事+文化旅游""康养+休闲+文化旅游""交通+体育+文化旅游"等多产业、多业态的文化旅游融合发展模式，打通文化旅游全产业链堵点、难点，最终实现文化旅游全产业链延链、补链、强链，形成产业共融、产品多元、模式多样的文化旅游发展态势。

产业+文化旅游	文化旅游+业态	文化旅游+模式
•农业+文化旅游 •工业+文化旅游 •商业+文化旅游 •交通+文化旅游 •康养+文化旅游	•文化旅游+体育 •文化旅游+休闲 •文化旅游+节事 •文化旅游+创意 •文化旅游+研学	•文化旅游+新型城镇化 •文化旅游+乡村振兴 •文化旅游+生态文明 •文化旅游+数字技术 •文化旅游+夜间经济

图11-1　丽江市打造世界文化旅游名城的融合发展体系

(二) 推动"产业+文化旅游"，促进产业联动发展

立足丽江市区位优势与文化旅游产业基础，充分发挥文化旅游业的产业关联带

动效应，积极推动农业、工业、交通、商业、康养产业与文化旅游业的深度融合发展，借助文化旅游业的发展，拓展各产业发展空间，催生新业态，延长产业链，增加产业附加值，积极推动形成一、二、三产业融合发展的产业发展格局，进一步优化产业结构，促进产业联动发展。

（三）培育“文化旅游+业态”，构建多元产品体系

依托丽江市自然山水风光、独特气候、历史文化等特色文化旅游资源，以“文化旅游+业态”为主要发展模式，重点培育体育文化旅游、休闲文化旅游、节事文化旅游、创意文化旅游、研学文化旅游等具有世界级影响力的文化旅游业态，构建差异化、多元化、多层次的世界文化旅游产品体系，拓展丽江市世界文化旅游市场。

（四）鼓励“文化旅游+模式”，实现全城共建共享

以创新“文化旅游+”发展模式为抓手，统筹国土空间规划、城乡规划、生态文明规划等，鼓励文化旅游业与丽江市新型城镇化建设、乡村振兴工程、生态文明建设、数字技术应用、夜间经济打造等融合发展，以发挥文化旅游业推动新型城镇化发展、助力乡村振兴、营造良好生态环境、推进文化旅游数字化转型、促进文化旅游夜间经济活化等综合功能，最终实现丽江市世界文化旅游名城的全城共建、全民共享。

二、“产业+文化旅游”

（一）“农业+文化旅游”

1. 融合思路

以实现共同富裕，加快推进乡村振兴战略目标为导向，坚持特色化、差异化、多样化、生态化、现代化的发展理念，以规划引领、项目带动、丰富业态、延伸链条为发展战略，围绕高原特色农业提质升级，农民创收增收，农村人居环境全面提升等重点领域，充分发挥丽江市特色种植业、高原畜牧业、生态林业、淡水渔业等农业资源优势，整合农产品资源打造“三品一标”（无公害农产品、绿色食品、有机农产品和农产品地理标志），推动农产品深加工，完善冷链物流服务体系，延长农产品产业链，增加附加值，塑造“田园原野·丽江乡情”特色农产品品牌；以生态农庄、田园综合体、乡村振兴示范园等为载体，加快培育农牧休闲观光、农业田园体验、农耕文化展演、生态田园康养等文化旅游业态，积极打造“品农食、住农舍、游农田、采农果、悟农文”等系列农文旅融合产品，完善相关基础设施，加快农业与文化旅游业融合发展，激发乡村文化旅游市场活力，增强丽江市文化旅游国际影响力。

2. 融合路径

（1）打造农文旅融合精品。充分利用以丽江雪桃、华坪杧果、小凉山苹果、永胜软籽石榴等为代表的林果业，以雪山花海万寿菊、玉龙太安乡油菜花、土豆等为代表的种植业，以牛、羊、他留乌骨鸡、蜜蜂养殖、冷水鱼为代表的养殖业，以及花卉、烟草等优势农业资源，积极开发建设以高原特色农牧业田园综合体、现代生态农庄、乡村振兴示范园为主的农文旅融合示范区。通过重点打造以田园农业景观为主的休闲农业观光产品，以果蔬采摘为主的农业体验产品，以现代农场科普为主的农业研学文化旅游产品，培育一批农文旅融合精品项目与引擎产品，将丽江市永胜县、华坪县建设成为国家级农文康旅融合发展示范区。

（2）开发系列农业文化旅游商品。依托丽江雪桃、杧果、苹果、软籽石榴、油菜、马铃薯、螺旋藻、中医药材、野生菌和人工菌等特色产业产品，坚持绿色、生态的原则，严格规范农产品种植与加工工艺，保证初级产品质量。同时，鼓励对水果、中医药材、肉类等优势农产品和初级农副产品进行深加工，研制果饮、果干、健康速食牛肉、牛肉干、鱼肉干、菌类汤包、中医药衍生保健品等，进一步丰富农副产品种类，进行创意包装，将农副产品转化为文化旅游商品。重点培育以丽江水果、丽江土特产、丽江中医药、丽江永生花为主的四大绿色文化旅游商品品牌，继续推动“绿色食品”“地理标志性产品”认定，以一批高品质、多样化、原生态的农副产品充实“丽江伴手礼”。

（3）策划特色农业文化旅游节事节庆。以拉市雪桃庄园、华坪杧果庄园、宁蒗苹果庄园、鲁甸重楼庄园、金山蓝莓庄园、文海玛咖庄园、程海螺旋藻生产基地等农业庄园和基地为载体，策划举办雪桃文化节、杧果文化节等农事节庆活动，推动建设创意采摘、果蔬装 cosplay、水果宴等娱乐项目；依托雪山花海，举办赏花节，策划鲜花观赏、鲜花旅拍、古装秀、鲜花宴等体验项目；依托程海国家级生态度假旅游区、华坪杧果长廊休闲度假小镇等项目，整合体验活动，策划节事节庆，打造沉浸式体验农业节事活动，做火一批农事节庆活动，引爆农文旅融合市场。

（二）“工业+文化旅游”

1. 融合思路

立足丽江市工业发展基础以及历史文化底蕴，以建设多功能、国际化、现代化工业旅游园区、盘活工业历史文化资源、弘扬工匠精神为目标。坚持创意策划、绿色发展理念，深挖丽江市工业历史文化，盘活民族手工业，创新传统工业发展模式，开发集生产展示、观光体验、教育科普于一体的国际现代工厂观光文化旅游产品，打造特色传统手工产品与工艺品观赏体验游，建设一批工业文化旅游示范基地，培育丽江市国际特色工业文化旅游名片。

2. 融合路径

(1) 鼓励建设现代观光工厂。依托丽江市现有工业企业，创建一批现代工业观光文化旅游园区，以杧果加工业、民族手工业、生物医药业为主要开发对象，引入科技工厂、绿色工厂等理念，建设一批国家工业文化旅游示范基地、国家工业博物馆等，延长工业产业链，实现工业绿色健康可持续发展，推进丽江市新型工业化进程。

(2) 开发工业文化旅游商品。依托丽江雪桃、杧果、蜂蜜、绿色果蔬等农产品优势，开发衍生产品，如雪桃饮品、杧果糕点、果干蜜饯等农产品加工品；依托东巴木偶、面偶、泥塑、纳西东巴挂毯、东巴蜡染、丽江铜器、丽江银器、金沙红陶、丽江“玉龙”皮革制品、火绒土布、牛肋巴、东巴雕塑、九河木雕工艺品、永胜他留人“火草布”、永胜瓷器、珐琅银器、华坪篾编工艺品、石鼓草编竹编等手工艺品，开发服饰、家具用品、艺术作品等相关文化旅游纪念品；依托丽江当归、木香、人参、雪芽、天麻、虫草、贝母、秦艽、雪莲花等中医药材资源，挖掘其医用价值，开发高端养生文化旅游商品等。

(三)“商业+文化旅游”

1. 融合思路

瞄准商业交易市场，坚持产业融合发展理念，发挥丽江市交通枢纽的交通优势以及区位优势，挖掘丽江市古往今来的商业文化，积极打造商业文化旅游融合功能区，鼓励建设国际商业会展中心、城市综合商业中心，完善丽江市文化旅游业的商业服务设施，引进大型商业企业，举办大型国际商业活动，营造浓厚的商业文化旅游氛围，培育国际商业文化旅游品牌，形成“以商带文旅、以文旅促商”的融合发展格局。

2. 融合路径

(1) 培育商业文化旅游品牌。坚持以特色产业转型为基础，以文化旅游业发展为引领，兼顾娱乐休闲与经济效益，培育丽江市国际商业文化旅游品牌。一是积极探索“文化旅游+地产”的新型商业文化旅游品牌，通过招商引资，引进相关旅游地产企业，结合丽江市自然生态环境、文化旅游资源，因地制宜开发集休闲度假、旅居、康养、体验、购物、娱乐于一体的高端文化旅游地产项目。二是依托丽江古城、新义街密士巷“洋人街”、丽江七星商业街、束河四方街、茶马古道重镇皮匠街等，打造集娱乐、购物、文化体验、商务洽谈、会展等多功能于一体的国际特色商业文化旅游街区、商业会展中心等。

(2) 完善商业文化旅游配套服务。以大研古镇、束河古镇、白沙古镇等特色商业文化旅游街区为依托，完善文化旅游厕所、文化旅游资讯、文化旅游金融服务等相关配套服务设施，同时要融合现代设计理念以及现代科技元素，建设国际大型会议中心、展览场馆等会展场所，完善周边文化旅游金融服务、文化旅游集散、文化旅游住宿、文化旅游购物等文化旅游服务功能，从而带动周边餐饮业、住宿业、文化旅游购物业等共同发展，提升公共服务水平。

（四）“交通+文化旅游”

1. 融合思路

依托丽江市现有干线铁路、高等级公路、民航航线、金沙江内河航道交通网络，以加快建成覆盖全城、内外联通的“快行慢游”交通网络，重点提升国际交通通达性，消除文化旅游断头路，打通景区“最后一公里”。围绕文化旅游项目布局和产品打造，增强交通的文化旅游功能，通过美化交通沿线环境、完善文化旅游交通标识、发展多功能文化旅游交通，建设文化旅游驿站等，实现游客旅途“行得畅、行得乐、行得稳”，为丽江市文化旅游业发展提供坚实后盾。

2. 融合路径

（1）完善交通网络及服务系统。加快构建丽江市内联外通的交通网络，健全交通网络体系。一是全面提升国际旅游交通通达性。有序增加国际航线，全面提升国际航空客运能力，进一步畅通大滇西旅游环线、大香格里拉旅游经济圈等外部交通，拓展高等级公路体系，完善旅游公共交通体系，全力实现客源地到目的地各环节之间的无缝对接，串联并覆盖全城“快行慢游”的立体化旅游交通网络体系。二是努力完善丽江市交通配套服务设施，依托文化旅游环线，各主题文化旅游线路及机场、车站、航运码头等交通枢纽，建设游客集散中心、房车营地、休憩站等，配套文化旅游咨询、补给、购物、休闲娱乐等功能。三是净化、绿化、美化丽江市主要交通干线，依托主要交通干线（大丽高速、华丽高速、鹤关高速、丽香高速等）打造最美公路、主题文化旅游公路等，提升游客旅途体验。

（2）打造体验式文化旅游交通。依托丽江市自然与人文资源，在有条件的文化旅游景区（点）设计兼具观赏、娱乐、体验的文化旅游交通。重点围绕玉龙雪山、老君山等山地旅游目的地及泸沽湖、程海等湖滨旅游目的地，加快建设健康步道、骑行绿道、旅拍廊道等，开发各类山地、环湖文化旅游产品；以丽江市内丰富的文化遗产和历史遗存为依托，串联形成文化遗产慢游线路，提升沿线景观品质，丰富景区（点）产品组合；整合一区四县多样化产品，有效对接大滇西旅游环线和大香格里拉旅游经济圈战略规划，开发一批世界级的自驾游产品，形成独特的丽江市自驾旅游品牌。

（五）“康养+文化旅游”

1. 融合思路

坚持以构建布局合理、特色鲜明的大健康产业体系为目标，利用丽江市良好的自然生态环境与丰富多样的绿色食品等优势，依托丽江市各大医疗中心，积极促进康养与旅居、康养与体育、康养与农业、康养与医疗、康养与美食、康养与互联网等多业态、多产业的融合发展，大力推进各类康养度假中心建设，打造不同主题康养文化旅游产品，完善医疗、养老等配套设施，实现大健康产业国际化、高端化、特色化、智慧化发展。

2. 融合路径

（1）打造多元康养文化旅游产品。以云南省打好“健康生活目的地牌”、打造国际康养旅游示范区为引领，结合高原康体运动，积极推进泸沽湖国家5A级旅游景区建设项目、程海国家级生态度假旅游区、永胜田园康养度假旅游区、华坪杧果长廊休闲度假小镇等康养文化旅游项目建设。深入开发旅居康养、温泉康养、生态田园康养、中医药康养、森林康养、膳食养生、医疗康养等高端康养文化旅游产品。加快建设国际度假酒店、主题民宿、半山酒店以及医疗康复机构、健康管理中心等相关配套设施，不断提升康养文化旅游品质。

（2）做大做强绿色健康食品品牌。充分利用丽江市健康农副产品以及健康饮食文化，以“文化旅游＋康养＋农业＋美食”为主要融合发展模式，依托乌骨鸡、黑山羊、泸沽湖银鱼、拉市海鲫鱼、金沙江江鱼、他留米、有机蔬菜等绿色有机食品，当归、木香、人参、雪芽、虫草等中草药，松茸、牛肝菌、羊肚菌、鸡油菌等野生菌，开发以焖锅黑山羊、人参乌骨鸡、虫草鲫鱼汤等为代表的药膳养生餐饮；重点依托丽江雪桃、华坪杧果、葡萄、软籽石榴等水果，以及核桃、螺旋藻油橄榄等作物，构建食品加工产业链，进行产品深加工，培育绿色食品品牌，培植出一系列丽江市特色健康文化旅游食品。

三、“文化旅游＋业态”

（一）“文化旅游＋体育”

1. 融合思路

围绕云南省打好“健康生活目的地牌”、打造国际康养旅游示范区的发展要求，以大力发展丽江市特色高原体育运动为抓手，加快发展运动健康产业，打响高原运动品牌，同时积极培育山地运动、水上运动、低空运动等多元体育运动活动，丰富体育文化旅游产品，持续打造国际高原体育城市，深入推进体育休闲文化旅游、体育节事文化旅游、体育研学文化旅游等多业态融合发展。

2. 融合路径

（1）打造体育运动产品体系。发挥丽江市良好的高原气候优势以及独特的山水生态资源，依托丽江市各大体育运动训练基地、体育公园、文化旅游景区的建设，鼓励开发以登山徒步、山地越野、山地自行车、河谷漂流、攀岩为主的山地体育运动文化旅游产品；以皮划艇、帆船、摩托艇、游船为主的水上康体休闲体育运动产品；以热气球、滑翔伞等为主的低空体育运动产品；以射箭、摔跤、武术、骑马等为主的民族体育运动产品；以骑行、绿道漫步为主的休闲健身体育运动产品，逐步形成特色鲜明、门类齐全、结构合理的多功能体育文化旅游产品体系。

（2）举办大型体育活动赛事。主要依托玉龙雪山、老君山、猎鹰谷等体育文化旅游目的地，积极培育和举办独具丽江市特色的国际高原体育赛事活动，推进国家山地自行车赛事，不断提升相关配套服务，同时积极培育山地越野、山地摩托等体育赛事；依托万里长江第一湾、九子海、青龙海、文笔海等河段、水域，策划国际马拉松、皮划艇竞赛等体育赛事活动，擦亮丽江市“高原体育城”的品牌；通过利用各大国际赛事吸引大量潜在客源市场，带动丽江市以餐饮、住宿、交通等为主的文化旅游消费，提升丽江市体育文化旅游在国际旅游消费市场中的地位。

（二）“文化旅游+休闲”

1. 融合思路

依托丽江市“全球人居环境优秀城市”“欧洲人最喜爱的中国旅游城市”“中国优秀旅游城市”等诸多殊荣的国际国内影响力，秉承“主客共享”“开放创新”等城市发展理念，在不贸然改变城市结构、不大搞城市建设的前提下，将土地属性不同、管理部门不同的休闲绿地资源进行统筹管理和综合运用，以丽江市独特的休闲业态为基础，融合餐饮、娱乐、文博等业态产品，打造世界级的文化旅游生态休闲空间。

2. 融合路径

（1）创建城市休闲空间。整合盘活现有资源，通过游憩步道、休闲绿道等形式，将绿地空间等休闲节点进行空间串联开发，提升如黑龙潭公园等城市休闲公园的旅游服务功能，积极与大研古镇、束河古镇、白沙古镇等商业休闲业态形成联动，实现对城市休闲空间的系统性利用；依托城市休闲街区、夜间文旅消费聚集区等设计高品质的人工景观，提供完善的城市配套，创新多彩的夜游生活，优化组合旅游景点组合，打造丽江市地标性休闲商圈，积聚人气、彰显活力，构建多样化的城市休闲空间。

（2）营造城市休闲氛围。通过主客休闲空间的相互融合，吸引特色化休闲业态进入，创造城市休闲消费新场景，拓展城市休闲新空间，强化“休闲丽江”城市形象；充分利用夜间休闲等新业态的发展潜力，发挥工匠精神和创新创意的强劲驱动作用，对城市休闲空间进行创新利用，全方位提升城市服务功能与休闲服务配套，打造慢活休闲的城市慢游氛围；通过对全季、全时休闲产品的打造，使传统与现代、古老与时尚的丽江市特色文化有机统一，更好实现休闲空间由景区向城市全域拓展、

"诗和远方"与"人间烟火"相促，将丽江市建设成为宜居、宜游的现代化休闲都市。

(三)"文化旅游+节事"

1. 融合思路

坚持政府统筹，企业参与的原则，围绕丽江市多样化的节事活动，培育知名国际性节事品牌，增强系列本土节事活动品牌影响力，打造丰富多样的文化旅游节事活动，加强节事活动宣传，引爆丽江市文化旅游市场消费热点，为丽江市文化旅游业发展注入活力。同时，不断完善相关文化旅游要素的配套设施，规范文化旅游节事活动市场秩序，保障节事活动顺利进行。

2. 融合路径

(1) 创意策划文化旅游节事活动。围绕"新、大、奇"创意策划丽江市文化旅游节事活动，即以全新创意、规模庞大、奇特巧妙的战略方针，扩大丽江市国际旅游节事活动的吸引力及影响力。依托丽江市民族文化、历史文化、边屯文化、马帮文化、饮食文化等文化体验旅游产品，创意策划丽江国际文化体验旅游节、世界猎鹰文化节；依托丽江市山地体育运动产品、民族体育运动旅游产品、休闲健身旅游产品，创意策划高原国际体育运动节；依托丽江市纳西古乐、洞经音乐、山歌、民间小调等系列音乐文化以及东巴舞、甲搓舞等舞蹈艺术，以玉龙雪山为背景，创意策划雪山国际音乐节，依托丽江市多元化的传统美食和民族美食，创意策划丽江国际啤酒节、丽江国际美食节等。同时，要注重融入现代科技、文化创意等元素，增加游客体验项目，完善文化旅游配套服务，积极开发体育类、会展类、观光类、民俗类等四季特色节事活动，创新节事文化旅游发展模式。

(2) 加强文化旅游节事品牌营销。加快培育国际化与本土化知名节事品牌，塑造世界级节事活动IP，整合国内外营销渠道，持续加大宣传力度，推出国际化的网红打卡项目，不断提升各节事影响力；合理安排各项文化旅游节事活动举办时间，与国内外旅行社合作开发节事旅游驱动下的组合旅游产品，聚集人气，凸显特色，增强文化旅游节事活动的美誉度，打响丽江市世界级文化旅游品牌。

(四)"文化旅游+创意"

1. 融合思路

结合丽江市城市空间以及特色村镇，坚持"科技+文化+艺术"的发展理念，以"技术创新+文化创意"为总体思路，不断培育创新创意动能，提升创新产品研发能力，以工匠精神将现代科技、文化创意、文化遗存及消费需求相结合，探索形成文化资源创造性开发和创新性发展的新模式与新路径，打造沉浸式、交互式的文化旅游体验，为丽江市世界级文化旅游品牌增光添彩。

2. 融合路径

（1）培育文创基地，拓展创意模式。依托丽江市文化资源，培育文创基地，创新摩梭文化、东巴文化、纳西文化、他留文化、普米文化等传统文化，以及东巴木偶、面偶、泥塑、纳西东巴挂毯、东巴蜡染、丽江铜器、丽江银器、金沙红陶、丽江“玉龙”皮革制品、火绒土布、牛肋巴、东巴雕塑、九河木雕工艺品、永胜他留人“火草布”、永胜瓷器、珐琅银器、华坪篾编工艺品、石鼓草编竹编等传统手工产品与工艺品，吸引民间艺人、非遗传承人、艺术家、工匠等开展文化艺术创作，丰富传统文化、传统手工产品与工艺品等特色产业产品体系，打造一批传统工艺与现代艺术相结合的特色文化旅游工艺品，策划游客参与制作等体验项目。借助特色传统村落等历史遗址，吸引一批艺术家、摄影师、作家等建立创客基地，利用现代科技再现历史情景，发挥艺术家创作天性，实现传统建筑、历史文化与现代科技和艺术的碰撞。充分将创意元素、创新技术运用到各大文化旅游产品的开发之中，拓展文化旅游创意模式，丰富创意文化旅游产品。

（2）打造创意IP形象体系。以丽江市特色文化为核心，结合九河木雕工艺之乡、塔城勒巴舞之乡、傈僳族（花傈僳）民间艺术之乡等形象元素，设计包括文化旅游宣传口号、文化旅游吉祥物、文化旅游Logo的文化旅游形象识别系统，打造东巴文化传承示范体验区、永宁摩梭风情度假小镇、特色多元民族风情旅游区等知名网红打卡地，结合丽江市全时空的产品体系，以创意微视频为载体，以美景、美食、文化为线索，设计文化旅游宣传片，共同塑造丽江市创意文化旅游IP体系。

（五）“文化旅游+研学”

1. 融合思路

秉承将丽江市建设成为科教新区的发展目标，大力推进研学产品深度发展，加强政校（院）合作、校（院）企合作，以文化旅游发展为抓手，积极开发研学文化旅游产品，以文化旅游的形式挖掘教育的内涵，坚持游与学并存，不断推进研学文化旅游与乡村文化旅游、工业文化旅游、红色文化旅游、体育文化旅游等相结合，以科技赋能，增加研学文化旅游产品的创意与乐趣，将丽江市建设为世界知名研学文化旅游胜地。

2. 融合路径

（1）积极建设研学基地，开发研学产品。深挖丽江市特色文化旅游资源，加快大研古镇世界级景区项目、东巴文化传承示范体验区、拉市海湿地生态旅游区、白沙纳西人文体验旅游区、金沙江山水联动红色文化旅游廊道等研学文化旅游基地的建设。依托各大研学基地，重点打造以历史文化（大研古镇、束河古镇、白沙古镇、石鼓镇）、民族文化（纳西族东巴文化、摩梭母系文化、彝族毕摩文化、傈僳族歌舞文化、他留文化、白族文化、普米文化、边屯文化）、红色文化（石鼓镇红军渡口、“3·16”革命纪念馆）为主的多元文化研学旅游产品；以现代工业生产展示为主的工业研学旅游产品；以田园休闲、农业科普、生活体验为主的农业研学旅游产品；以自然山地构造考察、洞穴科普、水利科普等为主的自然生态研学旅游产品，完善研学旅游产品体系。

（2）完善研学文化旅游配套设施。以丽江古城、玉龙雪山、泸沽湖、老君山、三川镇国家级田园综合体等资源为依托，积极与丽江市各大中小学、培训机构、教育机构积极开展跨界合作，适当开展以“自然课堂”为主题的体育研学课程，同时加强与高等院校、周边名校等开展合作，建立实践学习基地等，将研学主题、自然课堂、学术交流、人才交流、合作办学等开放式的教育活动与文化旅游目的地开发相结合，加快设立国际科学研究中心、文化传习所、研学营地，不断完善餐饮、住宿、交通等相关配套。

四、“文化旅游+模式”

（一）“文化旅游+新型城镇化”

1. 融合思路

坚持“旅游城镇化、城镇景区化、服务产业化”发展理念，走以人为本的新型城镇化发展道路，坚持多规合[illegible]，统筹协调发展，按照“一带、两核、三片区”的结构，优化城镇空间布局，以文化旅游发展带动城镇基础设施建设，持续改善城乡人居环境，完善城市综合服务功能，推动城乡产业协同发展，实现城镇环境的净化、绿化、美化、亮化，全力提升城镇化水平，为丽江市打造世界文化旅游名城奠定坚实基础。

2. 融合路径

（1）持续推进景城一体化。坚持因地制宜、突显特色的原则，加大文化旅游业发展与新型城镇化互动，培育打造世界文化旅游名城驱动下的新型城镇化模式。通过文化旅游项目开发和文化旅游产业孵化，不断提高休闲、游憩、娱乐、度假等功能在城镇中的比重，充分发挥文化旅游业在旧镇改造、新镇建设、特色小镇建设等方面的引导作用；通过统筹推进城市旅游交通、优化公共服务设施体系，为丽江市文化旅游服务提供支撑。

（2）培育特色文化旅游小镇。立足丽江市良好的自然生态环境、悠久的历史文化、独特的美食文化、多样的民族风情等资源优势，通过城镇风貌优化、历史文化挖掘、配套设施提升，加强城镇环境综合治理，不断改善旅游发展环境，针对性提升大研古镇、束河古镇、白沙古镇等特色文化旅游小镇定位，着力打造环境优美、景色宜人、特色突出、功能完善的宜商、宜赏、宜游、宜居的旅游城镇体系，提升丽江市文化旅游的国际吸引力和市场竞争力。

（二）“文化旅游＋乡村振兴”

1. 融合思路

坚持“一村一品”的总体方向，以提升农业质量与效益为基础，强化乡村基础设施建设，持续改善农村人居环境，统筹创建美丽村庄和文明乡村，大力发展乡村文化旅游，推进农业与文化旅游业融合发展，巩固脱贫攻坚成果与乡村振兴的有效衔接。积极建设乡村文化旅游示范基地，丰富乡村文化旅游业态、提升乡村文化旅游产品品质，以文化旅游业助力乡村振兴，将丽江市打造成为世界级乡村文化旅游体验地。

2. 融合路径

（1）打造乡村文化旅游示范基地。以乡村振兴战略为契机，以文化旅游产业发展为抓手，走“农业＋文化旅游＋乡村振兴”的融合发展路子，按照乡村振兴的目标要求，加强乡村基础设施、产业支撑、公共服务、环境风貌建设，打造集高原特色农业、创意农业、休闲农业、农事体验、乡村旅游于一体的乡村旅游田园综合体；以发展特色种养殖、田园风光、休闲农业、农事体验、农家乐等乡村旅游产品为重点，以建设和美乡村、打造特色乡村旅游为目标，建设包含景区带动型、产业依托型、历史文化型、民族文化型、易地搬迁型等多种类型特征的宜居、宜业、宜游的和美乡村及旅游特色村。

（2）提升乡村文化旅游产品品质。依托乡村振兴示范园、乡村民族公园、农业主题公园、主题文化旅游村寨等乡村文化旅游地，积极开发乡村民宿、休闲农庄、创意农场、田园餐吧、大地景观、健康步道、农业博物馆等文化旅游项目；努力提升乡村文化旅游产品品质，打造集休闲度假、生态田园康养、田园观光、农事体验、亲子娱乐、田园科普等于一体的特色化、多样化、多层次的乡村文化旅游产品。

（3）优化乡村基础设施与环境。依托主要乡村文化旅游景点以及特色文化旅游村寨，对乡村交通、水电、网络等基础设施进行改造提升，完善乡村文化旅游基础配套和公共服务体系；加快乡村环境卫生的整治工作，改善乡村人居环境；注重对乡村传统建筑的保护性开发，最大程度保留原始乡村文化，夯实乡村文化旅游发展基础的同时，开拓乡村振兴新格局。

（三）“文化旅游＋生态文明”

1. 融合思路

深入贯彻生态文明思想，树立和践行“绿水青山就是金山银山”的绿色发展理念，坚持“五位一体”协调发展，重点突出生态文明建设，持续改善丽江市生态环境质量，努力实现生态美、环境美、城市美、乡村美、山水美，着力建设人与自然和谐共生的绿色丽江，以增加多元生态文化旅游产品供给、营造良好的生态环境为出发点，深入推进文化旅游与生态文明建设融合，提升生态价值转换能力，为丽江市打造世界文化旅游名城保驾护航。

2. 融合路径

（1）着力打造生态文化旅游品牌。依托丽江市山水、森林、气候等生态优势，将生态康养打造成为丽江市的世界级文化旅游产品之一，以泸沽湖、程海、玉龙雪山、拉市海、玉湖、三川镇、彝家山寨等为载体，大力发展生态观光旅游产品，形成生态观光、生态美食体验、生态度假、生态康养为主的生态旅游产品体系。

（2）全力开展生态文明建设。坚持规划先行，制定生态环境保护规划，持续绿化、美化交通道路，加强对水资源的保护，建立生态保护红线监测监察机制，健全生态文明管理体制机制、生态补偿机制等，完善生态文明建设制度保障；积极推进文化旅游循环经济试点，开发资源节约型和环境友好型生态文化旅游产品，以文化旅游业发展助推生态环境修复，保持良好的文化旅游生态环境。针对居民、游客等不同主体，大力宣传生态保护理念，倡导绿色消费、绿色出行、低碳文化旅游，培养群众尊重自然、保护环境的意识。

（四）“文化旅游＋数字技术”

1. 融合思路

以加快培育数字技术赋能文化旅游发展新动能为基础，以全面建设“智慧丽江”为目标，以“一部手机游云南”平台及丽江市文旅大数据平台建设为依托，积极推进“文化旅游＋数字技术”，将数字技术应用于文化旅游产品开发、文化旅游营销、文化旅游服务与管理等文化旅游建设的各个方面，借助大数据、云计算、AI等数字技术，重点建设文化旅游大数据中心、数字化服务管理平台，促进文化旅游信息共享，提高管理者应急指挥与统筹协调能力，实现文化旅游管理智慧化，赋能丽江市文化旅游业高质量发展。

2. 融合路径

（1）深化推进智慧文化旅游工程。以完善区域数字化基础设施建设为主线，实现4G网络信号全方位覆盖，加快建设城区以及高等级文化旅游景区实现5G网络信号覆盖，在主要游客集散中心、旅游景区争取实现无线网络全覆盖。深入推广“一部手机游云南”的应用，大力发展智慧景区，推进智慧停车场、智慧厕所、刷脸入园工程、AI智能导游等智慧功能建设。加快推进数字博物馆、数字图书馆建设，利用VR与互联网自媒体等线上平台，创新打造“丽江云文旅”。

（2）强化文化旅游智慧营销。充分利用大数据、云计算等现代技术，实时掌握客源市场动向，分析文化旅游消费趋势，实施客源市场精准营销；利用微信、微博、抖音等自媒体平台，以及文化旅游电商平台传播速度快、范围广、成本低的优势，加强丽江市文化旅游宣传与营销，深入完善“丽江旅游”“微丽江”“掌上丽江”等智慧文旅融媒体平台的文化旅游咨询服务、文化旅游宣传、文化旅游产品购买等多种功能；依托丽江市众多特色食品，鼓励发展电子商务，加快冷链物流建设，促进“数字技术 + 文化旅游 + 农业”，拓展以直播带货、线上销售为主的电商模式，实现丽江市文化旅游全方位智慧营销，推广丽江市世界文化旅游名城品牌。

（五）“文化旅游 + 夜间经济”

1. 融合思路

立足丽江市独特区位、美食文化等特色，完善夜间经济空间布局，丰富夜间经济业态。具体以首批国家级夜间文化和旅游消费集聚区丽江古城为中心，联合各大古镇以及有条件的景区景点，大力发展夜间经济，做好城镇、景区的夜间亮化工程，以营造城镇夜景为主，打造夜经济聚集区、夜经济生活圈、特色主题夜市、景区夜游等夜间文旅产品；加强宣传引导，推出夜间文旅精品，进一步刺激文旅消费，完善相关配套，以夜间文化旅游“促消费、聚人气”，助力丽江市夜间经济与文化旅游业的发展，为丽江市世界文化旅游名城建设增添动力。

2. 融合路径

（1）丰富夜间文旅产品。依托大研古镇、束河古镇、白沙古镇等文化活动场所，对主要街道进行主题亮化，积极建设灯光秀、音乐喷泉等，打造最美夜景；依托玉龙雪山、老君山、虎跳峡等有条件的风景名胜区，积极开发夜观星象、夜间露营、篝火晚会等景区“夜游”产品；以丽江古城为中心，优化提升特色美食街区、青年创意夜市、酒吧街等，推出美食节、啤酒狂欢节、野生菌节等，丰富“夜食”特色餐饮；依托丽江市各大夜市，鼓励发展地摊经济，推出系列“丽江伴手礼”及文创商品，激发“夜购”消费活力；积极策划摩梭文化、东巴文化、纳西文化、他留文化、普米文化、彝族文化等多种特色民族文化的旅游演艺产品与文化旅游节庆，丰富“夜演”产品，创新“夜娱”体验活动；积极引进主题民宿、半山酒店、星级酒店等住宿业态，打造多功能、多层次、多元化的“夜宿”产品。

（2）完善相关配套服务。适当鼓励夜间商业街区、夜市、影院、图书馆、博物馆等夜间文旅场所延长营业时间，积极建设 24 小时便利店、24 小时书店、24 小时咖啡店等，最大化刺激夜间消费；加强对夜间文旅市场的监管，规范酒吧、KTV、影院等夜间文旅市场主体经营；强化对夜间经济示范街区、夜间文旅活动场所的社会治安管理，优化夜间文旅场所公共交通、旅游厕所、旅游咨询、退换货服务等配套服务及设施，保障夜间经济健康持续发展。

五、融合发展的分区引导

围绕丽江市打造“世界一流的特色文化旅游名城”的总体定位，塑造“国际文化休闲与旅居度假精品城市”“中国著名文化旅游高质量发展示范城市”“滇川藏大香格里拉旅游经济圈区域中心城市”“面向南亚、东南亚的国际旅游集散枢纽和目的地城市”“大滇西旅游环线生态文明与民族文化地标城市”的子定位，结合世界文化旅游名城“一带联动、两核辐射、三区协同”的空间布局及项目体系，进一步推行落实“5+5+5”的产业+文化旅游、文化旅游+业态、文化旅游+模式等多维度融合模式，本书对丽江市世界文化旅游名城融合发展进行分区引导（见表11-1）。

表11-1 丽江市世界文化旅游名城融合发展分区引导

序号	项目分区	融合思路
1	丽江古城国际文化旅游发展核	依托丽江古城的悠久历史，借助其水乡之容、山城之貌、多色文化，将古城区、玉龙县白沙镇及拉市镇等周边区域打造成为国际化、品牌化、集群化、产业化、一体化、生态化的国际知名文化旅游胜地，通过文化特色塑魂、文化品牌赋能、文化展演活游、艺术公益创品等途径，做优大研古镇、做强束河古镇、做大白沙古镇、做深拉市湿地、做精古城夜经济，倾心打造世界级古城历史文化游。要秉承“文化为本、旅游下沉、统筹开发”的思路，进行“文化要素的旅游化运作、旅游内核的文化性体现”，通过文化特色塑魂、文化品牌赋能、文化展演活游、艺术公益创品、IP价值整合以及信息化建设等途径，推动丽江古城文化旅游高质量发展；促进文化产品化、文化业态化、文化主题化、文化品牌化、文化体验化、文化游乐化、文化互动化、文化情景化，实现文化旅游全方位的融合发展。同时，紧抓大滇西旅游环线和大香格里拉旅游经济圈集散地建设发展契机，加快转变文化旅游发展形式，推动文化旅游产业转型升级，全力打造大滇西旅游环线区域性文化旅游目的地、中国大香格里拉的区域中心城市，促进文化旅游与商业、创意、新型城镇化、数字技术、夜间经济的融合发展

续表

序号	项目分区	融合思路
2	大玉龙雪山国际度假旅游发展核	充分挖掘东巴文化特色，借助其高山雪谷、秀丽风景、纳西文化等特色，将玉龙县玉龙雪山景区及周边区域建设成为集观光、餐饮、住宿、购物、娱乐等多功能于一体的国际文化旅游度假区，通过做足文化体验、做优文化旅游服务，做实文化旅游创意，提升玉龙雪山景区，建设玉龙雪山山麓国际度假区，整合丽江猎鹰谷体育运动旅游区，构建玉龙雪山文化旅游集散中心，发展东巴文化传承示范体验区，全力打造中国乃至世界的雪山文化游。要按照“特色、创新、传承”原则，深入挖掘东巴文化核心内涵，加大对少数民族文化和非遗文化的保护和开发，注重各文化元素与旅游业态相融合，突出文化旅游品牌优势，积极推进多文化传承示范区建设、文创旅游产品创新创意开发等，充分释放其文化旅游品牌价值和资源优势，承接丽江市文化旅游的纵深化发展需求，建设旅游产品丰富、服务设施配套完善、文化旅游形象鲜明、关联产业协调发展的“大玉龙文化旅游产业发展高地”，促进文化旅游与体育、休闲、节事、研学、数字技术、生态文明的融合发展
3	老君山山地休闲生态观光片区	全面提升山地休闲生态观光游，借助老君山“世界自然遗产、国家重点风景名胜区、国家地质公园”的桂冠，依托其丰富的地质、生物和景观多样性的资源，将玉龙县西部区域、金沙江（玉龙段）沿线区域打造为山地休闲生态观光片区，通过优化文化旅游空间布局，健全文化旅游品牌体系，完善丰富文化旅游项目，打造精品文化旅游环线；通过景区联动发展，推进黎明国家5A级旅游景区建设项目、老君山精品山地营地建设提升项目、金沙江山水联动红色文化旅游廊道，积极打造世界级山地休闲体育生态观光游。要依托山地景观、河流峡谷等资源，开发山地体育运动、峡谷探险等体育运动旅游产品；积极申办国际体育赛事，促进各大赛事与文化旅游的融合发展，加快房车露营地、青少年素质拓展基地等山地体育运动基地建设，打响国际山地体育休闲运动旅游品牌，推进老君山及周边区域文化旅游业态的丰富、文化旅游分众市场的扩展、接待辐射能力的增强，将老君山片区打造成为大滇西旅游环线的重点节点，促进文化旅游与体育、休闲、交通、研学、生态文明的融合发展

续表

序号	项目分区	融合思路
4	泸沽湖摩梭风情旅居度假片区	大力发展风情旅居度假游，借助湖泊水域风光、彝族毕摩文化、魅力摩梭风情，将宁蒗县泸沽湖景区及其周边区域构建为泸沽湖摩梭风情旅居度假片区，通过整合特色文化及相关文化旅游要素，丰富文化旅游产品文化底蕴，赋予文化旅游产品文化魅力，提升建设泸沽湖国家5A级旅游景区、拉伯三江口旅游区、特色多元民族风情旅游区，重点打造摩梭特色风情旅居游。要考虑泸沽湖及周边建设现状，因地制宜地开发集休闲度假、旅居、康养、体验、购物、娱乐于一体的国际高端文化旅游服务项目，聚集人流、物流、信息流、资金流，完善配套设施，打造便捷的交通环境与良好的旅游环境，充分发挥旅游业的综合带动作用。同时，围绕摩梭、彝族传统民族节日、农业节事等活动项目，挖掘文化旅游卖点，提升文化旅游体验性，配套旅游要素设施，跟进文化旅游宣传营销，加强旅游监管，形成摩梭风情文化旅游节事亮点和流量引爆点，促进文化旅游与农业、商业、休闲、节事、生态文明、乡村振兴的融合发展
5	高原农文康旅融合发展示范片区	重点推进农文康旅融合发展，借助自然地理、生态资源、农业资源等优势，将永胜县与华坪县强强联合建设高原农文康旅融合发展示范片区，通过整合区域内农业资源，按生态、创意、休闲等发展理念，将农业、康养、休闲与文化旅游功能叠加，建设程海国家级生态度假旅游区、永胜田园康养度假旅游区、华坪杧果长廊休闲度假小镇，致力打造康养农事休闲体验文化游。要高度把握旅游业易融合、高收益、低排放的特点，充分发挥旅游业带动其他产业发展的作用，竭力将“食、住、行、游、购、娱”等要素融入田园综合体与乡村文化旅游的建设当中，实现农业经济从第一产业向第二、第三产业延伸；农业资源由单体产业链向综合产业链拓展；农业产业链由单一生产向康养休闲方向的深度转变，形成集现代农业观光、娱乐、休闲、度假、医药、医疗、养老、养生、康复、保健、运动、文化于一体的融合发展格局，围绕绿色化、标准化、规模化、产业化“四化”目标要求，着力打造环境优美、特色鲜明、功能齐全、层次较高的生态观光农业庄园、现代特色农业产业园、田园综合体、乡村客栈等，促进文化旅游与农业、工业、大健康产业、新型城镇化、乡村振兴、生态文明的融合发展

04

第四篇

丽江市打造世界文化旅游名城的支撑体系

第十二章　丽江市打造世界文化旅游名城的产业要素

一、特色餐饮体系

（一）丽江市各地美食资源

丽江市旅游美食种类比较齐全，地方美食具有代表性。其中古城区、玉龙县依托玉龙雪山丰富的自然资源，主要以丽江市传统特色小吃为主；永胜县依托程海湖区优质资源，主要以农副产品、畜牧养殖、彝族特色美食为主；华坪县以农林果蔬为主；宁蒗县以畜牧养殖、纳西族特色美食为主。综上，丽江市美食资源主要以农林果蔬产品、纳西族特色产品、彝族特色产品为主，地方特色明显，食用资源丰富，开发价值大，各地区美食资源如表 12–1 所示。

表 12–1　丽江市内各地区美食资源

地区	地方美食
古城区	多利九补、甜米酒、丽江汽锅鸡、丽江玛咖、纳西族丽江粑粑、丽江三文鱼、大杂锅、岩巴玖
玉龙县	鸡豆凉粉、月光饼、江边辣、猪肝渣、稻田鱼、玉龙滇重楼、雪桃、珠子参、雪茶、虫草
永胜县	鸡坳、他留乌骨鸡、程海螺旋藻、永胜油茶、程海银鱼、转转酒、彝族腌菜
华坪县	杧果及衍生产品、蓝莓、核桃、花椒、苹果、乌木春茶叶、蚕桑、芭蕉、火龙果、波罗蜜、榴梿、通达火腿、油底肉
宁蒗县	猪膘肉、高原红米、吹肝、泸沽湖清酒、青蛙皮、酥理玛、彝族砣砣肉、黑绵羊、米灌肠

（二）特色餐饮提升策略

依托丽江市区域内各大国际高端酒店、精品民宿以及举办美食节庆活动，大力宣传丽江市地方传统美食，打造具有民族风情、地方特色的自然原生态特色美食体系，让游客体验民族特色，回归淳朴自然。

1. 依托美食资源，彰显丽江市美食特色

依托丽江市传统民族文化资源，推动塑造具有丽江市特色的美食知名品牌。一是依托古城区、玉龙县自然资源及地理区位优势，打造丽江市特色美食综合体，集中丽江市各地区民族特色美食，发展不同特色美食板块，建成美食品尝区、制作体验区、美食艺术展览区，形成主客共享服务业态，打响丽江市特色美食品牌。二是依托永胜县、华坪县优质农林果蔬产品，打造丽江市生态美食品牌，有序推进以华坪县、永胜县为重心的生态特色产品发展。以“季季有果蔬，日日健康食”为主题，打造四季农林果蔬产品，实现打造高原乡村美食品牌目标，带动丽江市乡村农林美食发展。大力推进华坪杧果、核桃、蓝莓基地建设，引入专业化的生产种植技术，提高农林果蔬产量，建设现代化选果产业线，检测果蔬品质并进行分类标记筛选，为后续选果提供数据支撑。对当地特色果蔬粘贴标签，建立线上线下销售渠道，宣传本地特色品牌，带动当地农业经济发展。三是依托宁蒗县纳西族民族文化，打造纳西美食品牌，充分利用摩梭人文化及民族故事，在宁蒗县打造纳西特色美食街将纳西文化融入美食中，给予纳西美食品牌文化内涵，在县区主干道节点、景区、商圈周边建设一批覆盖多层次的纳西特色餐馆，突出纳西族特色美食品牌，以发展美食为契机，进一步增强丽江市文化旅游吸引力。

2. 立足本土特色，加强餐饮产业链整合

推进餐饮产业链纵向与横向发展，打造完整的餐饮产业链结构，促进丽江市餐饮业的健康可持续性发展，进一步提升丽江市美食资源的知名度。一是推动餐饮产业链纵向延伸，将杧果、花椒、高原红米等餐饮原材料种植与采购、贸易及物流、原材料加工、分销、品牌推广、食品安全等一系列程序纵向整合，保证原材料加工的效率与质量，形成安全、营养、健康、有机的餐饮供应链全过程。二是推进餐饮产业链横向发展，加强丽江市“一区四县”协同合作，通过建立食品加工及包装企业，将丽江市内各地特色美食进行组合销售，打造丽江市特色美食产品。三是加强与丽江市周边州市合作，整合丽江市优质果蔬资源（杧果、蓝莓等），加强华坪县杧果与永仁、元江等地杧果加工、销售与宣传推广的合作力度，加强与缅甸、印度、泰国、巴基斯坦等世界其他杧果产地国家的商贸与文化交流，提升杧果种植管理技术，拓宽华坪杧果国际市场知名度。整合丰富的中药材资源（虫草、珠子参等），与周边州市合作，打造民族药膳品牌，主动融入云南省世界健康生活旅游目的地建设，共推品牌，共享市场。

3. 依托国际节事，强化餐饮品牌宣传推广

围绕打造主客共享的旅游餐饮体系，充分调动丽江市各级政府、游客、知名网

红博主、居民等共同宣传推广丽江市美食，形成内外引流，共推品牌。一是依托丽江市三多节、七月会、棒棒会等传统民族节庆，丽江国际半程马拉松比赛、丽江国际越野挑战赛、丽江国际雪山音乐节等节事赛事，以及丽江世界遗产论坛、联合国教科文年会等国际会议论坛，植入丽江市传统地方特色美食，进行宣传推广，同时不断提升华坪县杧果节、核桃节等美食节事的品质，注重选择的美食质量及特色，积极参与中国国际食品餐饮博览会、芝加哥美食节、印度杧果狂热美食节等国内外有关美食节事，加大丽江市美食曝光度与国际知名度。二是充分利用微博、小红书等社交平台，借助视频号、抖音快手小视频、微博热搜等平台发布宣传片、游玩攻略、美食推介等系列主题视频，与美食、旅游或本地博主合作宣传推广，推进丽江市美食外语网站建设，加强丽江市在 Instagram、Tripadvisor、Yelp 等平台的宣传投放，多渠道、多层次对丽江市特色美食进行全方位宣传推广，构成宣传合力，推动提升丽江市美食品牌知名度，激发旅游新增长点。

4. 加强市场管理，健全餐饮管理体制机制

一是紧密围绕餐饮生产和销售，成立丽江市餐饮协会、出台相关法律法规管理办法。严格按照《食品安全法》《食品生产经营日常监督检查管理办法》等法律法规，着力规范好不同等级餐馆安全生产，规范好城区餐饮经营户、农贸市场经营行为等，贯彻“红黑榜”公开制度。二是出台《关于落实旅游餐饮绿色生产和生态节约》的管理办法，抓实华坪县、永胜县、宁蒗县等各乡镇绿色生态餐饮生产和销售。三是出台《夜间露天餐饮经营管理办法》《丽江市网络餐饮服务监督管理办法》等制度体系，落实好各乡镇夜间露天餐饮的卫生安全和规范经营管理，以及对丽江市网店店主在网络销售平台和小程序进行规范管理。四是学习国际餐饮品牌管理模式，接轨国际餐饮管理理念、管理制度及标准，对丽江市餐饮市场进行全面质量管理，以餐饮质量为中心，对餐饮市场调查、产品设计、生产、服务等全程进行有效监督管理与控制。

二、旅游住宿体系

（一）旅游住宿体系提升策略

1. 智慧引领住宿体系高端化发展

一是推进酒店智慧化建设，打造智慧预订、智慧住宿、智慧服务、智慧退房等功能于一体的智慧型住宿体系，通过数字化和网络化实现丽江市现有高星级酒店及精品酒店数字信息化服务技术提升，打造智能门禁系统、智能取电开关、交互视频体系、电脑网络体系、主客互动体系。二是推进国际度假精品酒店、豪华酒店、野奢酒店、半山酒店建设，提升丽江市高端酒店层次等级，积极引进多语种、高层次

酒店管理人才，推进住宿体系国际化发展，加强对酒店服务人员定期培训工作，增强其服务意识，加强对酒店基础设施的投资力度以及完善工作，完善酒店周边停车位、旅游厕所、精品商店、商务中心等配套设施建设。

2. 民族风情推动旅游住宿特色化发展

围绕“一带联动、两核辐射、三区协同”的空间布局，建设一批具有民族文化特色的住宿业态。在丽江古城国际文化旅游发展核，以纳西东巴文化、茶马古道马帮文化等为主题，引入丽江市纳西族东巴画、白沙细乐、《黑白战争》英雄史诗等非物质文化遗产，引进国际野奢高端度假品牌，与西坡、语自在、一粟等国内精品民宿品牌合作，打造一批体现丽江市历史文化及非物质文化遗产的隐奢系高端酒店；在大玉龙雪山国际度假旅游发展核，加大推动复游城·丽江地中海国际度假小镇宣传推广力度，依托玉龙雪山山麓国际度假区建设项目，以玉龙雪山优质自然资源为抓手，以“康养度假”为主题，规划建设半山酒店、露营基地、帐篷营地及高端野奢度假酒店；在老君山山地休闲生态观光片区，以世界自然遗产“三江并流核心区——老君山”为依托，串联金沙江（玉龙县段）沿线区域石鼓镇、三股水景区、虎跳峡景区等景群，规划建设露营基地、高端野奢度假酒店、精品民宿、半山酒店等业态；在泸沽湖摩梭风情旅居度假片区，以摩梭文化为主题，建设精品民宿、特色客栈、露营基地；在高原农文康旅融合发展示范片区，以乡村田园原生态体验为主题，在永胜县、华坪县规划建设乡村主题酒店、民宿、特色农家乐、客栈。

3. 统一管理推进旅游住宿规范化发展

一是对现有的星级酒店在原有的管理基础之上，建立星级酒店管理协会，主要负责按照《旅游饭店星级的划分与评定》标准，制定具有针对性、地方性的星级酒店管理标准，对丽江市内的星级酒店按照实际情况定期检查各项标准完成情况。二是按照《云南省旅游民宿建设和管理规范》《云南民宿基本要求与评价》《云南省精品酒店建设和管理规范（试行）》对精品客栈、旅游民宿经营管理进行有效指导。三是参照《云南省露营地与自驾游专项规划》对露营基地、野外生态酒店等户外住宿进行监管引导。四是逐步制定出台对特色住宿的管理机制，如树屋、房车管理的制度。根据《中华人民共和国评定旅游（涉外）饭店星级的规定》对接待国际游客酒店管理进行监督管理，加强国际游客住宿登记及报送管理。

（二）旅游住宿体系空间优化

围绕“高端化、特色化、规范化”发展原则，按照“一带联动、两核辐射、三区协同”的空间布局，完善丽江市高品质酒店、精品（半山）酒店、旅游（客栈）民宿住宿体系，对丽江市的旅游住宿设施进行布局规划和提升（见表12-2）。

表 12-2　丽江市旅游住宿体系规划及提升

建设地点	建设类型	建设性质	建设方式
古城区	①高品质酒店：民族隐奢度假酒店 ②旅游（客栈）民宿：东巴文化主题客栈、马帮文化主题民宿	新建、提升、引进	以纳西民族风情、东巴文化、马帮文化为主题，融入东巴画、白沙细乐等非物质文化遗产，引进语自在、西坡等国内高端民宿品牌及 COMO、阿丽拉、六善、One&Only 等国际高奢度假酒店品牌，打造纳西文化隐奢高端度假酒店；推进古城区现有民宿、客栈、经济酒店等进行智慧化提升建设，加大现代化信息技术应用
玉龙县玉龙雪山景区及周边	①高品质酒店：雪山野奢酒店、雪山康养度假酒店 ②精品（半山）酒店：雪山半山酒店、农文融合康养度假小镇	引进、新建、提升	以雪山康养为主题，打造雪山康养度假酒店；以玉龙雪山自然资源，引进 Singita、andBeyond、Bushtops 等国际野奢酒店品牌，建设近距离体验自然的野奢酒店；新建以纳西古村落文化为依托的农文融合康养度假小镇，推动玉龙雪山度假康养半山酒店建设；提升复游城·丽江地中海国际度假区品质，提升度假区的品牌知名度与影响力
玉龙县西部区域、金沙江（玉龙段）沿线区域	①高品质酒店：森林康养度假酒店 ②精品（半山）酒店：森林半山酒店、高山峡谷半山酒店 ③旅游（客栈）民宿：星空探索主题客栈、户外探险主题民宿	新建、提升	以休闲康养为主题，建设规划休闲木屋、树屋等高端度假酒店；依托世界自然遗产三江并流及老君山自然资源，打造野奢度假酒店、森林半山酒店、高山峡谷半山酒店；建设老君山星空探索、户外探险等主题旅游民宿或客栈
宁蒗县	①精品（半山）酒店：摩梭风情半山酒店、湖滨半山酒店 ②旅游（客栈）民宿：摩梭民居主题民宿	新建、提升	围绕“摩梭文化＋泸沽风光”主题，引导发展具有摩梭文化特色的高端半山酒店、精品酒店、主题民宿、风情客栈体系；依托泸沽湖及周围群山优美秀丽的自然风光，打造湖滨半山酒店

续表

建设地点	建设类型	建设性质	建设方式
永胜县	①精品（半山）酒店：温泉康养半山酒店、田园康养度假酒店 ②旅游（客栈）民宿：边屯文化主题民宿、他留梯田休闲农庄	新建、提升	依托永胜县温泉资源，提升片角镇适度温泉度假酒店、热河红温泉山庄品级，建设以“温泉度假＋乡村休闲”为主题的田园康养度假旅游区；引导发展具有边屯文化、融合民族风情的主题民宿；围绕程海自然生态、他留梯田农家风情，建设融入传统民俗节庆元素的休闲农庄、主题民宿
华坪县	①精品（半山）酒店：乡村全景式观光酒店、田园康养半山酒店 ②旅游（客栈）民宿：田园综合体验主题民宿	新建、提升	依托华坪县区域内蓝莓庄园、金沙江杧果长廊、荣将果子山等项目在周边规划建设乡村综合体验酒店、乡村全景式观光酒店、农家客栈、田园主题民宿等

三、旅游交通体系

（一）交通发展现状

丽江市紧紧围绕“一带一路”、长江经济带等战略部署，着力加大交通基础设施建设投资力度，不断优化运输结构，全市综合交通运输体系建设初见成效，立体综合的交通网络基本形成，为支撑丽江市经济社会高质量跨越式发展，建设面向南亚、东南亚辐射中心的重要节点发挥了重要作用。

在“十三五”规划期间，丽江市完成了大丽铁路提速改造工程，丽江城市综合轨道交通项目1号线开工建设，新建5条高速公路、10个码头水工工程、1237项自然村通硬化路建设项目。截至2020年年底，丽江市境内通车里程达10234.614公里，其中，高速公路320.672公里、省道752.164公里、县道2777.074公里、乡道2813.999公里、村道2984.574公里。实施了永胜县通乡油路改扩建、建制村通畅工程、撤并建制村通硬化路等多个项目，已实现乡乡通油、村村通畅、组组通达，100%的乡镇和100%的建制村通客车。

未来，丽江市将围绕建成云南省进藏入川的综合交通枢纽、大香格里拉旅游经济圈和大滇西旅游环线集散中心、滇西北地区现代物流中心（“一枢纽、两中心”）的目标，规划构建“三纵两横一环一通道”综合交通运输通道，其中：“三纵”分别为西藏—迪庆—丽江—大理—昆明综合运输通道、西藏—迪庆—丽江宁蒗—永胜—大姚—昆明综合运输通道、西藏—迪庆—丽江宁蒗—华坪—永仁—昆明综合运输通道；"两横"分别为南亚、东南亚—大理怒江—丽江—攀枝花—成渝双城经济圈综合运输通道，西藏—迪庆维西—丽江—西昌—成渝双城经济圈综合运输通道；"一环"指构建丽江—宁蒗—香格里拉—维西—兰坪—剑川—鹤庆—永胜—华坪—宁蒗—丽江旅游环线；"一通道"指沿金沙江生态旅游交通走廊，推进金沙江中游库区航运基础设施综合建设项目。丽江市主要交通建设发展情况如表 12-3 所示。

表 12-3　丽江市主要交通建设发展情况

	名称	等级	相连地区	全长（公里）	建设性质
机场	三义国际机场改扩建				扩建
	泸沽湖机场改扩建				扩建
	永胜 A1 级通用机场	A1 级通用机场			新建
	华坪 A3 级通用机场	A3 级通用机场			新建
铁路	丽江—香格里拉铁路		拉市海、达落、新尚	52	续建
	丽江城市综合轨道交通 1 号线	现代有轨电车	玉龙雪山游客中心、白沙古镇、玉水寨、东巴谷及甘海子服务区等	21	续建
	大理—丽江—攀枝花高速铁路	客专双线，350km/h	宜宾、水富、攀枝花、华坪县、永胜县、古城区、大理	172	新建
	丽江城市综合轨道交通 2 号线	现代有轨电车	丽江火车站、玉龙县、西山片区、束河古镇等	38	新建
	丽江城市综合轨道交通 3 号线	现代有轨电车	三义国际机场、丽江火车站等	19	新建
	丽江火车站—丽江古城综合轨道交通	现代有轨电车	丽江火车站、丽江古城	20	新建

续表

	名称	等级	相连地区	全长（公里）	建设性质
铁路	昆明—大理—丽江高速铁路	客专双线，350km/h	昆明、大理、丽江玉龙县	430	新建
	丽江—香格里拉高速铁路	国铁Ⅰ级/单线	丽江、香格里拉	150	新建
	丽江—宁蒗至西昌铁路	国铁Ⅰ级/单线	西昌市、盐源县、宁蒗县、玉龙县	280	新建
	丽江—泸水至腾冲高速铁路	国铁Ⅰ级/单线	丽江市、泸水市、腾冲市	322	新建
高速公路	华坪—丽江高速公路	高速	华坪县、永胜县	150.9	续建
	G7611 都香高速公路宁蒗—香格里拉段	高速	宁蒗县、香格里拉	106	新建
	丽江古城—宁蒗高速公路	高速	宁蒗县、古城区、白沙镇	120	新建
	宁蒗—永胜高速公路	高速	宁蒗县、永胜县	102	续建
	丽江—维西高速公路	高速	玉龙县、鲁甸乡、维西傈僳族自治县	133	新建
	沿金沙江高速公路拉伯—大东段	高速	古城区、宁蒗县	82	新建
	沿金沙江高速公路永胜片角—鹤庆金墩段	高速	永胜县	20	新建
	宁蒗—华坪—楚雄高速公路	高速	宁蒗县、华坪县	90	新建
	永胜仁和（打红）—大姚湾碧高速公路（永胜—大姚）	高速	仁和镇、湾碧乡	25	新建

续表

	名称	等级	相连地区	全长（公里）	建设性质
国道省道	G353 玉龙巨甸小河口—维西县马场涵洞段公路改扩建工程	二级	玉龙县	36	续建
	G348 宁蒗—四川省盐源（干河子—滇川界段）	二级	宁蒗县、盐源县	37	新建
	G353 华坪荣将三马桩—玉龙巨甸小河口公路改扩建工程	二级	华坪县、永胜县、古城区、玉龙县	328	新建
	G348 丽江—鹤庆边界段改扩建工程	二级	玉龙县、鹤庆县	30	新建
	S231 线塔城—巨甸二级公路改建工程	二级	巨甸镇、塔城乡	43	新建
	S223 丽江—泸沽湖公路白沙—竹地垭口段改建工程	二级	永宁镇、奉科镇、鸣音镇、白沙镇	238	新建
	S319 战河—永胜公路战河—S319 线与 G353 线交叉口改建工程	一级、二级	永胜县、战河镇	51	新建
	S219 华坪—泸沽湖公路荣将—竹地垭口段公路改建工程	二级	战河镇、跑马坪乡、新营盘乡、宁蒗县、永宁镇	158	新建
	S217 华坪—永仁公路中心中学路口—鼻唢呐段改建工程	二级	华坪县、石龙坝镇	57	新建

续表

	名称	等级	相连地区	全长（公里）	建设性质
旅游公路	玉龙县中兴—黎明—大羊场公路改建工程	二级、四级	玉龙县	53	新建
	继红桥—虎跳峡公路改扩建工程	二级	龙蟠乡	7	新建
	宁蒗县小环线延长线石佛山—永宁拖枝公路建设项目	二级	泸沽湖机场、永宁镇	43	新建
	永胜程海环湖生态公路	二级	程海镇	61	新建
	玉龙县大羊厂—利苴公路建设项目（跨越兰坪边界）	四级	玉龙县	31	新建
	玉龙县宝山乡水帘洞—宝山石头城公路建设项目	四级	宝山乡	28	新建

（二）交通体系提升策略

1. 积极推进慢行交通网络通道建设

以景区慢行系统为载体，营造“柔软时光，休闲丽江”的氛围，延长游客停留时间，让游客享受慢游丽江。

（1）建设提升旅游绿道品级。依托丽江市丰富的自然、人文资源和景点，对玉龙雪山景区、丽江古城等主要景区的道路进行串联，实现“游道、步道、绿道”三道合一，提升旅游绿道品级，融入纳西东巴文化，使之成为丽江市宣传民族文化的最美的一道风景线。一是在现有的绿道建设的基础上，延长绿道长度，使之覆盖丽江市内全部景区；二是完善沿线道路灯光、沿湖围栏、休息亭等基础设施，提高旅游绿道品级；三是将民族文化融入旅游道路中，让游客体验与众不同、富有民族特色的步道。

（2）建设国际级自行车道、观光车道。加强丽江市各个景区内部与外部之间自行车道、观光车道建设，对现有的古城区自行车道、观光车道进行提升，并以程海、拉市海、老君山、泸沽湖、虎跳峡、黑龙潭周边为主要建设区域，加快环湖观光自行车道建设。同时加强自行车道、观光车道沿线夜间照明设施、车道标识设施、路面方向指示、地面颜色配套、多语种标识牌等建设工作，并配备专门的人员对道路进行清扫和管理。

2. 推出新型旅游交通方式，丰富游客体验

根据丽江市各景区发展特点，推出多类型的旅游交通方式，满足游客多类型多层次需求。

（1）发展低空飞行。引进专业化的航空旅游集团公司，完善低空飞行相关基础设施建设，加强安全措施保护。推进老君山、拉市海、泸沽湖、玉龙雪山、金沙江峡谷等景区低空旅游线路的形成，依托旅行社、网络媒体加大对低空旅游线路的宣传推广，增加曝光率。

（2）推出水上交通旅游。以丽江市现有的水系资源为基础，利用不涉及生态红线的水系，以“生态承载力”为开发前提，大力发展水上交通旅游产品。重点推进梨园、阿海、金安桥三个库区绿色航道、美丽航道建设，推出游船观光、水上自行车、水上玻璃栈道等水上交通旅游产品，最大限度地满足游客湖泊观光、湖泊探险的需求。

3. 加强丽江市内外快行交通网络体系建设

以提升游客行程体验为目标，最大化缩短游客路途时间，在丽江市内外交通路线改造提升的基础上，完善无障碍通道基础设施建设，加大公路沿线绿化面积覆盖，通过开放式交通网络体系的打造，为丽江市打造成世界文化旅游名城提供交通基础。

（1）建立外部快行交通网络，增强国际连接性。一是加速推进丽江市“十四五”规划中大丽攀高速铁路、昆大丽高速铁路、丽香高速铁路建设，加强丽江市与大理、香格里拉、昆明、攀枝花等地的可达性，为丽江市深度融入大滇西旅游环线、大香格里拉旅游经济圈、滇西北综合交通枢纽提供有力抓手；二是进一步增加三义国际机场国际航班数量，增设可直达丽江市的国际航线数，加快丽江市参与国际民航竞争的步伐，增强丽江市与国际其他城市的连接，以提升国际游客到丽江市的便捷性；三是增设丽江市内各个铁路站点、机场的公交班次以及车辆，完善国际化旅游专线与接送服务，为游客及居民提供出行便利；四是推进 G353 玉龙巨甸小河口—维西县马场涵洞段公路改扩建工程，S217 华坪—永仁公路中心中学路口—鼻唢呐段、S219 华坪—泸沽湖公路荣将—竹地垭口段公路改造升级；五是完善高速公路、国道、省基础设施配套，加强 G353、G348、S231、S320 公路沿线加油站、游客休息中心等设施建设；六是弱化丽江市与大理、迪庆、怒江、楚雄等州市之间的交通区域划分，加强区域交通之间的紧密联系，推动各大高速之间快速换线，实现区域

内干线铁路、城际铁路、干线公路、机场与城市轨道的有机衔接。

（2）建立内部快行交通网络，增加内部便捷性。一是加快推进旅游公路、金沙江沿江绿色生态公路、旅游航道、旅游环线建设，沿线设计生态观景台，方便游客观赏沿途美景，沿线设置景区标识牌及安全警示牌，更好满足游客出行的需求；二是坚持“路、运、站”协调发展，将农村客运交通网与城市公交网紧密联合，根据景区位置、路线，合理规划客运专线和客运站点，推进城乡道路一体化的建设，打通到达景区的“最后一公里”，共同打造新型旅游交通系统；三是推动丽江市旅游综合交通枢纽建设，围绕客运站、机场、游客集散中心建设重要的旅游交通节点，发挥中转、互通功能，配备相关住宿、餐饮等基础设施，构建“公共交通＋定制出行＋共享交通”的多元组合客运模式，优化公交线网和站点布局，推动网络约租车规范发展；四是推进建设智慧服务出行平台、智慧交通综合监管平台、交通综合大数据中心，及时发布游客出行服务信息，引导疏散客流，提升交通管理效率及应急保障能力。

四、旅游购物体系

（一）旅游商品提升策略

1. 推出丽江市十大特色旅游商品

围绕丽江市现有旅游商品和潜在旅游商品，开发打造丽江市旅游商品精品，推出最具特色的丽江市“十大好礼”，以此带动丽江市本土居民就业和地方经济增长。一是以现有旅游商品体系为基础，通过旅游创意思路和价值融入，逐步形成杧果好礼、东巴木刻好礼、药膳好礼等传统型好礼；二是立足丽江市纳西族等各民族文化故事、民俗活动、民族手工艺、民族音乐、地理标志、历史文物、民间传说、节事庆典、体育赛事和康养产品等，创新创意新兴好礼，最终形成丽江市十大特色主题旅游商品体系（见表12-4）。

表12-4 丽江市十大特色旅游主题商品

开发主题	开发导向	旅游商品
地理标志主题	模型、书画、手工艺品系列	玉龙雪山书画影集或刺绣、丽江古城微缩模型、老君山书画影集或模型、束河民居微缩模型
地方美食主题	特色美食系列	傈僳滴汁酒、糯米血肠、鸡豆凉粉、猪膘肉、苏哩玛酒、三川火腿、油底肉
农特产品主题	农林果蔬系列	丽江雪桃、海棠果、华坪杧果、乌木春茶、雪茶、蓝莓

续表

开发主题	开发导向	旅游商品
民族精品主题	手工艺品系列	东巴木刻、火绒土布、永胜瓷器、普米族漆器、九河木雕、玞琅银器
东巴文化主题	字画、书籍、手办、胶片系列	《东巴经》书籍、东巴画、“热美蹉”舞蹈人物玩偶手办、纳西东巴文化儿童绘本、东巴文化图书漫画、纳西古乐胶片
民族人文主题	民族服饰、绣品、装饰品系列	普米族皮披肩、摩梭手织披肩、傈僳族刺绣、纳西七星披肩、东巴挂毯、牛肋巴花、民族花背带、东巴地毯、氆氇
科普主题	手册、台历	天文科普儿童绘本、各民族民俗文化台历、红石崖古地震遗址科普绘本、玉龙雪山地形地貌科普绘本
节庆活动主题	玩偶手办、手工编织品、装饰品、绘本系列	结合纳西族棒棒节、三多节、摩梭人转山节、他留人粑粑节等民族节庆，打造节日纪念书籍、打卡纪念章、玩偶手办、手账贴纸、手工编织品、节庆绘本等；依托丽江雪山音乐节，开发音乐节文化衫、手办、纪念牌等音乐节周边产品
探险主题	探险户外装备、健身套装系列	依托格兰芬多国际自行车赛、丽江国际武术文化节、丽江老君山国际越野挑战赛等体育赛事，开发户外专业装备、户外服饰、装备配饰等
康养保健主题	保健品、药膳系列	玛咖、丽江人参、虫草、松茸、程海螺旋藻

2. 打造丽江市文创旅游商品

依托纳西东巴文化、彝族毕摩文化、摩梭人达巴文化、永胜“边屯文化”、华坪巴蜀文化、马帮文化资源，围绕其饮食、服饰、礼仪、音乐、舞蹈、文字、语言、画作、文学、民居建筑、毕摩祭祀、图腾崇拜等，打造丽江市民族文化系列商品，形成丽江市多元文化 IP。依托三大世界遗产，开发系列丽江市手账产品、盖章打卡地、微缩模型、科普书籍、城市标志雪糕、民族风披肩、立体拼图，与泡泡玛特等品牌联名推出丽江市民族人物玩偶盲盒等文创商品，并加大网络宣传推广，成为丽江市标志性文化旅游商品，推动丽江市本土文化对外传播；与 SONY、Bose、Beats

等品牌合作，以纳西东巴乐器等为造型，开发设计蓝牙音箱、蓝牙耳机等创意科技产品。

3. 强化旅游创意商品培育力度

依托丽江市世界文化旅游名城“世界级—世界知名—国内一流”文化旅游项目进行文创商品开发，加快丰富非遗数字化博物馆等文创体验新业态，设立文创扶持基金，加大对旅游商品创意企业的投资力度。通过人才引进和培养，降低市场准入门槛，提供政策福利，实现内外联动，创立一批以创新创意为导向的旅游企业，充分挖掘传统名镇古村的文化环境，打造创客创新基地和空间，逐步推出“丽江好礼”精品创意产品板块，引领丽江市文化旅游商品开拓创新、全面发展。

（二）旅游商品宣传营销

1. 建立完善的线上线下销售渠道

建立完整的线上线下销售平台，多渠道多方式销售，以此拓宽旅游商品销售渠道。线上销售平台可以通过建立专门的“丽江购”销售网站、官方购物小程序或App，在丽江市旅游官方门户网站以及市域内各大景点官方门户网站展示网址及小程序二维码，同时通过淘宝、京东、亚马逊等电商平台建立专门的丽江市文化旅游商品销售旗舰店，与各大直播平台及国外旅游平台、Instagram 旅游博主、Youtube 及 Tiktok 视频博主合作，以博主安利、主播带货等方式打开销售渠道与市场。线下销售平台可在各大景区、各个交通节点，建立专门的旅游商品精品店、旅游商品集市、旅游商品创意园，在乡镇则可以乡镇政府为购物节点，设立专门的售卖小店，在各个旅游商品售卖店配备快递服务。推进丽江市购物免税店建设，在机场建设免税店购物区以吸引海外游客；积极参与中国国际旅游商品博览会、中国国际旅游文化博览会，设立 O2O“丽江购”展览馆，实现线上线下的有机结合。具体销售体系建设方式如表 12-5 所示。

表 12-5 丽江市旅游商品销售体系建设方式

	类型	建设方式	建设位置
线上	旅游商品购物官方小程序及 App	邀请专业团队设计开发购物 App 及小程序，并在机场、火车站、客运站广告宣传栏及各大景区宣传栏发布下载二维码	官方 App 及小程序
	旅游商品购物旗舰店	在淘宝、京东、亚马逊等电商平台建立“丽江购”官方旗舰店	亚马逊等电商平台

续表

	类型	建设方式	建设位置
线上	旅游商品官方购物网站	邀请专业设计团队设计官方网站界面，在丽江市各大政府及景区官网发布网址信息，并设立旅游商品购物外语网站	官方国际网站
	旅游商品直播	在淘宝、Tiktok、Youtube、Instagram 等直播平台开设“丽江购”官方直播间，并与热门主播合作，宣传销售“丽江购”旅游商品	网络直播平台
线下	旅游商品精品店	在各大景区建设与景区主题相关的旅游商品购物小店	丽江古城、玉龙雪山景区、束河古镇、泸沽湖景区、老君山黎明景区等重点景区
	旅游商品集市	以大型商场为载体，建立专门的旅游商品集市或创意园	丽江古城、束河古镇等景区周边
	乡镇旅游商品购物店	在各乡镇建设旅游商品购物店以销售当地地方特产，并配备快递服务	各大乡镇人民政府

2. 加强旅游商品国际化宣传推广

秉承“引进来，走出去”的宣传合作战略，加强与日本高山市、新西兰旺阿努伊市、泰国孔敬市等国际友好城市合作宣传，在丽江市与国际友好城市的官方考察、人文交流基础上，不定期开设丽江市特色旅游商品快闪店，前往各个国际友好城市进行丽江市文化旅游推介、精品线路宣传、联合线路开发、涉旅企业国际合作、产业投资等多方面深度合作；以现有国际友好城市为支点，抓住“一带一路”和面向南亚、东南亚辐射中心建设的契机，推进旅游商品冷链及物流建设，加强与沿线国家宣传合作与推广，针对出口国的市场调研与消费需求对旅游商品进行针对性调整，让丽江市优质旅游商品向其他国家与地区辐射，开拓文化旅游商品国际市场，为丽江市打造世界文化旅游名城提供突破口和有力抓手；将傈僳族刺绣、纳西披肩等与国际服装设计师合作，依托伦敦时装周“中国之夜”主题时装秀、中国国际时装周、米兰时装周等加强丽江市精品民族服饰的宣传推广，助力丽江市民族服饰、绣品等朝国际化、高端化、品牌化方向发展；与 Stumbleupon Ads、Snapchat Ads、Google Ad words、Bing Ads、OutBrain 等国际宣传平台合作，推进丽江市旅游商品在广告聚合平台、搜索广告投放平台等的宣传推广。

五、旅游娱乐体系

（一）旅游娱乐体系提升原则

围绕“世界一流的特色文化旅游名城”发展定位，以“全域、全时、全景”为开发原则，规划引进娱乐项目，满足游客处处可娱乐、时时可游玩、次次不同感的丰富体验。

1. 全时体验

以“全时”为规划开发思路，引进娱乐项目，覆盖白天和黑夜，围绕夜间观光游憩、夜间演艺、特色餐饮等夜经济，打造“夜丽江”旅游新形象，推出全天候丽江市娱乐产品，让游客体验不同时刻的丽江市文化魅力，带来不一样的游客感官体验，全方位满足游客的全时体验需求。

2. 全域体验

以玉龙雪山、丽江古城、泸沽湖、老君山等知名旅游景区为中心，辐射带动周边景区及乡镇的旅游发展，形成多中心联动发展，加大对周边经济发展薄弱的乡镇地区旅游环境整治、公共服务设施建设的财政支持、政策倾斜，扩宽投融资渠道，放宽旅游项目引进要求，实现丽江市旅游项目全域覆盖。

3. 全景体验

利用 VR、AR、裸眼 3D 等智慧化技术打造全景式旅游项目，推广沉浸式旅游方式，让游客感受挑战玉龙雪山、纵览老君山、飞跃驼峰等非凡体验，从不同于观光游览的独特角度观赏丽江市美景，借助现代化信息技术助力丽江市文化旅游向国际化、高端化、特色化、智慧化发展。

（二）旅游娱乐体系提升策略

1. 点亮丽江，打造丽江不夜城

以打造夜间文旅消费试点城市及夜间文化和旅游消费聚集区为抓手，围绕夜游、夜食、夜宿、夜购、夜娱等多角度，延长博物馆、文化馆、艺术馆等公共文化场所开放时间，打造一批夜间文化旅游休闲示范精品项目；邀请专业灯光设计团队，加快推进“一区四县”亮化工程，完善各大景区内灯光设计，以丽江古城、泸沽湖等景区为带动，策划夜间互动体验项目，推动“纳西风情小吃街”“茶马古道美食市集”等夜间美食项目建设；依托丽江市丰富文化资源，打造夜间旅游体验区，推进古城奇妙夜、古城邻里文化节、四方街打跳等一系列互动性较强、沉浸式体验的夜游夜娱主题活动，丰富景区夜间旅游业态；推出夜爬玉龙雪山、夜赏泸沽湖、夜游金沙江、夜探老君山等多条多类型夜间旅游线路，并加大对丽江市夜游线路的宣传营销；结合三多节、棒棒节、火把节等民族节庆及丽江国际雪山音乐节等节事活动，推出火把狂欢夜、篝火晚会、夜间荧光跑、地标打卡、光影展等夜间庆祝活动；适时推出夜丽江国际摄影展、丽江国际夜间电影、民族音乐剧、星空读书会等夜间文化活动，推动夜间实景体验剧本杀、夜间飞盘等夜间娱乐活动项目建设，深度拓展文化旅游体验时长。

2. 休闲丽江，打造户外康体新高地

积极推进低空飞行、攀岩、徒步、户外探险等多种户外休闲项目，推动打造集休闲、度假、运动、康养于一体的综合休闲户外基地、户外运动俱乐部，以满足不同年龄段、不同层次的游客需求；针对高端游客群体，根据丽江市高海拔气候条件及优质的山地条件，引进户外探险专业人士，定制化徒步、攀岩、漂流、骑马、高空跳伞、蹦极、野营探险、定向越野等户外项目，加大定制私人线路、高原康养等轻奢项目的投入；开发雪山探险、超级越野赛——天空跑、虎跳徒步等项目，加快老君山黎明景区游客步道、泸沽湖景区环湖步道等休闲步道的建设，改造完善“茶马古道精品旅游徒步线路”步道，大力推动丽江市内精品徒步旅游线路、体育运动旅游线路建设；加速推进丽江猎鹰谷户外运动旅游区、永胜田园康养度假旅游区等项目的开发建设，培育壮大一批民族体育节事，努力争办国际山地旅游大会、国际户外挑战赛、国际户外越野探险赛、“飞跃安七尼”等国际户外会议及赛事，积极推进“丽江国际马拉松赛”“雪山国际越野文化节”“国际高山徒步大赛”“国际登山文化节”“全国中老年广场舞大赛”等体育赛事活动的举办，打响丽江市国际户外运动品牌。

3. 文化丽江，打造民族文化新体验

加强丽江市非物质文化遗产的宣传与保护，提升博物馆、传习馆等体验功能，引入社会资本支持文艺创作，创新民族文化呈现方式，创造沉浸式体验场景，以三项世界遗产为核心，整合文化遗存，积极推进打造民族文化体验综合体；重点提升丽江市现有旅游演艺及曲目的观赏功能，积极创新丽江市山水生态主题实景演艺活动，打造能体现丽江市形象的山水实景演艺旅游产品和具有国际影响力的民族文化演艺产品；通过智慧化高科技结合声、光、电技术，立体式重现红军长征艰苦历程，开展红色研学、重走长征路、重食长征饭等红色体验项目，大力推进长征国家文化公园丽江段建设；积极举办纳西文化艺术展、雪山诗画艺术展等传统艺术展览，以及各种融合性、后现代的非常规艺术展览，吸引国际国内知名艺术家驻村创作，精致打造艺术写生与创客空间，并辐射带动周边村镇进一步发展，打造国际知名文化艺术基地；以纳西族三多节、棒棒节、彝族火把节、华坪县杧果节、丽江雪山音乐节、国际自行车赛等节庆赛事为抓手，加强节事活动的宣传管理，形成节庆品牌合力，延长节事活动产业链，避免与周边地区同质化，形成比较优势，加快节事活动共建共享进程。

4. 乡愁丽江，全方位体验田园生活

以各乡镇传统特色村落、旅游特色名村、特色小镇等为启动试点，大力推进乡村旅游娱乐体验活动的打造。依托普洛村、普米村的休闲农业资源、乡村资源、自然景观等，打造以摩梭、普米田园风光为基调，宣传教育、生态环境科普为特色的生态研学基地；通过杧果采摘、雪桃采摘、挖马铃薯、收割油菜等农家体验项目，带动各乡镇旅游发展，开设一批主题鲜明、具有民族特色的乡村民宿，让游客体验吃农家饭、干农家活的田园时光，远离城市喧嚣，享受田园慢生活；以拉市雪桃庄园、华坪芒果庄园、宁蒗苹果庄园、鲁甸重楼庄园、金山蓝莓庄园、文海玛咖庄园、程海螺旋藻生产基地等农业庄园和基地为载体，策划举办雪桃文化节、杧果文化节等农事节庆活动，推动建设果蔬换装秀、丰收狂欢节、水果宴等娱乐项目；依托丽江市内绿色有机食品、中医药材等，开发特色药膳养生餐饮；以打造乡村田园康养度假公园为发展目标，依托“美丽三川”国家级田园综合体项目，充分开发利用大面积水稻和万亩荷塘，挖掘荷塘和水稻在不同季节的观赏游憩和美食价值，打造田园康养农庄和田园特色集市街区，形成山水田园、诗意栖居的乡村旅游品牌示范。

5. 世界丽江，探寻历史文化足迹

立足茶马古道文化，通过商业街、实景体验馆、自然博物馆、徒步挑战赛等形式，全方位立体展现丽江市茶马古道文化内涵，推出茶马古道精品旅游徒步线路，发展“马载茶香、商路千年”的国家级科普研学项目；依托世界遗产的知名度和影响力，整合丽江市丰富的文化遗存，积极打造世界级文化体验旅游线路，拓展文化遗产体验形式，加快打造世界级的非遗传习中心，建立文创集市和文创基地，推动非遗文创产品开发，促进非遗文化的活态化利用；围绕洛克等国际友人与丽江市的历史文化渊源，以“寻踪洛克”为核心主题，积极谋划打造历史博物馆、国际文化书屋，与丽江市自然禀赋、文化遗存等结合策划研学、探秘等旅游线路，与洛克故乡夏威夷共同举办洛克文化国际论坛等国际会议，推动丽江市相关的历史、文化研究、传承与发展；密切与国际友好城市（山峰）之间的文化、旅游、商业交流，拓展线上线下交流合作形式，重点开展遗产保护及旅游产业发展方面的合作互动，定期举办国际性城市历史文化研讨会、展览会等，推动国际友好城市在非遗文博领域的深度合作，积极推动丽江市历史文化“走出去”，让丽江市多彩、深厚的文化在世界舞台绽放。

6. 科普丽江，打造科普研学新典范

以玉龙雪山丰富的地质地貌资源为基础，重点打造青少年夏令营及冬令营、研学基地、冰雪奇境主题乐园、蓝月谷科普教育基地、冰川博物馆等项目，开发推进以研学探秘为主题的青少年研学项目；依托猎鹰谷景区现有服务设施和功能，立足纳西族传统文化和游牧狩猎技能等，推出多层次、多类型的拓展类营地项目、集训营项目，努力将其打造为国内行业领先的高质量研学团建基地；将老君山“三起三落”“神鸟彩屏”等奇特天象景观整合，将自然佛、老君山炼丹炉等丹霞地貌进行联合打造，推进高山丹霞地貌博物馆建设，积极推进建设智慧化自然博物馆；依托老君山黎明景区“中国森林氧吧”影响力，推进森林生态研学营地建设，利用老君山地区丰富的动植物资源以及地貌资源，推动杜鹃花科普之旅、观鸟研学之旅、高原兰花之旅、地质层探秘之旅等科普研学项目开发，依托滇金丝猴的生物资源，建设滇金丝猴科普研学基地，并举办滇金丝猴科普展览、冬令营、夏令营等活动；以施普瑞基地、蜂蜜生产基地、华坪杧果小镇、金安桥电站、东巴造纸、扎染作坊等为核心，全力打造以现代工业生产展示、工业遗址、工业博物馆、农业体验为主的研学项目。

六、旅游公共服务

（一）游客集散中心

1. 提升原则

一是集约建设，绿色发展。推进丽江市旅游集散中心集约化建设，根据基础设施建设需要，科学规划旅游集散中心用地面积，使用生态绿色环保的材料，扩大集散中心绿植覆盖面积，增加植被覆盖率，打造符合现代绿色生态可持续发展理念的集约化旅游集散中心。

二是因地制宜，分层打造。根据不同区域旅游景区的人流量、交通节点的重要程度和景区的等级，建立不同等级的旅游集散中心，因地制宜规划建设游客集散中心，合理节约开发成本和保护生态环境，高效率发挥游客集散中心功能。

三是以人为本，游客至上。坚持“以人为本”的发展宗旨，坚持“游客至上”的服务理念，游客中心应尽可能满足不同类型游客的需求。旅游集散中心的选址距离景区适中，为游客提供便利，建设时应按照国际标准设计残障基础设施以及规划针对老人、儿童、女性等群体的旅游基础设施，以满足特殊群众需求，同时应重视休闲娱乐设施的建设，重视旅游集散中心内工作人员服务意识的培养，突出旅游休闲集散功能，增加游客集散中心双语工作人员的配备比例，满足国际游客旅游需求。

四是科技赋能，彰显特色。以手机为主要的交互终端，打造集多数据接收、自媒体传播、虚拟化体验、大交通对接、大数据采集处理于一体的共建共享的丽江市旅游智慧集散中心，实现免费 Wi-Fi 全覆盖，打造虚拟互动旅游服务设施，对丽江古城、玉龙雪山景区、泸沽湖景区、老君山黎明景区进行虚拟投影，展示丽江市文化旅游魅力。

五是理念趋前，彰显特色。打造国际化、现代化旅游集散中心，依据丽江市丰富的自然资源，合理规划设计和整体布局，树立丽江市良好的入口形象，景观设计和文化展示需凸显当地的旅游特色，让旅游集散中心成为丽江市游览的缩影，使游客能尽快融入当地环境，带来优质游客体验。

2. 规划布局

以“分层建设、绿色发展、以人为本、智慧建设、彰显特色”为建设原则，按照当地实际发展情况，对丽江市游客集散中心进行科学规划，构建“集散中心—服务站—服务点”的三级旅游服务体系（见表 12-6）。

表 12-6　丽江市游客集散中心规划布局

建设位置	等级	配套设施	建设性质	建设功能
玉龙县	一级游客集散中心	App 应用开发、虚拟科技应用、售票大厅（景区门票、旅游交通）、旅游厕所（必备第三卫生间）、旅游商店、旅游咨询处、导游服务、停车场、医务室、无障碍通道、外宾接待通道、自动提款机、设备出租点、旅游宣传栏目、旅游投诉处、无线网络全覆盖、公共休息区	改建	景区宣传、酒店预订、信息传递、票务预订、休闲体验、物品存储、城市简介
丽江古城	一级游客集散中心	App 应用开发、虚拟科技应用、售票大厅（景区门票、旅游交通）、旅游厕所（必备第三卫生间）、旅游商店、旅游咨询处、导游服务、停车场、医务室、无障碍通道、外宾接待通道、自动提款机、设备出租点、旅游宣传栏目、旅游投诉处、无线网络全覆盖、公共休息区	新建	景区宣传、酒店预订、信息传递、票务预订、休闲体验
泸沽湖景区	一级游客集散中心	App 应用开发、虚拟科技应用、售票大厅（景区门票、旅游交通）、旅游厕所（必备第三卫生间）、旅游商店、旅游咨询处、导游服务、停车场、医务室、无障碍通道、外宾接待通道、自动提款机、设备出租点、旅游宣传栏目、旅游投诉处、无线网络全覆盖、公共休息区	新建	景区宣传、酒店预订、信息传递、票务预订、休闲体验

续表

建设位置	等级	配套设施	建设性质	建设功能
老君山黎明景区	一级游客集散中心	App应用开发、虚拟科技应用、售票大厅（景区门票、旅游交通）、旅游厕所（必备第三卫生间）、旅游商店、旅游咨询处、导游服务、停车场、医务室、无障碍通道、外宾接待通道、自动提款机、设备出租点、旅游宣传栏目、旅游投诉处、无线网络全覆盖、公共休息区	新建	景区宣传、酒店预订、信息传递、票务预订、休闲体验
九十九龙潭景区	二级游客集散中心	售票大厅（景区门票、旅游交通）、旅游厕所（必备第三卫生间）、旅游商店、旅游咨询处、导游服务、停车场、医务室、无障碍通道、外宾接待通道、设备出租点、旅游宣传栏目、旅游投诉处、无线网络全覆盖、公共休息区	在建	餐饮住宿引导、景区介绍、信息咨询
宁蒗县	二级游客集散中心	售票大厅（景区门票、旅游交通）、旅游厕所（必备第三卫生间）、旅游商店、旅游咨询处、导游服务、停车场、医务室、无障碍通道、设备出租点、旅游宣传栏目、旅游投诉处、无线网络全覆盖、公共休息区	在建	餐饮住宿引导、景区介绍、信息咨询
玉龙县	二级游客集散中心	售票大厅（景区门票、旅游交通）、旅游厕所（必备第三卫生间）、旅游商店、旅游咨询处、导游服务、停车场、医务室、无障碍通道、设备出租点、旅游宣传栏目、旅游投诉处、无线网络全覆盖、公共休息区	在建	餐饮住宿引导、景区介绍、信息咨询
华坪县	二级游客集散中心	售票大厅（景区门票、旅游交通）、旅游厕所（必备第三卫生间）、旅游商店、旅游咨询处、导游服务、停车场、医务室、无障碍通道、设备出租点、旅游宣传栏目、旅游投诉处、无线网络全覆盖、公共休息区	新建	餐饮住宿引导、景区介绍、信息咨询

续表

建设位置	等级	配套设施	建设性质	建设功能
永胜县	二级游客集散中心	售票大厅（景区门票、旅游交通）、旅游厕所（必备第三卫生间）、旅游商店、旅游咨询处、导游服务、停车场、医务室、无障碍通道、设备出租点、旅游宣传栏目、旅游投诉处、无线网络全覆盖、公共休息区	在建	餐饮住宿引导、景区介绍、信息咨询
宝山乡	二级游客集散中心	售票大厅（景区门票、旅游交通）、旅游厕所（必备第三卫生间）、旅游商店、旅游咨询处、导游服务、停车场、医务室、无障碍通道、设备出租点、旅游宣传栏目、旅游投诉处、无线网络全覆盖、公共休息区	新建	餐饮住宿引导、景区介绍、信息咨询
束河古镇	三级游客集散中心	售票大厅（景区门票、旅游交通）、旅游厕所（必备第三卫生间）、旅游商店、旅游咨询处、导游服务、停车场、医务室、无障碍通道、旅游宣传栏目、旅游投诉处、公共休息区	新建	餐饮住宿引导、景区介绍、信息咨询
大研古镇	三级游客集散中心	售票大厅（景区门票、旅游交通）、旅游厕所（必备第三卫生间）、旅游商店、旅游咨询处、导游服务、停车场、医务室、无障碍通道、旅游宣传栏目、旅游投诉处、无线网络全覆盖、公共休息区	新建	餐饮住宿引导、景区介绍、信息咨询
程海镇	三级游客集散中心	售票大厅（景区门票、旅游交通）、旅游厕所（必备第三卫生间）、旅游商店、旅游咨询处、导游服务、停车场、医务室、无障碍通道、旅游宣传栏目、旅游投诉处、公共休息区	新建	餐饮住宿引导、景区介绍、信息咨询、城乡互通中转
石鼓镇	三级游客集散中心	售票大厅（景区门票、旅游交通）、旅游厕所（必备第三卫生间）、旅游商店、旅游咨询处、导游服务、停车场、医务室、无障碍通道、旅游宣传栏目、旅游投诉处、公共休息区	新建	餐饮住宿引导、景区介绍、信息咨询、城乡互通中转

续表

建设位置	等级	配套设施	建设性质	建设功能
大具乡	三级游客集散中心	售票大厅（景区门票、旅游交通）、旅游厕所（必备第三卫生间）、旅游商店、旅游咨询处、导游服务、停车场、医务室、无障碍通道、旅游宣传栏目、旅游投诉处、公共休息区	新建	餐饮住宿引导、景区介绍、信息咨询
宝山石头城	三级游客集散中心	售票大厅（景区门票、旅游交通）、旅游厕所（必备第三卫生间）、旅游商店、旅游咨询处、导游服务、停车场、医务室、无障碍通道、旅游宣传栏目、旅游投诉处、公共休息区	新建	餐饮住宿引导、景区介绍、信息咨询
永宁镇	三级游客集散中心	售票大厅（景区门票、旅游交通）、旅游厕所（必备第三卫生间）、旅游商店、旅游咨询处、导游服务、停车场、医务室、无障碍通道、旅游宣传栏目、旅游投诉处、公共休息区	新建	餐饮住宿引导、景区介绍、信息咨询、城乡互通中转
拉市海	三级游客集散中心	售票大厅（景区门票、旅游交通）、旅游厕所（必备第三卫生间）、旅游商店、旅游咨询处、导游服务、停车场、医务室、无障碍通道、旅游宣传栏目、旅游投诉处、公共休息区	新建	餐饮住宿引导、景区介绍、信息咨询
巨甸镇	三级游客集散中心	售票大厅（景区门票、旅游交通）、旅游厕所（必备第三卫生间）、旅游商店、旅游咨询处、导游服务、停车场、医务室、无障碍通道、旅游宣传栏目、旅游投诉处、公共休息区	新建	餐饮住宿引导、景区介绍、信息咨询、城乡互通中转
文峰寺景区	三级游客集散中心	售票大厅（景区门票、旅游交通）、旅游厕所（必备第三卫生间）、旅游商店、旅游咨询处、导游服务、停车场、医务室、无障碍通道、旅游宣传栏目、旅游投诉处、公共休息区	新建	餐饮住宿引导、景区介绍、信息咨询
金塔景区	三级游客集散中心	售票大厅（景区门票、旅游交通）、旅游厕所（必备第三卫生间）、旅游商店、旅游咨询处、导游服务、停车场、医务室、无障碍通道、旅游宣传栏目、旅游投诉处、公共休息区	新建	餐饮住宿引导、景区介绍、信息咨询

（二）旅游厕所

1. 提升原则

一是全域覆盖，提质升级。以覆盖丽江市全部区域、质量全面提升为目标，改善厕所卫生条件，安排专人对厕所进行定期打扫、消毒，达到最基本的健康卫生的要求；加大旅游厕所基础设施建设，推进其智慧化建设：通过“一部手机游云南”完善找厕所功能、在厕所门口摆放 LED 屏，显示厕所分布图以及使用情况，同时采用智能化设备统计游客进入厕所人数，厕所内放置除臭机，保证厕所空气环境质量，配备智能感应系统（感应冲水、人脸识别厕纸、感应洗手液、感应干手机、一次性坐便盖纸）、污水处理系统，实现太阳能发电、废水循环利用等功能，打造立体式智能厕所。

二是以人为本，人性设计。旅游厕所的设计应该突出人性化的特点，针对不同的群体打造不同主题类型的厕所。对男女厕按照 2：3 比例进行合理化设计，女厕应该更多地突出女性元素，从女性视角出发，设计女性主题厕所，配备所需的化妆镜、梳妆台等设施，适宜用精油控制厕所香氛气味，为女性提供良好的如厕环境；对于儿童可以设计半开放式的旅游厕所，在厕所墙壁可设计一些儿童喜欢的插画、动画片等图案，以吸引儿童的注意力，通过一些简易的娱乐设施让如厕成为一种趣事；对于残疾人士则通过设计无障碍通道减少厕所进入的障碍。

三是景厕相容，主客共享。以景区发展为着力点，大力推进旅游厕所革命，将厕所当成景点打造，致力于将之建设成为丽江市新晋网红旅游景点，一个集休闲娱乐功能于一体的综合体。可在厕所内设置书吧、阅览室、小型电影播放室、字画展览室、丽江旅游精品展览室等部分，让旅游厕所不仅仅是游客如厕的地方，还成为景区中一景，最大化地延长游客在景区中的停留时间。

四是加强监管，卫生服务。由各区县领导成立针对旅游厕所管理的部门，实施卫生责任制，由当地景区、社区、村委会直接负责，并制定相应的考核制度，定期检查、考核。其次通过宣传栏和短视频等方式向当地居民和游客宣传爱护厕所卫生和个人卫生，提高卫生意识。

2. 规划布局

按照“全域、全质、人性化、景厕相容”的提升原则，因地制宜，对丽江市旅游厕所进行规划布局，带动全市旅游厕所质量提升，最大限度地满足丽江市城乡居民以及外来游客的需求，进一步健全主客共享服务设施（见表 12-7）。

表 12–7　丽江市旅游厕所规划布局

建设位置	建设性质	建设数量	建设等级
古城区	新建 + 提升	4	五星级
		8	四星级
		7	三星级
		3	二星级
玉龙县	新建 + 提升	6	五星级
		8	四星级
		7	三星级
		4	二星级
宁蒗县	新建 + 提升	1	五星级
		2	四星级
		2	三星级
		6	二星级
		4	一星级
永胜县	新建 + 提升	1	四星级
		2	三星级
		2	二星级
		4	一星级
华坪县	新建 + 提升	1	四星级
		1	三星级
		2	二星级
		5	一星级

（三）旅游标识系统

旅游标识牌作为旅游导向标志，根据国家《城市旅游公共信息导向系统设置原则与要求》《公共信息导向系统设置原则与要求》《旅游景区公共信息导向系统设置原则与要求》等相关标准规范，对丽江市重要的交通公路、交通节点以及旅游景区旅游标识系统进行规划，保证内外标识系统包含两种以上语言介绍，以清晰、指向明确、翻译准确为建设目标，推进丽江市旅游标识系统体系的建立。旅游标识系统主要包括内部标识系统和外部标识系统。

1. 内部旅游标识系统提升原则

（1）突出丽江特色，彰显文化底蕴。加快丽江市内部景区标识系统特色化建设，将丽江市多元民族文化渗透在标识牌建设中，让游客感受民族文化魅力。一是在景区内部旅游标识牌将老虎、木石、牦牛、青蛙等民族图腾作为装饰品引入景区标志牌建设中，适当调节装饰物颜色，与景区发展主题相适应；二是景区介绍牌上需要包含常规的中、英文景区介绍外，还应增加1~2种其他外文介绍，并根据景区所在地区加上相应的民族文字介绍，彰显民族文化底蕴。

（2）城乡区域高层次协调发展。以“世界文化旅游名城”为发展目标，提高城乡精细化程度，加快推进丽江市内包括城乡所有景区旅游标识系统向高层次方向发展。一是将5A级旅游景区标识系统（导游全景图、导览图、标识牌、景区介绍牌）引入丽江市全域景区，尤其是乡村地区，提高要求标准，与城市区域同标准协同发展；二是科学合理布局旅游标识牌位置，选择合适的摆放距离，方便游客观看；三是景区标志牌的建设必须美观，与整体环境相融合。

（3）打造“二次营销”旅游标识系统。针对个别景区旅游消费项目，设置专门的景区标识牌进行信息传递，可用静态广告牌、LED等充分发挥旅游标识的特点和优势，打造“二次营销”旅游标识系统，在丽江市通过各种动态播放形式，让顾客能够更加清晰地了解旅游项目主要“看什么、玩什么、游什么”，对旅游娱乐项目进行二次宣传，以刺激旅游消费。

2. 外部旅游标识系统提升原则

按照《城市道路交通标志和标线设置规范（GB 51038—2015）》，在G348、G56、S613以及规划建设的西香高速丽江段等重要的交通线路交叉口、旅游公路和重要的交通节点位置，设置旅游标识牌。旅游外部标识主要包括安全警示牌、道路引导牌、宣传牌。

（1）分等级设置旅游标识。针对不同景区的旅游资源要素价值、旅游景观市场价值和旅游交通需求指标，在丽江市整个区域范围内建设不同等级类型的旅游标识，分为A、B、C三个等级，在G56杭瑞高速、玉楚高速、楚姚高速、东南绕城高速等出口匝道、交叉口处设置A级旅游标识；对于丽江市中心城区景区范围3公里范围/郊区5公里范围内设置B级旅游景区标识牌进行引导；对于距离各类型景区附近的干道岔口设置C级旅游标识进行引导。

（2）科学规划，合理布局。科学合理规划布局旅游标识牌位置。一是各类型旅游标识牌应该单独设置，设置距离其他交通标志60米以外的范围或交叉路口下游；二是根据游客最佳观看位置，合理摆放标识牌高度，对于乡镇内的人流量较少的景区，一般摆放与人视线高度一致的位置，对于丽江古城、玉龙雪山、泸沽湖等人流量大的景区，则摆放在略高于人体高度的位置；三是在现有道路条件无法单独设置旅游景区（点）指引标志时，可与指路标志版面组合设置。

（3）规范设置，明确区分。对不同类型对旅游外部标识明确区分，按照《城市道路交通标志和标线设置规范》（GB 51038—2015），使用合理规范的旅游标识，对不同类型的道路设计车速、几何线性、交通流量、流向。旅游标识牌外表应该干净整洁、清晰明了，文字与标识牌颜色应该加以区分，方便游客观看。

（四）旅游营地

1. 建设原则

一是建设高层次旅游营地。依靠丽江市丰富优质自然资源，按照国际标准建设丽江市高水平层次的旅游营地，满足国内外游客的营地需求，对营地的营业时间、营地面积、供水设施、车道、照明路灯、旅游厕所、游乐场、特色餐饮、洗衣处、垃圾处理设施、急救箱、商店等配套设施进行规定。

二是建设多功能旅游营地。突破传统露营基础功能，加强旅游营地多功能建设，成为集住宿、餐饮、交通、娱乐于一体的旅游营地综合体。在营地内配套儿童游乐场、体育运动场地、美食街、葡萄酒品尝室、康养药膳区，收发室、游泳式、户外运动体验基地等设施，完善游客户外综合旅游体验的功能。

三是开展多样化营地活动。举办多样化的营地活动，融入丽江市民族文化，丰富营地夜间活动，定期开展露天电影、夜间飞盘、露天音乐会等娱乐休闲活动，在三多节、棒棒节等民族节庆日举办大型节庆活动，让游客亲身体验民族节日氛围，突出丽江市民族文化资源，打出丽江市营地特色品牌；部分营地适当配备建设户外徒步探险运动基地，举办徒步、野营等户外体验活动，以老君山、虎跳峡等旅游区为建设基地，在不破坏生态环境的前提下，配备便携式的旅游营地相关设施，举办攀岩、漂流、丛林探险等活动。

四是建设多主题旅游营地。根据不同地区的人流量、车流量、交通建设情况、可建设情况以及当地旅游特色，构建不同类型的旅游营地，满足不同类型游客的需求，在民族文化凸显的片区应建设休闲、文化体验的旅游营地，在风景秀丽的片区应建设观景、探险、野炊的旅游营地。

2. 规划布局

一是目的地营地。依托“两大世界级文化旅游发展核”与“三大文化旅游发展协同片区”，完善丽江市自驾旅游服务系统与国际目的地营地建设，围绕带动效应强劲、市场影响力突出、国际知名度较高的核心文化旅游资源，打造集娱乐、住宿、餐饮、购物等于一体的目的地营地综合体（见表12-8）。

表 12–8 丽江市旅游目的地营地建设规划布局

建设位置	配套设施	特色功能与营地活动
大研古镇	出入口（门卫、旅游标识、景区导览图）；停车场（监视器、车辆养护点）；房车露营区（遮阳伞、自主烹饪器材、桌椅等）；自驾车露营区（帐篷安置点、遮阳伞、自主烹饪器材、桌椅等）；服务保障区（接待区、购物服务、洗衣、公共卫浴、医疗、器材租赁、无障碍通道、加油站、充电桩）；废弃物收纳和处理区（合理分布垃圾桶、垃圾分类回收与处理）；智慧服务区（客流监控、智慧导览、大数据中心、个性化推送）；休闲娱乐区（东巴木刻体验馆、纳西风情歌舞剧、节事庆祝、东巴文化研究馆）；餐饮区（特色餐厅、纳西美食小吃街）；住宿区（精品酒店、连锁经济酒店）	纳西传统艺术体验、古镇慢文化休闲体验
玉龙雪山	出入口（门卫、旅游标识、景区导览图）；停车场（监视器、车辆养护点）；房车露营区（遮阳伞、自主烹饪器材、桌椅等）；自驾车露营区（帐篷安置点、遮阳伞、自主烹饪器材、桌椅等）；服务保障区（接待区、购物服务、洗衣、公共卫浴、医疗、器材租赁、无障碍通道、加油站、充电桩）；废弃物收纳和处理区（合理分布垃圾桶、垃圾分类回收与处理）；智慧服务区（客流监控、智慧导览、大数据中心、个性化推送）；休闲娱乐区（高原特色体育运动体验馆、爱情摄影基地、飞跃驼峰 VR 体验馆）；餐饮区（特色餐厅、透明厨房）；住宿区（精品酒店、帐篷营地、观景平台）	高原特色体育、地貌研学、摄影旅拍
老君山黎明景区	出入口（门卫、旅游标识、景区导览图）；停车场（监视器、车辆养护点）；房车露营区（遮阳伞、自主烹饪器材、桌椅等）；自驾车露营区（帐篷安置点、遮阳伞、自主烹饪器材、桌椅等）；服务保障区（接待区、购物服务、洗衣、公共卫浴、医疗、器材租赁、无障碍通道、加油站、充电桩）；废弃物收纳和处理区（合理分布垃圾桶、垃圾分类回收与处理）；智慧服务区（客流监控、智慧导览、大数据中心、个性化推送）；休闲娱乐区（汽车越野体验区、低空飞行体验馆、马术训练场、溪泉水疗中心）；餐饮区（特色餐厅、傈僳风情小吃街、透明厨房）；住宿区（森林禅修精品酒店、帐篷营地、观景平台）	生态研学、丹霞地貌科普、户外运动

续表

建设位置	配套设施	特色功能与营地活动
泸沽湖景区	出入口（门卫、旅游标识、景区导览图）；停车场（监视器、车辆养护点）；房车露营区（遮阳伞、自主烹饪器材、桌椅等）；自驾车露营区（帐篷安置点、遮阳伞、自主烹饪器材、桌椅等）；服务保障区（接待区、购物服务、洗衣、公共卫浴、医疗、器材租赁、无障碍通道、加油站、充电桩）；废弃物收纳和处理区（合理分布垃圾桶、垃圾分类回收与处理）；智慧服务区（客流监控、智慧导览、大数据中心、个性化推送）；休闲娱乐区（摩梭演艺馆、民族手工体验馆）；餐饮区（特色餐厅、摩梭土司宴、透明厨房）；住宿区（观景平台、摩梭精品民宿、连锁经济酒店）	摩梭文化活态展示、生态观光
程海景区	出入口（门卫、旅游标识、景区导览图）；停车场（监视器、车辆养护点）；房车露营区（遮阳伞、自主烹饪器材、桌椅等）；自驾车露营区（帐篷安置点、遮阳伞、自主烹饪器材、桌椅等）；服务保障区（接待区、购物服务、洗衣、公共卫浴、医疗、器材租赁、无障碍通道、加油站、充电桩）；废弃物收纳和处理区（合理分布垃圾桶、垃圾分类回收与处理）；智慧服务区（客流监控、智慧导览、大数据中心、个性化推送）；休闲娱乐区（环湖生态观光廊道、螺旋藻休闲观光区、边屯文化博览园、毛氏文化党群教育基地）；餐饮区（特色餐厅、透明厨房）；住宿区（观景平台、田园主题精品民宿、连锁经济酒店）	生态观光、边屯文化体验、毛氏文化体验

二是主题营地。依托丽江市纳西东巴文化、摩梭文化、他留文化等丰富文化资源，以玉龙雪山、老君山、泸沽湖、程海等优秀自然资源为重要抓手，以永胜县、华坪县淳朴原始田园风光、自然有机果蔬农林为有力支撑，根据丽江市的旅游资源属性和交通位置，建设丽江市十大主题营地，以满足各层次、各年龄段游客的多种需求（见表12-9）。

表 12-9 丽江市旅游主题营地建设规划布局

建设位置	营地主题	配套设施	特色功能与营地活动
老君山黎明景区	定向运动营地	出入口（门卫、旅游标识、景区导览图）；停车场（监视器、车辆养护点）；房车露营区（遮阳伞、自主烹饪器材、桌椅等）；自驾车露营区（帐篷安置点、遮阳伞、自主烹饪器材、桌椅等）；服务保障区（接待区、购物服务、洗衣、公共卫浴、餐饮、医疗、器材租赁、无障碍通道）；废弃物收纳和处理区（合理分布垃圾桶、垃圾分类回收与处理）、户外运动装备售卖点、野外运动器材租赁、低空飞行设备、户外运动专业教练	户外探险运动
宁蒗县永宁镇	湖滨户外营地	出入口（门卫、旅游标识、景区导览图）；停车场（监视器、车辆养护点）；房车露营区（遮阳伞、自主烹饪器材、桌椅等）；自驾车露营区（帐篷安置点、遮阳伞、自主烹饪器材、桌椅等）；服务保障区（接待区、购物服务、洗衣、公共卫浴、餐饮、医疗、无障碍通道）；废弃物收纳和处理区（合理分布垃圾桶、垃圾分类回收与处理）、溯溪户外售卖及租赁、户外运动专业教练、无人机等设备租赁	湖滨休闲、溯溪户外运动
玉龙雪山景区	星空帐篷营地	出入口（门卫、旅游标识、景区导览图）；停车场（监视器、车辆养护点）；房车露营区（遮阳伞、自主烹饪器材、桌椅等）；自驾车露营区（帐篷安置点、遮阳伞、自主烹饪器材、桌椅等）；服务保障区（接待区、购物服务、洗衣、公共卫浴、餐饮、医疗、无障碍通道）；废弃物收纳和处理区（合理分布垃圾桶、垃圾分类回收与处理）、观星设备租赁	观星赏月、露天电影、露营烧烤
玉龙县石鼓镇	汽车越野营地	出入口（门卫、旅游标识、景区导览图）；停车场（监视器、车辆养护点）；房车露营区（遮阳伞、自主烹饪器材、桌椅等）；自驾车露营区（帐篷安置点、遮阳伞、自主烹饪器材、桌椅等）；服务保障区（接待区、购物服务、洗衣、公共卫浴、餐饮、医疗、无障碍通道）；废弃物收纳和处理区（合理分布垃圾桶、垃圾分类回收与处理）、汽车越野装备售卖、越野定制线路	汽车越野

续表

建设位置	营地主题	配套设施	特色功能与营地活动
华坪县	森林康养营地	出入口（门卫、旅游标识、景区导览图）；停车场（监视器、车辆养护点）；房车露营区（遮阳伞、自主烹饪器材、桌椅等）；自驾车露营区（帐篷安置点、遮阳伞、自主烹饪器材、桌椅等）；服务保障区（接待区、购物服务、洗衣、公共卫浴、餐饮、医疗、器材租赁、无障碍通道）；废弃物收纳和处理区（合理分布垃圾桶、垃圾分类回收与处理）；小木屋；森林康养体验区（民族药膳、森林 SPA、森林瑜伽等）	森林康养、户外徒步
永胜县	乡村休闲营地	出入口（门卫、旅游标识、景区导览图）；停车场（监视器、车辆养护点）；遮阳伞、自主烹饪器材、桌椅、帐篷安置点；服务保障区（接待区、购物服务、洗衣、公共卫浴、餐饮、医疗、器材租赁、无障碍通道）；废弃物收纳和处理区（合理分布垃圾桶、垃圾分类回收与处理）	农家采摘、田园度假、休闲养生
东巴谷景区	房车旅拍营地	出入口（门卫、旅游标识、景区导览图）；停车场（监视器、车辆养护点）；房车露营区（遮阳伞、自主烹饪器材、桌椅等）；自驾车露营区（帐篷安置点、遮阳伞、自主烹饪器材、桌椅等）；服务保障区（接待区、购物服务、洗衣、公共卫浴、餐饮、医疗、器材租赁、无障碍通道）；废弃物收纳和处理区（合理分布垃圾桶、垃圾分类回收与处理）、摄影装备、多主题旅拍产品、专业摄影师	房车营地、旅拍摄影
九子海景区	户外科普营地	出入口（门卫、旅游标识、景区导览图）；停车场（监视器、车辆养护点）；房车露营区（遮阳伞、自主烹饪器材、桌椅等）；自驾车露营区（帐篷安置点、遮阳伞、自主烹饪器材、桌椅等）；服务保障区（接待区、购物服务、洗衣、公共卫浴、餐饮、医疗、无障碍通道）；废弃物收纳和处理区（合理分布垃圾桶、垃圾分类回收与处理）、科普研学老师、户外运动装备租赁、无人机租赁	科普研学、户外徒步
程海景区	滨水营地	出入口（门卫、旅游标识、景区导览图）；停车场（监视器、车辆养护点）；遮阳伞、自主烹饪器材、桌椅、帐篷安置点；服务保障区（接待区、购物服务、洗衣、公共卫浴、餐饮、医疗、器材租赁、无障碍通道）；废弃物收纳和处理区（合理分布垃圾桶、垃圾分类回收与处理）；野趣餐厅、螺旋藻销售点	湖滨休闲

续表

建设位置	营地主题	配套设施	特色功能与营地活动
古城区蛇山	湖泊森林营地	出入口（门卫、旅游标识、景区导览图）；停车场（监视器、车辆养护点）；房车露营区（遮阳伞、自主烹饪器材、桌椅等）；自驾车露营区（帐篷安置点、遮阳伞、自主烹饪器材、桌椅等）；服务保障区（接待区、购物服务、洗衣、公共卫浴、餐饮、医疗、无障碍通道）；废弃物收纳和处理区（合理分布垃圾桶、垃圾分类回收与处理）、木屋、纳西文化展示区、户外训练俱乐部、救援中心、康养中心	生态康养、轻极限运动、民族文化体验

三是自驾服务营地。围绕大滇西旅游环线、金沙江世界级生态文化旅游带，依托丽江高铁站、三义国际机场、各旅游景区、游客集散服务中心、高速服务区等主要旅游空间节点，建设一批自驾旅游服务营地，配备汽车租赁、快速充电桩、加油站、救援站点、车辆养护点、便利购物商店、旅游厕所、旅游信息咨询点等相关服务设施设备，为自驾游客提供休息补给的中转服务站。

（五）社会资源国际旅游访问点

为充分体现丽江市当地社会生活过程及状况，进一步凸显丽江市地方人文特色，可开放一批暂未建成旅游景区，建设具有历史文化、科学研究、观赏游憩、地域特色价值和接待能力的社会资源国际访问点。与开发较为成熟的旅游景区相比，社会资源国际旅游访问点主要侧重于对当地社会生产生活的真实体现，展现当地特色的社会人文资源及历史人文资源，强调具有地方特色，为游客塑造独特的地方人文体验。

选取一批具有地方特色、历史文化科学价值、观赏游憩价值、特色体验项目的社会资源，配备访问点接待中心、专业多语种接待人员及多种宣传资料，提供引导、咨询、团队预约及讲解服务，访问线路设计科学合理，线路标识牌清晰醒目，指向明确，配有多语种解释说明，线路内容可充分展现访问点资源特色。访问点还应配备停车场、公共厕所、休闲设施、无障碍设施等基础设施服务，建有官方网站或官方微信、微博等网络平台，及时进行信息发布及动态更新，方便访问者预约、咨询、留言、投诉。聘请专业团队进行挖掘、培育、线路设计、活动策划、人员培训、形象包装等相关工作，实现社会资源旅游化，推动社会资源成为展示丽江市形象的新窗口。社会资源国际旅游访问点建设规划如表 12-10 所示。

表 12–10　丽江市社会资源国际旅游访问点

行政区域	社会资源访问点	行政区域	社会资源访问点
古城区	丽江市党政机关	玉龙县	玉龙县党政机关
	古城区党政机关		玉龙县乡镇党政机关
	古城区乡镇党政机关		玉龙县街道办事处
	古城区街道办事处		玉龙县居/村委会
	古城区居/村委会		丽江特殊教育学校
	丽江旅游职业学校		玉龙中学
	丽江交通职业技术学校		乡镇卫生院
	丽江市技工学校		社区活动中心
	仁兴小学		玉龙县图书馆
	丽江市人民医院		玉龙县文化馆
	乡镇卫生院		玉龙县文化站
	社区活动中心		玉龙县白沙壁画博物馆
	古城区社会福利院		农贸市场
	丽江市文化馆		乡镇卫生院
	古城区文化馆		丽江三全油橄榄产业开发公司
	丽江市博物院		丽江大然生物有限公司
	文化广播电视服务中心		雄古工业园区
	丽江市图书馆	华坪县	华坪县党政机关
	古城区图书馆		华坪县乡镇党政机关
	农贸市场		华坪县街道办事处
	综合购物中心		华坪县居/村委会
	丽江朗德啤酒有限公司		华坪县博物馆
永胜县	永胜县党政机关		文化广播电视服务中心及文化站
	永胜县乡镇党政机关		华坪县文化馆
	永胜县街道办事处		丁王民族小学
	永胜县居/村委会		华坪女子高级中学
	乡镇卫生院		丽江华坪金芒果生态开发有限公司

续表

行政区域	社会资源访问点	行政区域	社会资源访问点
永胜县	社区活动中心	宁蒗县	宁蒗县乡镇党政机关
	永胜县文化馆		宁蒗县图书馆
	永胜县文化站		文化广播电视服务中心
	永胜县边屯文化博物馆		宁蒗县文化馆
	永胜一中		宁蒗县博物馆
	习朗小学		
	清水小学		
	丽江永胜瓷业有限责任公司		
	丽江程海保尔生物开发有限公司		

第十三章　丽江市打造世界文化旅游名城的专项规划

一、文旅企业发展规划

（一）总体要求

1. 指导思想

坚持以习近平新时代中国特色社会主义思想为指导，深入学习贯彻党的十九大和十九届历次全会精神，围绕国家“十四五”促进企业发展工作体系，立足新发展阶段，全面贯彻落实习近平总书记关于产业发展的重要指示，融入新发展格局，推动中小企业高质量发展。按照《“十四五”文化和旅游发展规划》《“十四五”期间文化和旅游人才发展规划》《云南省“十四五”文化和旅游发展规划》《丽江市“十四五”文化和旅游发展规划》《古城区支持“四上”企业发展实施办法（试行)》的相关要求，积极引进世界级先进文旅企业入驻丽江市，培育壮大丽江市本土文旅企业，依托现代化科学技术推动文化旅游产业转型升级与高质量发展，提升丽江市文化旅游产业综合实力，为打造世界文化旅游名城做出重要贡献。

2. 基本原则

首先，坚持政府引导、市场主导。充分发挥旅游市场在文旅资源配置中的决定性作用，强化文旅企业的主体地位和关键作用，激发文旅企业、企业家的活力与创造力。更好发挥政府在政策引导、公共服务、宣传推广等方面的作用，支持发展社会服务力量，形成政府引导、市场主导、社会参与的文旅企业发展格局。

其次，坚持创新创业、重点培育。聚焦高效益文化旅游产业集群、标志性文化旅游产业链等，支持开展硬科技创业，培育壮大市场主体。鼓励积极引进世界级文旅企业入驻的同时，重点培育专业化程度高、创新能力强、经营管理规范、成长性好的本土文旅企业，培育发展一批文旅收益冠军企业和专精特新“小巨人”文旅企业。

再次，坚持开放创新、集约发展。推动文旅企业以创新为核心动力，引导文旅企业提升创新意识，加强技术创新、产品创新、管理创新、品牌创新，提升智能化、绿色化、高端化发展水平。引导文旅企业主动融入国际旅游新发展格局，深度参与国际国内竞争合作，探索开放创新与协同合作发展新路径。

最后，坚持革新优化、精准服务。破除各种体制机制障碍，优化配置资本、人才、土地等资源要素，依法保护文旅企业合法权益，保障文旅企业公平参与竞争，营造更加有利于文旅企业有序发展的环境。推进服务升级，健全文旅企业服务、公共技术服务、创业孵化服务等精准文旅服务体系，满足文旅市场特色化服务需求。

3. 发展目标

到2035年，丽江市文旅企业活力充分释放，发展质量显著提升，文旅企业综合竞争力和影响力走在全国前列，基本构建形成服务平台体系完善、要素资源精准匹配、市场环境公平有序的文旅企业发展环境，将丽江市打造成为全国文旅企业高质量发展先行城市。第一，整体发展质量稳步提升。未来10年文旅企业数量保持稳定增长，吸纳就业能力稳定，配套协作能力进一步加强，在优化稳定文化旅游产业链与供应链、持续提升文化旅游产业基础能力方面的作用更加突出，对经济发展的支撑作用进一步巩固。第二，优质文旅企业培育成效明显。文旅企业成长升级加速，涌现一批文旅收益冠军、专精特新“小巨人”文旅企业为代表的优质文旅企业。第三，创新与专业化水平显著增强。文旅企业研发投入持续增加，涌现出一批市场占有率高、技术自主可控性强的高科技文旅企业，文旅企业数智化、绿色化转型发展步伐明显加快。第四，营商环境更加优良。简政放权、商事制度改革等取得显著成效，旅游市场准入更加宽松便捷，注销登记更加简化便利，经营环境更加公平。文旅企业税费负担进一步减轻，文旅企业合法权益维护机制逐步完善。

（二）文旅企业发展策略

1. 强化主体培育，打造优质文旅企业

（1）引进和培育专精特新文旅企业。建立专精特新文旅企业梯度培育库，聚焦丽江市文化旅游产业链、供应链关键环节领域、新兴文化旅游产业领域等，引进世界500强企业、培育“专精特新”文旅企业和专精特新“小巨人”文旅企业。加强文旅企业精准服务，面向文旅企业发展需求，依托文旅企业公共服务平台，为文旅企业量身定制资本、创新、产业协同、数字化、市场开拓、人才等专属服务包，赋能文旅企业高质量发展。力争到2035年，引进世界级500强企业3家，国家级文旅企业收益冠军企业数量力争达到150家，专精特新“小巨人”文旅企业培育数量达到600家。

（2）助推中小文旅企业成长升级。鼓励中小文旅企业做大做强，深化小微文旅企业五年成长计划和文旅企业“上云”“上榜”行动，推动小微文旅企业由“低、散、弱”向“高、精、优”迈进。加快培育科技文旅企业，实施新一轮科技文旅企业“双倍增”计划，推动文旅企业向科技型文旅企业、高新技术文旅企业、创新型领军文旅企业成长。支持硬科技创业，深入实施智团创业计划，推动科技人员、海外留学归国者、企二代创业者等人员带技术、带专利、带项目、带团队到丽江市创新创业。到2035年，全市净增“高、精、优”文旅企业500家以上，新增科技型小微文旅企业800家，高新技术文旅企业总量达到1500家。

（3）推动大中小文旅企业融通发展。发挥丽江玉龙旅游股份有限公司、丽江东坝生态文化旅游股份有限公司等大型文旅企业引领带动作用，支持大型文旅企业在技术攻关、产品配套、品牌渠道、资本融通等方面发布“机会清单”，带动关联度高、协同性强的中小型文旅企业链主延伸产业链、供应链、创新链。建立协作配套信息对接平台，积极举办中小型文旅企业与大型文旅企业相互沟通、供需对接活动等，打通中小型文旅企业与大型文旅企业合作通道。整合文化旅游产业链资源，实现文化旅游产业集聚和抱团发展。

（4）打造新时代文旅企业。壮大新生代文旅企业家队伍，深化实施精英文旅企业家培育计划、文旅企业素质提升计划等，培养造就一批懂管理、善经营的优秀文旅企业家。加快年青一代文旅企业家健康成长，实施创二代青蓝接力行动、新生代星火行动等，加大创二代教育培养，发挥老一代文旅企业家的传帮带作用，助力文旅企业新老交接和有序传承。推进文旅企业经营管理人才职业化、市场化和专业化，完善文旅职业经理人选聘、资质评价、奖励、培训等，培育适应丽江市文化旅游产业发展的职业经理人才队伍。加大对家国情怀深、责任意识强、经营水平高、行业影响力大、长期扎根文旅的企业家宣传力度，营造尊重文旅企业家的良好氛围。

2. 强化创新驱动，释放文旅企业创新活力

（1）增强文旅企业技术创新能力。强化文旅企业创新能力建设，鼓励文旅企业加大研发投入，积极参与5G网络、新能源汽车充电桩、大数据中心、人工智能（AI）等新型基础设施建设项目，支持文旅企业积极申报国家级、省级重点技术创新建设项目。加快建设新兴文化旅游产业创新组织，鼓励丽江玉龙旅游股份有限公司、丽江东坝生态文化旅游股份有限公司等上市龙头文旅企业牵头，联合文化旅游产业链上下游的中小文旅企业、高校院所共建创新联合体、文化旅游产业创新服务综合体、技术创新战略联盟等。加强专利标准建设，鼓励中小文旅企业主导或参与国际、国家、行业标准制（修）订，申请国际、国家发明专利。

（2）提升文旅企业管理创新水平。引导中小文旅企业建立现代企业制度，完善文旅企业治理结构，健全文旅企业决策机制，形成有效的内部监督和风险防控机制。启动丽江市管理创新标杆文旅企业培育工作，建立文旅企业管理提升培育库，每年培育评选一批市级管理创新标杆文旅企业。分行业组织对标交流学习，在系统运营管理、现场管理、数字化改造等方面找差距、学经验、促提升。到2035年，在全市培育打造100家管理创新标杆示范文旅企业，实现规模以上文旅企业基础规范化管理全覆盖。

3. 推进企业升级，培育文旅企业发展新动能

（1）引导文旅企业数字化转型。分层分级推进文旅企业智能化改造提升扩面，鼓励文旅企业向数字化、智能化方向发展。深入实施文旅企业上云计划，培育一批数字化云服务商，鼓励智云端等平台为文旅企业提供设备运维、数据交互、制造云化等服务，通过协同制造、资源开放、需求对接推动文旅企业深度用云。鼓励文旅企业打通内部数据资源，用于旅游市场精准营销、优化供应链和量化内部管理。到2035年，基本实现大型文旅企业数字化改造全覆盖，中小型文旅企业上云累计达2000家。

（2）支持文旅企业绿色低碳发展。支持文旅企业提高旅游资源开发利用效率，加大节能、低碳等绿色节能改造，持续降低文旅企业能耗强度和碳排放强度。推动文旅企业利用大数据采集旅游资源开发中的关键数据，实现旅游资源智慧化分析管理。

（3）推进文旅企业质量品牌提升。提升质量管理水平，引导文旅企业把质量诚信落实到文旅企业生产经营的全过程，通过应用卓越绩效模式、全面质量管理等先进质量管理方法，提高文旅产品品质。完善文旅品牌服务，加快在重点文化旅游产业集聚区布局一批星级品牌指导服务站，提供覆盖品牌创建、运用、保护、管理的全链条式文旅服务。扩大文旅企业品牌影响力，加大文旅品牌推广力度，提升丽江市文化旅游产业知名度和影响力。

4. 优化发展环境，打造公平便捷新环境

（1）建立公平竞争的市场环境。进一步放宽文旅企业市场准入，创新监管方式，完善联合随机抽查机制、信用监管制度，根据文旅企业的行业属性、信用情况等实施分类监管，对新技术、新产业、新业态、新模式等实行包容审慎监管。建设诚信守法、合规经营的信用环境，强化信用信息归集共享，完善信用联合奖惩机制，培育一批信用管理示范文旅企业、信用示范小微文旅企业，提高文旅企业守信能力，防范信用风险。

（2）保障维护文旅企业合法权益。依法保护丽江市文旅企业及企业家合法财产权，依法惩治侵犯文旅企业投资者、管理者和从业人员合法权益的违法犯罪行为。定期开展文旅企业权益维护活动，完善维权援助线上服务，探索建立文旅企业权益保护热线，构建统一的政务咨询投诉举报平台。建立文旅企业知识产权帮扶机制，通过政府购买服务、搭建对接平台、举办交流活动等方式，支持知识产权服务机构为文旅企业提供知识产权托管、咨询培训、权利维护、质押融资、成果转化等各环节服务。

（3）畅通规范化政企沟通渠道。健全列名结对制度，由市委、市政府领导带头

走访文旅企业，协调解决文旅企业发展面临的现实困难和问题。健全丽江市商会对接服务保障制度，充分发挥丽江市文旅行业协会、丽江市商会对接政府与文旅企业的桥梁纽带作用，为文旅企业提供政策宣传、需求调研、跟踪反馈和服务对接等服务。完善文旅企业决策参与机制，制定重大涉企政策措施时，应充分听取文旅企业、协会商会的意见建议。

（4）推进政务服务提速增效。简化文旅企业申请审批流程，推进电子营业执照和电子印章融合使用，实现文旅企业开办“单环节、数字化、零成本、零跑动”。推进文旅企业注销便利化，持续升级文旅企业注销“一网服务”平台，在全市范围内推广应用证照注销“一网通办”，打造审批环节少、办事效率高、文旅企业获得感强的营商环境。

二、智慧文旅发展规划

（一）总体要求

1. 指导思想

坚持以习近平新时代中国特色社会主义思想为指导，深入贯彻党的十九大和十九届历次全会精神，牢固树立“创新、协调、绿色、开放、共享”新发展理念，明确数字化、网络化、智能化发展方向，坚持“需求引领、创新驱动、统筹谋划、分步实施、集约建设、共享融合”的原则，推进现代信息技术与文化旅游产业深度融合。建设文化旅游产业大数据及智慧化应用体系，优化智慧旅游发展环境，以为游客提供旅游服务信息为目的，以提高旅游服务品质，优化管理、营销、体验智能化水平和产业运行效率为目标，整合丽江市文化旅游产业和信息资源，不断提升丽江市旅游信息化、智慧化水平。

2. 基本原则

首先，坚持市场需求主导。丽江市智慧文旅建设要以旅游市场需求为导向，充分利用面向大众的多种现代信息化手段，打造便捷、开放、实惠、共享的智能应用平台及工具，满足旅游者的“丽江之旅”全程需求。其次，坚持全域统筹、分步实施。既要从全局出发，加强领导、统筹、协调、规范管理，也要突出重点，分阶段推进智慧文旅实施计划，促进丽江市智慧文旅建设深入、持续、健康发展。最后，避免同质化建设。充分立足于当前丽江市智慧文旅建设成果，在现有成果上开展智慧文旅建设和创新发展，避免投资效率低下和文旅产品同质化问题出现。

3. 发展目标

坚持将智慧旅游作为文旅发展的重要技术支撑，根据《丽江市“十四五”文化和旅游发展规划》及文化旅游产业发展要求，到2035年，力争构建完善的智慧旅游服务、智慧旅游监管、景区智慧化创新等智慧文旅体系，借助数字化工具、智慧化技术和信息化手段助推丽江市文化旅游产业转型升级和高质量发展。具体目标主要包括创建智慧文旅平台、旅游景区创新与服务智慧化、旅游景区信息透明化建设等方面。

（二）智慧文旅发展策略

1. 完善智慧文旅平台

依托“游云南”进一步完善“云游四海”智慧文旅信息平台，将智慧景区建设、丽江大研古镇“数字小镇”建设、旅游公共服务提升等多个领域纳入综合服务平台，进行统一维护与集成管理。通过“云游四海”文旅服务平台创新：其一，实现互联网和物联网内，全小镇、景区、景点、酒店、餐饮、交通等设施系统无缝连接与融合，将文旅信息数据整合为全面、系统的旅游基础数据库，为开展文旅产品销售、文旅企业管理等提供基础数据服务；其二，基于旅游基础数据的交换与共享，实现旅游全产业链中不同文化旅游产业环节间的高效、协同运作，保障丽江市智慧旅游系统高效、正常运转；其三，通过智慧文旅平台的数据交换与共享功能，及时收集并反馈文旅企业销售、旅游市场流动现状、旅游安全状态、旅游执法管理等旅游信息，为及时处理和解决旅游发展中的系列问题提供支撑；其四，实现旅游景区产品创新和旅游地公共服务能力的整合、共享，助推丽江市文化旅游产业转型升级和核心竞争力提升。

2. 旅游景区创新与服务智慧化

充分利用数字科技创新景区旅游产品，以丽江市智慧公共服务设施为依托，以各级旅游集散中心为枢纽，以旅游大数据平台为信息中枢，以智慧旅游技术产品应用为媒介，为旅游者提供行、游、购、娱等游前、游中、游后全方位、全程式、全站点旅游服务，提升旅游者满意度。其一，采用雾幕投影、360°全息投影等现代科技手段，重现丽江市各大旅游景区的历史文化、民俗民风、古城建设、重大事故、山水景观等文旅资源形成过程；基于 AR、VR、MR 和 AI 推动的“云展览”“数据博物馆”等虚拟体验产品，促进文化和旅游资源的活态转化。其二，建设智慧支付管理平台，积极推进智能支付建设。同时，在丽江市全域推广聚合支付，聚合微信、支付宝、花呗、京东白条等目前市场上通用的支付方式，实现一码支付。其三，建设景区智慧停车场，对接“游云南”、微信公众平台，实现车位预约、导航、无感支付。其四，建设景区全域无线覆盖及旅游大数据提升项目，实现 Wi-Fi 全覆盖。其五，定制开发景区智能机器人，定制智能导览机器人及表演机器人，在丽江古城等地势平坦的景区为游客提供更精确、个性化、全方位的服务，创造新型旅游体验。景区旅游产品创新与服务体系智能化升级可继续在丽江古城、玉龙雪山等景区深化，并逐步拓展应用范围，进而实现丽江市全域景区智慧化服务能力提升。

3. 旅游景区信息透明化

首先，借助“游云南”及旅游地触摸屏一体机，以文字、图片、语音、视频等多种方式向旅游者提供丽江市各大旅游地信息，及时推送服务质量、景区体验、外部交通、安全提示等信息，提供全方位旅游消费在线预订等服务，提高旅游者的游览便捷度、购物方便性。其次，在丽江市各大交通枢纽、交通路口和旅游者密集区设置旅游交通信息屏幕，实时显示和播报下一站旅游景区的游客人数、旅游饱和度、停车位、天气信息、实时路况、当前距离等信息，方便前往丽江市自驾的游客提前了解下一站景区现状，根据景区实时接待能力及时调整旅游线路，降低旅游景区压力，提升旅游者满意度。最后，借助“游云南”“云游四海”实施旅游消费场所“透明厨房”“透明酒店”等工程。在餐饮上，基于科技智能视联网技术打造视频联网智能感知平台，实现餐厨企业的后厨人员、食品制作、食品摆放储存的规范化管理，通过视频智能化分析及时发现可能影响食品安全的各类风险。住宿业上，围绕住宿的预订、抵店、入住、离店四个环节，实现酒店智能化，让游客感受和体验到高科技带来的舒适和便利。

三、文旅人才发展规划

（一）总体要求

1. 指导思想

坚持以习近平新时代中国特色社会主义思想为指导，深入贯彻落实党的十九大和十九届历次全会精神、习近平总书记关于人才工作的重要论述、2021 中央人才工作会议精神，按照《“十四五”文化和旅游发展规划》《“十四五”期间文化和旅游人才发展规划》《云南省“十四五”文化和旅游发展规划》《丽江市英才计划》《丽江市高层次人才引进办法（试行）》《丽江市柔性引进高层次人才办法（试行）》《丽江市引进高层次人才绿色通道服务办法》《丽江市“十四五”文化和旅游发展规划》的相关要求，吸引高学历文化旅游专业人才到丽江市扎根工作，引进高水平旅游专家到丽江市开展旅游发展指导工作。实施人才优先发展战略，建立科学的人才激励机制，为丽江市打造世界文化旅游名城提供有力支撑。

2. 基本原则

首先，坚持党管人才。充分发挥党管人才制度优势，完善党管人才的组织体系，健全人才工作宏观指导、科学决策、统筹协调、督促落实机制。在实际中，对于华坪、永胜等文旅人才工作领导机构配备较弱区域，需进一步补齐、配强旅游人才工作力量，切实承担起对文化旅游人才发展事业的领导职能。其次，坚持科学用人。

具备正确的用人导向，坚定用好想干事、肯干事、能干事的文旅人才；遵循精准用人原则，树立公道正派、注重实绩、群众公认的标准，做到人岗相适、人事相宜；建立“容错纠错”机制，允许失败、包容失败，不求全责备、不论资排辈，坚持物质激励与精神激励结合，强化考核“指挥棒”作用，让文旅人才优势发挥最大化。最后，坚持包容聚才。协同实施有吸引力的文旅人才政策，引进和培养高水平创新文旅人才队伍，鼓励科技文旅人才在区域内自主流动、择业创业，切实增强文旅人才的归属感、获得感和成就感。

3. 发展目标

第一，文旅人才规模稳步提升。采用多种方式提升文化和旅游人才总体数量，壮大文化与旅游人才队伍。第二，文旅人才结构调整。改善丽江市旅游发展人才需求与文旅人才结构的匹配度，有步骤、有规划地优化文化与旅游人才结构。第三，文旅人才素质显著提升。把培养和用好文旅人才作为一项重大的战略任务切实抓好，构建政府主导、部门协作、企业参与、市场运作的文旅人才素质提升体系。

（二）文旅人才发展策略

1. 扩大文旅人才规模

全面落实丽江市委、市政府关于人才工作的一系列政策措施，“一区四县”要结合实际，出台系统完善、政策优惠、操作性强的文旅人才引进配套文件。增强旅游市场主体人才意识，搭建形式多样的交流平台，定期举办多方座谈会、沙龙和论坛，探索建立旅游市场和社会参与的文旅人才招引机制；增强载体平台引才功能，继续深化云南省高等院校分校院所建设，扩大丽江文化旅游学院办学规模，通过柔性引才解决引才难、留才难问题，建设离岸孵化中心，支持文旅企业离岸柔性引进文旅人才。打造“丽江爱才”服务品牌，建设文旅人才公共服务一体化平台，为引进高层次文旅人才提供住房、医疗、交通出行、子女入学等方面的保障。让引进的文旅人才真正为丽江市服务、为促进文化旅游产业转型发展服务。坚持“培引结合，以引促培”，有针对性地搞好高层次文旅人才引进和本土文旅人才开发工作。此外，树立强烈的人才意识。探索建立优秀文旅人才列席市委、市政府重要会议工作机制，对优秀科技文旅人才给予适当的安排，提高待遇，最大限度地激励优秀文旅人才当好旅游科技创新进步的带头人、转型发展的智囊团和推动者、人才队伍建设的领路人、时代精神和道德建设的师表和楷模，积极为丽江市文化旅游产业转型跨越发展做出更大的贡献。

2. 优化文旅人才结构

搭建文旅人才服务平台，进一步建立健全各类文旅人才库。对丽江市各类文旅人才情况进行分门别类统计，结合经济社会和旅游发展需求，引导各区域相关单位进行文旅人才摸底调查。根据文旅人才供给现实，从调整文旅人才结构层次、优化文旅人才区域布局、调整文旅人才投资结构三方面实施文旅人才结构优化措施。在文旅人才层次结构调整上，文旅人才结构的层次性决定了文化旅游产业结构的层次性。针对不同文化旅游产业部门需求，引进和培养不同层次和不同专业方向的文旅人才，满足文化旅游产业发展的全方位需求；积极引进世界级、精通多语言的高端文旅人才，促进文化旅游产业结构向高层次发展。在文旅人才区域布局上，结合“一带联动、两核辐射、三区协同”的世界文化旅游名城空间布局，切实引入文博遗产创新、民族艺术设计、节庆会展策划、特色美食开发等不同领域文旅专业人才，根据各区域文化旅游产业未来发展方向配备相关专业文旅人才；同时，采用各种倾斜政策和有效措施促使文旅人才跨区域合理流动，推动各区县文旅人才协调发展，促进不同区域形成各具特色、高效优化的文旅人才产业结构。在调整文旅人才投资结构方面，主要通过发挥财政、规划、投资、税收、金融等经济手段的杠杆作用，对人才投资结构进行优先调整。

3. 提升文旅人才素质

把培养和用好文旅人才作为一项重大的战略任务切实抓好，构建政府主导、部门协作、企业参与、市场运作的文旅人才教育培训体系；立足现有文旅人才队伍实际，不断拓宽教育培训渠道，加大力度，全面落实大教育、大培训的要求；在稳定现有文旅人才队伍的基础上，培养国际性文旅人才，引进急需的多语言和智慧化文旅人才，储备一批面向未来的文旅人才，努力创造文旅人才辈出的环境。具体包括：

其一，以提高创业能力为重点，加强文旅企业经营管理人才的教育培训。充分发挥丽江市与丽江师范高等专科学校、昆明市各知名高校建立产学研孵化基地的优势，每年组织部分年轻、有发展潜力的文旅企业经营管理人员到丽江师范高等专科学校、昆明市各高校等进行脱产培训、参与项目研发。定期选派一定数量的文旅企业经营管理者，以及具有一定实践经验和发展潜力的文旅企业中层经营管理人员参加丽江市在发达地区组织的文旅企业专题培训活动；组织文旅企业经营管理人员积极参加旅游管理知识培训；适时组织一定数量的文旅企业经营管理人才到国外进行短期培训。通过开设“青年企业家论坛”“循环经济论坛”等，邀请国际知名院士专家、挂职“博士服务团”成员、国内外文旅企业家与本市规模以上文旅企业的经营管理人才进行咨询指导、探讨交流，加快培养一批管理水平高、市场开拓能力强的高层次文旅企业经营管理人才。

其二，以提高实践操作能力为重点，加强文旅技能人才的教育培训。动员社会力量积极开展高技能文旅人才培养工作，大力支持丽江师范高等专科学校建立人才培养基地；积极选送高技能文旅人才参加“充电工程”，进行高层次的职业技能培训。倡导和支持文旅企业根据发展需要，采取联合办学、委托培养、自主培训、名师带徒、技术练兵等多种方式自主培养高技能文旅人才。有计划地组织开展“订单式”培训，针对丽江市文化旅游产业对高技能文旅人才的需求，确定重点职业领域，突出重点培训方向，定向培养文化旅游产业急需的技能型文旅人才；对于本市无法承担的培训任务，要充分利用昆明市和域外培训资源，采取远程教育、网络培训、外聘专家、输出深造等多种培训渠道，加快培养能够支撑文化旅游产业发展和技术创新的高技能文旅人才。

其三，以提高致富能力为重点，加强农村实用人才的教育培训。依托农村党员现代远程教育站（点）、文旅科普示范基地，以从事文化旅游业的农户和乡村专业协会、农村致富带头人、回乡初（高）中毕业生、大学生等人群为重点，开展文旅专业知识、文旅服务技能等培训，促进农村劳动力转化为具有开发、生产、销售、服务等技能的创新型实用文旅人才。进一步深化“村企合作”工程，结合项目实施，依托文旅企业对农村劳动力进行定向培训、就地转移上岗；依托民宿、农家乐等服务场地，发挥“科技特派员”的特长与技能，进行经常性的实地指导培训，适时引进国内外智力，开展新技术专题辅导，提高乡村人员的管理能力和旅游服务水平；发挥农村非遗传承人的示范带动作用，定期组织举办专项技能培训班，开展以师带徒、结对培养等活动，助推农村非物质文化遗产传承保护与创新发展；以新农村建设为契机，广泛吸纳农村实用文旅人才参与项目开发建设、新技术推广，提高农村实用文旅人才的素质，增强农村居民致富能力。

四、文旅金融发展规划

（一）总体要求

1. 指导思想

坚持以习近平新时代中国特色社会主义思想为指导，全面贯彻落实党的十九大和十九届历次全会精神，深入贯彻习近平总书记来滇考察重要讲话精神，持续深化金融供给侧结构性改革，发挥金融的资源配置作用，认真落实服务实体经济、防控金融风险、深化金融改革三大任务；积极借鉴先进旅游城市的金融发展经验，全面实施金融强旅战略，健全完善现代文旅金融体系，推进金融改革创新，增强金融聚集辐射能力，提升金融服务文旅经济功能，在更高水平上推动金融对外开放，将丽江市打造成为特色鲜明、功能突出和具有较高国际化水平的金融文旅之城。

2. 基本原则

首先，坚持市场配置资源。正确处理政府与旅游市场的关系，进一步明确政府作用的领域和边界，尊重旅游市场规律，加大旅游市场化改革力度，激发各类旅游金融市场主体的活力。其次，坚持金融创新驱动。金融创新是提升金融业服务水平和竞争力的关键。坚持以文化旅游市场为导向，以提高金融服务能力和效率为目的，以防范金融风险为前提，全力推动金融政策创新、体制机制创新、业态创新、组织创新、产品创新和服务创新，积蓄金融发展新动力。再次，坚持金融双向开放。积极吸引境内外金融机构来丽江市设立旅游分支机构或拓展旅游业务，鼓励丽江市内金融机构主动对接融入云南省、西南地区、粤港澳大湾区、长三角一体化文旅示范区。积极顺应利率汇率市场化、人民币国际化的趋势，抢抓中非经贸合作、“一带一路”等机遇，推动金融业双向开放，促进丽江市内外要素有序流动、金融资源高效配置和文化旅游产业深度融合。最后，持续防范金融风险。防范、化解金融风险特别是防止发生系统性金融风险，是金融工作的根本性任务。围绕当前丽江市金融运行中存在的主要问题，不断完善金融监管体制机制，分类指导、因情施策、重点突破，严厉打击金融违法犯罪活动，切实化存量、控增量，积极稳妥化解各类风险隐患，坚决守住不发生系统性区域性金融风险的底线。

3. 发展目标

到2035年，金融机构实力取得显著提升，形成结构合理、功能齐备、创新活跃的多元化现代文旅金融体系。文旅企业与金融机构良性互动，为丽江市文化旅游产业破解困境和转型升级提供金融支持。金融科技、财富管理等特色业务形成规模效应，跨区域金融开放合作及产融结合发展形成示范效应。通过项目补助、以奖代补、贷款贴息等方式扶持专精特创新型文旅企业发展，引导社会各界和跨域金融流入丽江市文化旅游市场。

（二）文旅金融发展策略

1. 强化政策资金扶持力度

鼓励地方安排小微文旅企业纾困资金，对生产经营暂时面临困难但产品有市场、项目有前景、技术有竞争力、生态环保能力好、社会效益高的小微住宿、餐饮等文旅企业给予专项政策资金支持，减轻房屋租金、水电费等负担，给予社保补贴等，帮助小微文旅企业应对可能的系列压力与问题。落实创业担保贷款贴息及奖补政策，用好小微文旅企业融资担保降费奖补资金，支持扩大小微文旅企业融资担保业务规模，降低融资担保成本。

2. 加大银行融资支持力度

围绕丽江市打造世界文化旅游名城的核心目标，引导金融机构主动对接文化旅游产业转型升级的资金需求，科学制订信贷计划，针对丽江市重点发展的美丽城镇建设、传统景区转型升级、休闲度假区及基础设施优化、智慧旅游发展等文旅发展项目工程及高科技、高成长、高附加值文旅企业发展所处的周期阶段，合理设置授信总量、设计授信结构，提供差异化信贷产品服务。完善银行机构对兼并重组的信贷服务，鼓励金融机构采取联合贷款、杠杆收购贷款等形式，为优质文旅项目打造及丽江玉龙旅游股份有限公司、丽江东坝生态文化旅游股份有限公司等龙头文旅企业发展提供有力金融支撑。鼓励银行发挥集团优势，通过资管、投行等渠道创新融资模式，服务于文旅企业全生命期融资需求。鼓励文旅企业集团财务公司延伸产业链金融服务，为文化旅游产业链上下游文旅企业提供资金支持。

3. 大力发展科创金融

鼓励金融机构设立科创金融专营机构，探索建立对科创文旅企业技术成果、市场前景的科学评估体系，做大科创文旅企业信用贷款、知识产权抵押贷款、应收账款抵押贷款等业务规模。构建多类型金融主体参与的科创金融融资服务平台，导入风险补偿基金、政策性保险、政策性担保等政策资源，提供“孵化贷”“成长贷”等覆盖文旅企业全成长周期的科技金融产品。推动工商、税务、社保等涉企信用信息互联互通，探索信用信息商业化运作。

4. 鼓励发展文创金融

鼓励社会资本在丽江市设立与民族遗产、民族工艺、民俗节庆、民族艺术等相关的文旅项目配套投资基金和金融服务机构，发挥资本招商作用，协助重大文旅融合项目招商落地。支持文旅项目融资模式创新，鼓励金融机构创新文旅企业资本质押融资、文旅版权抵押贷款融资等业务，探索发展文旅融合项目股权众筹、文化艺术品抵质押融资。支持保险机构研发、推出文旅融合产业相关保险产品。

5. 积极发展普惠金融

进一步完善线上线下普惠金融服务体系，支持金融机构扎根基层、服务社区、走进农村，为小微文旅企业、农旅企业、社区居民提供更具针对性、精准化、便利化的金融服务。探索和规范发展各类新型金融服务机构，为创新创业群体、农家乐、民宿、旅游商品店等小微文旅企业、旅游区农户等提供融资服务。鼓励金融机构运用金融科技手段，为客户设计更加个性化、高效化的金融服务方案。加强政策引导和激励，按照保基本、可持续、分重点的原则，对普惠金融相关业务或机构给予支持。

6. 积极发展绿色金融

完善绿色项目库并实施动态管理，建立含绿色文旅项目、生态文旅企业等多维度信息的“绿色项目清单”，丰富绿色金融服务对象。推动金融机构设立绿色金融事业部、绿色金融专营机构，引导银行机构加大对绿色环保文旅项目的信贷投入力度，发展排污权抵押贷款、合同能源管理融资等产品。鼓励社会资本设立生态文旅企业投资基金，加快培育绿色评级、绿色技术服务以及环境风险评估等专业服务机构。支持有条件的金融机构发行绿色债券，探索发展绿色资产支持证券，培育绿色金融和环境权益交易市场，完善定价机制和交易规则，开展碳金融融资产品创新。

五、非遗保护与创新发展规划

（一）总体要求

1. 指导思想

坚持以习近平新时代中国特色社会主义思想为指导，深入贯彻落实党的十九大和十九届历次全会精神，认真落实习近平总书记关于非遗保护与创新发展重要指示，遵循云南省非物质文化遗产保护工作及《丽江市人民政府关于贯彻落实〈云南省人民政府关于进一步加强文物保护工作的实施意见〉的实施方案》《丽江市文化遗产保护传承工作三年行动计划（2017—2019)》等文件要求，将满足人民日益增长的美好生活需要作为中心，坚持"保护为主、传承为核、创新发展、合理利用"，科学、深入地实施丽江市非物质文化遗产保护与创新发展工作，构建科学保护、智慧融合、保障有力的非物质文化遗产保护与创新发展体系，充分释放非物质文化遗产活力，使非物质文化遗产保护与创新成果惠及更多人民群众。

2. 基本原则

首先，坚持以人为本。充分尊重丽江市不同民族的风俗与生活习惯，助推非物质文化与人民生产、生活相融合，激发当地人民的非遗保护与传承意识；在满足人民群众多元文化需求的同时增强人民群众民族团结共同体意识，提升人民群众的文化获得感、参与感与认同感。其次，坚持保护优先。将非物质文化遗产保护和丽江市文化旅游发展、社会治理、经济提升及民生保障等工作相结合，构建互动、相容、和谐的非物质文化保护与传承体系，充分释放非遗在推动社会经济可持续、高质量发展中的文化功能。最后，坚持创新发展。在充分尊重非物质文化遗产的文化内涵、发展规律和现实价值的基础上，充分释放非物质文化遗产的社会经济活力，推动非物质文化遗产在丽江市文化旅游发展中的价值转化与创新发展，提升丽江市文化旅游产业的吸引力与影响力。

3. 发展目标

打造丽江市非物质文化遗产保护与创新发展"四大工程"。力争到2035年，丽江市非物质文化遗产名录及代表性传承人名录体系更加健全，非遗文化结构更加合理；各区域非遗代表性项目保护性水平显著提升；非遗数字化管理与统计体系更加科学、高效；非物质文化遗产人才培养能力不断强化。非物质文化遗产在丽江市文化旅游产业发展和城市综合实力提升中的价值得到充分彰显。

（二）非遗保护与创新发展策略

1. 非遗名录体系建设

（1）全面开展非遗普查。遵循第二次全国非物质文化遗产普查工作任务要求，积极组织开展丽江市非物质文化遗产普查工作，做到全方位、全覆盖、不留死角、不漏遗产资源，全面、系统摸清丽江市现有非物质文化遗产体量、丰度、种类、分布区域、开发现状、保护情况、非物质文化遗产传承人数量等，并充分运用文字、图片、音像及数字化技术等记录、整理非物质文化遗产数据，创建完善档案和数据库。

（2）积极申报非遗项目。在非物质文化遗产资源全面普查的基础上，筛选出高级别、高质量、文化内涵深厚的非物质文化遗产，积极参与联合国教科文组织开展的人类非物质文化遗产代表作名录项目申报工作，积极组织国家级、省级、市级非遗代表性项目、非物质文化遗产传承人申报工作。力争到2035年，国家级非物质文化遗产项目达到20项、省级非物质文化遗产项目达到65项、市级非物质文化遗产项目达到200项；国家级非物质文化遗产传承人达到20位、省级非物质文化遗产传承人达到160位、市级非物质文化遗产传承人达到350位。

（3）增强非遗项目管理。强化国家级、省级、市级、县级非物质文化遗产项目、非物质文化遗产传承人管理制度建设，健全不同等级非遗项目和传承人评审工作，确保高级别的非物质文化遗产得到高度重视；同时建立合理、科学、规范的退出机制，及时筛选出未能履行义务的非遗项目，形成良好的内部竞争机制，提升丽江市非物质文化遗产品质，形成引领示范作用。

2. 非遗保护与创新发展

（1）强化非遗传承与保护力度。高度重视非遗传承与保护工作，针对不同类型非物质文化遗产采取分类别传承与保护措施。对于民族节日、饮食、民俗、历法等非物质文化遗产，需要注重该类遗产的活态利用，鼓励举办各类民族节日、特色饮食制作品鉴等体验性活动；对于民族歌舞、服饰、杂技等门类的非物质文化遗产，可积极开展形式各样的国际性民族歌舞、服饰展演活动，提升整体知名度与影响力；对于民族手工艺、医药等非物质文化遗产，在开展非遗传承培训班的同时可与企业进行互助合作，力争实现作品—产品—商品的价值转化与增值。

（2）加强非遗生态保护区与特色村镇建设。加强丽江市文化生态保护区管理，制定相关文化生态保护管理办法，落实文化生态保护区各部门的主体责任，提升文化生态保护区的整体生态保护水平。力争到2035年，省级民族文化生态保护区达到30个、市级民族文化生态保护区达到50个。此外，积极挖掘特色村镇、历史文化名镇名村、特色街区、省级和市级文化生态保护区等中的非物质文化遗产资源，筛选出非物质文化遗产资源丰富、保护传承效果较好的特色村镇，积极推动“非遗保护特色村镇”“非遗特色街区”等申报与建设工作。力争到2035年，创建省级非遗保护特色村镇达12个。

（3）助推民族歌舞及手工艺创新发展。确立一批民族歌舞、演艺文化传承保护基地，创办系列民族歌舞艺术团，培养民族歌舞、演艺名师，提升丽江市整体民族演艺水平；积极参与各类世界级国际性民族歌舞展演活动，提升民族文化世界影响力与知名度。此外，支持各类民族工艺手工作坊、民族工艺品工作站、民族工艺品展示馆建设，形成示范引领作用；鼓励民族元素工艺品生产作坊、基地等与现代化品牌企业间积极开展合作，推动传统民族元素与现代时尚文化相互融合、渗透，促进传统工艺项目创新发展。力争到2035年，建设30个以上传统工艺创新项目。

3. 非遗数字化管理与记录

（1）建设数字化非遗档案和数据库。借助数字技术开展非物质文化遗产普查工作，形成涵盖文字、图片、录音、影像等多元化非物质文化遗产资源材料，积极推动数字化非遗档案与数据库建设，构建内容丰富、形式多样、信息全面的丽江市非物质文化遗产档案与数据管理系统，实现不同区域、不同级别非物质文化遗产名录共享。此外，积极推动丽江市代表性非物质文化遗产项目申报、非物质文化遗产传承人申报等管理系统研发工作，保障市级非遗申报的高效性、公平性与便捷性。到2035年，力争创办丽江市非物质文化遗产数据管理系统、丽江市非物质文化遗产项目申报管理系统和丽江市非遗代表性传承人申报管理系统各1项。

（2）构建科学化非遗记录体系。充分利用数字化科技手段，全面开展不同等级非物质文化遗产代表性项目、非物质文化遗产传承人记录工作。积极鼓励各区域基层工作者参与到非物质文化遗产记录工作中来；与高校、科研机构积极合作，利用科技手段开展非物质文化遗产记录工作，保障非物质文化遗产记录工作的全面化、系统化与科学化。积极做好各项非物质文化遗产记录成果验收，筛选出高级别记录成果进行宣传展示和传播利用。

4. 非遗人才培养

（1）扩大非遗传承人队伍。鼓励非遗传承人积极参与省级非遗传承人培训班，积极开办若干市级非遗传承人培训活动，提升非遗传承人的创新与传承能力。支持开展非遗传承人对话活动，促进不同领域、不同级别非遗传承人创新意识、创新能力提升；鼓励非遗传承人开办非遗培训、带徒授艺、传承传习等多类型非物质文化遗产工艺、技艺教授活动；推动培训传承、师徒传承、群体传承、校园传承等形式多元的非物质文化传承，扩大非物质文化遗产传承人队伍与规模，确保非物质文化技艺、工艺、文化得到科学、全面、系统传承。

（2）提升非遗保护与创新队伍素质。积极开展非遗骨干人员传承交流活动与技艺培训，聘请世界级工艺大师、销售精干及创意、策展、管理等方面的高水平人员对非物质文化遗产骨干传承人进行若干次教学、培训。提升非物质文化遗产骨干传承人的非遗工艺设计能力的同时，积极鼓励非物质文化遗产骨干人员学习国际、国内市场的非物质文化遗产技艺创新、展演及管理知识，提升非物质文化遗产创新利用能力。

（3）形成社会化非遗传承与保护合力。成立丽江市非物质文化遗产专家咨询委员会，内部对接非遗传承人间及基层非遗传承与创新业务，为丽江市非物质文化遗产传承、保护与创新提供有力支撑；外部对接旅游市场开展非物质文化遗产价值宣传，提升外来旅游者的非物质文化遗产保护意识。在丽江市内建立多支非物质文化遗产保护志愿者队伍，充分发挥该类志愿者在传承历史文脉、展示民族文化、传递社会文明新风尚方面的重要作用，激发旅游者与当地居民群众参与非遗保护的文化自觉。

六、国际文旅营销规划

（一）总体要求

1. 指导思想

坚持以习近平新时代中国特色社会主义思想为指导，深入贯彻落实党的十九大和十九届历次全会精神，贯彻十九届中央委员会第五次全体会议提出的“形成强大国内市场，构建新发展格局，坚持扩大内需”这一战略基点，加快培育完整内需体系，把实施扩大内需战略同深化供给侧结构性改革有机结合起来，以助推创新驱动、高质量供给体系建设。准确定位旅游形象，构建科学、全面的市场营销体系，畅通国内大循环，促进国内国际双循环，全面促进消费，推动旅游经济高质量发展。

2. 基本原则

首先，坚持需求创造。需求具有多样性、发展性和层次性特点，随着旅游产品、科技进步和经济发展而变化。必须确定准确鲜明的旅游形象，深入开展国际、国内旅游市场需求调查，挖掘入境和国内旅游者的潜在旅游需求，拓宽旅游市场规模。其次，坚持以点带面。培育高等级文旅品牌 IP 体系，依托多元节庆节日，以点带面、引爆旅游市场，提升文化旅游业的国际影响力与竞争力。再次，坚持差异化营销。对于不同文旅产品与业态，采取差异化营销模式，突出文旅产品与业态的独特性，提升国际旅游市场影响力。最后，坚持系统化营销。建立整体性、跨区域系统化营销模式，依托突出产品、核心区域旅游业带动特色产品、边缘区域旅游业知名度提升，提升丽江市文化旅游市场的国际竞争力。

3. 发展目标

通过开展系列文化旅游营销活动，推动入境旅游市场规模进一步扩大，促进“舍不得的丽江”系列品牌形象深入人心；通过培育文旅品牌 IP 和发展文博遗产游、民俗节庆游、康体养生游、休闲旅居游、特色美食游等专项国际文旅市场营销，提高国际、国内旅游市场影响力和重游率；实施多元化、多语言线上网络和线下营销工程；明确旅游市场定位，对境内核心市场、境外主要市场进行重点推广和宣传。力争到2035 年，丽江市文化旅游业国际知名度进一步提升，国际影响力与竞争力显著增强，市场规模进一步扩大，市场重游率显著提升。

（二）国际文旅营销策略

1. 旅游形象定位

（1）旅游形象图谱。本书通过对丽江市地脉、文脉进行梳理，提取重要形象元素，得出丽江市旅游品牌形象的主要脉络为：打造以多元民族文化为核心的“文化丽江”品牌形象，以休闲、度假、旅居为中心的“休闲丽江”品牌形象，以文化、温泉、气候及中医药资源为支撑的“康养丽江”品牌形象，以多元生态观光资源为主导的“生态丽江”品牌形象（见图 13-1）。

（2）品牌形象解读。

①文化丽江。以独特的纳西东巴文化、茶马古道文化、边屯文化、他留文化及非物质文化遗产等多元文化资源为核心，充分整合市域内非物质文化遗存，依托数字科技丰富文化体验消费场景，打造“文化丽江”品牌。以沉浸式文化体验为主，拓展大研古镇、束河古镇、白沙古镇文化体验场景，联动市域内纳西族、彝族、摩梭族等特色民族村寨，提升丽江市多元民族文化的世界影响力与知名度。

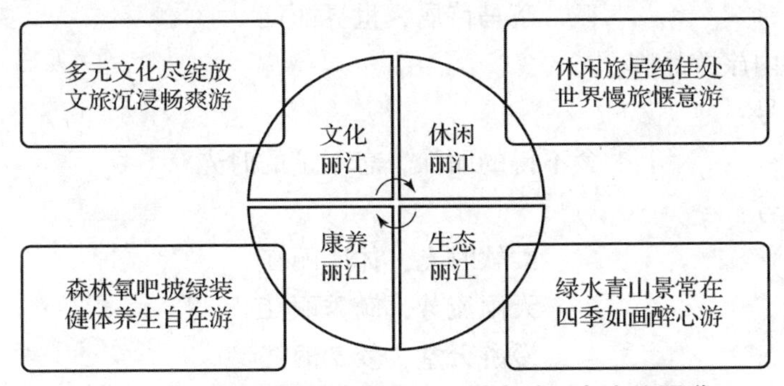

图 13-1　丽江市打造世界文化旅游名城形象定位图谱

②休闲丽江。承接“慢游、慢享、休闲”的丽江市文化旅游形象，依托束河古镇、玉湖村、玉龙县黎明乡、永胜三川镇、片角镇、华坪荣将镇及玉龙雪山景区、复游城 · 丽江地中海旅游度假区等，创建世界级、高端化文旅休闲、度假及旅居区，

提升旅游服务品质，打造“休闲丽江”形象，满足国际、国内旅游者个性化、体验化与品质化需求，提升国际市场竞争力。

③康养丽江。依托丽江市丰富的文化资源、温泉资源、田园资源、森林资源、气候资源及中医药资源，开发文化康养、温泉康养、生态康养、医疗康养、运动康养、膳食康养等多功能康养旅游产品，塑造集山水文化于一体的“康养丽江”旅游品牌形象。

④生态丽江。以玉龙雪山、泸沽湖、拉市海、老君山黎明景区等自然生态类旅游目的地为载体，依托优越的气候资源、丰富的动植物资源、秀丽的山水景观资源，打造雪山观光、水域观光、森林观光、峡谷观光、珍稀动植物观光等多元化生态观光旅游产品，构建“生态丽江”旅游品牌形象，拓宽国际、国内旅游市场，提升市场吸引力。

（3）品牌宣传口号。

第一，国际旅游品牌。

①宣传口号：

Lijiang, a place that makes people reluctant and has a good life

舍不得的丽江，更美好的生活

②备选口号：

Lijiang is a place everyone yearns for, and you can find the footprints of Joseph F · Rock here

寻踪洛克，想往故乡

Lijiang, a world tourist destination, is a livable city with the Tea-horse Ancient Road

茶马诗居，世界丽江

第二，国内旅游品牌。

①宣传口号：

舍不得的丽江，忘不了的时光

②备选口号：

柔软时光，休闲丽江

天雨流芳，毓秀丽江

慢游天堂，梦幻丽江

古韵今芳，惬意丽江

（4）专项品牌宣传口号。

文化：多元文化尽绽放，文旅沉浸畅爽游。聚焦“文化体验”这一主题，以多元文化、多彩民俗、非物质文化遗产、特色村镇为主要诉求内容，向国际、国内游客传达丽江市的民族文化内涵、地方风情及人文景观特征。

休闲：休闲旅居绝佳处，世界慢旅惬意游。将“休闲度假”作为丽江市文化旅游形象的主成分，以慢游、慢享、旅居等惬意形象为导向，打造长效、综合、开放、全面的优质休闲度假旅游产品，传达丽江市以休闲、慢游为核心的宜游、宜居、宜放松的国际休闲城市形象。

康养：森林氧吧披绿装，健体养生自在游。凭借丰富多彩的康体养生资源，打造森林资源养肺、文化资源养心、山川温泉与中医药资源养身、山水景观资源养眼等多元化康体养生形象，体现出丽江市独特、丰富、多元、全面的养人之处。

生态：青山绿水景常在，四季如画醉心游。聚焦“生态观光”这一主题，凭借山川峡谷、森林草地、动植物、雪山水体等多元化景观资源特征，凸显出丽江市春、夏、秋、冬四季皆可观、可游、可玩的绝美景观形象。

2. 旅游品牌培育

打造“4+5”工程，以优越的文旅资源打造四大丽江市旅游IP形象，盘活国际、国内文化旅游市场，强化国际品牌形象，以五大特色旅游节庆活动营造国际化旅游氛围。凭借丽江市特色节事活动提高旅游国际知名度与世界影响力，为丽江市打造世界文化旅游名城提供动能。

（1）品牌IP培育。

①多元文化探秘IP。联合洛克家乡，打造“探寻洛克一生”之旅；联合南亚、中亚和东南亚茶马古道站点，串联茶马古道之路，打造“探秘商贸辉煌历史”之旅。以“洛克故居”“茶马古道文化”为引擎品牌，整合区域多元民族文化、边屯文化资源，集聚多元文化优势，创新文旅产品体系，打造世界级多元文化融合IP。

②慢旅休闲IP。凭借独特的古镇风貌、多彩的民族文化、美丽的田园风光、绝美的山水景观资源，串联大研古镇、束河古镇、白沙古镇等民族特色小镇；连接纳西族、普米族、傈僳族等少数民族村寨；依托玉龙雪山景区、老君山黎明景区及泸沽湖、程海、拉市海等山川湖泊景区，打造国际化、高端化的休闲、慢游旅居IP。

③康体养生IP。依托丽江市的文化资源、森林资源、山水资源、温泉资源和中医药资源，立足丽江市冬无严寒、夏无酷暑、干湿分明、空气清新的生态环境，打响康体养生IP。积极引导开发以“康养”为主题的养肺、身、心、眼等旅游产品，丰富旅游产品业态，让游客尽享健体养生之旅。

④生态观光IP。立足丽江市良好的气候条件、较高的植被覆盖率、优越的生态环境、青山绿水与雪山等资源，打造内涵为四季“可观、可玩、可游”的生态观光IP；深挖生态景观资源，严控生态红线，保护并提升现有的生态景观风貌，创建生态休闲度假区；挖掘生态景观的独特之处，丰富丽江市生态观光休闲活动，营造四

季皆美景的旅游形象。

（2）节庆赛事营销。

①雪山国际音乐节。

时间：10月。

地点：丽江市文笔海畔。

以玉龙雪山为背景，在文笔海畔搭建大型演唱平台，邀请国外、国内知名音乐明星参加音乐节；音乐节直播过程中穿插玉龙雪山、大研古镇宣传广告，打造雪山小镇秘境氛围，形成引爆点，提升丽江市玉龙雪山和大研古镇的知名度与影响力。

②丽江茶马古道徒步节。

时间：5月。

地点：丽江市茶马古道沿线。

串联市内拉市海、文海营地、东巴谷营地、东巴谷环线赛点、九子海等景点，组织国际、国内旅游者开展沿线徒步旅游活动。沿途宣传丽江市在滇藏茶马古道中的节点位置及茶马古道在中国西南地区、南亚、西亚、中亚和东南亚的线路历史，提升国际旅游市场竞争力。

③纳西族三多节。

时间：3月。

地点：玉龙县。

以纳西族三多节释放纳西族民族文化光芒，重点提升纳西族三多节民族旅游节庆品牌，加大国际宣传力度，通过民族旅游节庆从旅游项目、交通、文化、饮食、住宿等方面全方位展示丽江市文旅形象。做好节前准备工作、节中服务、节后意见收集工作，弘扬纳西族民族文化，打响丽江市文化旅游品牌形象。

④世界母亲节。

时间：5月。

地点：丽江古城、泸沽湖。

丽江纳西族和生活在泸沽湖畔的摩梭人均实行父系、母系、双系3种并存的家庭形态，主要以母系家庭形态为主。依托丽江纳西族独特的母系氏族形态和以舅为大、以母为尊、以女为根、男主内女主外、舅掌礼仪母掌财的独特家庭风俗，与母亲节起源地希腊、母亲节流行地美国等国家和地区联合举办世界母亲节，提升丽江市母亲节国际影响力与知名度，吸引并拓宽国际、国内旅游市场。

⑤世界猎鹰节。

时间：8月。

地点：猎鹰谷。

纳西族鹰猎文化起源于1253年，当时忽必烈南征大理国，到达丽江后，在丽江长期驻扎练兵，继而将猎鹰这种古老的狩猎方式带到了丽江。鹰猎在古代是一项富贵人家的娱乐方式，而今丽江市的鹰猎爱好者越来越多，猎鹰活动遍及丽江市坝区与半山区的纳西族村寨。依托丽江市的猎鹰传统与文化，积极申报世界非物质文化遗产名录，同时鼓励申办“国际友好猎鹰节”，邀请阿拉伯半岛、欧洲、亚洲、中亚、北非等多个具有猎鹰传统与文化的国家参加节日，形成“引爆点”，提升丽江市文化旅游产业的国际影响力。

3. *旅游市场定位*

旅游市场定位以国内和海外市场并重为原则，以国内客源市场为基础和开发重点，以海外客源市场为依托，实施“双轮”驱动市场开发战略。根据以往旅游市场抽样调查和丽江市文化旅游产业发展实际，本书将丽江市海外客源市场定位为三类市场：一级市场以我国港澳台地区、日本、韩国等亚洲市场，新加坡、泰国、马来西亚等东南亚市场，英国等欧洲市场，美国、加拿大等美洲市场为主；二级市场以德国、法国、澳大利亚、印度尼西亚等市场为主；三级市场（机会市场）以菲律宾、俄罗斯、意大利、墨西哥等国家为主。

丽江市国内旅游客源市场定位为三类市场：一级市场以经济较为发达、出游率高的珠江三角洲、长江三角洲、京津冀及距离较近的西南地区为主；二级市场以西北、华中和东北等地为主；三级市场（机会市场）以陕西、甘肃、内蒙古、新疆、西藏等西部地区为主。省内客源市场细分为两级市场：一级市场是以昆明为中心的昆明、玉溪、曲靖等滇中地区及以丽江市为中心的滇西北、滇西等邻近地区为主；二级市场以滇东南、滇东北、滇西南等地区为主（见表13－1）。

表13–1　丽江市打造世界文化旅游名城旅游市场定位

客源市场	具体内容
海外客源市场	一级市场为我国港澳台地区、日本、韩国、新加坡、马来西亚、泰国、英国、美国和加拿大等；二级市场为德国、法国、澳大利亚、印度尼西亚等；三级市场为菲律宾、俄罗斯、意大利、墨西哥等其他国家
国内客源市场	一级市场为珠江三角洲、长江三角洲、京津冀、西南地区等；二级市场为华中、东北和西北等；三级市场为陕西、甘肃、内蒙古、新疆、西藏等西部地区
省内客源市场	一级市场为滇中地区、滇西、滇西北等；二级市场为滇东南、滇东北、滇西南等

4. 旅游市场宣传营销

(1) 旅游市场宣传渠道。

凭借技术、新手段和新媒体创新丽江市旅游营销方式，联动“线上线下”互动营销、精准营销与融合营销，建立立体化、全面化、系统性的旅游营销模式。

线上：依托网上购票、预订酒店、购买旅游产品等电商 App，如携程网、去哪儿、马蜂窝、飞猪、驴妈妈、途牛网、游云南等旅游类电商及智慧化平台，结合打造世界文化旅游名城实际，重点推介和销售世界级文化体验旅游线路、世界级生态观光旅游线路、世界级旅居度假旅游线路、世界级康体养生旅游线路，带动全域文化旅游产品营销。

凭借新闻类 App，如头条、网易、腾讯新闻、一点咨询等，以及 Facebook、Instagram、Twitter、Pinterest、YouTube、TikTok、新浪微博和视频 App（抖音、快手、小红书）等线上运营媒体，重点宣传知名度高、影响力大的雪山国际音乐节、丽江茶马古道徒步节、纳西族三多节等重大节庆活动；积极发起玉龙雪山超级越野赛、丽江越野跑热身赛、民族马术比赛、少数民族传统运动会，形成“引爆点”和话题热度，提升关注度，培养粉丝群体，提高丽江市文化旅游业的知名度与影响力。

借助 Samsung TV Plus、爱奇艺海外版、腾讯海外版、芒果 TV 国际版、优酷视频海外版等视频网站及有声电台机构插播、植入旅游宣传广告，传递丽江市世界文化旅游名城形象。

通过丽江热线、看见丽江、丽江古城游、微丽江、丽江旅游集团、掌上丽江等微信公众平台，强化自我营销，实时推送多语言旅游宣传信息，同时通过微信支付、微信统计、微信抽奖等系列方式，为游客提供丽江市景区门票、酒店和餐饮预订、售后服务、产品投诉等窗口，满足游客全程化需求。

网红营销已经成为当下最热门的营销手段之一，通过邀请国内外具有较高影响力和知名度的旅游博主到丽江古城、玉龙雪山、泸沽湖景区、老君山黎明景区等高等级旅游景区进行宣传，激发国际和国内潜在旅游客源市场需求，释放网红效应，拓宽丽江市文化旅游市场规模，提升知名度与市场竞争力。

线下：通过在 G56 杭瑞高速、华丽高速、丽江古城—维西高速、泸沽湖—香格里拉高速、宁永高速、宾川—永胜高速、香丽高速、丽江—宁蒗高速、鹤关高速、华坪荣将—宁蒗跑马坪高速等道路沿线设置巨幅旅游品牌形象广告路牌，在市域内部玉龙雪山东环线公路、兰坪大羊场—黎明景区公路、中兴—黎明景区公路、九河互通立交、九河—老君山旅游公路、拉市海环湖路、宁蒗县小环线延长线石佛山—永宁拖枝公路、永胜程海环湖二级公路等旅游专线公路标识牌设置旅游品牌形象宣传广告标牌。

在京津冀、长三角、珠三角等旅游客源市场主要集聚地的国际机场、高铁站、地铁站；云南省昆明市长水机场、高铁站、地铁站；丽江市三义国际机场、宁蒗泸沽湖机场、火车站、公交站牌、写字楼广告牌等地区购买广告位，大力投放广告，宣传旅游品牌形象。

在 *Tough Guide*，*Purple*，*Lonely Planet*，*Time Out*，*Green Guide*，以及《中国旅游报》《中国国家地理》《旅游商业观察》《旅游圈》《环球旅讯》《执惠》等纸质媒体刊登优质文化旅游产品介绍、游记及摄影集，拓宽国际、国内中高端客源市场规模。

积极参与世界级旅游展销会、世界旅游发展大会、旅游推介会及各种国际文化旅游论坛，提升丽江市文化旅游业的知名度与推广力度。

（2）专项旅游市场营销。

丽江市所拥有的旅游资源类型丰富多样，且独具特色、文化底蕴浓厚，适合开展差异化专项旅游市场营销，基于丽江市旅游资源和市场基础，全面推动丽江市旅游品牌传播，提升其国际影响力。

文博遗产游：充分整合丽江市“丽江古城”世界文化遗产、“纳西族东巴古籍文献”世界记忆遗产和“三江并流核心区——老君山”世界自然遗产三大世界文化遗产，8 项国家级非物质文化遗产、39 项省级非物质文化遗产、97 项市级非物质文化遗产及诸多县级非物质文化遗产，将目标定位于高端旅游客源市场，拍摄国际化专项宣传片，并积极进行线上推广，充分挖掘丽江市文化旅游内涵，塑造文化底蕴浓厚、休闲惬意的旅游目的地形象。

民俗节庆游：依托“文化和自然遗产日”“国际东巴文化艺术节”“雪山国际音乐节”“纳西族三多节”“世界母亲节”“世界猎鹰节”等民俗节庆活动，将市场定位于中青年旅游者，吸引国际、国内、省内知名媒体参与，并积极进行线上报道，塑造热情、健康、多元的旅游目的地形象。

康体养生游：以玉龙雪山景区为核心，在玉龙雪山越野跑、山地自行车爬坡赛等基础上拓展康体运动形式，联合老君山茂密的植被资源、丽江古城浓厚的文化资源、永胜温泉资源及中药材资源，将目标市场定位为探险运动爱好者、老年康养旅游者，运用线上网络媒体投放登山、探险、养生等旅游宣传小视频，传播健康、积极、养生、绿色的旅游目的地形象。

休闲旅居游：依托大研古镇、束河古镇、白沙古镇以及市内少数民族特色村寨；永胜、华坪的优质田园资源；玉龙雪山、老君山、泸沽湖、拉市海等山川湖泊资源，将目标定位为亲子家庭、中老年群体，选取合适的国际明星家庭、旅游网红博主等到丽江市拍摄日常生活旅居宣传片，塑造宜游、宜闲、宜居的旅游目的地形象。

特色美食游：依托丽江市特色美食及饮食文化，积极举办“丽江风味美食节”“丽江国际啤酒节”“丽江美食展销会”“民族特色美食评比”等活动，打造丽江特色美食品牌形象，同时联合国际、国内知名网红博主、土特产品售卖直播博主宣传和售卖丽江市土特美食产品，为丽江市的美食文化旅游造势，提升知名度。

05

第五篇
丽江市打造世界文化旅游名城的实施体系

第十四章　丽江市打造世界文化旅游名城的实施方略

丽江市世界文化旅游名城的打造与建设是一个集综合性、复杂性、全面性于一体的系统工程，应按照“轴带联动、极核辐射、片区协同”的空间布局模式，构建“一带联动、两核辐射、三区协同”的世界文化旅游名城空间布局体系，大力创新项目建设。但是要保证名城建设的有效实施，仍然需要实施大量系统化措施。本章通过构建丽江市打造世界文化旅游名城的“5+5”工程体系，以品质提升工程、消费引流工程、乡村振兴工程、文化交流工程、生态保护工程五大工程促进丽江市世界文化旅游名城建设实施，以组织促进体系、政策支持体系、市场管理体系、资金保障体系、人才保障体系五大体系保障丽江市世界文化旅游名城建设实施（见图14-1）。

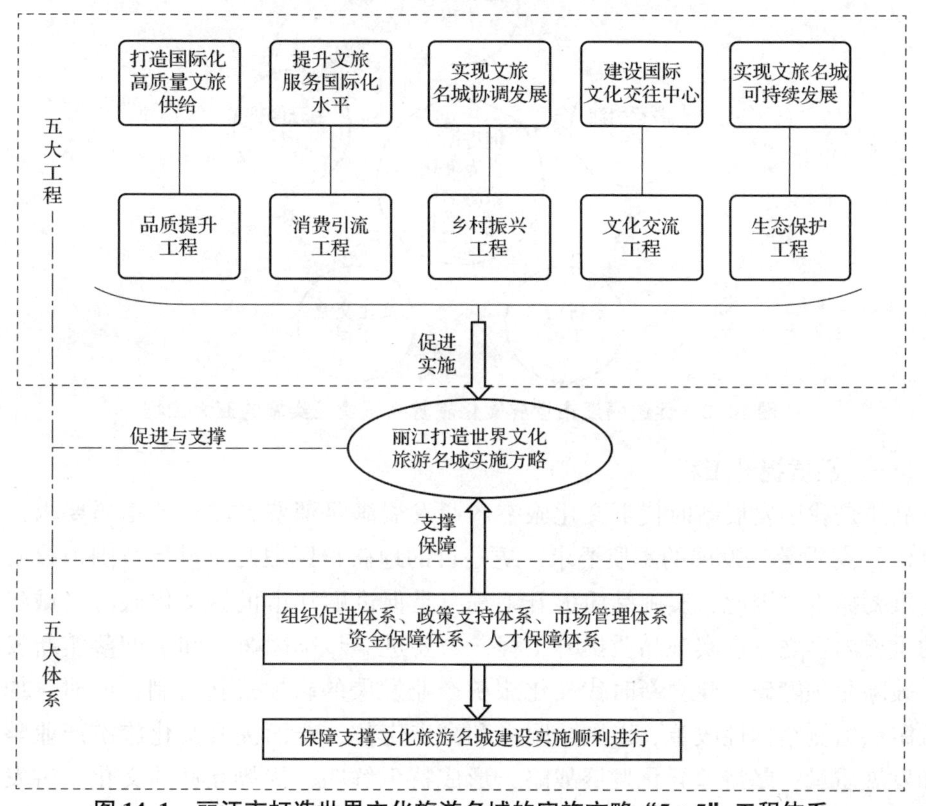

图14-1　丽江市打造世界文化旅游名城的实施方略“5+5”工程体系

一、打造五大工程，促进丽江市世界文化旅游名城建设实施

在丽江市世界文化旅游名城的建设实施过程中，以业态为基、以项目为魂的同时，更应该充分利用多种手段，促进世界文化旅游名城的建设实施。第一，通过品质提升工程打造高质量的文旅供给，促进文化旅游产业的国际化发展；第二，通过消费引流工程，积极培育旅游消费新业态，扩大对外开放，提升旅游服务质量和国际化水平，打造世界知名的国际文旅消费胜地；第三，实施乡村振兴工程，使乡村成为丽江市打造世界文化旅游名城的重要阵地，形成“城市—乡村”世界文化旅游名城发展新格局；第四，建设文化交流工程，充分发挥丽江市作为深度融入“一带一路”和面向南亚、东南亚辐射中心的区位优势，努力把丽江市打造成为我国西南地区的国际交往中心；第五，通过生态保护工程的实施，实现世界文化旅游名城协调化、持续化发展（见图 14-2）。

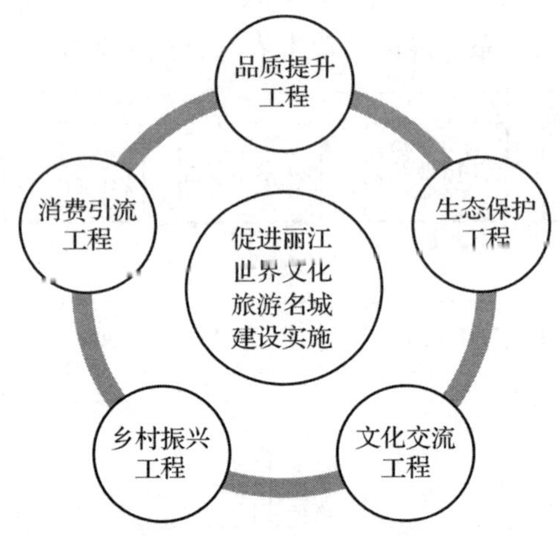

图 14-2 促进丽江市世界文化旅游名城建设实施的五大工程

（一）品质提升工程

品质是我国发展新时代下文化旅游产业发展满足消费者需求的本质要求，也是新时代“高质量”发展的本质要求，更是目的地获得区域乃至世界范围内核心吸引力的重要抓手。因此，实施品质提升工程，是促进丽江市世界文化旅游名城建设实施的重要内容之一。实施品质提升工程，需要进一步牢固树立和贯彻落实新发展理念，破除瓶颈障碍，建立新时代文化旅游产业发展的新模式新机制；同时，加快文化旅游供给侧结构性改革，以国际眼光和高点定位，全面提升文化旅游产业整体水平和发展质量；坚持差异化发展战略，形成特色鲜明、优势互补的文化旅游发展新态势，全面增强文化旅游产业发展新动能；也要在绿色发展理念指引下，实现经济

效益、社会效益、生态效益相互促进、共同提升。

丽江市作为我国老牌旅游目的地，其文化旅游产业发展已具备了较为强劲的实力，而要促进其世界文化旅游名城建设，则需要以国际化为抓手，进一步促进旅游服务的国际转型，旅游业态的国际化提升以及地方特色的国际化传播，以形成更为有力的国际化竞争实力。具体而言，应该做到以下几点：

首先，加快文旅服务国际化转型。要实现旅游服务的国际化转型，关键就是要对标国际化的旅游服务标准，探索制定具有丽江市特色的文化旅游产业标准化体系（见图 14-3）。实施标准化的目的是建立文旅行业的优良秩序，良好的秩序是获得效益的前提，而建立行业秩序，则是通过在文化旅游产业各环节全面实施标准化实现的。标准化的实施使相关部门和从业人员按照既定的质量目标，规范服务行为和服务程序，降低产品成本提高产品品质，吸引更多的游客前来旅游，使旅游业获得最大效益，实现优良的旅游目的地建设。

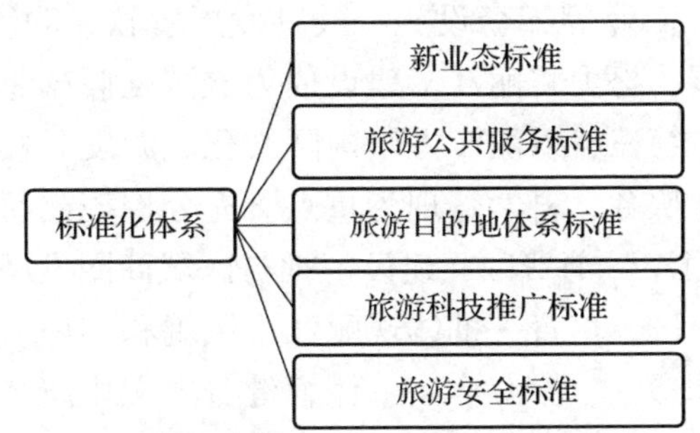

图 14-3　丽江市世界文化旅游名城建设标准化体系

因此，丽江市应以“度假休闲、乡村旅游、民宿经济、遗产保护利用”为核心进行全面的标准化建设。第一，加大标准制修订力度，形成完善的旅游标准化体系，旅游业优先研究和制定的标准包括旅游新业态标准、旅游公共服务标准、旅游目的地体系建设相关标准、旅游科技推广标准和旅游安全相关标准，具体涉及：围绕旅游业态创新，重点开展乡村旅游、康养旅游、民族旅游、遗产旅游等产业融合的旅游新业态标准制定；围绕旅游公共服务，重点开展旅游引导标识、旅游设施及服务安全、旅游交通服务、旅游特色街区等相关标准的研究和制修订。第二，完善、提升现有旅游标准，将有推广价值的旅游地方标准规范上升为地方标准，鼓励企业从自身发展需要出发，制定符合企业需求、具有企业特色的企业标准。鼓励龙头企业和连锁经营企业制定高于国家标准、行业标准和地方标准的企业标准。完善具有推广价值的企业标准，并鼓励其上升为地方标准。第三，鼓励旅游标准化工作基础较好的区域和旅游企业积极参与国家旅游标准化试点单位的创建工作，培育一批省级旅游标准化试点单位。

其次，促进文旅业态国际化提升。优质的业态是丽江市文化旅游产业实现国际化提升的基础，因此国际化的文旅竞争力必然要求国际化水准的业态发展。具体而言，第一，要大力支持丽江市旅游招商，要聚焦一些新兴产业、新兴产品，招商引资一批高质量项目。注重引进旅游的服务商，改善好旅游投资环境，构筑好旅游产业整个链条，积极引进国内外知名酒店、主题乐园等旅游品牌，提升丽江市文化旅游的国际知名度。与此同时，更重要的是要促进旅游业态的结构化改革，大力发展度假旅游、休闲街区、夜经济等旅游业态。第二，以丽江古城国际文化旅游发展核、大玉龙雪山国际度假旅游发展核为重点区域，以休闲化、度假化为目标，实现业态转型，鼓励发展文艺娱乐、运动健身、休闲养生、养老保健、影视演艺等休闲度假服务，不断增强旅游度假功能。大力促进旅游购物消费，积极开发旅游商品，发展特色旅游购物中心。合理利用地下空间，鼓励旅游综合体、旅游服务中心等大型项目发展地下停车、地下商业等配套设施。鼓励发展餐饮、购物、娱乐等配套产业，引导关联产业集聚发展，努力将丽江市建设成为旅游度假产业体系完备、地域特色鲜明的旅游度假胜地。第三，以丽江古城国际文化旅游发展核为试点区域，以完善设施、丰富业态、优化服务、科学管理为重点，充分挖掘夜间消费资源，以大研古镇为核心，建设“夜丽江”消费区，建设一批与区域商圈发展相融合、具有带动辐射功能的特色夜消费街区，培育一批体现丽江市风貌和特色、形成品牌的夜经济载体。大力开展夜间购物餐饮、旅游休闲、体育健身、文化演艺等活动，促进商旅文体融合发展，增强夜间消费活力，培育一批具有较大影响力的高品质夜市和多业态融合发展的夜经济场景，形成布局合理、功能完善、业态多元、管理规范的夜间经济发展局面。

最后，推动地方特色国际化传播。独特的少数民族文化和遗产是丽江市文化旅游最响亮的品牌与名片，应以此为亮点进一步扩张其国际知名度与美誉度。第一，应深入挖掘遗产的价值。少数民族文化和遗产不仅具有景观美学价值，还具有科学价值、艺术价值、经济价值、文化价值及旅游价值。要深入挖掘并利用少数民族文化和遗产的各类价值。第二，深度开发少数民族文化和遗产旅游产品。坚持在保护中开发、在开发中保护，深入挖掘世居人民生产生活积淀的文化传统、历史故事等旅游产品，做深产业链，推动少数民族文化和遗产成为丽江市最具说服力、最有号召力的旅游标识。同时要强力推广少数民族文化和遗产品牌。要将丽江市独特的少数民族文化和遗产的突出普遍价值向全世界宣传和推广，充分利用新媒体和信息平台，综合运用微电影、数字电视、数字旅游、影视植入等营销手段，积极搭建旅游国际化宣传矩阵。第三，提升少数民族文化和遗产旅游服务水平，加快开通境外重要客源市场包机，加速推进重大交通项目建设，打通大动脉、畅通微循环，为丽江市由地方走向世界保驾护航。第四，以国际游客的文化感知为切入点，以“红色丽江、多彩丽江、乡愁丽江、艺术丽江、创意丽江”挖掘展示为主线，构建文化特色旅游系列产品体系。打响“非遗旅游”国际新名片，鼓励开发面向国际市场的国际非遗旅游项目和产品，推出一批国际非遗旅游体验基地和主题酒店（民宿），丰富“文化和自然遗产日”活动，支持各级非遗代表性项目开展国际交流。支持博物馆和文化场馆国际化改造，启动中国丽江岩画博物馆、中国茶马古道文化博物馆、“元跨革囊”博物馆建设，实施“文物激活工程”，推出“语言无障碍国际示范文博旅游产品”。

（二）消费引流工程

旅游经济的运行过程，是旅游产品生产、交换、消费三个环节循环运转的过程，当然也是旅游产品购买与销售的过程。在这之中，决定着旅游经济能否正常运行的关键之处就在于能不能刺激旅游消费的增长。旅游消费是旅游经济发展的原始动力，是实现和满足旅游需求的前提，是不断创新旅游产品、实现并检验旅游产品价值的必要条件。因此，促进文旅消费是丽江市建设世界文化旅游名城的经济保障与基础。

基于此，丽江市应充分发挥资源优势，对标国际知名旅游目的地，积极培育旅游消费新业态，扩大对外开放，提升旅游服务质量和国际化水平，打造世界知名的国际文旅消费胜地，要以供给侧结构性改革为主线，按照高质量发展要求，不断优化发展环境，进一步开放文旅消费领域，积极培育文旅消费新业态、新热点，提升高端文旅消费水平，推动文旅消费提质升级，进一步释放消费潜力，积极探索消费型经济发展的新路径，打造业态丰富、品牌集聚、环境舒适、特色鲜明、生态良好的国际文旅消费胜地（见图 14-4）。具体而言：

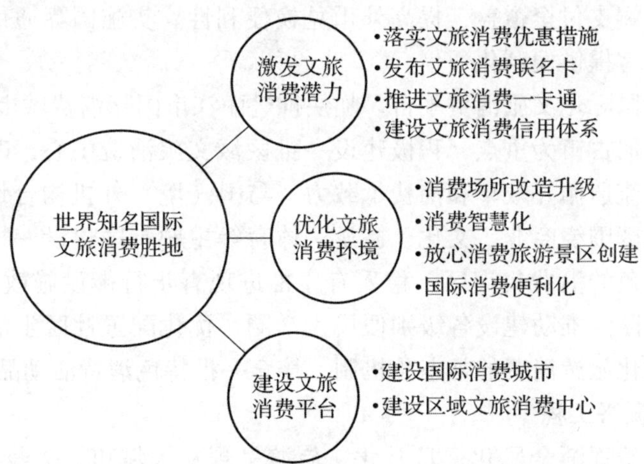

图 14-4 丽江市世界文化旅游名城建设实施消费引流工程

第一，激发海内外文旅消费潜力。鼓励开展“丽江游”“云南游”“自驾游”“包车游”“家庭游”等各种形式的旅游活动。落实企业租金减免政策、税收优惠政策，延长办理企业社保业务期限等。支持银行业金融机构在依法依规的前提下发行“丽江文旅”、5A级旅游景区、非物质文化遗产等文化和旅游消费主题文创联名银行卡。推进文旅消费“丽江文旅一卡通”，有效整合各方资源，对联名银行卡持卡人在景点门票、道路交通、酒店住宿、农家乐餐饮、旅游特色项目等提供折扣优惠、消费分期支付等特色权益，优化文化和旅游消费支付体验。依托现有文化、旅游与金融合作服务平台，通过消费数据监测评估，构建规范化、可追溯的文化和旅游消费信用体系。积极开发文化和旅游消费信贷产品，通过开发分期付款等消费信贷品种，扩大对演艺娱乐、会展旅游、动漫游戏、数字产品、创意设计、广播电视、网络视听等综合消费信贷投放。

第二，优化文旅消费环境。以古城区为重点，鼓励各类文化和旅游消费场所升级改造，完善休闲、餐饮、文创产品展示销售等消费功能。继续推进和优化与“一部手机游云南”相关功能的对接建设，加大投入建设综合智慧平台和智慧旅游景区建设，引导游客采用微信、手机App、互联网等多渠道进行信息查询、票务预约、特色产品购买等服务。以古城区为重点，优化旅游交通网，推进区域内旅游客运线路、旅游直通车建设，重点增加公交线路或客运班线运行密度，优化站点布局。以丽江古城、玉龙雪山、束河古镇、泸沽湖、老君山为试点单位，开展放心消费旅游景区创建工作，继续实施无理由退货诚信服务，打造放心消费景区，营造诚信经营氛围。培养旅游消费领域外语人才，促进旅游外语服务水平提升。提升入境游客在丽江市移动支付、消费服务等方面的便利化水平。实现旅游景点、酒店和大中型商场在线支付、终端支付全覆盖，提高外币兑换便利性。实施国际通信服务水平提升工程，为外国游客提供便利化通信。

第三，建设国际化文旅消费平台。加快推进丽江市国际消费城市的培育与建设。以大研古镇、束河古镇为重点，积极建设一批区域文旅消费中心，改善基础设施和服务环境，提升流通循环效率和消费承载力。与国（境）外机构合作建设涉外消费专区。鼓励各地区围绕商业、文化、旅游、体育等主题有序建设一批设施完善、业态丰富、健康绿色的消费集聚区，稳妥有序推进现有步行街设施改造和业态升级，积极发展智慧商圈。推动建设各级别便民生活圈，优化配置社区生活消费服务综合体。建立促进文化旅游消费的常态化机制，培育一批特色消费活动品牌。

（三）乡村振兴工程

随着旅游消费逐渐全民化、日常化，旅游呈现从大城市、大景区向传统村落、特色乡村转变的发展趋势，游客在目的地选择中越发倾向于天然、绿色的乡村、古镇。另外，发展乡村旅游也成为区域文化旅游产业发展的战略支柱之一，经营乡村农家乐、采摘园、农场、民宿等成为乡村社区收入的主要来源和拉动农村经济发展的重要力量，解决了农村闲置劳动力的就业，有效避免贫困户再次返贫。乡村产业兴旺、生态宜居、乡风文明、治理有效、生活富裕的乡村区域必然是世界文化旅游名城的重要组成部分。

因此，丽江市打造世界文化旅游名城应建立文化旅游产业赋能乡村振兴的有效机制，推动实施一批具有较强带动作用的乡村旅游重点项目，形成一批具有市场竞争力的特色文化旅游产业品牌，建成一批特色鲜明、优势突出的文旅特色乡镇、特色村落，推出若干具有国际影响力的文化旅游产业赋能乡村振兴典型范例。从而使优秀传统乡土文化得到有效激活，乡村人文资源和自然资源得到有效保护和利用，乡村一二三产业有机融合。实现乡村振兴，使乡村成为丽江市深入推进世界文化旅游名城建设的重要阵地，形成“城市—乡村”世界文化旅游名城发展新格局。具体而言：

第一，大力挖掘特色乡村资源，促进地方化资源要素国际化发展。大力挖掘开发地方特色饮食文化、民族歌舞乐艺术、地方特有的民俗节庆文化、传统手工制作技艺，以及散落在山间乡村里的历史遗址、古建筑、民间故事等文化遗产。让游客体验乡村烟火，享受乡村生态，感受农耕文化，参与农事活动，鼓励开展“吃农家饭、做农家活、交农家情、赏农家景、住农家院、享农家乐”“茶马古道骑马游”“徐霞客游线游”“红色文化游”“乡村健身徒步游”“古村落文化遗产游”等一系列旅游活动项目（见表 14–1），让乡村旅游发展成为一项令农村美、农民富的重要产业。

表 14–1　特色地方化乡村旅游资源发展重点

主要资源要素	发展重点
乡村饮食文化	打造“丽江鸡豆凉粉”“丽江粑粑”“纳西八大碗”“纳西铜火锅”“丽江蜜饯”“丽江窨酒”“丽江腊排骨”“丽江米灌肠”“丽江海棠果”等饮食文化品牌
乡村歌舞乐表演	展示展演“纳西古乐”“白沙细乐”“热美蹉”“东巴舞”“勒巴舞”“纳西三部曲”“丽江三部曲”等乡村歌舞乐表演
乡村民俗节庆活动	组织开展“纳西族三多节”“东山庙会”“桑美波吉”等民俗节庆活动
乡村手工艺产品	支持开发纳西族木雕、服饰、东巴纸、铜器、银器等手工艺产品
乡村生产体验活动	策划游客与农户一道共同制作“鸡豆凉粉”“米灌肠”“丽江粑粑”“东巴纸”等生产体验活动

第二，建设高质量乡村文旅供给体系。以高原农文康旅融合发展示范片区为重点区域，推动文创、演艺、会展等业态与乡村旅游深度融合，促进文化消费与旅游消费有机结合，培育文旅深度融合的新业态与新模式。支持各区域实现地方特色农业文化创意提升，提升雪桃、螺旋藻、杧果、软籽石榴、花卉、食用菌等农业作物的文化创意附加值。推动非物质文化遗产融入乡村旅游各环节，支持利用非遗工坊、传承体验中心等场所，培育一批乡村非物质文化遗产旅游体验基地。建设农耕文化体验场所，弘扬优秀农耕文化，塑造丽江市乡村文旅系列特色品牌，形成具有国际影响力的乡村旅游名片（见表14–2）。

表 14–2　乡村文旅特色供给体系发展重点

发展重点	建设内容
建设一批乡村振兴示范村	以白沙玉湖村、玉龙山甲子村、沙镇玉龙村、拉市镇均良村、宝山乡吾木村为重点，建设一批具有独特“丽江经验”的乡村振兴示范村
打造一批“高原特色农业＋旅游”新业态	古城高山花卉、玉龙道地中药材、华坪杧果等高原特色农产业持续培育壮大，集中力量开发其旅游功能，形成高原特色农业旅游发展品牌
培育一批乡村非物质文化遗产旅游体验基地	继续建设大研古镇纳西族东巴画传习中心、束河古镇纳西文化传习中心、白沙古镇纳西族口弦调传习中心、摩梭小镇手织披肩传习中心、华坪县非遗传习中心、大具乡东巴文化研习点
培育一批乡村旅游示范点	以七河镇西关村、金安村，开南街道贵峰村、漾西村，束河街道普济村、忠信村为重点，打造一批具有国际知名度的乡村旅游示范点

第三，促进文旅发展与乡村振兴协调发展。紧紧抓住玉龙县白沙镇玉湖村入选《2021世界旅游联盟——旅游助力乡村振兴案例》的契机，形成一批少数民族地区乡村振兴典型案例。围绕乡村振兴战略，大力实施文化旅游公共设施、乡村传统工艺振兴、乡村文化产业发展、乡村文化人才培育等富民助推计划，带动食、住、行、娱、购、游全面发展，促进“农家乐”经营模式的转型升级。同时，要强化对乡村旅游的科学引导，加强对乡村旅游的扶持和宣传力度，以村委会为单位，因势利导地成立乡村旅游专业合作社（协会），制定乡村民宿业发展管理办法等管理制度，

出台加快发展乡村旅游的鼓励政策，促进乡村旅游有序、规范、健康发展。组织引导大学生、艺术人才、旅游专业人士、青年创业团队等投身乡村旅游发展，吸引本地青年回归和扎根乡村振兴事业。积极与高水平的乡村旅游专业团队合作，引进先进的建设运营理念，实现项目策划、创业辅导、经营管理、市场营销、商品研发、人才培训等一站式服务。

第四，振兴乡村文化，打造“乡愁丽江”。大力提升和改造乡村文化站、农家书屋等公共文化基础设施，建设乡村文旅俱乐部，开展民间歌舞乐展演、农村文艺汇演，激发民间文化活力。以乡村社会原有的农耕文化为根，吸收新背景下其他的文化内涵，为农耕文化资源进行旅游转化增添新的时代素材。加大力度将农耕文化植入乡村旅游，并创新其植入的方式方法，在高质量发展新农村建设中，借鉴和汲取农耕文化理念，保护传统民俗、传统民居和地方特色文化，弘扬鲜明的地域文化，维系生产、生态、生活的和谐发展。乡村文化的复兴、农耕文化的传承开发除了要从自身寻找发展的动力之外，还应以开放的态度吸收时代文明和世界文明的优秀因子，进行涵化吸纳，在农耕文化体现出的精神和现代生产生活方式相结合的基础上去寻求农耕文明的新生。最后，引导和促进农村居民和返乡人员参与乡村旅游经营，振兴乡村文化，打造“乡愁丽江”。

（四）文化交流工程

对外文化交流是国家对外开放总战略的重要组成部分，是党和国家整个对外工作的重要方面，是我国文化领域对外开放、对外交往的主渠道和主要方式。通过各种形式的对外文化交流，有利于促进丽江市地方文化走向世界，扩大丽江市在国际上的吸引力和影响力，提高文化竞争力。因此，积极推动丽江市国际交往更加活跃、国际化服务更加完善、国际影响力更加凸显，充分发挥丽江市作为深度融入“一带一路”和面向南亚、东南亚辐射中心建设的区位优势，努力把丽江市打造成为我国西南地区的国际交往中心。

第一，积极推进旅游标准化领域国际合作。以东盟国家为突破口，发挥好中国与东盟“10+1”部长会议、大湄公河次区域等双多边交流合作机制，聚焦旅游可持续发展，输出成熟的旅游标准，帮助东盟国家制定区域旅游标准和国家标准；深化东南亚区域标准化合作，建立旅游标准化合作机制，扩大区域旅游标准化合作的实质性成果；积极通过参加年会、申报国际标准等方式加强与ISO、ITU等国际标准化组织的联系，深化与国际旅游组织的交流合作，联合相关国家推动在线旅游、绿色旅游等国际标准的制定，发展互利共赢的旅游标准化合作伙伴关系。

第二，设立海外文旅宣传工作规划和年度计划。建立文旅外宣机制，成立文旅推广公司，逐步在国（境）外设立办事处。在重点境外客源市场设立旅游分支机构，并派驻营销代表，举办旅游专门推介活动。建立跨国界、跨地区的旅游营销网络，开展“一程多站”联合促销。组织重点境外客源市场的旅行商和媒体考察踩线，设计针对性强的旅游产品和旅游线路。全方位开展新媒体新技术营销，利用具有国际影响力的互联网社交媒体加强宣传。完善多语种的丽江市文化旅游咨询官网建设。积极争取各类活动平台、海外社交媒体、海外华文媒体等资源，通过交流互访、研讨推介、联合摄制等形式多样的项目合作，生动立体展现丽江市开放发展新形象。设立丽江市外宣账号，在 Facebook、Twitter 等主流海外自媒体传播平台上发布优质内容进行海外传播。通过真实立体、特色鲜明的内容，使用多种内容形态，在国际主流网络媒体平台有效传播和塑造丽江市的特色形象和城市品牌。

第三，打造国际文旅交流平台。依托丽江国际东巴文化艺术节、国际七星越野挑战赛、国际公园定向赛、国际足球邀请赛、丽江世界遗产论坛、联合国教科文组织年会等会展活动，开展丽江市文化旅游开放主题系列活动。支持丽江市发挥区位优势，妥善利用丽江市的国际友好城市资源优势，加强同“一带一路”沿线国家和地区在文旅领域的务实交流与合作，建设文旅交流平台。围绕航空航线开发与旅游客源、资源整合利用等发力，推动打造面向东南亚的旅游经济合作圈。培育和打造一批国际会议、国际展览、国际文化节庆和体育赛事等平台，吸引“一带一路”沿线及合作伙伴的国际知名智库、国际组织及机构一起举办相关活动，打造会展名城，发挥展会的招商引资平台作用和溢出带动效应，不断凸显国际化元素，扩大国际影响力，实现高水平对外交往。

第四，推进国际友好城市建设。近年来，丽江市的国际友好城市工作发展迅速，在 8 个国家有 9 对国际友好城市（山峰）。因此，如何利用国际友好城市资源优势，扎实做好丽江市国际友好城市工作，快速提升入境旅游规模，推动丽江市世界文化旅游名城建设，是一个具有现实意义的重要课题。以经贸合作为重点，推进国际友好城市建设，在各大洲以“突破一个点，打通一条线、辐射一个面、连成一张网”为目标，进一步优化国际友好城市空间布局。加强统筹协调，逐步形成条块结合、上下联动的国际友好城市工作机制。以美国、德国、意大利、法国、希腊、日本、韩国等国家和东盟地区为重点，大力拓展国外新友城。用好世界城地组织、宜可城等平台资源，加强与其他会员城市间的交流合作，开辟友城建设渠道。

第五，进一步提升丽江市文化软实力。推动丽江市传统文化的国际化表达，着力打造文化新业态，举办“雪山音乐节”“丽江民谣音乐节”等活动，持续举办丽江市“名城·名家·名画”写生艺术双年展，持续开展“爱在丽江·中国七夕情诗会”“时代风华·古城春秋——鲁奖作家写丽江”活动，深化“十月作家全球居住地”项目，积极争取国际国内有较大影响力的音乐节、美术活动、文学活动、影视拍摄等落地丽江市。把优秀的历史文化、民族文化转化为国际化文艺精品创作源泉，吸引国内外大中型文化企业在丽江市设立文化产品研发基地，规划建设文化创意产业园区，引进国内外知名文化人士到丽江市设立工作室。

（五）生态保护工程

生态环境保护关系经济社会的可持续发展，关系人民生活和子孙后代的发展。必须坚定不移地坚持保护生态环境的方针，坚持污染防治与生态保护相结合，以生态修复扩大环境容量，以生态措施强化污染防治，努力促进人与自然的和谐，才能保证丽江市世界文化旅游名城建设的可持续性。

因此，丽江市应按照云南省委、省政府丽江现场办公会提出“把丽江建设成为长江上游重要生态安全屏障”的发展定位，切实担负起维护祖国西南和长江上游重要生态安全屏障的政治责任。紧密结合丽江市生态文明建设的需求，继承和发扬党的十八大以来生态文明建设取得的好经验、好做法，巩固、提升生态文明建设成果，科学把握“山水林田湖草沙是生命共同体”的有机联系，以改善环境质量为主线，以保障生态安全为底线，严守生态保护红线，争取成为全省生态文明建设排头兵，重点抓好自然生态系统保护与农村污染防治，严格控制资源开发建设活动造成的生态破坏，提高监督管理水平，维护自然生态系统功能，促进人与自然和谐，筑牢长江上游重要生态安全屏障。

第一，继续实施湖泊保护治理行动。围绕云南省湖泊保护治理工作会议“退、减、调、治、管”五字治湖方针要求，以泸沽湖、程海、拉市海为重点区域，梳理保护治理问题及任务清单、生态环境准入清单，推进两海一湖的全面、系统性治理。加大污染防控治理力度，实施两海一湖产业结构调整，针对流域内城镇、农村生活污水及生活垃圾进行治理，确保水土流失得到明显改善。继续落实湖泊区域“两线”“三区”划定、管控工作。湖滨生态红线与湖泊生态黄线分别采用建设生态廊道，采用界桩、标识、标志等方式对核心区及生态缓冲区进行隔离，制定管控措施，对生态保护核心区提出严格生态保护制度和监管要求，对生态缓冲区及绿色发展区的人口、产业、建设用地、绿色发展空间等提出详细管理措施。

第二，建设高品质的生态环境系统。全面加强山水林田湖草一体化保护和修复，稳步推进国土绿化、天然林资源保护、新一轮退耕还林还草、退牧还草、陡坡地生态治理、石漠化综合治理、重点防护林、湿地保护恢复、濒危野生动物植物拯救性保护等重大生态保护修复工程。大力建设绿色旅游国际目的地，对野生红豆杉、玉龙蕨、兰科植物等珍稀物种资源实施挂牌管护项目、种群监测和保护行动、迁地保护工程。实施老君山滇金丝猴专项巡护项目。建设一批重要湿地、地质公园、水产种质资源保护区，重点将金沙江绿色经济走廊建设为“两山”理论实践示范区、国家级生态产品价值转换实现机制试点，为世界文化旅游名城建设注入源源不断的绿色动能。

第三，加强生物多样性保护和利用。丽江市隶属于全球生物多样性的十大热点地区和中国种子植物的三大特有中心之一。得天独厚的区位优势孕育了丽江市丰富的物种资源，而玉龙县被誉为“中国高等植物第一县”，因此，在这一资源富集地区推进生物多样性保护与利用具有极大的价值与意义。应紧密结合《滇西北生物多样性保护规划纲要》的目标和要求，深入贯彻落实云南省生物多样性保护联席会议精神，以《滇西北生物多样性保护行动计划》为工作重点，科学规范开展重点生态工程建设，加快恢复物种栖息地。加强重点生态功能区、重要自然生态系统、自然遗迹、自然景观及珍稀濒危物种种群、极小种群保护，提升生态系统的稳定性和复原力。重点加大力度继续推进生物多样性保护与开发利用示范区、滇西北野生植物基因库、滇西北植物园、百花园、百果园、百草园、高香园的“一区一库五园”项目建设。

二、构建五大体系，保障丽江市世界文化旅游名城建设实施

为了完成云南省委、省政府在丽江现场办公会上提出的打造“世界文化旅游名城”的目标定位，丽江市应坚持国际化、高端化、特色化、智慧化的发展方向，构建组织促进体系、政策支持体系、市场管理体系、资金保障体系、人才保障体系五大体系，保障丽江市打造世界文化旅游名城目标的实现（见图 14-5）。

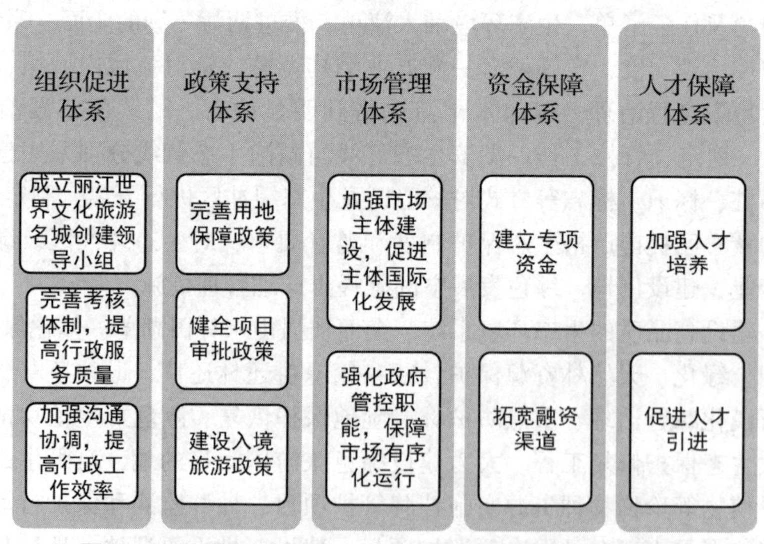

图 14-5 促进丽江市世界文化旅游名城建设实施五大体系

（一）组织促进体系

成立丽江市世界文化旅游名城创建领导小组，建立健全组织保障机制，落实《丽江市打造世界文化旅游名城三年行动方案（2021—2023 年）》《丽江市打造世界文化旅游名城二十条保障措施》，成立由市委书记、市人民政府市长任组长，市委、市政府分管领导为副组长的领导小组，领导小组办公室设在市文化和旅游局，市文化和旅游局长任办公室主任，负责统筹落实各项工作任务。

完善考核体制，提高行政服务质量。旅游行政管理部门要在地方各级人民政府的统筹领导下，推动建立旅游质量发展工作评估制度，完善绩效评估和考核体系。各级地方旅游行政管理部门要按照部署和要求，把旅游发展目标纳入本地区旅游发展规划。加强政策引导，推动将世界文化旅游名城建设工作列入重要议事日程和各级政府质量绩效考核体系，制订与文化旅游相关的计划与方案。明确目标责任，各级旅游行政管理部门要建立工作责任制，对世界文化旅游名城建设的实施情况进行严格检查考核，确保各项工作目标的完成，对实施过程中取得突出成绩的单位和个人予以表彰奖励。

加强沟通协调，提高行政工作效率。各级旅游行政管理部门要联合相关部门充分发挥自身职能优势，加强协调配合，将落实旅游质量发展的中长期规划同解决当前突出质量问题相结合，有针对性地解决文化旅游高质量发展问题。围绕世界文化旅游名城建设目标，协调各部门的工作，认真组织实施，定期组织召开旅游工作会议，研究部署旅游质量提升工作，切实提高旅游发展的组织保障水平。提升各部门间的联合办公能力，完善沟通协调机制，杜绝各部门间相互推诿的现象，遇到问题及时沟通协调，提高工作效率。

（二）政策支持体系

完善用地保障政策。为了保障文化旅游产业和项目顺利落地建设，采取空间留白、点状供地、鼓励混合用地等方式对旅游产业、旅游项目、旅游设施等进行倾斜支持，积极保障旅游业发展用地供给，对《丽江市“十四五”文化和旅游发展规划》中提到的重大文化旅游项目、半山酒店、基础设施建设的用地要有效落实，能够确定地址的需要预留土地，无法确认地址的优先纳入国土空间规划。根据资源环境承载能力、区位条件、项目区块地形地貌特征和项目建设用地需求，按照建（构）筑物垂直投影占地面积点状布局，以“建多少、转多少、供多少”的原则进行点状报批和供应的项目用地方式。使用未利用地、废弃地等土地建设旅游项目，出让底价可按照不低于所在片区基准地价、不低于土地取得成本、土地前期开发成本和按规定收取相关费用之和的原则确定。鼓励使用丽江市农村地区闲置土地和住房，依法发展民宿、农家乐、乡村旅游等。在不违反相关规定和保护生态资源的情况下，旅游示范区配套设施用地标准可适当放宽。

健全项目审批政策。进一步优化营商环境，推进工程项目审批制度改革，优化行政审批程序，简化政务服务流程，强化事中事后服务。对列入相关发展规划、专项规划和区域规划范围的文化旅游投资项目，可以不再审批项目建议书；对改扩建项目和建设内容单一、投资规模较小、技术方案简单的文化旅游项目，可以合并编制、审批项目建议书、可行性研究报告和初步设计。对符合要求的企业文化旅游投资项目，由企业自主选择并按照政府制定的标准做出具有法律效力的书面承诺，企业依法依规开展相关工作。坚持过程加强监管，各地方发展改革部门要会同或推动有关部门加强对项目推进过程的监管，明确监管重要节点和相应监管要求，并纳入投资在线平台实行动态监督。依托投资在线平台，建立地方和企业反映投资审批问题的办理和反馈机制。研究修订文化旅游投资项目评价规范，完善投资决策咨询评估机制，对投资项目是否符合发展建设规划、区域规划、产业政策，以及政府投资项目资金筹措等建设条件落实情况等，要重点核查，切实防范盲目发展和违规投资项目盲目实行。建立健全各相关部门参加的改革协同工作机制，定期开展会议，及时发现并推动解决投资项目审批制度改革中遇到的重大问题，切实加强投资项目审批制度改革与用地、环评、节能、报建等领域相关改革的衔接，确保相关改革协同发力，形成叠加效应，充分释放改革红利。

建设入境旅游政策。对国内外新冠肺炎疫情防控形势、国际环境发展变化做出精准判断，在确保防疫安全的前提下，积极推动游客来丽江市旅游。适时启动入境旅游促进行动，出台入境旅游发展支持政策，讲好丽江故事，丰富和提升丽江市文化旅游形象，审时度势采取有力措施推动入境旅游高质量发展。加强丽江市文化旅游形象的对外宣传，建立健全丽江市文化旅游对外推广体系，统筹规划、协同发展海外文化旅游工作，扩大优质内容供给。推动优化整合旅游办事处职能、拓展布局设点范围。发挥跨区域旅游推广联盟作用，有计划有步骤地组织开展“美丽丽江”旅游形象推广活动。细分重点市场、新兴市场、潜在市场，摸清国外游客的需求和消费习惯，设计推出更多国际化程度高、丽江市特色明显、适合境外主流市场的优质旅游产品，不断增强丽江市文化旅游品牌吸引力、影响力。与旅游客源国、客源地在国际航运、边境通行、旅游团队组织、医疗保险等方面加强沟通，本着对生命健康高度负责的态度，始终坚守安全底线，严格执行国际客运航班“熔断”措施，动态精准调整来华人员入境政策。科学制定并实施入境旅游疫情防控技术指南，强化入境旅游接待重点人员、重点场所防控，严格落实门票实名制预约制度。在此基础上，进一步提升入境服务水平，优化境外预订、金融支付、网络服务、语言标识等，让游客在用卡、用网、用餐等方面更顺畅、更舒心（见图 14-6）。

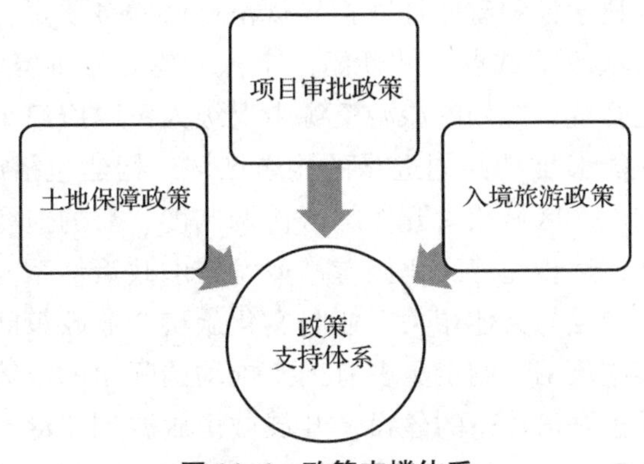

图 14–6　政策支撑体系

（三）市场管理体系

加强市场主体建设，促进主体国际化发展。丽江市文化旅游业的发展应该从政府为导向的传统旅游业逐渐转变为政府引导、市场主导的协同发展模式，推进文化旅游产业高质量发展，激活市场潜力。首先，要发挥市场的主体作用。降低旅游行业的准入门槛，减少行政方面带来的困难，鼓励各种社会资本进入丽江市文化旅游市场。引导规范的旅游市场化平台建设，借助既有平台强化旅游产业要素交易，鼓励专业性交易平台建设，实现旅游信息公开化，充分发挥市场效率。其次，要培育市场主体，加强旅游市场的建设。鼓励旅游创业，进行景区内部的制度改革，完成企业的市场化改造。引导国有企业走市场化道路，主动参与市场化竞争，强化自身的企业竞争力。满足国民日益增长的常态化的旅游需求，支持各类企业跨行业、跨地区、跨所有制兼并重组，加强对具有竞争优势的大型旅游企业集团和富有活力的中小企业的培育。增强上市公司盈利能力和融资能力，构建投资主体多元化的市场主体。探索建立旅游企业发展的激励机制及发展旅游新业态、新产品的培育与引导机制。最后，完善旅游市场规则，营造公平竞争的市场大环境。禁止垄断行为的发生，形成公平有效的竞争秩序。推进导游管理体制改革，完善导游管理机构建设。依法保障旅游参与者的合法权益，保障旅游合同成为有效维护市场规则的重要力量。促进市场主体国际化发展，积极推动旅游企业走出去和引进来，建立国际化的市场规则，开发国际化的旅游产品，与国际知名在线旅游预订机构开展深度合作，重点推广“酒店 + 机票 + 景点”套餐式旅游产品。加快丽江市本土品牌酒店的国际转型接轨，提升丽江市酒店的国际化品质，鼓励酒店开展英语管家团队培训工作，开发个性化旅游宣传品，丰富国际电视频道。

强化政府管控职能，保障市场有序化运行。政府有必要对旅游市场运行适度干预，使旅游市场能够健康发展。首先，政府要提出文化旅游规划引导，指导工作有序进行。保证规划的科学性和有效性，指导规范旅游服务质量，支持开展丽江市文化旅游综合改革和专项改革试点，鼓励丽江市探索建立旅游资源一体化管理体制。对跨行政区域的、适合统一规划的旅游资源由上级人民政府组织或由地方政府协商编制统一规划，形成能够推动共同进步的旅游区域。构建包括旅游规划评价制度、旅游规划实施追踪制度、区域旅游开发综合协调制度、目的地容量控制制度等旅游规划制度体系。其次，逐步完善文化旅游产业发展的政策体系。使用政策工具促进文化旅游产业发展，加强与其他相关行业与文化旅游产业政策间的联动、协调和推动实施，扩大政策实施范围，制定更多有助于推动国际化的政策，吸引不同地方游客。最后，政府应推进诚信体系的建设。开展诚信旅游创建活动，制定旅游从业人员和旅游企业服务准则，制定相关法律，指导规范旅游服务质量，推动设立统一的旅游投诉受理机构和机制，加快监管机制的有效落实，强化监管部门的作用，监督各部门和各企业依法履行职责，落实责任追究制度。

（四）资金保障体系

建立专项资金。为了进一步推动丽江市文化旅游产业高质量发展，充分发挥财政资金的导向和激励作用，提高资金使用效益，政府部门应当建立文化旅游产业专项资金。专项资金主要从优化文化旅游产业发展环境、激发旅游消费潜力出发，重点支持纳入丽江文化和旅游发展规划的重点领域、重大任务和重要项目等，支持对丽江市建设世界一流的特色文化旅游名城有成效或有突出贡献的基础性、公益性、功能性项目。鼓励文旅部门积极用好地方专项资金支持重大项目建设，积极协调金融机构为专项债券支持项目提供配套金融支持。积极牵头社会力量设立各类文化旅游产业相关基金，引导各类产业基金投资文化旅游产业。

拓宽融资渠道。一是畅通直接融资渠道，大力支持旅游企业上市和发债融资。积极推动企业和金融机构树立多样化的融资意识，多方合作，为丽江市旅游企业创造良好的融资保障机制。二是畅通银行资金投放渠道，强化普惠小微企业信贷支持。组织各级银行和金融机构双线联动，建立网格化的工作机制，力抓资金落地，加大对中小微旅游企业的信贷投放，优化对个体工商户的信贷产品服务，扩大普惠金融服务覆盖面。银行业金融机构要加大普惠金融科技投入，创新特色信贷产品，开发并持续完善无还本续贷、随借随还等贷款产品，提升用款便利程度，降低中小微旅游企业融资的财务成本。依托人民银行征信中心应收账款融资服务平台，为供应链上下游中小微企业提供融资支持。

（五）人才保障体系

加强人才培养。建立健全文化旅游人才培育机制，扩大旅游人才的培养规模，强化丽江市文化旅游从业人员培训，提升旅游人才素质，优化旅游人才的组织结构，推进建设旅游人才培养基地，定期开展文化旅游行业管理、经营、服务等专业培训，以优化文化旅游行政管理人员管理效能、提升文化旅游行业经营者经营能力、提高文化旅游从业者服务技能与水平。积极促进校企合作，支持旅游院校加强应用型、复合型、技能型人才培养，培养高质量人才，为文化旅游产业发展做好人才储备。挖掘传统艺人、工匠、非遗传承人，鼓励相关院校开展传统技艺传承人教育，培养一批具有创造力的非遗传承人、民间艺人，建设知识型、技能型、创新型、国际化的文化旅游人才队伍。

促进人才引进。落实《丽江市打造人才高地十条措施》，制订文化旅游产业吸引人才计划，构建多层次文化旅游产业人才引进体系，面向现代文化旅游产业体系建设需要，将文化旅游相关行业的人才纳入人才引入计划，持续推进专家智库建设，积极开展学术交流，构建现代文化旅游产业体系“智囊团”。完善人才引进配套支持政策，通过建立合理有效的激励机制，从薪资待遇、特殊奖励、发展环境等多方面，加大对高层次文化旅游人才的支持力度。一方面要提供相应的产业配套政策和工作平台支持，解决好与个人发展相关的、实现人生理想的工作环境问题；另一方面也要注重改善营商环境，提高城市教育文化医疗等内在性的基础条件，满足与生活相关的衣食住行的需要。加强与其他地区高校和政府的合作，引进高质量的人才，健全完善人才引进机制，扩展体制外人才引进渠道，对突破关键核心技术、做出重大贡献的人才可给予特别奖励。

第十五章 丽江市打造世界文化旅游名城的实施计划

本书依据丽江市文化旅游产业发展基础与特色，综合考虑未来发展潜力等因素，将丽江市打造世界文化旅游名城的建设实施分为三个阶段：近期（2022—2025年）为世界文化旅游名城的创建阶段，中期（2026—2030年）为世界文化旅游名城的全面发展期，远期（2031—2035年）为世界文化旅游名城的巩固拓展期，其间完成项目建设、专项规划、实施工程等建设目标（见表15-1、表15-2、表15-3）。

一、世界文化旅游名城项目建设计划

表15-1 世界文化旅游名城项目建设计划

序号	项目分区	项目名称	完成阶段		
			近期	中期	远期
1	丽江古城国际文化旅游发展核	大研古镇世界级景区建设项目	√		
2		束河国家级旅游度假区建设项目	√		
3		白沙纳西人文体验旅游区		√	
4		拉市海湿地生态文化旅游区	√		
5		古城区夜间休闲示范精品项目		√	
6	大玉龙雪山国际度假旅游发展核	玉龙雪山世界级景区建设项目	√		
7		玉龙雪山山麓国际度假区建设项目		√	
8		丽江（玉龙雪山）旅游集散中心建设项目	√		
9		丽江猎鹰谷户外运动旅游区		√	
10		东巴文化传承示范体验区			√
11	老君山山地休闲生态观光片区	老君山—黎明国家5A级旅游景区建设项目	√		
12		老君山精品山地营地建设提升项目			√
13		金沙江山水联动红色文化旅游廊道		√	

续表

序号	项目分区	项目名称	完成阶段		
			近期	中期	远期
14	泸沽湖摩梭风情旅居度假片区	泸沽湖国家5A级旅游景区建设项目	√		
15		宁蒗特色多元民族风情旅游区		√	
16		拉伯三江口生态旅游区			√
17	高原农文康旅融合发展示范片区	程海国家级生态度假旅游区	√		
18		永胜田园康养度假旅游区	√		
19		华坪杧果长廊休闲度假小镇		√	

二、世界文化旅游名城专项规划实施计划

表15–2　世界文化旅游名城专项规划实施计划

序号	重点任务	任务内容	完成阶段		
			近期	中期	远期
一、丽江市打造世界文化旅游名城文旅企业引进与培育工程					
1	强化主体培育，打造优质文旅企业	引进世界级500强企业3家，国家级文旅企业经济效益冠军企业数量力争达到150家，专精特新“小巨人”文旅企业培育数量达到600家			√
2		助推中小文旅企业成长升级，全市净增“高、精、优”文旅企业500家以上，新增科技型小微文旅企业800家，高新技术文旅企业总量达到1500家			√
3		壮大新生代文旅企业家队伍，深化实施精英文旅企业家培育计划、文旅企业素质提升计划等，培养造就一批懂管理、善经营的优秀文旅企业家		√	

续表

<table>
<tr><th rowspan="2">序号</th><th rowspan="2">重点任务</th><th rowspan="2">任务内容</th><th colspan="3">完成阶段</th></tr>
<tr><th>近期</th><th>中期</th><th>远期</th></tr>
<tr><td colspan="6">二、丽江市打造世界文化旅游名城文旅企业创新发展工程</td></tr>
<tr><td>4</td><td rowspan="2">强化创新驱动，释放文旅企业创新活力</td><td>强化文旅企业创新能力建设，鼓励文旅企业加大研发投入，积极参与5G网络、新能源汽车充电桩、大数据中心、人工智能（AI）等新型基础设施建设项目，支持文旅企业积极申报国家级、省级重点技术创新建设项目</td><td>√</td><td></td><td></td></tr>
<tr><td>5</td><td>到2035年，在全市培育打造100家管理创新标杆示范文旅企业，实现规模以上文旅企业基础规范化管理全覆盖</td><td></td><td></td><td>√</td></tr>
<tr><td colspan="6">三、丽江市打造世界文化旅游名城文旅企业发展新动能培育工程</td></tr>
<tr><td>6</td><td rowspan="3">推进专业升级，培育文旅企业发展新动能</td><td>分层分级推进文旅企业智能化改造提升扩面，鼓励文旅企业向数字化、智能化方向发展，到2035年，基本实现大型文旅企业数字化改造全覆盖，中小型文旅企业上云累计达2000家</td><td></td><td></td><td>√</td></tr>
<tr><td>7</td><td>支持文旅企业提高旅游资源开发利用效率，加大节能、节碳等绿色旅游资源开发改造，持续降低文旅企业能耗强度和碳排放强度</td><td>√</td><td></td><td></td></tr>
<tr><td>8</td><td>提升质量管理水平，引导文旅企业把质量诚信落实到文旅企业生产经营的全过程，通过应用卓越绩效模式、全面质量管理等先进质量管理方法，提高文旅产品品质</td><td>√</td><td></td><td></td></tr>
<tr><td colspan="6">四、丽江市打造世界文化旅游名城文旅企业发展环境建设工程</td></tr>
<tr><td>9</td><td rowspan="2">优化发展环境，打造公平便捷新环境</td><td>建立公平竞争市场环境，对新技术、新业态、新模式等实行包容审慎监管，培育一批信用管理示范文旅企业、信用示范小微文旅企业，提高文旅企业守信能力，防范信用风险</td><td>√</td><td></td><td></td></tr>
<tr><td>10</td><td>依法保护丽江市文旅企业及企业家合法财产权，依法惩治侵犯文旅企业投资者、管理者和从业人员合法权益的违法犯罪行为</td><td>√</td><td></td><td></td></tr>
</table>

续表

序号	重点任务	任务内容	完成阶段		
			近期	中期	远期
四、丽江市打造世界文化旅游名城文旅企业发展环境建设工程					
11	优化发展环境，打造公平便捷新环境	由市委、市政府领导带头走访文旅企业，协调解决文旅企业发展面临的现实困难和问题	√		
12		简化文旅企业申请审批流程，推进电子营业执照和电子印章融合使用，实现文旅企业开办“单环节、数字化、零成本、零跑动”		√	
五、丽江市打造世界文化旅游名城智慧文旅平台建设工程					
13	完善智慧文旅平台	依托“游云南”进一步完善“云游四海”智慧文旅信息平台，将智慧景区建设、大研古镇“数字小镇”建设、旅游公共服务提升等多个领域纳入综合服务平台，进行统一维护与集成管理		√	
六、丽江市打造世界文化旅游名城景区创新与服务智慧化建设工程					
14	旅游景区创新与服务智慧化	充分利用数字科技创新景区旅游产品，以丽江市智慧公共服务设施为依托，以各级旅游集散中心为枢纽，以旅游云平台为信息中枢，以智慧旅游技术产品应用为媒介，为旅游者提供行、游、购、娱等游前、游中、游后全方位、全程式、全站点旅游服务，提升旅游者满意度		√	
七、丽江市打造世界文化旅游名城旅游景区信息透明化工程					
15	旅游景区信息透明化	借助“游云南”及旅游地触摸屏一体机，以文字、图片、语音、视频等多种方式向旅游者提供丽江市各大旅游地信息	√		
16		在丽江市各大交通枢纽、交通路口和旅游者密集区设置旅游交通信息屏幕，实时显示和播报下一站旅游景区的游客人数、旅游饱和度、停车位、天气信息、实时路况、当前距离等信息		√	
17		借助“游云南”“云游四海”实施旅游消费场所“透明厨房”“透明酒店”等工程			√

续表

序号	重点任务	任务内容	完成阶段		
			近期	中期	远期
八、丽江市打造世界文化旅游名城扩大文旅人才规模工程					
18	扩大文旅人才规模	搭建形式多样的交流平台，吸引文旅人才入驻丽江市	√		
19		继续深化云南省高等院校分校院所建设，扩张丽江文化旅游学院办学规模，培养符合丽江市文化旅游发展需求的专业技能人才		√	
20		打造“丽江爱才”服务品牌，建设文旅人才公共服务一体化平台，为引进高层次文旅人才提供住房、医疗、交通出行、子女入学等方面的保障		√	
21		坚持“培引结合，以引促培”，有针对性地搞好高层次文旅人才引进和本土文旅人才开发工作	√		
九、丽江市打造世界文化旅游名城优化文旅人才结构工程					
22	优化文旅人才结构	搭建文旅人才服务平台，建档立册，引导各区域相关单位进行文旅人才摸底调查	√		
23		针对不同文化旅游产业部门需求，引进和培养不同层次和不同专业方向的文旅人才，满足文化旅游产业发展的全方位需求			√
24		结合“一带联动、两核辐射、三区协同”的世界文化旅游名城空间布局，切实引入文博遗产创新、民族艺术设计、节庆会展策划、特色美食开发等满足不同领域文旅专业人才		√	
25		通过发挥财政、规划、投资、税收、金融等经济手段的杠杆作用，对人才投资结构进行优先调整	√		

续表

序号	重点任务	任务内容	完成阶段		
			近期	中期	远期
十、丽江市打造世界文化旅游名城文旅人才素质提升工程					
26	提升文旅人才素质	以提高创业能力为重点，加强文旅企业经营管理人才的教育培训	√		
27		以提高实践操作能力为重点，加强文旅技能人才的教育培训	√		
28		以提高致富能力为重点，加强农村实用人才的教育培训	√		
十一、丽江市打造世界文化旅游名城政府政策资金扶持工程					
29	强化政策资金扶持力度	鼓励地方政府安排中小企业纾困资金，对生产经营暂时面临困难但产品有市场、项目有前景、技术有竞争力、生态环保能力好、社会效益高的小微住宿、餐饮等文旅企业给予专项政策资金支持，帮助小微文旅企业应对可能的系列压力与问题	√		
十二、丽江市打造世界文化旅游名城银行融资支持工程					
30	加大银行融资支持力度	引导银行机构主动对接文化旅游产业转型升级的资金需求，科学制订信贷计划，根据文旅项目价值，合理设置授信总量、设计授信结构，提供差异化信贷产品服务	√		
31		完善银行机构对兼并重组的信贷服务，鼓励金融机构采取联合贷款、杠杆收购贷款等形式，为优质文旅项目打造、龙头文旅企业发展提供有力金融支撑		√	
32		鼓励银行发挥集团优势，创新融资模式，服务于文旅企业全生命期融资需求	√		
33		鼓励文旅企业集团财务公司延伸产业链金融服务，为文化旅游产业链上下游文旅企业提供资金支持			√

续表

序号	重点任务	任务内容	完成阶段		
			近期	中期	远期
十三、丽江市打造世界文化旅游名城科创金融支持工程					
34	大力发展科创金融	鼓励金融机构设立科创金融专营机构，做大科创文旅企业信用贷款、知识产权抵押贷款、应收账款抵押贷款等业务规模		√	
十四、丽江市打造世界文化旅游名城文创金融支持工程					
35	鼓励发展文创金融	鼓励社会资本在丽江市设立文旅项目配套投资基金和金融服务机构，发挥资本招商作用，协助重大文旅融合项目招商落地	√		
十五、丽江市打造世界文化旅游名城普惠金融发展工程					
36	积极发展普惠金融	完善线上线下普惠金融服务体系，支持金融机构扎根基层、服务社区、走进农村，为小微文旅企业、农旅企业、社区居民提供更具针对性、精准化、便利化的金融服务	√		
十六、丽江市打造世界文化旅游名城绿色金融发展工程					
37	积极发展绿色金融	推动金融机构设立绿色金融事业部、绿色金融专营机构		√	
38		鼓励社会资本设立生态文旅企业投资基金，加快培育绿色评级、绿色技术服务以及环境风险评估等专业服务机构，支持有条件的金融机构发行绿色债券	√		
十七、丽江市打造世界文化旅游名城非遗目录体系建设工程					
39	非遗名录体系建设	做好非物质文化遗产名录申报工作，争取有项目列入联合国教科文组织非物质文化遗产代表作名录			√
40		国家级非物质文化遗产项目达到 20 项、省级非物质文化遗产项目达到 65 项、市级非物质文化遗产项目达到 200 项			√

续表

序号	重点任务	任务内容	完成阶段		
			近期	中期	远期
十七、丽江市打造世界文化旅游名城非遗目录体系建设工程					
41	非遗名录体系建设	国家级非物质文化遗产传承人达到20位、省级非物质文化遗产传承人达到160位、市级非物质文化遗产传承人达到350位		√	
42	非遗名录体系建设	强化国家级、省级、市级、县级非物质文化遗产项目、非物质文化遗产传承人管理制度建设，建立合理、科学、规范的退出机制，及时筛选出未能履行义务的非遗项目，形成良好的内部竞争机制			√
十八、丽江市打造世界文化旅游名城非遗保护与创新发展工程					
43	非遗保护与创新发展	积极开展非遗传承与分类保护工作，推动非物质文化遗产实现作品—产品—商品的价值转化与增值			√
44	非遗保护与创新发展	积极推动“非遗保护特色村镇”“非遗特色街区”等申报与建设工作。力争到2035年，创建省级非遗保护特色村镇达12个		√	
45	非遗保护与创新发展	鼓励民族元素工艺品生产作坊、基地等与现代化品牌企业间积极开展合作，推动传统民族元素与现代时尚文化相互融合、渗透，促进传统工艺项目创新发展。力争到2035年，建设30个以上传统工艺创新项目			√
十九、丽江市打造世界文化旅游名城非遗数字化管理与记录工程					
46	非遗数字化管理与记录	到2035年，力争创办丽江市非物质文化遗产数据管理系统、丽江市非物质文化遗产项目申报管理系统和丽江市非遗代表性传承人申报管理系统各1项			√
47	非遗数字化管理与记录	充分利用数字化科技手段，全面开展不同等级非物质文化遗产代表性项目、非物质文化遗产传承人记录工作	√		

续表

序号	重点任务	任务内容	完成阶段		
			近期	中期	远期
二十、丽江市打造世界文化旅游名城非遗人才培养工程					
48	非遗人才培养	鼓励非遗传承人积极参与省级非遗传承人培训班，积极开办若干市级非遗传承人培训活动，提升非遗传承人的创新与传承能力	√		
49		聘请工艺大师、销售精干及创意、策展、管理等方面的高水平人员对非物质文化遗产骨干传承人进行若干次教学、培训		√	
50		成立丽江市非物质文化遗产专家咨询委员会、非物质文化遗产保护志愿者队伍，激发旅游者与当地居民群众参与非遗保护的文化自觉			√
二十一、丽江市打造世界文化旅游名城旅游市场线上、线下营销工程					
51	线上营销	电商 App：携程网、去哪儿、马蜂窝、飞猪、驴妈妈、途牛网、游云南等 新闻类 App 与线上运营媒体：头条、网易、腾讯新闻、一点咨询；Facebook、Instagram、Twitter、Pinterest、YouTube、TikTok、新浪微博、视频 App（抖音、快手、小红书）等 视频网站及有声电台机构：Samsung TV Plus、爱奇艺海外版、腾讯海外版、芒果 TV 国际版、优酷视频海外版等，有声电台机构插播、植入旅游广告 微信公众平台：丽江热线、看见丽江、丽江古城游、微丽江、丽江旅游集团、掌上丽江等 网红营销：Gloria Atanmo、Wynee-Wynee、Amaixico、房琪 kiki、雷探长、旅行夫妇张晓宇和梁红等国外、国内知名网红旅游博主	√		

续表

序号	重点任务	任务内容	完成阶段		
			近期	中期	远期
二十一、丽江市打造世界文化旅游名城旅游市场线上、线下营销工程					
52	线下营销	道路沿线路牌：高速铁路、旅游专线、乡镇公路沿线 车站、点广告位：京津冀、长三角、珠三角等旅游客源市场主要集聚地的国际机场、高铁站、地铁站，云南省昆明市长水机场、高铁站、火车站、公交站牌、写字楼广告牌 平面媒体：*Tough Guide*，*Purple*，*Lonely Planet*，*Time Out*，*Green Guide*，以及《中国旅游报》《中国国家地理》《旅游商业观察》《旅游圈》《环球旅讯》《执惠》等 会展平台：世界级旅游展销会、世界旅游发展大会、旅游推介会及各种国际文化旅游论坛	√		
二十二、丽江市打造世界文化旅游名城专项旅游市场营销工程					
53	文博遗产游	充分整合非物质文化遗产，将目标定位于高端旅游客源市场，拍摄国际化专项宣传片，并积极进行线上推广，塑造文化底蕴浓厚、休闲惬意的旅游目的地形象		√	
54	民俗节庆游	将市场定位于中青年旅游者，吸引国际、国内、省内知名媒体参与，并积极进行线上报道，塑造热情、健康、多元的旅游目的地形象		√	
55	康体养生游	将目标市场定位为探险运动爱好者、老年康养旅游者，运用线上网络媒体投放登山、探险、养生等旅游宣传小视频，传播健康、积极、养生、绿色的旅游目的地形象		√	
56	休闲旅居游	将目标定位为亲子家庭、中老年群体，选取合适的国际明星家庭、旅游网红博主等到丽江市拍摄日常生活旅居宣传片，塑造宜游、宜闲、宜居的旅游目的地形象		√	
57	特色美食游	依托丽江市特色美食及饮食文化，联合国际、国内知名网红博主、土特产品售卖直播博主宣传和售卖丽江市土特美食产品，为丽江市美食文化旅游造势，提升知名度		√	

三、世界文化旅游名城五大工程实施计划

表 15–3　世界文化旅游名城五大工程实施计划

序号	重点任务	任务内容	完成阶段		
			近期	中期	远期
一、品质提升工程					
1	加快文旅服务国际化转型	以“度假休闲、乡村旅游、民宿经济、遗产保护利用”为核心进行“丽江特色”标准化建设		√	√
2		重点开展乡村旅游、康养旅游、民族旅游、遗产旅游等产业融合的旅游新业态标准制定	√		
3		鼓励旅游标准化工作基础较好的区域和旅游企业积极参与国家旅游标准化试点单位的创建工作，培育一批省级旅游标准化试点单位		√	
4	促进文旅业态国际化提升	大力支持丽江市文化旅游招商，要聚焦一些新兴产业、新兴产品，招商引资一批高质量项目	√	√	
5		积极引进国内外知名酒店、主题乐园等旅游品牌，提升丽江市文化旅游的国际知名度	√	√	
6		以丽江古城国际文化旅游发展核、大玉龙雪山国际度假旅游发展核为重点区域，以休闲化、度假化为目标，实现业态转型，鼓励发展文艺娱乐、运动健身、休闲养生、养老保健、影视演艺等休闲度假服务，不断增强旅游度假功能	√		
7		鼓励旅游综合体、旅游服务中心等大型项目发展地下停车、地下商业等配套设施	√		
8		以“大研古镇”为核心，建设“夜丽江”消费区，建设一批与区域商圈发展相融合、具有带动辐射功能的特色夜消费街区，培育一批体现丽江市风貌和特色、形成品牌的夜经济载体	√		

续表

序号	重点任务	任务内容	完成阶段		
			近期	中期	远期
一、品质提升工程					
9	推动地方特色国际化传播	深入挖掘东巴文化、纳西族文字、传统民居建筑技艺等非物质遗产的价值	√		
10		以“红色丽江、多彩丽江、乡愁丽江、艺术丽江、创意丽江”挖掘展示为主线，构建文化特色旅游系列产品体系		√	
11		打响“非遗旅游”国际新名片，鼓励开发面向国际市场的国际非遗旅游项目和产品，丰富“文化和自然遗产日”活动，支持各级非遗代表性项目开展国际交流			√
12		支持博物馆和文化场馆国际化改造，启动中国丽江岩画博物馆、中国茶马古道文化博物馆、“元跨革囊”博物馆建设，实施“文物激活工程”，推出“语言无障碍国际示范文博旅游产品”	√	√	
二、消费引流工程					
13	激发海内外文旅消费潜力	鼓励开展“丽江游”“云南游”“自驾游”“包车游”“家庭游”等各种形式的旅游活动	√		
14		落实企业租金减免政策、税收优惠政策，延长办理企业社保业务期限等		√	
15		支持银行业金融机构在依法依规的前提下发行“丽江文旅”、5A级旅游景区、非物质文化遗产等文化和旅游消费主题文创联名银行卡	√		
16		推进文旅消费“丽江文旅一卡通”	√		
17		通过消费数据监测评估，构建规范化、可追溯的文化和旅游消费信用体系		√	√
18		积极开发文化和旅游消费信贷产品，通过开发分期付款等消费信贷品种，扩大消费信贷投放			√

续表

序号	重点任务	任务内容	完成阶段		
			近期	中期	远期
二、消费引流工程					
19	优化文旅消费环境	以古城区为重点，鼓励各类文化和旅游消费场所升级改造，完善休闲、餐饮、文创产品展示销售等消费功能	√		
20		继续推进和优化与“一部手机游云南”相关功能的对接建设	√		
21		以古城区为重点，优化旅游交通网，推进区域内旅游客运线路、旅游直通车建设，重点增加公交线路或客运班线运行密度，优化站点布局	√		
22		以丽江古城、玉龙雪山、束河古镇、泸沽湖、老君山为试点单位，开展放心消费旅游景区创建工作	√		
23		培养旅游消费领域外语人才，促进旅游外语服务水平提升	√	√	
24		提升入境游客在丽江市移动支付、消费服务等方面的便利化水平	√		
25		实施国际通信服务水平提升工程，为外国游客提供便利化通信	√		
26	建设国际化文旅消费平台	加快推进丽江市国际消费城市的培育与建设		√	√
27		以大研古镇、束河古镇为重点，积极建设一批区域文旅消费中心		√	√
28		与国（境）外机构合作建设涉外消费专区		√	√

续表

<table>
<tr><th rowspan="2">序号</th><th rowspan="2">重点任务</th><th rowspan="2">任务内容</th><th colspan="3">完成阶段</th></tr>
<tr><th>近期</th><th>中期</th><th>远期</th></tr>
<tr><td colspan="6">三、乡村振兴工程</td></tr>
<tr><td>29</td><td rowspan="6">大力挖掘特色乡村资源，促进地方化资源要素国际化发展</td><td>鼓励开展“吃农家饭、做农家活、交农家情、赏农家景、住农家院、享农家乐”“茶马古道骑马游”“徐霞客游线游”“红色文化游”“乡村健身徒步游”“古村落文化遗产游”等一系列旅游活动项目，让乡村旅游发展成为一项令农村美、农民富的重要产业</td><td>√</td><td>√</td><td></td></tr>
<tr><td>30</td><td>打造“丽江鸡豆凉粉”“丽江粑粑”“纳西八大碗”“纳西铜火锅”“丽江蜜饯”“丽江窨酒”“丽江腊排骨”“丽江米灌肠”“丽江海棠果”等饮食文化品牌</td><td>√</td><td>√</td><td></td></tr>
<tr><td>31</td><td>展示展演“纳西古乐”“白沙细乐”“热美蹉”“东巴舞”“勒巴舞”“纳西三部曲”“丽江三部曲”等乡村歌舞乐表演</td><td>√</td><td></td><td></td></tr>
<tr><td>32</td><td>组织开展“纳西族三多节”“东山庙会”“桑美波吉”等民俗节庆活动</td><td></td><td>√</td><td></td></tr>
<tr><td>33</td><td>支持开发纳西族木雕、服饰、东巴纸、铜器、银器等手工艺产品</td><td>√</td><td></td><td></td></tr>
<tr><td>34</td><td>策划游客与农户一道共同制作“鸡豆凉粉”“米灌肠”“丽江粑粑”“东巴纸”等生产体验活动</td><td></td><td>√</td><td></td></tr>
<tr><td>35</td><td rowspan="2">建设高质量乡村文旅供给体系</td><td>以白沙玉湖村、玉龙山甲子村、沙镇玉龙村、拉市镇均良村、宝山乡吾木村为重点，建设一批具有独特“丽江经验”的乡村振兴示范村</td><td></td><td>√</td><td></td></tr>
<tr><td>36</td><td>古城高山花卉、玉龙道地中药材、华坪杧果等高原特色农产业持续培育壮大，集中力量开发其旅游功能，形成高原特色农业旅游发展品牌</td><td></td><td></td><td>√</td></tr>
</table>

续表

序号	重点任务	任务内容	完成阶段		
			近期	中期	远期
三、乡村振兴工程					
37	建设高质量乡村文旅供给体系	继续建设大研古镇纳西族东巴画传习中心、束河古镇纳西文化传习中心、白沙古镇纳西族口弦调传习中心、摩梭小镇手织披肩传习中心、华坪县非遗传习中心、大具乡东巴文化研习点	√		
38		以七河镇西关村、金安村，开南街道贵峰村、漾西村，束河街道普济村、忠信村为重点，打造一批具有国际知名度的乡村旅游示范点		√	
39	促进文旅发展与乡村振兴协调发展	形成一批少数民族地区乡村振兴典型案例	√	√	
40		成立乡村旅游专业合作社（协会），制定乡村民宿业发展管理办法等管理制度		√	
41		出台加快发展乡村旅游的鼓励政策，促进乡村旅游有序、规范、健康发展	√	√	
42	振兴乡村文化，打造“乡愁丽江”	大力提升和改造乡村文化站、农家书屋等公共文化基础设施，建设乡村文旅俱乐部，开展民间歌舞乐展演、农村文艺汇演，激发民间文化活力		√	
43		加大力度将农耕文化植入乡村旅游，并创新其植入的方式方法		√	
44		引导和促进农村居民和返乡人员参与乡村旅游经营，振兴乡村文化，打造“乡愁丽江”			√
四、文化交流工程					
45	积极推进旅游标准化领域国际合作	输出成熟的旅游标准，帮助东盟国家制定区域旅游标准和国家标准			√
46		深化东南亚区域标准化合作，建立旅游标准化合作机制，扩大区域旅游标准化合作的实质性成果		√	

续表

序号	重点任务	任务内容	完成阶段		
			近期	中期	远期
四、文化交流工程					
47	积极推进旅游标准化领域国际合作	深化与国际旅游组织的交流合作，联合相关国家推动在线旅游、绿色旅游等国际标准的制定，发展互利共赢的旅游标准化合作伙伴关系	√		
48	设立海外文旅宣传工作规划和年度计划	建立丽江文旅外宣机制，成立文旅推广公司，逐步在国（境）外设立办事处	√		
49		在重点境外客源市场设立旅游分支机构，并派驻营销代表，举办旅游专门推介活动	√		
50		建立跨国界、跨地区的旅游营销网络，开展“一程多站”联合促销		√	
51		组织重点境外客源市场的旅行商和媒体考察踩线，设计针对性强的旅游产品和旅游线路		√	
52		全方位开展新媒体新技术营销，利用具有国际影响力的互联网社交媒体加强宣传		√	
53		完善多语种的丽江市文化旅游咨询官网建设		√	
54		积极争取各类活动平台、海外社交媒体、海外华文媒体等资源，通过交流互访、研讨推介、联合摄制等形式多样的项目合作，生动立体展现丽江市开放发展的新形象		√	
55		设立丽江市外宣账号，在Facebook、Twitter等主流海外自媒体传播平台上发布优质内容进行海外传播。通过真实立体、特色鲜明的内容，使用多种内容形态，在国际主流网络媒体平台有效传播和塑造丽江市的特色形象和城市品牌		√	

续表

序号	重点任务	任务内容	完成阶段		
			近期	中期	远期
四、文化交流工程					
56	打造国际文旅交流平台	依托丽江国际东巴文化艺术节、国际七星越野挑战赛、国际公园定向赛、国际足球邀请赛、丽江世界遗产论坛、联合国教科文组织年会等会展活动，开展丽江市文化旅游开放主题系列活动	√		
57		加强同“一带一路”沿线国家和地区在文旅领域的务实交流与合作，建设文旅交流平台		√	√
58		围绕航空航线开发与旅游客源、资源整合利用等发力，推动打造面向东南亚的旅游经济合作圈			√
59		培育和打造一批国际会议、国际展览、国际文化节庆和体育赛事等平台，吸引“一带一路”沿线及合作伙伴的国际知名智库、国际组织及机构一起举办相关活动，打造会展名城	√	√	
60	推进国际友好城市建设	在各大洲以“突破一个点，打通一条线、辐射一个面、连成一张网”为目标，进一步优化国际友好城市空间布局	√	√	
61		加强统筹协调，逐步形成条块结合、上下联动的国际友好城市工作机制		√	
62		以美国、德国、意大利、法国、希腊、日本、韩国等国家和东盟地区为重点，大力拓展国外新友城		√	
63		用好世界城地组织、宜可城等平台资源，加强与其他会员城市间的交流合作，开辟友城建设渠道	√	√	√

续表

序号	重点任务	任务内容	完成阶段		
			近期	中期	远期
四、文化交流工程					
64	进一步提升丽江市文化软实力	推动丽江市传统文化的国际化表达，着力打造文化新业态，举办“雪山音乐节”“丽江民谣音乐节”等活动	√		
65		持续举办丽江市“名城·名家·名画”写生艺术双年展，持续开展“爱在丽江·中国七夕情诗会”“时代风华 古城春秋——鲁奖作家写丽江”活动，深化“十月作家全球居住地”项目	√		
66		积极争取国际国内有较大影响力的音乐节、美术活动、文学活动、影视拍摄等落地丽江市	√	√	
67		吸引国内外大中型文化企业在丽江市设立文化产品研发基地		√	
68		规划建设文化创意产业园区，引进国内外知名文化人士到丽江市设立工作室			√
五、生态保护工程					
69	继续实施湖泊保护治理行动	以泸沽湖、程海、拉市海为重点区域，梳理保护治理问题及任务清单、生态环境准入清单，推进两海一湖的全面、系统性治理，加大污染防控治理力度	√		
70		实施两海一湖产业结构调整，针对流域内城镇、农村生活污水及生活垃圾进行治理，确保水土流失得到明显改善	√		
71		继续落实湖泊区域“两线”“三区”划定、管控工作	√		

续表

序号	重点任务	任务内容	完成阶段		
			近期	中期	远期
五、生态保护工程					
72	建设高品质的生态环境系统	全面加强山水林田湖草一体化保护和修复，稳步推进国土绿化、天然林资源保护、新一轮退耕还林还草、退牧还草、陡坡地生态治理、石漠化综合治理、重点防护林、湿地保护恢复、濒危野生动物植物拯救性保护等重大生态保护修复工程	√		
73		对野生红豆杉、玉龙蕨、兰科植物等珍稀物种资源实施挂牌管护项目、种群监测和保护行动、迁地保护工程	√		
74		实施老君山滇金丝猴专项巡护项目			√
75		建设一批重要湿地、地质公园、水产种质资源保护区		√	√
76		重点将金沙江绿色经济走廊建设为“两山”理论实践示范区、国家级生态产品价值转换实现机制试点		√	√
77	加强生物多样性保护和利用	科学规范开展重点生态工程建设，加快恢复物种栖息地		√	√
78		加强重点生态功能区、重要自然生态系统、自然遗迹、自然景观及珍稀濒危物种种群、极小种群保护，提升生态系统的稳定性和复原力		√	√
79		重点加大力度继续推进生物多样性保护与开发利用示范区、滇西北野生植物基因库、滇西北植物园、百花园、百果园、百草园、高香园的“一区一库五园”项目建设		√	√

附篇

专题研究1 中外文化旅游名城的对比研究

打造世界文化旅游名城是城市推动文化旅游产业高质量发展、全面提升目的地竞争力、对接文化旅游消费需求升级的重要战略选择。在理解城市旅游发展趋势与特征、把握世界文化旅游名城内涵及评价标准的基础上，本书综合考虑城市文化旅游产业发展水平和发展潜力，坚持全面性与代表性相结合的原则，重点选取了国内（北京、西安、杭州、桂林、敦煌、黄山、成都）、国外（意大利佛罗伦萨、法国巴黎、英国爱丁堡、意大利罗马、捷克布拉格、韩国釜山、法国波尔多）各7座文化旅游名城进行系统分析与对比，以期为世界文化旅游名城建设提供有力借鉴与启示。

一、国内世界文化旅游名城案例

（一）北京

1. 案例地概况

北京市是中国首都，是全国的政治、文化、国际交往和科技创新中心（中国旅游文化大辞典编辑委员会，1994）。北京市有着3000多年的建城史和800多年的建都史，历史底蕴深厚，是中国四大古都之一、世界著名的历史文化名城，更是在2022冬奥会成功举办后，成为世界上首座“双奥之城”，有着丰富的文化遗存和世界级文化旅游资源（鲁勇等，2013）。在澳大利亚21世纪创新国际评价中心、美国科尼尔管理咨询公司、国际权威旅行指南《孤独星球》等的专业评价中，北京市已位列全球游客最喜爱旅游城市、全球最具影响力城市、亚太地区最佳旅行目的地榜单，是享誉海内外的世界文化旅游城市。

2. 案例地文化旅游名城建设亮点

（1）创意驱动价值挖掘，品牌创设彰显效益。北京市历来重视对文化遗存的保护传承和创新利用，将之作为文化旅游产业发展的内生动能，在面向消费端的产品供给和品牌塑造方面积极对接当代文旅消费需求，彰显文化遗产价值优势。依托文博会展和数字化技术优势，北京市创新了故宫、京剧、胡同、旗袍及现当代文化旅游资源的开发利用模式，通过文创商品和特色文旅体验活动孵化文旅IP，令文创产品闪亮“出圈”，文物元素“潮”玩涌动，并积极推进长城国家文化公园和大运河国家文化公园北京段等的规划建设，形成了创意驱动和品牌创设的资源利用与产品开发模式。

（2）积极深化奥运经济，大力提升文旅功能。作为全世界唯一一座“双奥之城”，北京市自20世纪90年代大力推动夏季奥运会申报工作以来，便充分挖掘奥运经济潜能，推动北京市城市功能更新升级。在文化旅游产业发展方面，北京市充分将奥运元素融入文旅产品更新和形象强化之中，对奥运场馆进行休闲体验的创新利用，有效提升城市文旅服务功能，拓展文旅消费场景；积极依托奥运效应继续申办、举办高水平国际赛事，推动“体育＋旅游”融合发展，研发文旅产品和文创商品，培育奥运体育文化旅游IP赛事，促进了“旅游＋”产业的高速发展（冯惠玲，2022）。

3. 案例地文化旅游名城建设经验启示

北京市立足其作为全国政治、经济、文化中心的城市功能，依托创意驱动和品牌创设，充分彰显了自身的文化旅游资源优势，创新了历史文化资源活态化利用模式。与此同时，在全力打造“双奥之城”城市名片的背景下，北京市积极将文化旅游产业与会展节事融合发展，拓展了主客共享的文旅消费空间，实现了对奥运效应的持续挖掘，提升了其世界级的文旅影响力，形成了可借鉴的世界文化旅游名城创新发展路径。

（二）西安

1. 案例地概况

西安市，古称长安、镐京，是中华文明和中华民族重要发祥地之一、古丝绸之路的起点，在唐代时已是蜚声中外的国际性大都会。西安市是中国历史上建都朝代最多、时间最长、影响力最大的都城之一（中国旅游文化大辞典编辑委员会，1994）。1981年，西安市被联合国教科文组织确定为“世界历史名城”。西安市文旅资源保存好、品质高。其中，秦兵马俑被誉为“世界第八大奇迹”，成为西安市的精品旅游名片。西安市已将文化旅游产业作为支柱产业和城市发展的核心竞争力加以培育，并把“加强文化建设促进文旅融合发展”作为全市十项重点工作之一，正在深化建设“传承中华文化的世界级旅游目的地城市”（西安市文化和旅游局，2022）。

2. 案例地文化旅游名城建设亮点

（1）依托丰厚文化资源，打造“博物馆之城”。西安市拥有博物馆157座，涵盖了历史、艺术、自然科学、红色革命等40多个类型，其中国家一级博物馆有7座，超过了全国绝大多数省份的总数，是名副其实的博物馆之城。2019年，《西安博物馆之城建设总体方案》出台，搭建起西安市博物馆之城建设空间构架，明确了建设不同于其他城市的“天然历史博物馆”的发展定位（西安市文物局，2020）。2022年，中国首座考古学科专题博物馆——陕西考古博物馆于西安市建成并试行开放，“一票难求”的盛况不仅引起了国内主流媒体的关注，也有近420家海外主流媒体、门户网站第一时间刊登转载博物馆开馆亮相的消息，大大提升了西安市的国际影响力。借此机遇，西安市加大力度推动博物馆与旅游业有机融合，进一步提升了西安市的文化旅游品质。

（2）夜间经济越发“璀璨”，文旅热度不断提升。夜经济是城市活力的风向标。自“不倒翁小姐姐”在西安市大唐不夜城以打通线上与线下的方式成功“出道”以来，“夜文旅”就成为广大游客“常来长安”的重要原因之一。西安市不仅抓住了千年古都的深厚文化，还抓住了时尚和创新的文旅新机遇。西安市以夜游经济提升为突破口，以创新融合为着力点，不断延伸文化旅游产业链，通过推出多样化的夜游活动，丰富夜游业态，拓展夜游消费场景，将传统的文化地标与时尚的消费元素相结合，满足市民与游客夜间休闲娱乐的综合需求。截至2022年，西安市已有4家旅游景区入选国家级夜间文化和旅游消费集聚区名单，并受到游客热捧，极大提高了夜间文旅产品热度。夜间旅游还将不断释放西安市的城市活力，为古都西安赋予崭新的面貌（西安市人民政府，2018）。

3. 案例地文化旅游名城建设经验启示

“一手抓千年古都灿烂的文化，一手抓潮流、时尚和创新”成为西安市建设传承中华文化的世界级旅游目的城市的重要策略。依托“博物馆之城”彰显古色，围绕“长安夜”“不夜城”增添亮色，在文旅资源整合与创新利用方面下足功夫，加大优质旅游产品供给，促进了古色与亮色的相得益彰，文、商、旅、体的融合相促。在以文化塑魂的过程中，不断释放文旅消费潜能，提升文旅消费热度，为市民与游客设计了既有传统文化浓度，又有时尚文化热度的精致体验。

（三）杭州

1. 案例地概况

杭州市，地处中国东南沿海，是浙江省的经济、文化、科教中心。杭州市是华夏文明的发祥地之一，首批国家历史文化名城。因风景秀丽，素有“人间天堂”的美誉。全市共有国家级风景名胜区2个、国家级自然保护区2个、国家森林公园7座，同时还拥有全国首个国家级湿地（崔林涛，1998）。除此之外，杭州市的人文旅游资源也非常丰富，既有被列为世界文化遗产的中国大运河、良渚古城遗址，又有世界文化遗产西湖。杭州市以“东南名郡”著称于世，被马可·波罗誉为“世界上最美丽华贵的天城”，距今5000多年前的良渚文化被称为“中华文明的曙光”。近年来，杭州市承办了2016年G20峰会、2018年世界短池游泳锦标赛、2022年第19届亚运会（亚洲奥林匹克理事会已宣布，2022年亚运会于2023年9月23日至10月8日在杭州市举行，赛事名称和标识保持不变）等活动，在国际上的知名度得到大幅提升。

2. 案例地文化旅游名城建设亮点

（1）制定前瞻性战略，城乡旅游板块同步推进。杭州市立足自身丰富的文化旅游资源，着力推动旅游业的发展，是全国率先提出“全域旅游”并实施全域旅游战略的城市，也是中国体验式旅游的代表性城市。自2000年起，杭州市实施“旅游西进”战略，旅游业逐步成为调整经济结构、产业转型升级的一大助力。2002年，西湖拆除围墙、取消门票，成为国内首个免门票的5A级旅游景区。一系列政策和战略布局使得杭州市文化旅游产业发展更具生命力和持久力。同时，城、乡旅游业态并驾齐驱，城市旅游板块和乡村旅游板块成为杭州市旅游经济发展的“双驾马车”，发挥着迭代优化旅游经济结构、丰富产业链、延伸价值链的重要作用。站在全域旅游的背景下，唤醒农村“沉睡”的资源，使之成为杭州市文化旅游经济持续发展的新生力量，推动了旅游业多元化、特色化发展（中央广电总台国际在线，2022）。

（2）推出特色会展旅游产品，提升国际市场竞争力。2016年，G20峰会在杭州市召开。在G20筹备及举办期间，杭州市抓住拓展国际市场的机遇，开发大量旅游产品，对杭州市旅游形象进行大力宣传（《人民日报》，2016）。同时，针对不同国别采用不同的“杭州主题旅游营销计划”，推动旅游国际化发展。除此之外，杭州市通过创新驱动带动旅游产品不断升级。例如，将针对国际市场的“社会资源国际旅游访问点”进行全面提升，推出“杭州学徒体验计划——我在杭州学手艺”，为外籍人士提供向访问点“导师”拜师学艺、挖掘非遗传统技艺等活动，传播杭州市非遗、美食文化，满足国外游客想要了解当地人的生活与文化的需求，打破了旅游产品千篇一律的尴尬，将旅游体验进一步提升到精神文化层面。

3. 案例地文化旅游名城建设经验启示

杭州市是全国范围内较早开始筹建世界旅游城市的城市。政府对于旅游产业的投入大、战略定位精准，早期全域旅游的定位使得数量繁多、类型复杂的旅游资源得到了很好的整合和开发利用。对于以西湖为核心的城市旅游板块以及全新打造的乡村旅游板块采取“两手抓”的策略，使城、乡旅游业态并驾齐驱，全面提升了文化旅游产业的发展质量和服务水平。

同时，杭州市抓住重要国际会议的机遇，打造具有杭州特色的会展旅游产品，通过“旅游+”引领杭州市旅游发展新方向。杭州市将社会资源进行整合，将成熟、优质的社会资源转化为特色旅游产品，针对国际客源市场和商旅市场，推出西湖、运河等享誉全球的旅游品牌，提升了杭州市旅游产业在国际市场的竞争力。

（四）桂林

1. 案例地概况

桂林市地处中国华南，是世界著名风景游览城市、“万年智慧圣地”、全国重要高新技术产业基地，是国务院批复确定的中国对外开放国际旅游城市、全国旅游创新发展先行区和国际旅游综合交通枢纽（保继刚，2005）。桂林市生态环境良好，全市森林覆盖率达到71.9%，河流水质和空气质量优良，是国家级生态示范区，城区以丰厚的历史文化遗存为底蕴，以秀美的喀斯特山水名胜景观为特色。同时，桂林市还是一座具有2000多年历史的国家历史文化名城，连续14年成功举办联合国世界旅游组织/亚太旅游协会旅游趋势与展望国际论坛，连续10届举办桂林国际山水文化旅游节，并成为中国—东盟博览会旅游展永久会址。

2. 案例地文化旅游名城建设亮点

（1）立足城市优势品牌，推动文旅融合发展。桂林市拥有世界上发育最典型的岩溶地貌，区域内喀斯特地貌丰富，有不少自然形成的天然溶洞，更是拥有世界自然遗产地、国家5A级旅游景区、世界上规模最大、风景最美的岩溶山水游览区——漓江风景区。“桂林山水甲天下”已经成为桂林市的城市旅游名片，依托“桂林山水”的品牌效应，桂林市的文化旅游也形成了许多自己的旅游品牌（刘健，2022）。例如，刘三姐原生态山歌，以民间生活为基调，让游客可以追寻到在都市生活中缺失的那份质朴和纯真。除此之外，桂林市还有着深厚的历史文化底蕴，包括甑皮岩史前文化、桂海碑林摩崖石刻山水文化、桂林古宋城文化以及少数民族民俗文化等。依托丰富的文旅资源，桂林市打造了一批历史文化地标，不断发掘山水生态与文化的契合点，使文旅融合成为桂林市打造世界级旅游城市的一个重要抓手。

（2）深入挖掘文化内涵，积极进行文化交流。桂林市有着悠久的历史文化。从古至今，历代贤人志士在这里留下了灿烂的文化遗产；同时，桂林市还是一个多民族聚居地，有着多民族融合的地域民族文化特征。桂林市在发展文化旅游的过程中，以挖掘好、保护好、传承好地方文化为基础，不断赋予桂林市文化旅游新内容，为旅游产品升级赋予更深层次的内涵，使文化和旅游产业充分融合，发挥出“1+1>2”的效果。除此之外，加强中外文化交流，借助传统文化、中外文化做强“以文促旅”文章。如举办传统渔火节、三月三、中外游客在阳朔过大年等活动，积极融入传统文化和中西合璧元素，进一步“活化”当地文旅资源，促进旅游大发展。

3. 案例地文化旅游名城建设经验启示

桂林市较为重视对旅游品牌的宣传营销。以“桂林山水文化节”为载体，通过网站、旅游宣传片等多种途径扩大影响力，使“桂林山水甲天下”的城市名片深入人心。着力把山水甲天下的“秀美桂林”打造成为集休闲、体验、娱乐、学习于一体的旅游胜地，把桂林市建设成为“诗和远方”的样板。

同时，桂林市颇为重视对文化的深度挖掘和利用，对当地文化进行包装，将文化元素与自然美景巧妙融合，使游客在欣赏美景的同时，也能感受到异域文化的熏陶。积极促进桂林市当代文化与世界文化的交流往来，打通国际旅游市场，形成良好的文化交流氛围，把桂林市建设成为世界级旅游城市的文化样板。

（五）敦煌

1. 案例地概况

敦煌市位于河西走廊的最西端，是丝绸之路的节点城市，以“敦煌石窟”“敦煌壁画”闻名天下，是世界遗产莫高窟和汉长城边陲玉门关、阳关的所在地（季羡林，1998）。敦煌市境内有国家5A级旅游景区鸣沙山月牙泉、以雅丹地貌为代表的敦煌世界地质公园。敦煌市是一座古老的历史文化名城，是飞天艺术的故乡、佛教艺术的殿堂，有“戈壁绿洲”“西部明珠”之称，是古丝绸之路上的黄金旅游胜地，被誉为“世界的敦煌”“人类的敦煌”。2014年，敦煌市被确定为甘肃省智慧旅游城市和智慧旅游景区建设试点城市。2016年，敦煌市入选首批10个“中国研学旅游目的地”名单。2019年，敦煌市位列全国首批全域旅游示范区之一，并先后获得“东亚文化之都”“中国优秀旅游城市”“国际世界的中国品牌城市”“中国自驾车旅游十大目的地”等荣誉称号（央视网，2020）。

2. 案例地文化旅游名城建设亮点

（1）明确城市定位，因地制宜建设世界文化旅游名城。敦煌市世界文化旅游名城的建设和发展始终立足于敦煌市的资源特征和文化禀赋，严格遵守“保护第一、有限容量、内容为王、田园城市”四大原则，发展具有鲜明敦煌市特色的文化旅游产业。敦煌市位于甘肃、青海、新疆三省（区）交会处，经济社会发展水平低，且远离中心城市，交通不便，缺乏周边区域的有力支撑。因此敦煌市没有选择走大规模城市建设的粗放式发展道路，而是以有限环境容量为先决条件，把文化和自然遗产保护放在第一位，最大限度地减少人为因素对敦煌市文化遗产和自然环境的干扰和破坏，烘托城市特色，增强旅游目的地建设。

（2）挖掘古丝绸之路文化，积极打造旅游新业态。如今来到敦煌市的游客已经不满足于走马观花式的游览，更喜欢探究文物背后的历史文化内涵。基于这一需求，敦煌市博物馆与当地传统旅行社进行对接，深挖敦煌市深厚的历史文化内涵，细化游客需求，推出“定制版”深度讲解服务，吸引了众多游客。此外，敦煌市还持续打造“游千年敦煌·品丝路华章”研学旅游、“朝圣敦煌，‘会’聚精彩”会展旅游、“漠上田园·乡约敦煌”乡村旅游、“丝路敦煌·行者无疆”户外旅游和“敦煌夜未央·只为你精彩”夜经济五大敦煌市文旅新业态，全方位、多角度地展示了敦煌市的文化魅力，吸引了更多的游客前来观光体验，更好地发挥了古丝绸之路节点城市的文化区位优势（文化和旅游部，2021）。

3. 案例地文化旅游名城建设经验启示

敦煌市在发展文化旅游产业的过程中，重点突出且形式丰富。以博大精深的文化内涵为基础，突出城市特色，走适合自己的文化旅游发展道路，和其他大城市的文化旅游形成了鲜明的对比，为游客设计了更多记忆刺点。与此同时，敦煌市始终在文化旅游发展中坚持保护第一的原则，借助人才、学术优势，进行非物质文化遗产的普查、保护、传承、展示和利用工作，扩大了敦煌市的世界知名度、美誉度和影响力。

此外，敦煌市还注重利用古丝绸之路的文化区位优势开发旅游新业态，不断打造符合游客需求的新产品。包括设计不同的旅游线路，整合周围的旅游资源，打造夜经济等，使敦煌市的文化旅游产业更加立体化，文化旅游活动也更加丰富。

（六）黄山

1. 案例地概况

黄山市地处皖浙赣三省交界处，是皖南国际旅游文化示范区核心城市，国家级文化生态保护区，杭州都市圈成员城市（明庆忠，2020）。黄山市既是徽商故里，又是徽文化的重要发祥地。黄山市境内的黄山为世界自然与文化双遗产、世界地质公园，也是国家5A级旅游景区、国家级风景名胜区、全国文明风景旅游区示范点，有“天下第一奇山”的美誉。同时，境内还拥有世界文化遗产皖南古村落西递、宏村。“十四五”时期，安徽省将黄山市作为安徽旅游点状发力的中心，高水平建设皖南国际文化旅游示范区，努力将示范区建设成为美丽中国先行区、世界一流旅游目的地和中国优秀传统文化传承创新区。

2. 案例地文化旅游名城建设亮点

（1）依托顶级资源，确立发展优势。黄山市古称徽州，是徽商故里和徽文化的重要发祥地，后来为了更好地发展旅游，将“徽州”改为黄山市。可以说黄山市是一座因山而兴、因旅立市的城市，也正是闻名海内外的“天下第一奇山”黄山，让更多的人走进黄山市。多年来，黄山市依托“黄山”“徽州”两个顶流IP，高标准建设生态型、国际化、世界级休闲度假旅游目的地城市，以“黄山”“徽派建筑”为主要旅游吸引物，深度挖掘黄山市的自然资源价值。但作为安徽省唯一拥有文化自然“双世遗”、历史文化“双名城”的城市，黄山市没有停留在“靠山吃山”的阶段，而是不断探索如何把资源优势转化为市场优势，在打好黄山这张牌的基础上，把市域作为一个大景区规划建设，实现了从景点旅游向全域旅游的跨越，构建了文化旅游融合、多极多点支撑的大旅游格局。

（2）推进智慧旅游发展，顺应大众旅游需求。随着智慧旅游逐渐成为中国旅游产业发展的核心和引擎。近年来，黄山市积极整合黄山风景区、黄山市及周边文旅资源及要素，依托文化旅游官方平台，通过应用大数据、AR、“互联网＋”等技术，构建“食、住、行、游、购、娱”一站式便捷智能服务平台，运用信息化解决方案，提升旅游公共服务质量（谈思等，2021）。同时，黄山市在元宇宙、数字藏品、新营销等各个维度不同程度地发力，坚持对旅游产品和景区运营方式进行创新，“活化”徽文化、古村落、传统工艺，成功在市场“破圈儿”，助力黄山市文化旅游产业的顺利转型。

3. 案例地文化旅游名城建设经验启示

黄山市始终以“国际知名、国内一流”为标准，着力推进重点景区以及全域旅游服务的品质升级，打造世界级旅游城市。作为一座因山而兴、因旅立市的城市，充分发挥了自身旅游、文化、生态等多重优势，不断推动文化旅游产业发展。同时作为较早发展旅游的城市，黄山市也确立了早期发展优势，并不断深挖城市资源禀赋，打响了黄山市的亮眼 IP。

在新时期，从国家层面到安徽省域层面，都将黄山市作为重点旅游城市、国际旅游城市，推动其文化旅游产业高质量发展。近些年，黄山市也顺应时代变化，积极推进智慧旅游的发展。通过引入新技术，使传统旅游资源实现了活态化发展，并通过文旅融合，催生了许多新业态，加快了黄山市文化旅游业的转型升级和可持续发展。

（七）成都

1. 案例地概况

成都市地处中国西南地区、成都平原腹地，境内地势平坦、河网纵横、物产丰富，自古有“天府之国”的美誉。成都市也是首批国家历史文化名城，古蜀文明发祥地，拥有都江堰、武侯祠、杜甫草堂等名胜古迹，是中国最佳旅游城市之一。近年来在国家政策的支持下，成都市在建设世界级文化旅游城市方面发展迅速，入选了第一批国家文化和旅游消费示范城市；成都音乐坊、春熙路大慈坊街区进入第一批国家级夜间文化和旅游消费集聚区名单；武侯祠·锦里、宽窄巷子、春熙路成为首批国家级旅游休闲街区之一（陈俊成，2022）。在第十三次中日韩文化部长会议上，成都市被授予“东亚文化之都”的荣誉称号。

2. 案例地文化旅游名城建设亮点

（1）改善城市绿色空间，建设公园城市示范区。2018 年春节前夕，习近平总书记在成都市天府新区考察时，提出把成都市建在公园里这一理念，并强调“特别是要突出公园城市特点”（赵础昊，2022），成都市成为公园城市的“先行者”。成都市的公园城市建设，不是在城市里建公园，而是让“城市就在公园里”，探索山水人城和谐相融新实践和超大城市转型发展新路径。成都市着力打造了龙泉山城市森林公园，游客在这里可以同时欣赏到雪山和摩天大楼，感受到公园和城市空间的深度结合。同时，成都市还打造了城市绿道，通过绿道网络将大大小小的公园连接起来，网络中又穿插着书店、花店、咖啡馆、茶馆等休闲场所，体现了人与自然和谐共处的城市魅力。

（2）以“音乐+”为基础，建设国际音乐之都。2016 年，歌曲《成都》让万千游客对成都市产生了向往，“音乐之都”成为成都市独特的城市标签。杜甫曾用“锦城丝管日纷纷，半入江风半入云。此曲只应天上有，人间能得几回闻”的辞章来描述成都市的音乐。成都市的音乐和这座城市一样充满着包容性，成都市也因此成为多元音乐文化的聚集之地，吸引着全世界的音乐爱好者。为推进国际音乐之都建设和音乐产业的发展，成都市以项目引进、演艺聚集、人才培养、“音乐+”融合为载体，通过举办金芙蓉音乐比赛、街头艺术表演、乐动蓉城音乐会、草莓音乐节等活动不断提高音乐品牌影响力，吸引了大批音乐爱好者前来，同时带动了文化旅游业的发展。

（3）重视基础设施建设，带动地区文化旅游发展。成都市是国内外游客入川游览体验的首选之地，双流国际机场也已成为全国第四个“5000 万级”机场，国际（地区）航线达 131 条。同时，天府国际机场的正式开航投运，也使成都市作为西部综合交通枢纽的地位得到进一步巩固，并逐步构建起了方便快捷的国际旅游交通体系，使成都市成为连接大藏区、大九寨、大峨眉、大香格里拉等世界级旅游资源的旅游枢纽城市。成渝中线高铁、渝蓉高速公路等交通大通道，也为打造精品文化旅游线路打下了良好的基础。成都市不断推动“航空+旅游”“轨道+旅游”“公路+旅游”全面发展，建设入境旅游综合枢纽，整合城市之间高铁动车线路，使城市间旅游交通更加便利，对周边旅游城市发挥了很强的辐射带动作用。

3. 案例地文化旅游名城建设经验启示

成都市以自身的生态资源为基础，践行建设公园城市示范区的新发展理念，积极融入公园城市建设“场景营城”的创新实践，开辟“城市场景化、场景旅游化”旅游业发展的新路径；重视以人为核心打造人人向往的人居环境，在公园城市建设中因地制宜地构建文旅新场景，提升居民幸福感、获得感。同时，成都市还重视基础设施的建设，提升城市间旅游交通的便利性。

此外，成都市主抓自己“音乐之都”的独特城市文化，打造多元音乐文化聚集地，不断挖掘新的旅游消费增长点，通过举办音乐节、音乐会等活动，吸引更多游客，从而带动城市文旅发展。2021 年成都市新经济“双千”发布会产业功能区多维消费场景专场发布了文旅消费十大类 185 个新场景和 165 个新产品，全面释放了成都市文旅消费的新机遇，满足了游客个性化、多样化的消费需求，使成都市文化旅游市场能够适应不同层次的消费需求。

二、国外世界文化旅游名城案例

（一）意大利佛罗伦萨

1. 案例地概况

佛罗伦萨，别名“翡冷翠”，是意大利托斯卡纳区首府，在意大利语中直译为“百花之城”。佛罗伦萨是一座具有悠久历史的文化名城，既是欧洲文艺复兴运动的诞生地，也是欧洲文化的发源地之一，但丁、达·芬奇、米开朗基罗等许多文艺复兴时期的文化名人便诞生于此地。佛罗伦萨全市共有 40 所博物馆和美术馆，其中举世闻名的乌菲齐美术馆素有“文艺复兴艺术宝库”之称；市内还有 60 多所宫殿及许许多多的大小教堂，收藏着大量的优秀艺术品和珍贵文物，因而佛罗伦萨又有“西方雅典”之称（蒋宝德，1991）。1982 年，佛罗伦萨历史中心被列入《世界遗产名录》，进一步提升了国际影响力。

2. 案例地文化旅游名城建设亮点

（1）合理进行城市规划，保存古城历史原貌。佛罗伦萨作为欧洲文艺复兴的摇篮精英辈出，在诗歌、绘画领域有着举世瞩目的成果。同时，在建筑领域的发展也是其他城市望尘莫及的，拥有地标建筑——百花圣母大教堂、乔托钟楼以及被米开朗基罗誉为“通往天堂之门”的圣约翰洗礼堂浮雕大门等著名建筑。如今佛罗伦萨市区仍保持古罗马时期的城市格局，无数中世纪建筑使其仍是 1000 年前的样子。这是由于佛罗伦萨的城市规划建立在保持文艺复兴时期原貌的基础上，突出精神中心和标志建筑的规划设计、重视对旧建筑的科学性修复、对文物古迹实行严格的保护而不得随意“毁旧建新”，因此城市古迹保存完好，没有因为现代化城市建设而破坏这座历史文化名城的风貌，使得游客能够最大限度地体验到当地浓厚的文化氛围和文艺复兴给这座城市留下的艺术财富，推动了佛罗伦萨城市文化旅游的发展（刘旭光，2014）。

（2）举办国际节事活动，塑造世界名城形象。在对文化进行有效保护的同时，佛罗伦萨也凭借深厚的文化底蕴和完善的文化服务设施挖掘了文化资源对城市发展的价值。佛罗伦萨国际当代艺术双年展，与威尼斯双年展、米兰三年展并称意大利“三大艺术展”，定期在佛罗伦萨的达巴索古堡举行，每次都会吸引来自世界各地的近千名世界顶级艺术大师参加，成为全世界关注的焦点，有力提升了国际知名度。1933 年开始举办的佛罗伦萨五月音乐节，也是继萨尔茨堡音乐节后欧洲历史最悠久、最著名的音乐节。每年的音乐节都会邀请到世界级音乐大师参与，吸引世界音乐爱好者关注和前往。除此之外，佛罗伦萨还会经常性推出电影节、戏剧节以及艺术品展览活动，营造出浓厚的城市文化氛围，使游客在欣赏文物古迹的同时还能受到高雅艺术的熏陶。

3. 案例地文化旅游名城建设经验启示

佛罗伦萨文化气息浓厚、文物古迹众多，有着得天独厚的文化旅游资源。而在发展当地文化旅游的过程中，佛罗伦萨选择了一条使文化良性循环可持续发展的道路。通过设立专门的法律，以及发挥政府部门的职能，对文物古迹进行重点保护和修复，并对古建筑明文设定访问时间和参观的批次人数，防止过度商业化对文物的损坏。同时，在保护的基础上进行合理有效地开发，市场化运作高质量的重大节事活动和文化项目，以文促旅，使文化和旅游之间产生良性互动，进一步推动了文化旅游的发展。

（二）法国巴黎

1. 案例地概况

巴黎是法国的首都和最大城市、世界时尚中心、世界五个国际大都市之一，以“世界花都”享誉全球。巴黎的历史底蕴深厚，有巴黎圣母院、卢浮宫、凯旋门、凡尔赛宫、埃菲尔铁塔等著名建筑，是著名的历史文化名城，每年吸引着来自世界各地的游客前来参观（单树模，1995）。除此之外，巴黎还是世界上举办展览会最多的城市，拥有“全球第一大国际会议中心”的地位。被法国人视为国宝的巴黎香水更是驰名全球，有着“梦幻工业”之称，巴黎也被称为“浪漫之都”。巴黎还被认为是现代奥林匹克运动的起点，有着丰富的自然和人文旅游资源。

2. 案例地文化旅游名城建设亮点

（1）打造特色文旅 IP，推动文化旅游产业可持续发展。巴黎十分注重打造特色文旅 IP，带动文化旅游产业的可持续发展。巴黎拥有丰富的文化遗产和独特的文化资源，是一座历史悠久的“城市美术馆”，汇集着当代艺术精华。而巴黎也利用自身独特的文化资源，打造特色文旅 IP，挖掘可持续发展潜力。例如，利用塞纳河畔的莫奈故居打造了莫奈花园，并向全世界的游客开放，在这里原封不动地陈列着莫奈的收藏品、各式居家用品等，游客在参观完花园后，还可以前往附近的纪念品销售专营店，里面的纪念品全部以莫奈为主题开发设计，许多游客会在此购买旅游纪念品（董继平，2018）。巴黎通过打造特色 IP 有效延长了文化旅游产业链，为当地带来了巨大的经济效益。

（2）确立时尚城市属性，打造国际购物之都。法国巴黎被誉为“服装中心的中心”，国际上公认的顶尖级服装品牌设计和推销总部大部分设立在巴黎。自 1910 年开始举办的巴黎时尚周，是国际流行趋势的风向标，引领着国际时装的风潮，而且不同于其他国际时装周，巴黎时装周重视对服装品牌和价值的展示，也体现了巴黎极强的文化包容性。除此之外，巴黎一年四季都有一批旗舰店和快闪店开业，推出各种活动吸引那些追求新事物的时尚迷们。在巴黎 14 区新开发的毕加索和达利的旅游线路中就贯穿了许多时尚品牌和艺术小店，满足游客的个性化需求。同时，为了提高旅游服务，巴黎针对在当地购物消费最多的中国游客，在基础设施和服务设施方面做出了很多改变，如将支付宝和微信支付平台引入当地旅游产品的消费中、安排中文服务人员等，极大地提升了当地的旅游收入，促进了旅游业快速发展。

3. 案例地文化旅游名城建设经验启示

近年来，文旅 IP 带动城市可持续发展已经成为巴黎旅游业发展的重要特色之一。为了促进城市文化旅游产业的融合发展，巴黎着力打造具有辨识度的城市文化符号，通过艺术授权的方式打造特色文化 IP，如在吉维尼小镇上开设授权衍生品商店，借助艺术授权的方式使莫奈的 IP 再生于世界各地的产品之上，实现了法国小镇文化旅游产业的可持续发展。同时巴黎也非常注重对城市属性的打造，通过举办巴黎时装周等国际级节事活动，稳固了自己“时尚之都”的地位，使城市形象深入人心。

（三）英国爱丁堡

1. 案例地概况

爱丁堡是英国苏格兰首府，是英国乃至整个欧洲文化氛围最浓的古城之一。苏格兰国家博物馆、苏格兰国家图书馆和苏格兰国家画廊等重要文化机构都位于爱丁堡。爱丁堡是一座历史悠久风格独特的文化古城，当地许多历史建筑保存完好，爱丁堡城堡、荷里路德宫、圣吉尔斯大教堂等名胜都位于此地（蒋宝德，1991）。2004 年，爱丁堡被联合国教科文组织授予世界第一座“文学之都”称号，爱丁堡的旧城和新城也一起被联合国教科文组织列为世界遗产。爱丁堡的旅游业发展得非常迅速，2012 年，爱丁堡超越伦敦、罗马等世界顶尖旅游重镇，被世界旅游业联合会授予“欧洲最佳旅游目的地”。2022 年，*Time Out* 杂志根据夜生活、美食、步行友好度、物价等因素对全球 2 万名城市居民进行调查后选出了最受人们欢迎的旅游城市名单，爱丁堡位居首位。

2. 案例地文化旅游名城建设亮点

（1）借助重大节事活动，推介当地文化旅游。作为欧洲主要的文化艺术中心之一，爱丁堡被誉为“节庆之都”，每年都会举办许多世界闻名的国际活动。例如，爱丁堡国际艺术节，它是目前世界上规模最大、影响最广、水平最高的国际性艺术节之一，艺术节每年 8 月份开始举办，会持续 3 个星期，有近百台世界一流节目在此演出，趁着艺术节的热潮，爱丁堡推出大量艺术精品，当地的观光游客人数也达到顶峰。此外，爱丁堡还会举办爱丁堡艺穗节（边缘艺术节）、爱丁堡军乐节、爱丁堡国际电影节等，冬季还会举办以“爱丁堡之都圣诞节”为主题的冬季节庆活动（马进，2011）。各个节庆的定位明确，特色鲜明，面向不同的观众。这些旅游节庆活动为爱丁堡带来了大量旅游收入，增加了城市魅力，为爱丁堡在国际上扩大了影响，促使当地文化旅游产业向更高层面开拓。

（2）新城老城对比鲜明，城市景观风貌独特。爱丁堡拥有风格完全不同的老城和新城。老城呈现为不规则的中世纪风格，拥有众多古教堂和华丽的维多利亚时代建筑，充满了历史的厚重感。新城的建设则体现了18世纪以来的新古典主义风格，表现为规则的几何设计，与老城形成鲜明对比。这种新老城市规划的碰撞，为这座城市赋予了独特的魅力。爱丁堡在城市发展的过程中非常注重保存其传统的建筑文化，使之更好地展示城市历史文化，这给许多历史名城规划建设都带来了启发。

3. 案例地文化旅游名城建设经验启示

爱丁堡作为艺术氛围浓郁的文化之都，全年充满了各式节庆。以重大节庆活动带动文化旅游发展是爱丁堡成为世界文化旅游名城的重要原因之一。8月份是西方国家旅游度假的黄金季节，爱丁堡选择在这个月份举办艺术节，将文化旅游这张王牌的作用最大限度发挥了出来。游客在观看演出的同时，也会走访周边的名胜古迹，领略爱丁堡的独特风情，带动了当地旅游业的全面发展。

在城市规划中，爱丁堡也非常注重对古建筑的完整保存，保留下来许多城市的历史文化，奠定了城市基调，但同时也积极进行新城的建设，在新城内相继建成7处文化工程，这也使得爱丁堡成为欧洲学术中心之一，这种新旧风格的碰撞最大限度地展现了这座苏格兰风情古城的魅力。

（四）意大利罗马

1. 案例地概况

罗马，是意大利共和国的首都和最大的城市，也是全国政治、经济、文化和交通中心。罗马是世界著名的历史文化名城，地中海文明的重要源头和古罗马文明的发祥地，建城历史悠久，因而被称为“永恒之城”。罗马是全世界天主教会的中心，有700多座教堂与修道院，7所天主教大学，市内的梵蒂冈城是天主教教皇和教廷的驻地，在古罗马时期和中世纪时期，罗马也被称为“世界之都”。罗马与佛罗伦萨同为意大利文艺复兴中心，同时，它也是巴洛克艺术和新古典主义的起源地，保存着相当丰富的文艺复兴和巴洛克风貌（中华人民共和国驻意大利共和国大使馆，2010）。1980年，罗马的历史城区被列为世界文化遗产。罗马是意大利最受欢迎的旅游城市之一，许多国际知名品牌也在这座城市发展，使其成为重要的时尚和设计中心。

2. 案例地文化旅游名城建设亮点

（1）影视产业聚集要素，圣地巡礼彰显活力。罗马凭借良好的气候条件和保存完好的历史建筑，成为影视产业的重要基地，是许多经典电影的拍摄地和场景地，如《不设防城市》《罗马假日》《平民天后》等，每年前往罗马的游客中也有很大一部分被电影中的场景吸引，前来探访（吴金梅，2011）。很多游客来到罗马的第一站便是去看著名的“真理之口”，其实“真理之口”只是一块雕刻成河神面容的巨石，是一只古罗马时代的井盖，但是在电影《罗马假日》中，男主假装被真理之口咬住来吓女主，这个经典桥段也让这只默默无闻的井盖闻名世界，成为著名景点。包括西班牙广场和广场上的西班牙阶梯也是因电影而出名的热门景点。罗马注重保护历史古迹，保存了城市独特风貌，吸引了影视资源聚集，并通过影视作品将城市文化搬上了更广阔的国际荧幕，提升了国际影响力，吸引了更多游客前往。

（2）融文化于城市建筑中，提升城市文化旅游吸引力。罗马整个城市到处可见由著名艺术家建造、雕塑和绘画的宏伟历史建筑、广场、喷泉和方尖碑。从保存完好的万神庙到地中海古代文明唯一保留下来的圆顶建筑，再到宏伟的罗马斗兽场，还有古代最大的圆形露天剧场。罗马最大限度地保存了关于文艺复兴的文化，供游客观光游览，把古建筑遗存在文化旅游业中的作用发挥到了极致。不仅如此，罗马风格的服饰、装饰品也在世界市场上受到人们的追捧。可以看出，从标志性建筑到城市休闲设施，罗马城区内到处都体现着自身的文化内涵，这种向外扩散的文化元素极大地提升了罗马城市的知名度，吸引着世界各地游客前往瞻仰这座城市的历史建筑，体验渗透在建筑中的文化与艺术。

（3）使历史古迹保护与现代化发展相协调。作为世界历史文化名城，罗马也面临着如何平衡好历史文化古迹与现代化城市发展之间的关系。自意大利统一以来，罗马进行了多次城市规划的编制工作，重点解决城市现代化与文物保护的关系。例如，为了保护历史遗迹同时又方便游客出行，罗马以更加环保的电车作为主要公共交通工具，在古迹密布的市中心环线行驶；为了保护和适应古城狭小的街道小巷，鼓励市民们以意大利所生产体型娇小的飞亚特汽车通勤；此外，规定了罗马城里的所有建筑都不能超过圣彼得大教堂的高度，使得罗马城得以保持古色古香的风貌，不会因为现代化的高建筑而湮没其特色。

3. 案例地文化旅游名城建设经验启示

罗马是单纯依靠历史遗迹构建城市的主题形象并能够闻名世界的城市之一，依托自身的悠久历史和丰富的文化财富，罗马在大力发展文化旅游的基础上，将自身打造为世界著名的影视基地。通过影视作品使自己的文化在世界范围内得到广泛传播，极大地提升了国际知名度。

对于支撑起罗马旅游业的古建筑，更是进行了有效的保护和最大化的开发利用，同时衍生出许多旅游纪念品，对罗马文化价值进行活态化转化，使当地文化旅游产业得到了长足发展。

除此之外，罗马还重视历史与现代的融合。在进行城市现代化建设的过程中，罗马尽可能地保护历史建筑的原貌，向世人展示最原始的历史，没有为了城市的现代化进程而损坏或拆毁古建筑，也没有将文化封闭在古建筑之中，而是以特有的建筑和历史文化作为城市形象的主题，向世界展示城市个性，成为世界文化旅游名城中的独特存在。

（五）捷克布拉格

1. 案例地概况

布拉格是捷克共和国的首都和最大的城市，地处欧洲大陆中心，在交通上有着重要地位。布拉格是一座著名的旅游城市，市内拥有为数众多的各个历史时期、各种风格的建筑，其中尤以巴洛克风格和哥特式建筑分布最多。布拉格建筑的顶部变化丰富，且色彩极为绚丽，因而拥有“千塔之城”“金色城市”等美称，号称欧洲最美丽的城市之一（单树模，1995）。1992 年，布拉格历史中心被联合国教科文组织列入《世界遗产名录》，吸引了无数游客前来参观。2013 年，布拉格入选世界首座“世界文化遗产”城市。布拉格也是著名的文艺之城，诞生过许多音乐、文学等领域的杰出人物，如作曲家莫扎特、斯美塔那、德沃夏克，作家莱纳·玛利亚·里尔克、弗兰兹·卡夫卡、米兰·昆德拉等。如今，该市仍保持了浓郁的文化氛围，拥有众多的歌剧院、音乐厅、博物馆、美术馆、图书馆、电影院等文化机构，以及层出不穷的文化活动。

2. 案例地文化旅游名城建设亮点

（1）依托厚重文化艺术底蕴，营造独特城市精神气质。由于在“二战”期间遭受的破坏比其他大城市轻得多，布拉格的大部分历史建筑得以完好地保存下来。特殊的地理位置和特别的历史机遇，也使布拉格成为一个极富历史厚重感的城市，在旧城区的每条街巷几乎都能看到 13 世纪的古老建筑。布拉格曾经历了难以统计的被征服、投降、战争与屈辱，反而成就了它宽容而冷漠的独特气质。老城作为布拉格的灵魂，是一座建筑实景博物馆，里面的古建筑为整座城市增添了独特的文化氛围。布拉格的文化艺术生活极为丰富，拥有众多的音乐厅、画廊、电影院和音乐俱乐部。在这里也诞生了许多文学大师，布拉格人从中选举了两位“最代表布拉格精神，最具国际影响力”的文化巨匠卡夫卡和穆夏作为城市旅游形象大使，并通过修建博物馆和修缮街头巷尾的遗迹，“复活”了他们的作品和精神，使布拉格成为全世界文艺青年心之向往的圣地。

（2）大力推动会展旅游发展，有效提升城市国际知名度。布拉格非常重视会展旅游业的发展，商务会展产业也成为布拉格重要支柱产业之一。其在会展旅游市场有着强大的优势，除了悠久历史和自然景观为游客带来的独特体验，还有其完善的、高性价比的会展旅游服务。最受会展游客瞩目的旧市政厅属于典型的新艺术风格建筑，将新巴洛克风格和新文艺复兴时期的风格很好地结合了起来。虽然这些古建筑充满了岁月的痕迹，但是市政府在其内部进行了现代化的建设，如在内部安装暖气、空调、中心电梯等，方便游览。布拉格当地有许多举办会展活动的专业公司和目的地管理公司，为全球的高端商务游客提供先进的会展设施和专业化的会展服务。除此之外，布拉格地处欧洲的中心位置，依托这一区位优势建设了完善的交通系统，有 50 多家航空公司的航班定期抵达布拉格国际机场，而布拉格也推出了许多往返英国和其他国家的廉价航班，便捷的交通也为布拉格带来了更多的游客（笃行，2011）。除此之外，MICE 团队关注的安全因素也在这里得到保障，并成功吸引国际性经济、政治会议在此举办。2000 年国际货币基金组织和世界银行首脑会议、2002 年北约首脑会议、2003 年国际奥委会第 115 次全会都在此召开，这也进一步推动了布拉格会展旅游的发展和城市知名度的提升。

3. 案例地文化旅游名城建设经验启示

布拉格利用其悠久的历史文化、优越的地理区位优势、完善的基础设施大力发展会展旅游业，使当地的自然人文资源得到了充分的开发利用，通过举办大型的国际会议，提升了国际影响力。同时，会展旅游业的发展也带动了当地观光旅游的发展。许多宫殿城堡也是举行会议的热门地点，在这里人们能充分感受到当地的文化氛围，会展活动也在不知不觉中传播了布拉格文化。同时前来参会的人员也会在当地进行休憩游玩，如布拉格境内著名的温泉疗养地等，也带动了当地康养旅游产业的发展。

（六）韩国釜山

1. 案例地概况

釜山是韩国第二大城市，也是韩国最大的港口城市。釜山四季温和，拥有山、海等天然的观光资源，被称为大海、高山、大河和谐相融的“三抱之乡”，每年会举办釜山火花节、釜山国际电影节等多种国际活动（蒋宝德，1991）。釜山是世界上最繁忙的港口之一，历史上一直是东亚大陆和海洋文化交流的纽带和桥梁。釜山还是著名的旅游休养地，被《孤独星球》评为“亚洲最佳旅游地”、被《纽约时报》评选为“必须要去的世界名所 52 处”等。位于釜山的新世界商场（Centum City）是世界上最大的百货商店，被记入吉尼斯世界纪录。

2. 案例地文化旅游名城建设亮点

(1) 重视医疗科技发展，培育医疗观光产业。釜山通过集中培养医疗观光产业，着力打造东北亚医疗观光中心城市。韩国率先引入重粒子加速器，同时拥有机器人手术中心等世界级水准的医疗基础设施。另外，以拥有优秀专业人力的5000多个医疗机关和西面医疗街等聚集化的医疗观光集群为基础，从整容外科、皮肤科、牙科，到脑、心脏、肿瘤治疗等为不同的患者群体提供高品质的医疗服务。釜山的医疗服务从游客入境医疗服务开始，向治疗、观光的全过程医疗观光导购服务领域深度延伸，并附加有支持世界各国语言的医疗观光翻译服务。釜山利用独有的医疗观光商品及多种附加服务，打造成为独具魅力的医疗观光城市（陈富钢，2008）。

(2) 围绕著名景区海云台，打造海滨旅游产业链。釜山的观光旅游也发展迅速，其中海岸观光更是发展的重点，每年都会吸引大量游客前来。海云台海水浴场是韩国最有名的海洋休养地，拥有着全韩国最大的天然海水浴场和温泉，曾经被评选为“韩国八景”之一。1962年韩国政府制定了《文化财产保护法》，并于次年将釜山设为国家旅游区，配套大量促进旅游业发展的政策，积极完善了与旅游业密切相关的基础设施和建设工程，极大改善了当地的旅游环境。在海云台，每年会定期举行游泳大赛和放风筝比赛，吸引来自全世界各地的兴趣爱好者和专业选手。2009年，电影《海云台》上映，将海云台推向了国际，影片上映后游客数量明显增多，带来了巨大的经济效益。

3. 案例地文化旅游名城建设经验启示

釜山的文化旅游发展路径有着许多可借鉴之处。首先是积极进行产业融合，大力发展“医疗+旅游”的新业态，加大医疗科技研发投入，使医疗产业形成产业集聚效应。同时，创新性地开发多种医疗附加服务，打造出独特的医疗旅游产业链。

釜山还充分发挥自己海滨城市的独特区位优势，围绕著名景区推动海岸观光旅游。当地政府加大扶持力度，通过制定一系列法律法规，完善基础设施建设等，保证了当地的旅游环境，另外釜山还通过打造各种特色旅游项目，丰富当地旅游业的发展，弥补了自然资源有限的缺憾。

（七）法国波尔多

1. 案例地概况

波尔多是法国西南部重要的工商业城市、吉伦特省的首府。波尔多也是一座历史悠久的港口城市，有着丰富的旅游资源和许多保存完好的中世纪城堡（单树模，1995），被法国文化部授予“艺术与历史之城”称号；同时也被《米其林旅游杂志》评为“三星级推荐”（最高级别）。2020年，波尔多境内共有79家宾馆共计5013间房间。波尔多全年温暖湿润，有着最适宜葡萄生长的气候，当地产出的葡萄酒享誉世界。波尔多的葡萄酒酿造历史也非常悠久，早在古罗马时期，波尔多就已成为葡萄酒产地。1999 年成为了世界上第一个被联合国教科文组织评为“世界文化遗产”的葡萄园产区。如今，波尔多已成为世界上最大的高级葡萄酒产地，有“世界酒都”的称号，波尔多也是全球葡萄酒旅游组织的主要成员城市之一。

2. 案例地文化旅游名城建设亮点

（1）依托顶级葡萄酒产地，发展葡萄酒旅游业态。波尔多地区是法国最早种植葡萄的地区，当地有大约 1/5 的人口从事葡萄酒这一行业。20 世纪 80 年代法国农业经济衰退，葡萄、葡萄酒滞销，因此政府开始大力发展葡萄酒旅游业。一些农场主开始尝试开放葡萄园、向游客售卖葡萄酒，当地政府为了鼓励这一措施，也给予了很多支持。同时当地也积极组织开展葡萄酒文化节，形成品牌效应，营造节日气氛，吸引游客前来参观、消费。另外，波尔多还积极探索葡萄酒旅游业发展的新路径，首先整合了 23 家酒厂，统一提供旅游、服务、品酒等内容，同时将产业链上的各个节点串联起来，推动产业的协同发展，设立专项资金，开发新的葡萄酒旅游线路，推动了当地葡萄酒旅游业的发展（郭月琴，2016）。

（2）打破传统旅游模式，创新智慧旅游之都。波尔多不仅有浓厚的葡萄酒文化，还是一座与自然和谐共生的城市，悠久的历史文化并不阻碍环保与创新的建设在这座城市发展，在这里可以体验到古典文化与当代城市文明的碰撞。2020 年 6 月，世界上最大的数字艺术空间“Bassins de Lumieres”（光影流池）在波尔多正式开馆，展馆总面积 4.5 万平方米，这里是非常受欢迎的数字艺术地区，而它的前身则是“二战”期间建成的一座潜艇基地。法国博览文化工作室 Culturespaces 对法国波尔多的旧潜艇基地进行了恢复和改建，开创了集历史古迹、博物馆和艺术馆于一体的文化艺术空间，把艺术家的代表作品以动态化方式展示出来，让艺术作品真正成为观者身体可感知的一部分，让人耳目一新；在加龙河畔的葡萄酒博物馆中，融入了交互式的现代高科技，人们可以通过沉浸式的体验了解世界各地的葡萄酒文化，或对波尔多进行 360°的全景游览；位于前军营的达尔文生态艺术基地，是一个充满活力的城市艺术空间，它为涂鸦和街头艺术家们提供免费空间，还在此支持可持续发展企业的孵化，是绿色循环经济的典范。2021 年，在与 30 多个欧洲城市的角逐中，波尔多荣获“2022 年欧洲智慧旅游之都”称号。

3. 案例地文化旅游名城建设经验启示

波尔多之所以能成为世界著名文化旅游城市，除了依托其优越的自然人文旅游资源，更重要的是坚持将历史文化与现代化发展相结合的文化旅游业发展思路。对于传统的葡萄酒旅游业，当地政府给予大力支持，推动多产融合，在葡萄酒旅游线路上也不断更新，使传统产业获得可持续发展。

与此同时，波尔多围绕自身独特的城市风格，进行智慧旅游探索。将现代化的产业融入城市发展之中，使城市面貌不断焕新，旅游吸引物不断升级，让这座城市不只拥有“世界文化遗产”“葡萄酒圣地”的美誉，而是成为一座沉浸式旅游体验城市，让游客在这里能够不断获得新的体验，以此与城市建立起情感联结。

三、国内外文化旅游名城对比分析

（一）国内外文化旅游名城的共同点

1. 都具有世界级文化旅游资源禀赋

世界级文化旅游吸引力是城市文化旅游业高质量发展的基底。凡是国内外公认的文化旅游名城皆有着享誉世界的文化遗存，这些文化遗存也是城市最重要的旅游资源，为城市在国际旅游市场中提供了重要竞争力。例如，佛罗伦萨现存的文艺复兴时期的艺术结晶、罗马的地中海文明和古罗马文明，以及黄山市的徽文化、敦煌市的丝路文化等大都推进了人类文明进程，对推动世界经济、政治、文化艺术等发展起到了不可磨灭的作用，既具有世界公认性，又具有地域特殊性。同时，还有着丰度好、品级高、文化特色鲜明的特点，造就了开放包容的城市性格，能够超过国界，在国际区域乃至世界范围内激发游客出行意愿。

2. 都具有出色的资源创新利用能力

创新能力是世界文化旅游名城实现可持续发展和资源活态利用的驱动力。在产业融合的大背景下，世界文化旅游名城都在重点进行多产融合，整合优秀产业的丰富资源，不断催生出文化旅游新业态。同时，伴随着科技革命的不断深化，科技要素在城市旅游发展中的重要性更加凸显。目前国内外世界级旅游城市都在积极推进智慧城市建设，“互联网＋”、AR、大数据等技术被充分运用到城市文化旅游的发展中。以智慧化、数字化技术为凭借，对文化遗存进行创造性开发和创新性利用，进一步提升了创新创意产品的持续研发能力，能够不断挖掘新的文旅消费点，拓展文旅消费场景。在旅游产品开发方面，国内外文化旅游名城非常注重对文化资源的深度挖掘，在产品内涵、形式等方面皆注重文化和旅游的深度融合。

3. 都具有鲜明的城市旅游品牌形象

除了对文化资源进行开发利用，国内外世界文化旅游名城也都非常注重打造城市品牌形象。通过研究国内外案例可以发现，每座城市都依托自身独特的文化资源，树立了特色鲜明的文化旅游品牌形象。品牌形象的树立能够展示出一个城市最独特的一面，能够使城市在差异化竞争中获得优势，吸引更多旅游资源聚集；同时，能够展现世界文化旅游名城的领袖形象，在国际上进一步扩散自己的影响力。另外，品牌形象是城市对外交流中最亮眼的城市名片，能够丰富城市内涵，提升城市文化旅游发展高度。国内外文化旅游名城大多依托鲜明的品牌形象进行文化旅游营销，创新营销形式，吸引不同细分市场的游客。

（二）国内外文化旅游名城的差异性

1. 发展力量差异：政府主导与市场主导

通过分析世界文化旅游名城的发展主导力量，能够发现国内外的城市文化旅游发展的驱动力存在差异性。国内文化旅游名城正在趋向于形成“政府主导、市场主体”的政企协同发展动能。政府在确定城市文化旅游发展战略、方向、定位及市场管理等方面占据主导。在政府的政策性引领下，相关市场主体对文化旅游资源进行开发和利用，使文化旅游资源市场化。同时政府也会制定优惠政策，支持大型旅游项目的开发，保证其质量和规模。

国外文化旅游名城则更注重市场的力量。在文化旅游项目产品的开发设计方面，主要依托国际性市场主体对文化旅游资源、要素等加以整合，凭借品牌、资金、人才、技术等多重优势在文化旅游市场中形成各自优势，主导了城市文化旅游业的发展方向和产业链条结构，也是文旅创新创意的主要来源。政府工作则更多围绕历史文化遗存保护和修缮展开，并提供有利于城市文化旅游发展的政策环境，保障城市文化旅游业高质量发展。

2. 发展理念差异：旅游驱动与城旅一体

在城市发展理念方面，国内外世界文化旅游名城也有着不同。国内文化旅游名城，特别是那些经过旅游“城市化”的城市往往非常重视文化旅游产业的驱动作用。虽然在这样的理念下城市文化旅游产业链已具有相当规模，但城市功能与配套往往较为滞后，没有很好地将文旅规划与城市发展紧密结合，使得城市尽管在文化旅游业的带动下得到了一定的发展，但长板与短板皆比较突出。在观光旅游的时代尚能保持较高的竞争力，不过随着需求偏好的升级，城市旅游的竞争已经转变为城市综合实力的较量，这势必需要城市旅游观念的更新升级。

国外文化旅游名城则较早地强调了城旅一体化发展，这背后与中外城市化整体水平及推进阶段有关。国外文化旅游名城大多首先是名城，是在全球政治、经济、文化等领域有着领袖般影响力的城市，因此城市配套设施与功能相比之下更为完善。文化旅游产业常被视为城市转型升级的重要抓手，其发展过程更具城市“旅游化”的特点，是城市产业、文化等功能向高质量升级的表现。在这种情况下，其文化旅游产业往往能与城市发展之间形成系统思维与发展合力，在挖掘城市旅游竞争力方面具有一定优势。

3. 发展阶段差异：适度超前与内涵提升

在发展阶段方面，国内外世界文化旅游名城也存在一定差异。从案例城市的分析中可以发现，国外文化旅游名城已经发展到了比较成熟的阶段，在国际影响力、城市发展程度、文化旅游产业成熟度等方面都走在了世界前列，形成了世界公认的世界文化旅游名城形象。如今已经进入到内涵式发展阶段，在文化内涵发掘和业态创新方面持续发力。国内文化旅游名城的发展有着适度超前的特征，尽管部分城市已显露成为世界文化旅游名城之实力，并结合自身优势及文化旅游消费需求提出了世界文化旅游名城的战略目标，但多数还处于向此目标快速推进阶段，对城市文化开发和利用的理念、模式等方面还有较大的优化空间。国内文化旅游名城向世界文化旅游名城发展目标迈进的过程，仍需在坚持自身特色的基础上，合理借鉴国外文化旅游名城建设、发展经验，扬长避短，攻坚克难，探索形成中国特色的世界文化旅游名城发展模式。

参 考 文 献

[1] 保继刚．城市旅游原理·案例［M］．天津：南开大学出版社，2005.

[2] 崔林涛．中国历史文化名城大辞典 上［M］．北京：人民日报出版社，1998.

[3] 单树模．外国名山大川辞典［M］．济南：山东教育出版社，1995.

[4] 董继平，Adam. 日维尼：莫奈的两个花园［J］．城市地理，2018（9）：88-95.

[5] 季羡林．敦煌学大辞典［M］．上海：上海辞书出版社，1998.

[6] 冯惠玲，任瑾，陈怡．北京“双奥”遗产的数字化保存与传播［J］．图书情报知识，2022，39（3）：22-31.

[7] 郭月琴．“一带一路”背景下城市文化传承与国际化［J］．江西社会科学，2016，36（12）：234-239.

[8] 蒋宝德，李鑫生．对外交流大百科［M］．北京：华艺出版社，1991.

[9] 刘旭光．艺术公共性的“原型”——文艺复兴时期佛罗伦萨的艺术与公共生活［J］．社会科学，2014（2）：175-185.

[10] 鲁勇，周正宇，怂宇．世界旅游城市发展报告［M］．北京：社会科学文献出版社，2013.

[11] 明庆忠．基于任务驱动下的旅游转型升级的路径与对策研究［M］．北京：中国旅游出版社，2020.

[12] 谈思，明庆忠，史鹏飞．山地旅游地转型发展的模式及比较——基于长白山、泰山、黄山旅游地的实践［J］．桂林理工大学学报，2021，41（3）：705-714.

[13] 吴金梅，宋子千．产业融合视角下的影视旅游发展研究［J］．旅游学刊，2011，26（6）：29-35.

[14] 赵础昊，徐芳芳．基于生态安全格局的公园城市建设分析［J］．生态经济，2022，38（3）：220-227.

[15] 中国旅游文化大辞典编辑委员会．中国旅游文化大辞典［M］．南昌：江西美术出版社，1994.

[16] 陈富钢，王浒．韩日拟共同开发整体观光区域［N］．中国旅游报，2008-11-14（005）.

[17] 笃行．布拉格：欧洲优越的会奖旅游目的地［N］．中国贸易报，2011-03-01（008）.

[18] 马进．中国发展节庆经济大有可为［N］．中国文化报，2011-08-22（001）.

[19] 中华人民共和国文化和旅游部．文化和旅游部关于第一批国家级夜间文化和旅游消费聚集区名单的公示［EB/OL］.（2021-10-19）［2022-09-13］. https://zwgk. mct. gov. cn/zfxxgkml/cyfz/202110/t20211019_928408. html.

[20] 刘健，徐宗飞．雁山：竖起城市文旅新地标 助力打造桂林世界级旅游城市［N］．桂林日报，2022-03-16（001）.

[21] 陈俊成，白骅．打造“出游必选、途经必游”世界旅游目的地［N］．中国旅游报，2022-05-13（002）.

[22] 西安市人民政府．西安市人民政府办公厅关于印发推进夜游西安实施方案的通知［EB/OL］.（2018-04-03）［2022-09-13］. http://www. xa. gov. cn/gk/zcfg/szbf/5d49599765cbd87465b0e2eb. html.

[23] 人民日报．习近平的G20时间：一个自信的大国阔步走向世界［EB/OL］.（2016-09-08）［2022-09-13］. http://news. cnr. cn/special/G20hz/tt/20160908/t20160908_523122006. html.

[24] 西安市文化和旅游局．西安市文化和旅游局2022年工作要点［EB/OL］.（2022-05-05）［2022-09-13］. http://wlj. xa. gov. cn/xxgk/ghjh/62734eebf8fd1c0bdc94cb62. html.

[25] 西安市文物局．西安博物馆之城建设总体方案（2019-2021年）［EB/OL］.（2020-06-01）［2022-09-13］. http://wwj. xa. gov. cn/xxgk/ghjh/5ff42b27f8fd1c596659c25b. html.

[26] 央视网．浙江绍兴、甘肃敦煌当选2021年“东亚文化之都”［EB/OL］.（2020-12-20）［2022-09-13］. http://m. news. cctv. com/2020/12/20/ARTI1TgdBOYQQBqfhRqFxqJW201220. shtml.

[27] 中华人民共和国驻意大利共和国大使馆．意大利概况［EB/OL］.（2010-11-08）［2022-09-13］. https://www. fmprc. gov. cn/ce/ceit/chn/ydlgk/t767293. htm.

[28] 中央广电总台．杭州桐庐打造全域旅游新业态［EB/OL］.（2022-03-15）［2022-09-13］. http://city. cri. cn/20220315/fb41a11e-256f-20f8-1a31-6759683b9a17. html.

专题研究2　丽江市文化旅游国际化发展研究

一、丽江市文化旅游国际化发展的背景和现状

（一）丽江市文化旅游国际化发展的主要背景

1. 促进国际化发展，应对全球化浪潮

随着经济全球化，旅游全球化趋势逐渐显露。1975 年世界旅游组织（WTO）成立，其成员国只有 74 个，随着全球旅游业的发展，越来越多的国家加入世界旅游组织中促进旅游全球化发展，到 2021 年已经有 159 个成员国。2019 年全球旅游人数达到 133.8 亿万人次，旅游收入达到 5.9 万亿美元，对全球 GDP 的贡献达到 7%。由此可见，在世界范围内，旅游全球化程度不断加深。我国旅游业也不断朝着国际化迈进，据文化和旅游部（原国家旅游局）资料显示，2010 年我国全年入境旅游人数为 13376 万人次，实现旅游收入 458 亿美元。而 2019 年我国入境旅游人数达到 14531 万人次，实现旅游收入 1136.5 亿美元，收入实现翻倍增长。同期，我国出境旅游人数达到 1.55 亿人次。截至 2019 年，我国是世界第一大出境旅游客源国，第四大入境旅游接待国。我国正在国际旅游市场中扮演着越发重要的角色。

然而，在经济和旅游全球化的过程中旅游业发展也时刻面临着风险与挑战，经济复苏和增长仍面临不确定性。从内部形势看，经济发展面临需求收缩、供给冲击、预期转弱等压力。从全球旅游业发展形势来看，全球旅游发展虽然在逐步复苏，但其效果仍不乐观。据《世界旅游经济趋势报告（2022）》，2021 年全球旅游业发展恢复至疫情前的不足 60%，对全球 GDP 的贡献由 7% 下降至 3.7%。面对旅游全球化的机遇与挑战，丽江市旅游业国际化发展是与世界接轨的过程。丽江市打造世界文化旅游名城是促进丽江市旅游业国际化发展的重要方式，也是发挥中国智慧，贡献中国方案以应对国际旅游变革，推动文化旅游产业发展行稳致远的重要路径。

2. 深化旅游市场，推动旅游强国建设

多年以来中国一直都是世界第一大出境旅游客源国，入境旅游也持续增长，与其他国家的旅游交往越发频繁，已是世界旅游大国，但文化旅游业的国际影响力、竞争力尚有不足。世界经济论坛发布的《2022 全球旅游业竞争力报告》中我国在最佳旅游国家排名中为第十二名，与美国、法国、瑞士等国还有一定的差距。为实现

我国由旅游大国到旅游强国的转变，国家高度重视文化旅游产业发展，努力提升文化旅游产业链现代化水平，推动文化旅游产业在做大做强经济内循环、做优做精国际大循环发展格局方面发挥更加重要的作用。《"十四五"旅游业发展规划》指出，"展望2035年……旅游业综合功能全面发挥，整体实力和竞争力大幅提升，基本建成世界旅游强国，为建成文化强国贡献重要力量，为基本实现社会主义现代化做出积极贡献"。作为在"一带一路"、长江经济带、大香格里拉旅游经济圈、大滇西旅游环线中具有重要战略区位的丽江市，在新的历史发展阶段具有十分广阔的潜在市场亟待开拓。丽江市应该牢牢把握机遇，立足国内，面向国际，发挥丽江市的自然、文化双重优势，壮大文化旅游产业，以打造世界文化旅游名城为立足点，提升文化旅游业对外开放水平，深化国内旅游市场以促进国内大循环，持续开拓入境游市场以加快国际大循环，推动形成"双循环"的旅游发展新格局。

3. 把握战略机遇，助力云南国际化发展

云南省作为旅游大省，一直将旅游业作为社会经济发展的重要引擎。2018年，云南省旅游收入突破万亿元大关，旅游业创造的GDP占全省GDP的50.28%，旅游业成为云南省名副其实的支柱产业。不仅如此，旅游业在云南省践行"绿水青山就是金山银山"的绿色发展理念，推动现代发展要素高效聚集，促进社会文化功能完善等方面发挥着独特的作用。旅游业的发展已不仅是推动整个云南省域高质量发展的关键环节，更是全面满足人民对美好生活需要的重要方式。

云南省具有发展国际旅游的先天优势。云南省地处中国经济圈、东南亚经济圈和南亚经济圈的接合部，是中国连接南亚、东南亚的国际大通道和面向印度洋周边经济圈的关键枢纽，独特的区位优势成为云南省推动国际旅游业高质量发展的重要筹码。特别是云南省与东南亚国家山脉同源、江河同源，有着地缘、亲缘、人缘、史缘、文缘等方面的密切关系，更为国际旅游业提供了市场基础。在习近平总书记为云南确定的"三个定位"及考察云南时的重要讲话精神引领下，云南省近年来以全力打好世界一流"三张牌"为抓手，以"国际化、高端化、特色化、智慧化"为基本方向，深化旅游革命，加快推进旅游产业转型升级，正在围绕"医、药、学、康、养、旅、智"等重点领域，部署以大滇西旅游环线、半山酒店、智慧旅游为代表的新品牌、新业态、新产品，推进建设世界一流健康生活目的地，着力将云南建设成为特色鲜明的国际康养旅游示范区。

4. 立足本土，打造世界文化旅游名城

丽江市具备建设世界文化旅游名城的基础和实力。其一是世界级的旅游资源禀赋和品牌形象。丽江市拥有世界自然遗产"三江并流核心区——老君山"、世界文化遗产"丽江古城"、世界记忆遗产"纳西东巴古籍文献"这三大世界级资源与品牌，以及丰富的自然资源和民族文化资源。此外，丽江市积极加快文旅深度融合发展，形成了“丽水金沙”“千里走单骑”“印象·丽江”等知名文化品牌。其二是扎实深厚的旅游市场。丽江市是首批“全国文化旅游胜地”“世界著名文化旅游城市”，并被国际旅游联合会评为“2021 中国文化旅游首选地”，是众多国际性会展活动的举办地，具有较高的城市美誉度，旅游市场潜力巨大。2019 年，丽江市旅游总人数达到 5402 万人次，旅游收入突破千亿元，市场规模在云南省旅游业格局中位居前列。其三是政策支持与保障。丽江市委、市政府高度重视丽江市文化旅游产业发展，将之作为丽江市发展的支柱性产业，在招商引资、人才保障、土地供给等政策上予以倾斜，已将打造世界文化旅游名城作为丽江市文化旅游产业高质量发展的重要目标。为此，丽江市出台了《丽江市打造世界文化旅游名城三年行动方案（2021—2023 年）》《丽江市打造世界文化旅游名城二十条保障措施》《建设世界文化旅游名城提升“文化丽江”品牌三年行动计划（2022—2024）》等多项文件，为丽江市文化旅游高质量发展带来强大动能。其四是城市旅游智慧化发展。丽江市以“一部手机游云南”平台为核心，通过信息化、智慧化手段推动文化旅游产业向智慧化升级，大大提高了丽江市的旅游智慧化水平。以上条件使得丽江市具有打造世界文化旅游名城的良好基础和国际化发展潜力。

（二）丽江市文化旅游国际化发展的历程与成效

1. 发展历程

丽江市是古时西南人活动的主要地区之一，始建于宋末元初，被誉为“高原水乡”，其地方历史文化深厚，民族风情浓郁，自然风光绚丽，吸引了众多游客，在推动丽江市文化旅游业快速发展的过程中，丽江市逐渐变为“世界的丽江”。丽江市最初的国际化发展离不开国际友人的推动。美籍奥地利植物学家约瑟夫·洛克将拍摄的丽江市图片和收集的东巴经书带到国外，第一次将丽江市介绍给世界，俄国人顾彼得所著《被遗忘的王国》进一步向世界揭开丽江的神秘面纱，他们所描述的丽江令很多外国人心生向往，为丽江市的国际旅游发展打下了基础。总体而言，可将丽江市文化旅游产业国际化发展分为四个阶段（见图 1）。

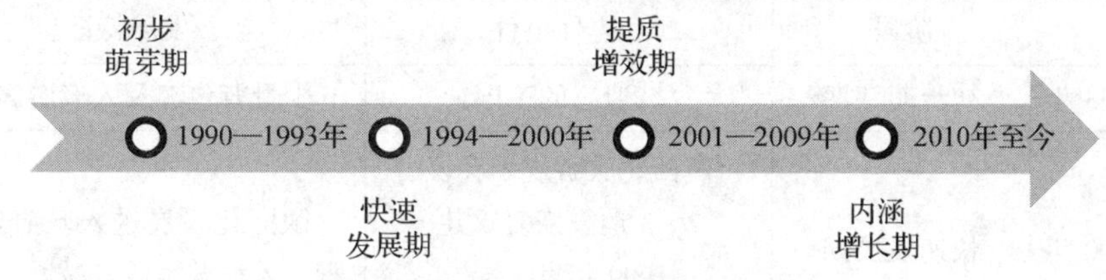

图 1 丽江市文化旅游国际化发展阶段

乘着改革开放的东风，丽江市文化旅游业起步于20世纪90年代初期。1990—1993年是丽江市文化旅游业发展的初步萌芽期。此时的丽江市由于其独特的自然环境，已经吸引了众多国外背包客。

1994—2000年是丽江市文化旅游业发展的快速发展期。1994年丽江文化旅游业发展正式列入政府议程，云南省人民政府在丽江召开滇西北旅游规划会议，明确了“发展大理，开发丽江，启动迪庆，带动怒江”的旅游发展思路，并把丽江古城申报世界文化遗产提上日程，促进文化旅游业快速发展。1996年丽江发生7.0级地震，城市遭到巨大破坏与损失。丽江抓住此次大地震的机遇，加大丽江的对外宣传，并向世界传递了丽江人民自强不息的形象。1997年，丽江古城申请世界文化遗产获得成功，丽江旅游业的发展被称为“民族文化和经济对接”的“丽江现象”和“世界遗产带动旅游发展”的“丽江模式”。1999年，丽江抓住1999年世博会分会场的机遇，完善基础设施，强化丽江在国际上的形象。同年举办了首届东巴文化国际艺术节，纳西古乐漂洋过海，轰动欧亚大陆。丽江的旅游业发展自此迈上一个新台阶。

2001—2009年是丽江市文化旅游业发展的提质增效期，2003年撤县设市成为丽江城市化进程的强大动力，推进丽江市旅游由快速发展转变为高质量发展，丽江市逐渐变为“世界的丽江”。2006年召开的滇西北旅游现场办公会，提出了“做精大理，做大丽江，做优迪庆，开发怒江”的发展思路，丽江市文化旅游业发展进入了“提质增效，二次创业”的阶段。文化旅游业不仅成为丽江市的支柱性产业，也使丽江市成为在国际上享有盛名的旅游城市。

2010年以来，丽江市文化旅游业一直呈稳步健康发展的状态，进入了内涵增长期。在此期间，丽江市不断增加旅游的文化内涵，紧密对接市场消费需求，加速推进文化旅游产业转型升级。2016年，丽江市成为首批国家文化消费试点城市。同时，丽江市为建设国际性旅游城市不断努力，不断提升旅游服务品质和基础设施整体水平，改善城市旅游的短板。2018年以来丽江市着力推进“旅游革命”，2020年丽江市古城区成功创建为国家全域旅游示范区，大力促进了丽江市文化旅游业高质量发展（见表1）。

表1 丽江市文化旅游国际化发展特征

时间	阶段	标志性事件	发展特征
1990—1993年	初步萌芽期	《被遗忘的王国》	少量背包客及入境游客
1994—2000年	快速发展期	滇西北旅游规划会议 2·3地震恢复重建 1999年世博会 东巴文化艺术节	国际化发展进入政府宏观视野，入境游客数量激增

续表

时间	阶段	标志性事件	发展特征
2001—2009 年	提质增效期	“二次创业” 撤县设市	入境游客数量增长变缓，国际旅游形象逐渐形成
2010 年至今	内涵增长期	旅游革命	入境旅游人数持续增长，旅游业转型升级

2. *发展成效*

(1) 文化旅游国际化市场潜力显著。

丽江市因自然、文化的双重优势，文化旅游业逐渐成为丽江的支柱性产业。完成了从“口袋底”到知名文化旅游城市的转变。文化旅游产业在拉动经济快速增长的方面起到了非常重要的作用，优化了产业结构，带动了城市就业，促进劳动力向第三产业转移，有力地推动了服务业发展。新冠肺炎疫情暴发以来，丽江市文化旅游业发展受到较大影响，但以文化旅游业为代表的第三产业收入仍占丽江市生产总值的半数左右（见图2）。

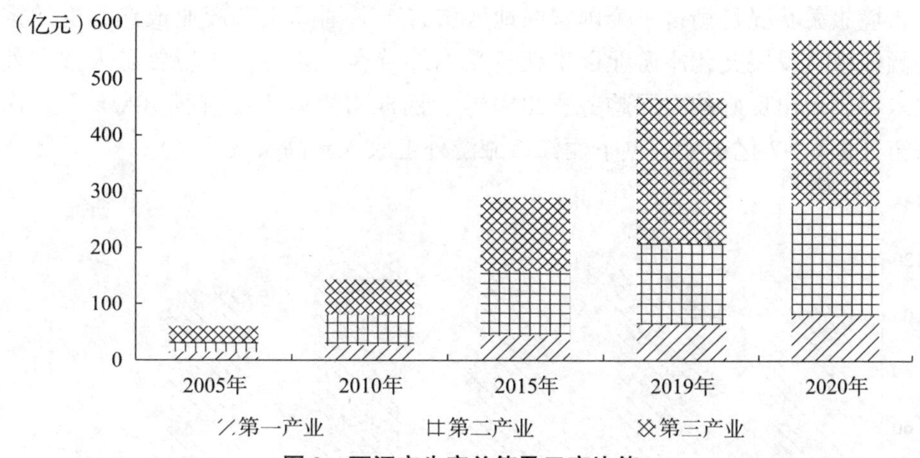

图2　丽江市生产总值及三产比值

资料来源：丽江市人民政府统计公报。

旅游人数的增长是旅游市场蓬勃发展的重要体现。新冠肺炎疫情暴发之前，丽江市文化旅游保持着持续的良好发展势头，旅游人数和旅游总收入不断增加。2009年丽江市旅游人数达到758. 14 万人次，旅游收入 88. 66 亿元。2019 年丽江市共接待游客 5402. 4 万人次，旅游收入突破千亿元，实现收入 1078. 3 亿元，其中旅游外汇收入 69701. 58 万美元。从 2009 年年底到 2019 年的 10 年里，丽江市旅游人数净增长量为4644.26万人次，旅游收入增加989.64亿元，显示出良好的市场前景和蓬勃的发展生机（见图3）。

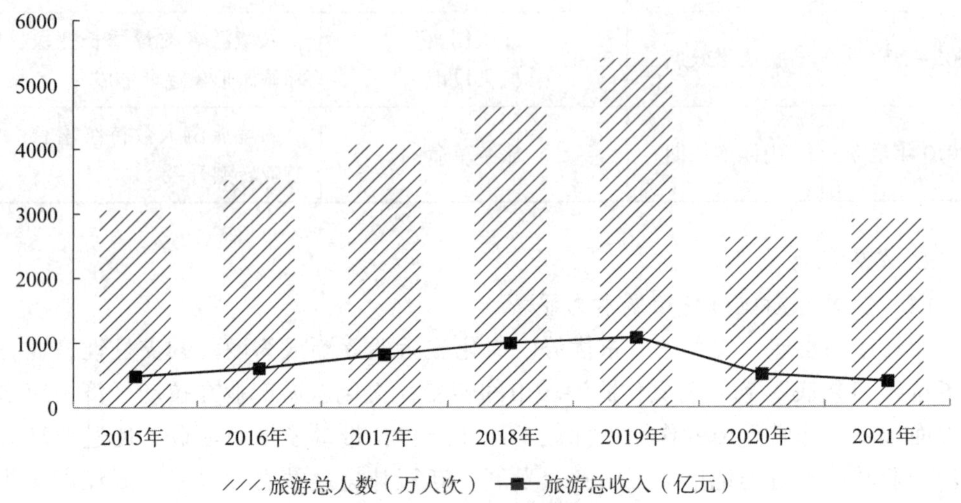

图3 丽江市旅游总人数及总收入

资料来源：丽江市人民政府统计公报。

入境旅游状况是衡量一个国家或地区旅游产业国际化和产业成熟程度的重要指标。丽江市从发展文化旅游业以来就备受国外游客的认可，入境旅游人数和外汇旅游收入都表现出良好的发展趋势。2019年，丽江市接待入境游客108.5万人次，实现旅游外汇6.97亿美元，创下丽江市旅游外汇收入新高（见图4）。

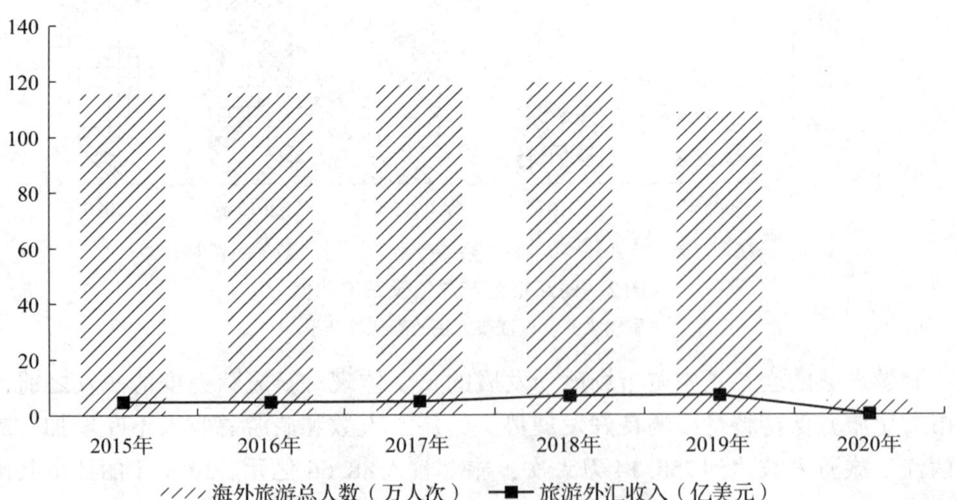

图4 丽江市海外旅游人数及收入

资料来源：丽江市人民政府统计公报。

（2）文化旅游产业国际化发展资源基础丰富。

作为三项“世界遗产”所在地，以及国家“一带一路”和长江经济带建设的重要地段、大香格里拉旅游经济圈和大滇西旅游环线的重要节点，丽江市自古以来便是我国西南交通贸易大动脉南方“丝绸之路”和由西藏入境的“茶马古道”中转站。两条古道既是中原至东南亚的南来北往的贸易通道，又是沟通中原文化和外来文化影响的传送渠道。另外，丽江市生态和文化资源也十分丰富，以纳西古乐为代表的文化精粹在英国、比利时、意大利、荷兰、美国、日本等国皆获得了较高关注度。同时，丽江市也是多个民族文化的交汇之地，纳西族、彝族、白族、藏族等民族在此生活，融会了各个民族的文化，形成了璀璨多元的文化氛围。依托深厚的文化底蕴、多元的民俗风情、丰富的生态资源，丽江市成功打造了以“两山、一城、一湖、一江、一文化、一风情”为代表的文化旅游品牌。以丰富的文化旅游资源为基底，丽江市积极推动文化旅游产品业态创新，打造了一批世界级旅游演艺和文化旅游IP，涌现了乡村游、遗产游、研学游、房车游、红色旅游、康养旅游等多元业态，为丽江市文化旅游业的国际化发展打下良好基础。

（3）文化旅游产业国际化宣传交流活动粗具规模。

会展事件对举办地会产生深远影响，不仅会完善举办地的基础设施，还会强化举办地在国际上的形象。1999年世博会分会场和首届东巴文化国际艺术节的举办推动丽江市走向国际，丽江市的文化旅游业发展自此迈上一个新台阶。国际性会议的举办需要良好的城市形象、完善的城市设施、良好的旅游接待能力等。丽江市近些年来举办了格兰芬多国际自行车节、丽江老君山国际越野挑战赛等国际性体育赛事，“一带一路”文化遗产合作交流（2018）国际研讨会暨丽江国际民间艺术展览会、丽江世界遗产论坛等国际会议，以及中国丽江国际东巴文化旅游节、丽江国际雪山音乐节等节事赛事。世界级的文化旅游活动进一步丰富了丽江市文化旅游产品结构，促进了文化旅游产业结构升级，有利于扩大丽江市文化旅游的国际知名度和影响力（见表2）。

表2　丽江市举办的国际会展

种类	会展事件
会议	• “一带一路”文化遗产合作交流（2018）国际研讨会暨丽江国际民间艺术展览会等国际会议 • 丽江世界遗产论坛 • 亚太城市旅游振兴机构（TPO）中日韩友好城市大会 • 联合国教科文组织年会 • 2022年文化和自然遗产日系列活动 • 第二届欧亚世界遗产城市国际会议

续表

种类	会展事件
赛事	• 丽江国粹文化节暨第五届海上丝路国际旗袍大赛 • 第四届、第五届七星越野挑战赛 • 国际公园定向赛 • 国际足球邀请赛 • 2018 年斐讯联璧丽江国际马拉松赛 • 格兰芬多国际自行车节
节庆	• 中国丽江国际东巴文化旅游节 • 丽江国际雪山音乐节

二、丽江市文化旅游国际化发展的挑战与短板

（一）入境文化旅游市场与发达地区尚有差距

作为丽江市的支柱产业之一，文化旅游业的发展已具有相当的规模，丽江市因此在国内外旅游组织、专业机构评选中获得多项殊荣，在文化旅游产业发展及城市建设等方面取得了重要成就。

然而，丽江市文化旅游业发展与世界一流旅游城市之间还存在着一定的差距，在入境游客数量及旅游外汇收入方面都有待提升。伦敦、纽约、新加坡等知名城市的国际游客每年都达到 1000 万人次，我国北京、上海、深圳、重庆等旅游城市在疫情前的入境游客也都达到 300 万人次。反观丽江市的入境旅游规模小、收入低、增速缓慢，与国际、国内知名旅游城市差距明显。与同是西部重要旅游城市的重庆市进行对比来看，重庆市 2021 年旅游人数和旅游总收入位居全国第一，成为热门旅游目的地，不仅成为国人向往的旅游目的地，其国际影响力也与日俱增，全球化与世界城市（GaWC）研究网络所发布的《世界城市名册》中，重庆市的国际排名逐步上升，现已成为国际二线城市。

截至 2019 年年底，重庆市和丽江市的旅游外汇收入均呈逐年增长的态势。但从入境旅游的具体指标来看，丽江市与重庆市的入境旅游发展水平之间存在着较大的差距。2019 年，重庆市旅游人数达到 65708. 04 万人次，旅游总收入 5739. 07 亿元。其中入境游客达到 411. 34 万人次，外汇收入 25. 25 亿美元。丽江市 2019 年旅游总人数为 5402. 4 万人次，旅游收入 1078. 3 亿元，其中入境游客达到 108. 5 万人次，

外汇收入6.97亿美元（见图5、图6）。由此可见，丽江市在旅游总体发展情况和入境旅游发展方面都与重庆存在着不小的差距，丽江市文化旅游的国际市场仍需大力开拓（由于入境旅游受新冠肺炎疫情影响严重，图6仅对重庆市和丽江市2015—2019年的入境游客及外汇收入进行对比）。

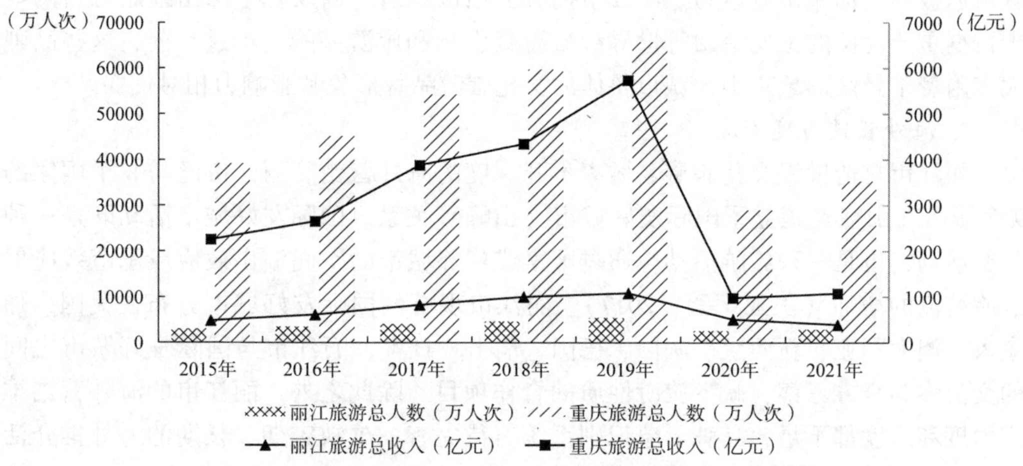

图5 丽江市与重庆市旅游人数及收入对比

资料来源：丽江市人民政府统计公报、重庆市文化和旅游发展委员会。

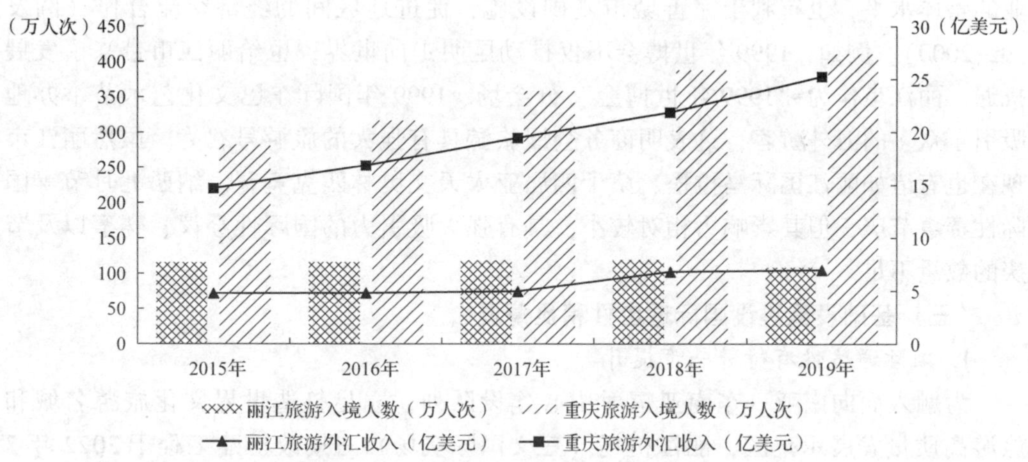

图6 丽江市与重庆市入境旅游人数及外汇收入对比

资料来源：丽江市人民政府统计公报、重庆市文化和旅游发展委员会。

（二）国际知名度有待继续提升

1. 城市整体品牌形象偏弱

城市品牌战略有助于城市形象塑造，意指在城市整体形象传播过程中，要创造具有知名度、美誉度和满意度的城市品牌（张鸿雁，2002）。一个好的城市旅游品牌可以极大增加城市竞争力。丽江市拥有三项世界遗产以及在全球山地旅游目的地中占据重要地位的玉龙雪山等世界级旅游吸引物和旅游品牌。不过目前，这些品牌大多附着于景区形象之中，城市整体的文化旅游品牌形象和影响力相对偏弱。

2. 海外营销力度不足

丽江市打造世界文化旅游名城离不开深度的海外营销。丽江市已与 8 个国家的 9 个城市（山峰）建立了国际友好城市（山峰）关系。国际友好城市活动既是一种外交活动，也是一种旅游活动，通过国家或相邻城市的空间溢出效应或示范效应促进旅游流的增加（王亚辉等，2017）。丽江市现有的国际友好城市分布在美国、加拿大、澳大利亚、新西兰、法国、德国、瑞士、日本。丽江市与国际友好城市之间的交流多为官方考察，缺少旅游性质的合作项目。除此之外，丽江市的海外营销推广力度和广度都不足，品牌形象识别系统有待完善，欠缺定期、长期的海外推介活动，国际营销经验亦较为薄弱。

3. 国际会展吸引力欠缺

商务会展旅游多为高消费群体，积极开展商务会展旅游活动可以提高文化旅游业的整体水平，也有利于完善城市基础设施，促进地区间的经济交流合作（阎友兵，2000）。例如，1999 年世博会不仅推动昆明走向世界，也给丽江市带来了发展机遇。丽江市作为“1999 年世博会”分会场、1999 年国际东巴文化艺术节举办地吸引了众多的海外游客，这表明商务会展旅游具有强大的旅游号召力。虽然丽江市现在也有诸如丽江国际马拉松、第十四届亚太天文奥林匹克竞赛、纳西七月节等国际性赛事节庆，但其影响力相对较小，具有强大吸引力的国际性会议、赛事以及节庆的数量不足。

（三）基础设施建设国际适应性稍显薄弱

1. 国际通达性有待进一步提升

为融入面向南亚、东南亚辐射中心建设队列，立足打造世界文化旅游名城和旅游高质量发展示范区，丽江机场（三义国际机场）三期改扩建工程于 2022 年 7 月全面启动，改扩建完成后，丽江机场飞行区等级将由 4D 升级为 4E，综合保障能力不断提升。目前，丽江已分别开通了丽江—曼谷、丽江—吉隆坡、丽江—新加坡、丽江—首尔、丽江—香港、丽江—台北和丽江—高雄 7 条国际（地区）航线，成为省内 12 个机场中发展最快、业务最繁忙和国内支线机场年旅客吞吐量最大的机场之一。

整体而言，丽江市国际通达性在省内各州市中已名列前茅，但与一线国际化都市相比，仍存在一定差距。如同样以南亚、东南亚作为重要国际客源市场的旅游城市重庆市，于2022年6月正式开通重庆至孟买货运航线，该航线是继重庆至新德里货运航线之后，重庆江北国际机场2022年新开通的第二条国际航线。自此，重庆江北国际机场累计开通国际（地区）航线已达到108条（含客运、货运）。

对比来看，丽江市在国际航线数量上仍显不足，国际旅游客流量也与之存在一定差距。同时，自新冠肺炎疫情暴发以来，丽江机场已停飞国际航班，商业资源和旅游产业发展受到很大影响。为克服国际客流运力紧缺、疫情防控压力大等难题，适时开辟新的国际航线，加密和拓展客流量相对较大地区的航班，保障国际航空物流畅通，将有助于丽江市国际旅游及经济稳定发展。

2. 旅游标识形式单一

随着云南省全域旅游的发展，全域旅游标识系统的建设越来越受到各地旅游景区的重视。作为旅游景区的引导性标志，标识标牌不仅起到展示旅游点形象、空间位置和整体环境的作用，更是展现当地特色文化的窗口，有着举足轻重的作用。因此，旅游标识系统的规范化、标准化、国际化建设应作为国际化总体建设的重中之重。

丽江市委办公室、市政府办公室印发的《丽江市加快推进旅游产业转型升级实施方案》中提到，要加快推进旅游公共标识建设，力争构建起与国际接轨的旅游公共标识系统。目前来看，除玉龙雪山、丽江古城、泸沽湖等著名景区外，部分景区在标识标牌的国际化建设方面仍有很大的发展空间，标识标牌外语种类不足，数量不够、指向不清晰、陈旧老化等问题仍然存在，多数景区指示标牌形式单一，仅为地点和语言的简单拼凑，在摆放和设计上缺乏新意和特点，未能充分展示丽江市独特的文化内涵。

（四）服务接待国际化水平有待提升

1. 城市接待能力有待提升

接待能力是旅游国际化发展的关键因素。目前，丽江市的旅游国际化水平不高，综合接待能力还有很大差距。据丽江市人民政府官网统计，截至2022年4月，丽江市共有159家星级酒店，其中3家为5星级酒店，184家具有入境接待业务的旅行社，其中五星级有3家，特色民居客栈总数108家，其中五星级有22家。高星级酒店、旅行社、民宿数量少。有待改善的接待能力，限制了丽江市文化旅游资源等优势的发挥，在一定程度上制约了文化旅游业的国际化进程。与此同时，国际旅游的发展在一定程度上取决于当地的对外开放程度，较为闭塞的出入境政策会导致难以吸引境外游客。丽江市出入境边防检查站于2012年3月15日成立，主要担负丽江三义国际机场出入境边防检查任务。然而目前其接待能力还较为有限，对通关便利性造成了一定的限制。我国已有一些实施144小时过境免签政策，还有多个城市是72小时过境免签政策。丽江市现在的落地签证、过境144小时免办签证等对外开放政策仍在争取阶段，未正式落地。

2. 旅游服务人员方面的制约

目前丽江市内旅游从业人员的整体服务观念、能力和素质都亟须提升，专业化人才储备不足，这将极大制约国际旅游市场服务能力的提升。例如，除成本和安全问题，国际游客入境旅游普遍关注语言沟通问题。沟通是影响游客体验的一项重要因素，旅游从业人员的跨文化交际能力是对国际游客服务的基本能力（赵德芳，2009），国际游客入境会面临社交和沟通受限问题。丽江市地处我国西南部，来自南亚、东南亚游客众多，而外语导游人员多为英语语种，且数量较少。语种结构不合理，数量不足，尤其是小语种导游的缺乏，使得丽江市旅游发展的国际语言环境还不能完全适应国际化需要。

三、丽江市文化旅游国际化发展的目标与原则

（一）主要目标

按照“丽江只有一个景区”的理念，积极应对世界形势新格局和国际旅游新变化，深入持续推进丽江市文化旅游国际化战略，全面促进更深层次、更高质量的国际文化旅游业发展，加快建设“世界文化旅游名城”“世界一流旅游目的地”，不断提升丽江市国际知名度、美誉度和影响力。强化“慢生活”“柔软时光”等品牌形象，打响“*Lijiang, a place that makes people reluctant and has a good life*”（舍不得的丽江，更美好的生活）等宣传口号，紧紧围绕国际游客需求，坚持以旅游标准化为先导，以项目建设和市场营销为抓手，以旅游品牌打造为重点，以优化区域功能环境为保障，以彰显文化和生态特色为核心，将城市建设与旅游发展相统一，国际国内文化旅游市场相统筹，进一步提升旅游人才国际化、旅游企业国际化和旅游城市国际化水平。到2035年，丽江市将初步建成世界一流的特色文化旅游名城，构建起具有鲜明国际化特征的现代文化旅游产业体系，国际文化旅游市场规模和质量得到大幅提升，文化旅游产业发展的国际化水平和国际竞争力显著增强。

（二）发展原则

市场导向。根据当前国际竞争态势和发展趋势，充分发挥市场机制的决定性作用，切实调动文旅市场主体的积极性，引导产业发展方向，明确产业发展重点。

比较优势。在积极促进文化旅游产业贸易和投资发展的同时，着重提升发展质

量和国际分工地位，形成丽江市文化旅游产业参与国际竞争新的比较优势。

重点推进。在积极提升文化旅游产业国际化总体水平的同时，集中力量加大对重点环节、重点企业、重点市场的扶持，形成重点带动、整体推进的宏观格局。

统筹发展。统筹国内、国际两个市场、两种资源，促进贸易、投资协调发展，实现国际化与产业化的良性互动，打造具有鲜明国际化特征的现代文化旅游产业体系。

四、丽江市文化旅游国际化发展的实施策略

丽江市要实现文化旅游国际化发展格局，应在“市场导向、比较优势、重点推进、统筹发展”的原则指引下，以业态国际化增强国际竞争力，以主体国际化保证国际竞争力，以服务国际化夯实国际竞争力，以品牌国际化宣传国际竞争力，以配套国际化落实国际竞争力（见图7）。

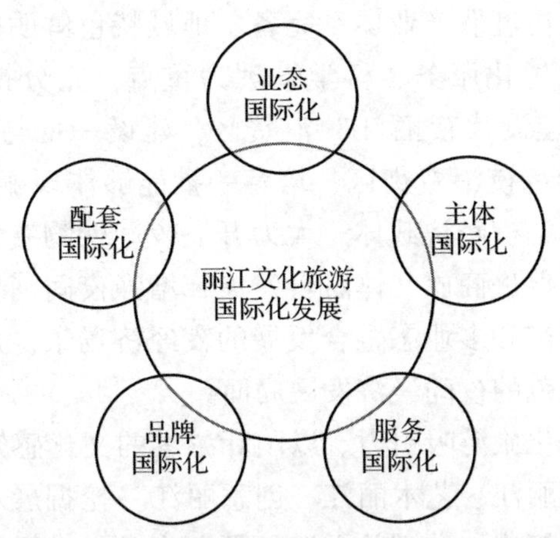

图7 丽江市文化旅游国际化发展实施策略体系

（一）业态国际化

优质的业态是丽江市文化旅游产业实现国际化提升的基础，因此国际化的文旅竞争力必然要求国际化水准的业态发展。要大力支持优化业态组合与营商环境，聚焦一些新兴产业、新兴产品，招商引资一批高质量项目。同时，注重引进旅游服务商，改善旅游投资环境，积极引进国内外知名酒店、主题乐园等旅游品牌，实现文化旅游产业链延链、补链、强链，提升丽江市文化旅游的国际知名度。具体而言：

第一，建设世界级旅游核心吸引物产品集群。精心打造“登玉龙——观云海盛景，逛束河——品纳西文化，游古城——享闲散生活，玩泸沽——看渔舟唱晚”高端文旅产品，依托三项世界遗产构建世界遗产国际文化旅游体验集聚群。深化“一

圈一线一带”一体化发展，将“以山脉为纽带的名山旅游圈、以水系为载体的秀水旅游线、以人文为依托的文化旅游带”打造成为全球人文自然风光目的地。将丽江古城、泸沽湖摩梭特色小镇等打造成为具有国际水平和全国一流的特色小镇，建成一批在国内外具有知名度的旅游名镇、旅游名村和世界级旅游景区、旅游度假区、旅游综合体。完善茶马古道、玉龙雪山、泸沽湖生态徒步旅游线路建设，推进玉龙雪山蓝月谷下游绿雪溪综合体验项目建设，形成一批世界级旅游吸引物。

第二，促进旅游业态的结构化改革，大力发展度假旅游、休闲街区、夜经济等旅游业态。应以休闲化、度假化为目标，实现业态转型升级，鼓励发展文艺娱乐、运动健身、休闲养生、养老保健、影视演艺等休闲度假服务，不断增强旅游度假功能。大力促进旅游购物消费，积极开发旅游商品，发展特色旅游购物中心。合理利用地下空间，鼓励旅游综合体、旅游服务中心等大型项目发展地下停车、地下商业等配套设施。鼓励发展餐饮、购物、娱乐等配套产业，引导关联产业集聚发展，努力将丽江市建设成为旅游度假产业体系完备、地域特色鲜明的旅游度假胜地。要以完善设施、丰富业态、优化服务、科学管理为重点，充分挖掘夜间消费资源，以“大研古镇”为核心，建设“夜丽江”消费区，建设一批与区域商圈发展相融合、具有带动辐射功能的特色夜消费街区，培育一批能够体现丽江市城市风貌和特色、足以形成知名国际品牌的夜经济载体。大力开展夜间购物餐饮、旅游休闲、体育健身、文化演艺等活动，促进商旅文体融合发展，增强夜间消费活力，培育一批具有较大影响力的高品质夜市和多业态融合发展的夜经济场景，形成布局合理、功能完善、业态多元、管理规范的夜间经济发展局面。

第三，提升国际文化旅游吸引力。以国际游客的文化感知为切入点，以“红色丽江、多彩丽江、乡愁丽江、艺术丽江、创意丽江”挖掘展示为主线，构建文化特色旅游系列产品体系。打响“非遗旅游”国际新名片，鼓励开发面向国际市场的国际非遗旅游项目和产品，推出一批国际非遗旅游体验基地和主题酒店（民宿），丰富“文化和自然遗产日”活动，支持各级非遗代表性项目开展国际交流。支持博物馆和文化场馆国际化改造，实施“文物激活工程”，推出“语言无障碍国际示范文博旅游产品”。支持世界旅游博物馆建设，建成全球首座以旅游为主题的综合性大型博物馆。

第四，强化特色旅游产品国际化活力。大力发展数字经济优势，应用5G、VR、AR、MR、裸眼3D等科技手段，研发推出一批兼具观赏性、艺术性、互动性的在线国际旅游产品。布局开设一批线上线下融合的沉浸式国际旅游体验场景，向国际游客讲好数字旅游创意故事。支持新经济与国际会奖旅游融合发展，打响国际会议目的地品牌。提升社会资源国际旅游访问点品质，打造“慢丽江”国际旅游体验品牌。

（二）主体国际化

市场主体是文旅经济发展的主要参与者和贡献者，因此要促进文化旅游产业国际化发展，必须要求培育一批具有国际竞争力的市场主体，一方面要加大文旅企业国际化程度建设，另一方面也要大力促进现有文旅企业国际交流，增强其国际贸易水平与能力，具体而言：

首先，加大文旅企业国际化程度建设。大力发展国际化旅游集团，重点扶持一至两家丽江市本地综合性旅游企业，打造成覆盖国际高端会展、旅游文创设计、旅游国际传媒、酒店管理、出入境旅游等业务的旅游集团，形成鲜明国际化品牌，并争取上市。发展酒店业高端品牌，优化丽江市品牌酒店结构，引进顶级国际酒店品牌，形成示范引领效应。引进全球百强酒店集团的区域总部落户，引导本土酒店集团加强与国际品牌酒店、国际机构的合作，提升国际化服务水平。创建“金钥匙”国际学院丽江市分院，拓展“金钥匙”服务领域，培养一批“金钥匙”服务人才。发展规模型出入境旅行社，引导国外旅行社在丽江市落户，鼓励丽江市旅行社在国外设立办事联络机构，提升丽江市入境游招徕实力。加快出境旅游业务资质申请，优化流程，鼓励有条件的旅行社聘用国外员工，提升领队业务能力和综合素质。

其次，加强文化交流，增强文旅供给实力。提升国际性重大文旅节庆活动水平，大力引进国际顶级文化活动、体育赛事，整合提升一批有地方特色的节庆活动，打响一批有地方特色的旅游演艺剧目，以“三多节”被列入国家第五批非物质文化遗产代表性项目名录为契机，注入民族团结和谐的文化内涵，扩大摩梭“转山节”、彝族“火把节”、普米“吾昔节”、他留“粑粑节”、傈僳“阔时节”、白族“三月三”等民族节庆活动影响力。提升国际交流活动的旅游融合度，以“一带一路”建设为引领，以丽江世界遗产论坛、联合国教科文组织年会等活动为载体，推动旅游与经济、文化活动相融合，促进丽江市与全球主要客源地的旅游交流与合作。提升与国际友好城市的多元化交流合作。加强与丽江市国际友好城市（山峰）的沟通对接，深入开展线上线下宣传和友城旅游资源互相推介活动，有效促进政府和旅游企业联动，实现旅游合作交流的制度化、常态化和多元化。

（三）服务国际化

服务是文化旅游产业获取核心竞争力的重要组成部分，国际化的服务水平将为丽江市在文化旅游产业国际化发展中获取经久不衰的吸引力，具体而言：

第一，推进文旅公共服务国际化。提升文旅境外游客服务能力，打造“丽江欢迎你”一体化旅游服务体系，发行丽江文旅卡，上线丽江文旅小程序并集成到“一部手机游云南”界面平台，为国际游客提供一站式旅游 + 交通服务。提升城市无线网络的国际使用便利度，支持5G网络在国际旅游服务中的应用配套。完善公共文化服务设施的国际旅游咨询功能建设，鼓励在公共文化场所设立国际旅游咨询服务网点。建立城市整体英文规范体系，提升城市整体英文水平。完善城市无障碍设施，按照国际标准打造各项残疾人设施。提高国际信用卡支付便利度，增加社会外币兑换服务点，逐步实现外币银行卡刷卡消费和国际移动手机支付。

第二，推进运营服务国际化。与国际知名在线旅游预订机构开展深度合作，重点推广“酒店+机票+景点”套餐式旅游产品。加快本土品牌酒店的国际转型接轨，引导在主要涉外酒店设立丽江市文化旅游纪念品展示空间。提升酒店国际化品质，鼓励酒店开展英语管家团队培训工作，开发个性化旅游宣传品，丰富国际电视频道。推进餐饮业国际化发展，注重“老字号”“网红店”等本土特色餐饮品牌的国际化形象提升。加大国际知名餐饮品牌的引进力度，鼓励已经在册的米其林餐厅在丽江市设立分店，吸引国际米其林厨师来丽江市就业。

第三，便捷国际游客的交通进入。完成丽江机场三期改扩建和永胜 A1 级通用机场建设，推进华坪 A1 级通用机场前期工作，启动建设空港经济区、综合保税区，加密国际旅游环飞航线，推动丽江市打造成为大滇西旅游环线门户和集散中心。加强机场和火车站的国际化旅游氛围建设，提升国际游客进入丽江市的第一体验感。加快铁路、高速公路重点项目建设，构建市域高速公路网络骨架，加强交通干线与重点旅游区衔接，打通旅游环线“断头路”，构建便捷畅通的“微循环”交通系统。强化机场、火车站与轻轨、公交车、出租车等城市交通的国际化便捷换乘，进一步完善多语种语言环境。优化集散中心国际游客服务配套，完善主要道路外语交通导引和重点景区停车指示。加强自驾游营地建设，完善营地设施国际化配套。

（四）品牌国际化

国际化的业态与服务需要通过国际化的品牌与旅游者形成价值沟通。因此，丽江市需要建立国际化的品牌体系，建立完善的国际旅游营销沟通和合作机制，加大与国际主流媒体的合作，实现精准投放。丰富在国际社交平台上的旅游营销手段，重视国际游客的互动、反馈和跟踪，进行照片和短视频的投放营销。设立“丽江文旅数据库”，制作多语种文化旅游宣传系列数字板块。拓展与知名的国际音乐频道和国际摄影、设计等文化机构的合作渠道，加大与国际名人的合作。具体而言：

首先，建立文旅外宣机制，成立旅游推广公司，逐步在国（境）外设立办事处。在重点境外客源市场设立旅游分支机构，并派驻营销代表，举办旅游专门推介活动。建立跨国界、跨地区的旅游营销网络，开展“一程多站”联合促销。组织重点境外客源市场的旅行商和媒体考察踩线，设计针对性强的旅游产品和旅游线路。全方位开展新媒体新技术营销，利用具有国际影响力的互联网社交媒体加强宣传。完善多语种的丽江市旅游咨询官网建设。积极争取各类活动平台、海外社交媒体、海外华文媒体等资源，通过交流互访、研讨推介、联合摄制等形式多样的项目合作，生动立体展现丽江市开放发展新形象。设立外宣账号，在 Facebook、Twitter 等主流海外自媒体传播平台上，发布优质内容进行海外传播。通过真实立体、特色鲜明的内容，使用多种内容形态，在国际主流网络媒体平台有效传播和塑造丽江市文化旅游形象和城市品牌。

其次，优化国际旅游营销平台与渠道。加大力度开展“丽江旅游大使”行动，聘请一批“新潮大使”，通过在滇留学生群体和国外年轻人的视角推广丽江城市品牌。聘请一批“匠心大使”，通过本土知名企业的外籍员工在行业内的影响力，向国际游客推介丽江市。

最后，注重旅游精准营销与借力营销。开展“常驻外籍人士游丽江”活动，加强与各国驻滇、驻川总领馆，常驻外籍人士所在企业、社区和学校的合作，利用常驻外籍人士常用社交平台开展精准旅游营销。加大与在滇设立签证中心国家、国际友好城市、国际直航城市间的旅游合作力度，进行游客互送和互动营销。深化与联合国教科文组织的合作，加大对丽江“三大世界遗产”的国际营销力度，加强与国际同类遗产区域互动，开展联合文旅营销推广合作。借助本土知名企业、组织机构赴外办展、参展和巡展的机会，开展国际旅游的借力营销。积极申报各类国际知名文旅奖项，提升丽江市文化旅游的国际认可度和美誉度。

（五）配套国际化

文化旅游产业国际化发展以产品为基，以服务为核，但是也更加需要管理体系、标准化建设、市场管理、金融支撑、人才支撑等配套的有力支持，具体而言：

第一，建设国际化标准体系。以东盟国家为突破口，发挥好中国与东盟“10+1”部长会议、大湄公河次区域等双多边交流合作机制，聚焦文化旅游可持续发展，输出成熟的旅游标准，帮助东盟国家制定区域旅游标准和国家标准；深化东南亚区域标准化合作，建立旅游标准化合作机制，扩大区域旅游标准化合作的实质性成果；通过积极参加年会、申报国际标准等方式加强与 ISO、ITU 等国际标准化组织的联系，深化与国际旅游组织的交流合作，联合相关国家推动在线旅游、绿色旅游等国际标准的制定，发展互利共赢的旅游标准化合作伙伴关系。

第二，建立健全国际化旅游管理体系。强化旅游国际化发展综合协调机构建设，构建面向国际旅游市场的目的地管理体系，提升城市执法队伍的国际化服务水平。加快推进国际市场信用分级分类管理，强化信用监督，营造公平有序的市场氛围。加强国际医院和国际旅游医疗救助工作，建立国际游客意外救援队伍（同市级创伤医疗应急救援队伍）。完善入境游客移动支付解决方案，改善外币卡刷卡环境，提升外币卡自动取款机使用便利程度，推动文旅消费场所支持多元化在线支付方式。

加强旅游市场监管，严厉查处各类违法违规行为，维护良好的旅游市场秩序和城市国际形象。探索建立国际游客旅游购物质量保证和无理由退货实施办法。提升国际旅游投诉处理的智慧化水平，借助大数据平台实现国际旅游投诉处理的实时跟踪和及时处理，有效解决国际游客咨询投诉时语言不通问题，提高咨询投诉处理及时率和满意度。

第三，推动国际化人才建设。聘任一批国际知名的旅游专家，建立国际旅游发展智库。进行“走出去”和“请进来”相结合的双向国际旅游人才交流。加强外语人才的培养，全面提升涉旅服务人员的外语水平，吸引全球高层次文旅创意人才及团队来丽江市创业。

参考文献

[1] 阎友兵，黄早水．浅论我国商务旅游开发 [J]．资源开发与市场，2000（4）：249-251.

[2] 王亚辉，全华，尹玉芳．国际友城的入境游效应——来自中国38个客源国的经验证据 [J]．经济管理，2017，39（3）：146-161.

[3] 张鸿雁．论城市形象建设与城市品牌战略创新——南京城市综合竞争力的品牌战略研究 [J]．南京社会科学，2002（S1）：327-338.

[4] 赵德芳．上海市旅游从业人员跨文化交际能力的现状调查和对策研究 [J]．北京第二外国语学院学报，2009，31（1）：31-35.

专题研究3 丽江市文化旅游市场扩容与消费提振研究

一、丽江市文化旅游市场发展综合分析

（一）丽江市文化旅游市场发展概况

改革开放以来，丽江市文化旅游市场快速发展，规模不断扩大，综合实力显著增强。具体体现在文化旅游市场上，丽江市旅游总收入和旅游人数等主要指标连年攀升，市场规模持续扩大，2019 年丽江旅游总人数达到 5402.4 万人次，旅游收入达到 1078.3 亿元（见图 1）。虽受新冠肺炎疫情影响，2020 年全国旅游市场遭受打击，但随着各项政策措施的持续发力，丽江市文化旅游市场逐渐回暖，后劲强劲。

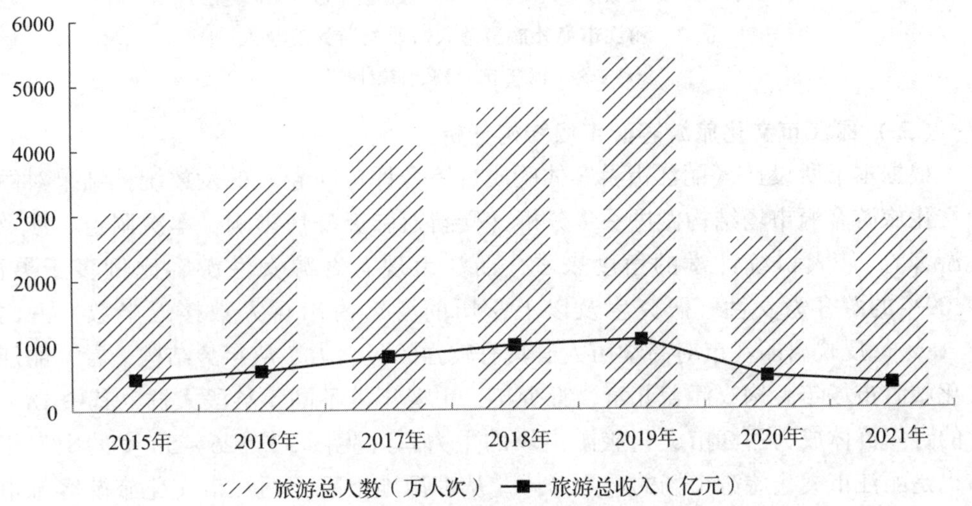

图 1 丽江市旅游总人数及旅游总收入

资料来源：丽江市人民政府统计公报。

丽江市较早地便拥有了一定的国际知名度，其文化艺术等享誉海内外，成为丽江市国际文化旅游市场纵深化发展的重要基础。结合世界文化旅游名城的评价标准来看，国际文化旅游市场规模与质量是最重要的经济指标之一。新冠肺炎疫情暴发前，丽江市入境旅游稳步发展，旅游外汇收入逐渐增加。2019 年丽江市旅游外汇收入为 6.97 亿美元，创下旅游外汇新高（见图 2）。不过从入境旅游人数、旅游外汇收

入的绝对值及占旅游人数、旅游总收入比值来看，入境旅游市场的整体表现仍不尽如人意，呈现出国际国内旅游市场的两极化发展态势，国际文化旅游市场规模与质量都亟待提升。

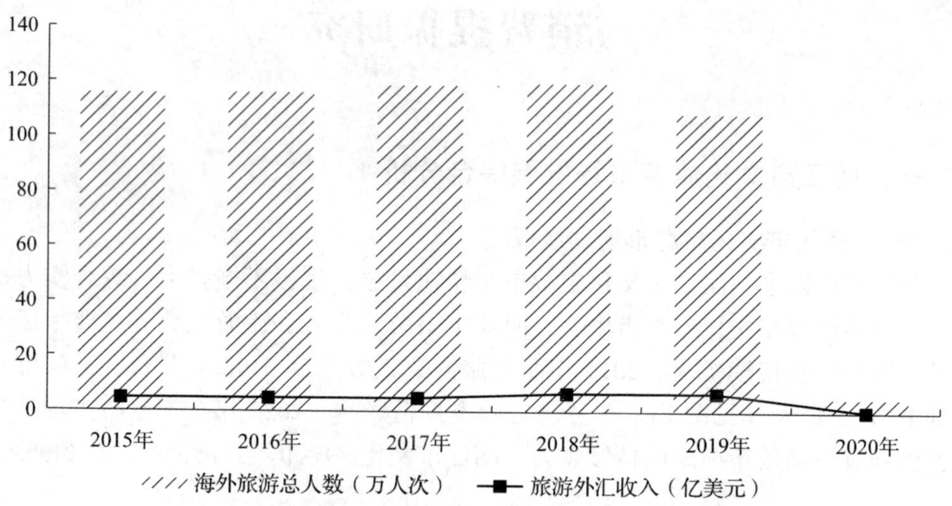

图 2 丽江市海外旅游总人数及旅游外汇收入

资料来源：丽江市人民政府统计公报。

（二）丽江市文化旅游客源市场结构分析

根据本书所设计《丽江市游客体验质量综合评价问卷》的发放统计结果对丽江市文化旅游客源市场结构做进一步分析（受新冠肺炎疫情影响，本次调查不涉及国际游客）。从人口统计学的角度来看，丽江市现有客源女性游客比例多于男性，64.09% 的游客为女性。研究生及以上学历的游客占出行人数接近半数，占比为48.18%，反映出丽江市对高学历人群具有较强的吸引力。从年龄结构上看，丽江市文化旅游市场年龄构成涵盖儿童、青少年、中老年等不同年龄段人群，其中 18～25 岁的青年群体成为丽江市文化旅游市场的主力军（见图 3）。26～50 岁的中青年群体也是丽江市文化旅游市场的重要群体。从客源地上看，丽江市文化旅游客源市场辐射区域较广，中程、远程游客占有一定比例，形成了以本省外市为核心的近程市场和中部、东部、西部的国内多元远程市场（见图 4）。综合来看，丽江市客源结构十分多元，涵盖了不同年龄，不同学历，不同地区的各类旅游人群。

从行为统计学特征对游客出行停留时间、出游选择方式、来丽江市旅游次数几个方面的特征加以剖析。从游客停留时间来看，超过半数的游客会选择在丽江市停留超过 3 天，超过 97% 的游客会选择在丽江市停留 2 日以上，只有 2.73% 的游客选择在丽江市停留 1 天（见图 5）。由此可见，人们的文化旅游消费正在逐渐由快节奏观光向旅居度假方向转变，丽江市文化旅游产品功能转型升级具有市场潜力。在出游方式选择上，游客更热衷于自由出行方式，比例为 53.63%。自驾游占比 25.00%，半自助游占比 12.73%，跟团游占 8.64%（见图 6）。表明越来越多的游客更倾向于选择自助旅游，个性化旅游市场成为丽江市文化旅游市场未来开发的重点。从到丽江市旅游的次数来看，有 44.09% 的游客是第一次到丽江旅游，超过半数的游客会多次到丽江市，表明丽江市文化旅游市场回头客比例较高，应进一步提升文化旅游品质，提升游客消费的品牌忠诚度和满意度。

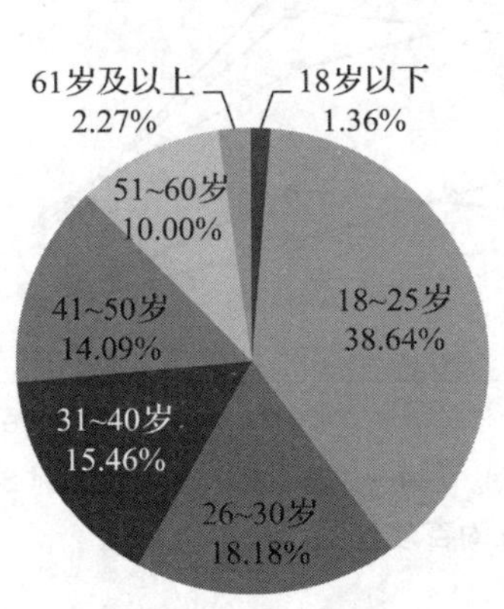

图 3 丽江市游客年龄结构

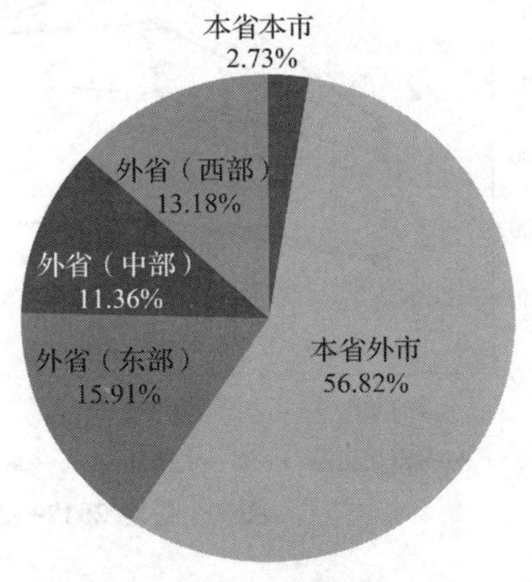

图 4 丽江市游客市场结构

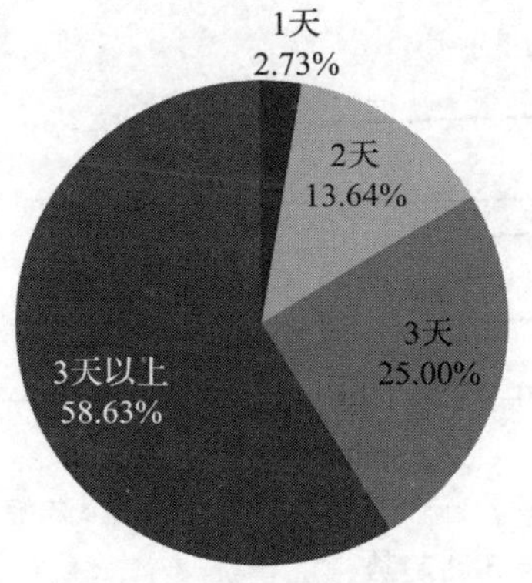

图 5 丽江市游客停留天数

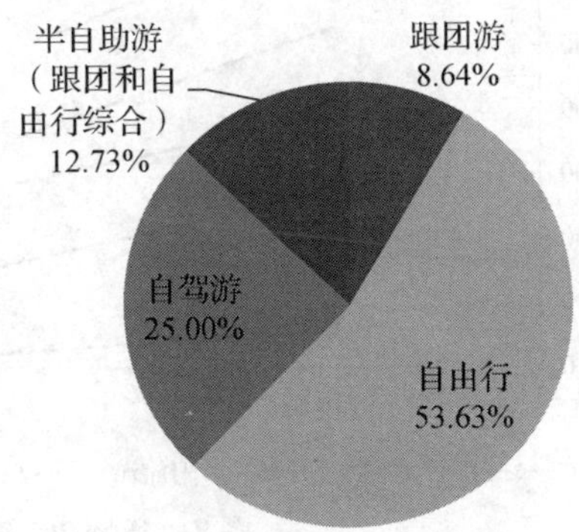

图 6 丽江市游客出游方式

（三）丽江市文化旅游市场形象与网络关注度分析

1. 各市文化旅游市场网络关注度比较分析

综合考虑代表性、可比性及世界文化旅游名城对标等因素，本书遴选了贵阳、桂林、成都、重庆四城市与丽江市文化旅游市场网络关注度进行对比，为丽江市文化旅游市场扩容与消费提升提供支持。将“丽江旅游”“贵阳旅游”“桂林旅游”“成都旅游”“重庆旅游”作为检索关键词进行百度指数和360趋势的分析比较。其中，百度指数截取了从2017年1月到2021年12月的数据；360趋势截取了从2019年1月到2021年12月的数据（见图7、图8）。

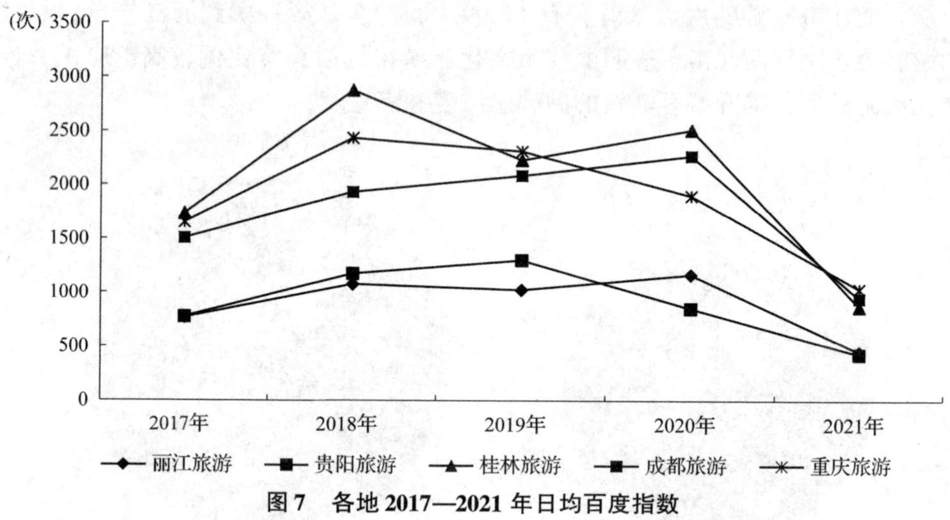

图7 各地2017—2021年日均百度指数

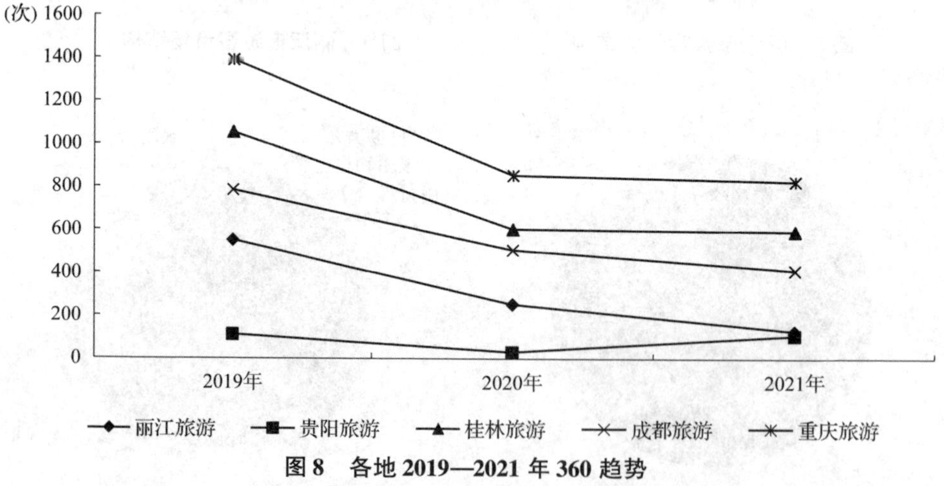

图8 各地2019—2021年360趋势

首先“丽江旅游”的百度指数从2017年到2021年年底的日平均值分别为767次、1077次、1026次、1167次、452次，360趋势从2019年到2021年年底的日平均值分别为552次、252次、128次，由此可以看出“丽江旅游”的搜索指数从2018年开始上升，2020年以来下降趋势明显。结合“丽江旅游”单一词条的搜索指数发现，2018年11月到2019年3月“丽江旅游”搜索量经历了一个持续发酵的过程，2018 年、2019 年、2020 年“丽江旅游”的日平均搜索指数都上升到 1000 次以上，然而新冠肺炎疫情暴发后的 2021 年，“丽江旅游”的百度搜索指数陡然下降到 452 次。从 360 趋势上看，“丽江旅游”从 2019 年到 2021 年年底都呈现出下降趋势。由此可见，新冠肺炎疫情对丽江市文化旅游的网络关注度形成了较大的冲击。

其次，通过“丽江旅游”和“贵阳旅游”及“桂林旅游”的对比可以发现“桂林旅游”的百度搜索指数和 360 趋势均高于“丽江旅游”，而“贵阳旅游”在 2020 年和 2021 年的百度搜索指数及 2019 年到 2021 年的 360 趋势均低于“丽江旅游”，由此可见丽江市文化旅游的网络关注度相较于同为地级市的桂林市更低，却高于贵阳这样的西南地区省会城市。但与成都、重庆这样的大型城市相比，丽江市的网络关注度则有一定差距。即便在新冠肺炎疫情暴发以后，“成都旅游”和“重庆旅游”的平均百度指数仍可以维持在 1000 次左右，“丽江旅游”的网络关注度却跌至较低水平。可见，丽江市文化旅游网络关注度仍然具有较大提升空间，应当在重视产品开发和形象塑造的同时进行大力宣传，积极使用各种新媒体进行推广，增强网络影响力和关注度。

2. 丽江市文化旅游市场网络关注度内部比较分析

鉴于高等级景区在文化旅游市场供给上的典型性及代表性，本书借助百度指数对丽江市知名景区丽江古城、玉龙雪山和泸沽湖 2017 年到 2021 年每年的日均搜索指数进行统计分析（因老君山黎明景区词条未被百度指数收录，故本部分的分析皆未纳入该景区）。从百度指数统计来看，在三个景区中玉龙雪山和泸沽湖的网络关注度远高于丽江古城（见图 9）。从 2017 年到 2019 年，对泸沽湖的日平均搜索量分别为 5253 次、4693 次、4554 次，对玉龙雪山的日平均搜索量分别为 4682 次、4016 次、4587 次，这既反映出自然观光类产品有着较多的市场受众，同时也间接说明对于丽江古城这样有着世界文化遗产头衔的文化型旅游目的地，目前在市场关注度上仍有待提升。

为了对上述分析加以印证，本书还选择了 360 趋势和抖音指数进行辅助分析。从 360 趋势的搜索结果来看，丽江古城、玉龙雪山和泸沽湖在 2018—2021 年搜索量的整体趋势较为一致，皆呈现出先增后减的态势（见图 10）。与此同时，360 趋势同样反映出丽江古城的搜索量低于玉龙雪山和泸沽湖的事实，不过在 2021 年，三者之间的搜索量差距有弥合的趋势。

借助抖音指数对丽江古城、玉龙雪山和泸沽湖 2019—2021 年每年的日均搜索指数进行统计后发现，2020 年之前，丽江古城的搜索量远低于玉龙雪山和泸沽湖，但 2020 年之后，丽江古城搜索量已攀升至三个景区之首（见图 11）。这在一定程度上可能反映出疫情之下文化旅游消费偏好的新特点，值得在后续发展中持续关注。

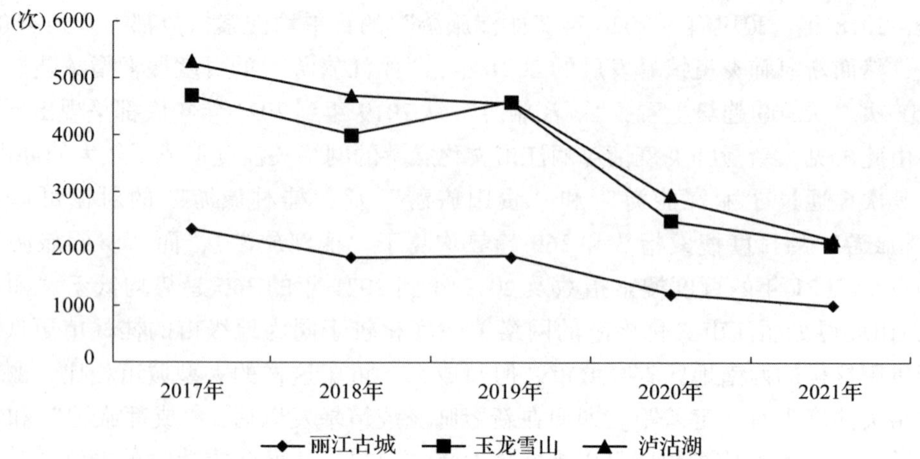

图 9　2017—2021 年丽江古城、玉龙雪山、泸沽湖百度指数整体日均值

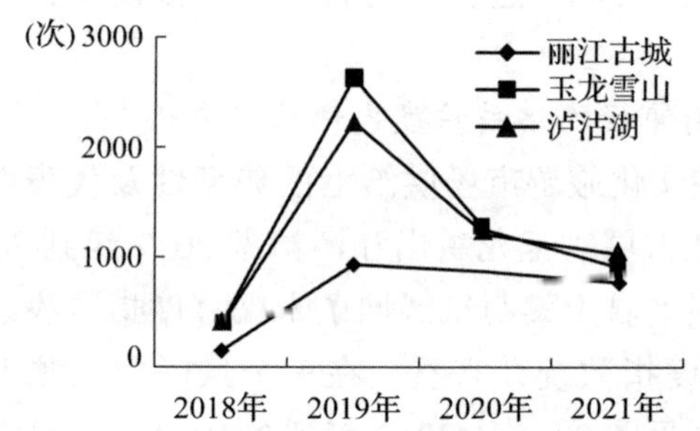

图 10　2019—2021 年丽江古城、玉龙雪山、泸沽湖 360 趋势整体日均值

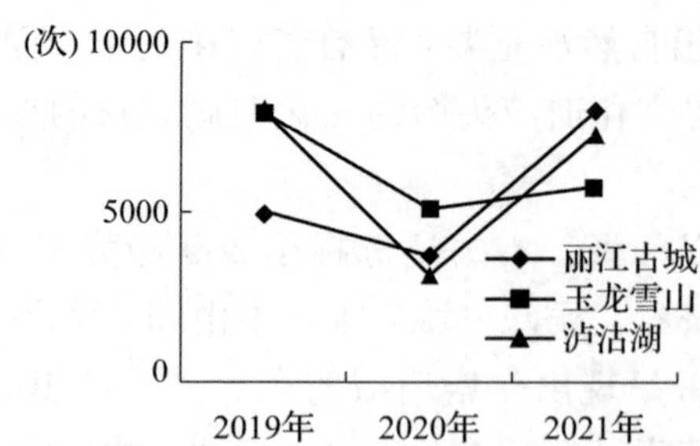

图 11　2019—2021 丽江古城、玉龙雪山、泸沽湖抖音指数整体日均值

综合以上分析可知，从百度指数和 360 趋势看，游客对玉龙雪山和泸沽湖关注度不相上下，对丽江古城的关注度相对较低，说明游客对自然观光类景区产品的关注度高于文化遗产类产品。但新冠肺炎疫情暴发以来，游客在抖音 App 关于丽江古城的点击量达到新高并超过玉龙雪山及泸沽湖，一定程度上说明游客需求逐渐呈现出由浅层观光向深度体验的特点，更加注重多元文化体验。

3. 丽江市文化旅游市场网络关注度整体分析

从抖音 App 的搜索指数来看，以“丽江”作为关键词进行搜索，观察到从 2019 年 1 月到 2022 年年初其搜索的日平均值为 4.1 万次，并在 2019 年 7 月 4 日出现了峰值，峰值搜索词为“丽江花语”“丽江古镇风”“丽江花语江岸酒店”；而在 2021 年 9 月出现的两个较小的峰值，其搜索词则为“丽江石榴井”“丽江反杀案”。由此可见抖音用户对丽江市的关注主要体现在其酒店住宿和负面舆论事件等方面。查看抖音指数的用户分布发现搜索量排名前五的省份分别是广东、云南、四川、江苏、河南，搜索量排名前五的城市分别是成都、重庆、昆明、广州、北京。可以看出，丽江市在抖音平台上网络影响力主要分布在本省、川渝地区和广东等经济发达地区。

4. 丽江市文化旅游市场游客感知形象分析

借助 RCM6 软件对丽江市网络游记进行词频分析，提取到 50 个游客感知的高频特征词，得到丽江市旅游感知形象高频词汇表（见表 1）。“丽江”是出现频率最高的名词，体现了“丽江”作为旅游地的独特性及游客对“丽江”的认同感。除“丽江”外，出现频次较高的 3 个词依次为泸沽湖、古城、玉龙雪山，这些名词代表了丽江市的著名旅游景点，说明游客对丽江市的整体形象感知主要以高等级景区为支撑；高频词“客栈”“酒店”“复式”“房间”等说明了游客对丽江市住宿设施的关注；高频词“萤火虫”“度假”“环湖”等反映了泸沽湖萤火虫度假屋夜晚看漫天星空等场景给游客留下的深刻印象；高频词“机场”“飞机”“公路”等说明游客对基础设施较为关注，游客大多从昆明长水国际机场前往宁蒗泸沽湖机场，再乘坐大巴前往景点。总体来看，丽江市基础设施较为完善，旅游吸引物多样，能够满足游客个性化的需求。

表 1 丽江市游记文本中排名前 50 的高频词

排序	高频词	频数	排序	高频词	频数
1	丽江	319	8	古镇	50
2	泸沽湖	238	9	昆明	42
3	古城	105	10	机场	38
4	玉龙雪山	81	11	大理	38
5	客栈	79	12	风景	34
6	云南	65	13	宝山	34
7	时间	51	14	游客	33

续表

排序	高频词	频数	排序	高频词	频数
15	束河	33	33	环湖	16
16	萤火虫	30	34	复式	16
17	度假	29	35	高原	16
18	石头城	28	36	宁蒗	16
19	纳西族	26	37	空房	15
20	落水	26	38	朋友	15
21	酒店	25	39	行程	15
22	旅行	24	40	人物	15
23	白沙	21	41	飞机	15
24	晚上	21	42	名胜区	14
25	旅游	19	43	美丽	14
26	观景台	19	44	国家级	14
27	湖边	19	45	拍照	14
28	金沙江	19	46	公路	14
29	房间	18	47	海拔	14
30	景区	18	48	四方街	13
31	天气	17	49	索道	13
32	住宿	16	50	日落	13

依据所提取的高频词特征以及前人对旅游形象维度及属性的分类（史鹏飞等，2021），将所获取的丽江市游客感知特征词归纳为5个主题维度：旅游吸引物、基础设施与服务、休闲和娱乐、旅游环境、地方氛围。并根据高频词频数和比重生成丽江市游客感知分析类目比重表（见表2）。由表看出旅游吸引物中自然吸引物占比较高，达到37.88%，人文类占比15.62%；其次在基础设施与服务中，食宿设施占比较高达到15.35%，说明丽江市游客更看重其住宿环节，并且住宿出现的主题词有较强的多样性；休闲和娱乐中游客更倾向于度假、环湖游览、拍照这样的活动，契合了游客对住宿条件和自然环境的重视；旅游环境中自然环境占比较大，与昆明、大理等城市联系较为紧密，社会环境倾向于名胜区、国家级等象征高品质的场所，而游客体验中更多是对优美自然环境的感知评价。

表2 丽江市游客感知类目比重

维度	元素	部分高频词	游客感知维度占比
旅游吸引物	自然类	泸沽湖、雪山、萤火虫、湖边、金沙江、日落、天气	37.88%
	人文类	古城、纳西族、四方街、石头城	15.62%
基础设施与服务	食宿设施	客栈、酒店、房间、住宿、复式、空房	15.35%
	交通设施	机场、行程、飞机、公路、索道	8.63%
	旅游服务	观景台、景区	3.36%
休闲和娱乐	休闲娱乐活动	度假、环湖游览、拍照	5.36%
旅游环境	地理区位	昆明、大理	7.27%
	自然环境	海拔、高原	2.72%
	社会环境	名胜区、国家级	2.54%
地方氛围	体验评价	美丽	1.27%

综上，在游客感知中丽江市是一个自然资源突出的、以度假为主要旅游方式的旅游目的地，由此可以看出，一方面在丽江市未来的发展中应当加快着力打造世界级度假旅游目的地，另一方面丽江市仍需要在文化旅游上发力，开发多样化文化旅游产品，重点提升文化旅游影响力，打造世界级文化旅游目的地品牌；同时，丽江市文化旅游发展不均衡的问题依旧突出，游客对丽江市的感知集中在丽江古城、泸沽湖等地，对其他地区感知较少，所以在未来发展中丽江市要着力宣传老君山、金沙江沿线、永胜、华坪等地，注重地区整体的联动发展，使游客形成“大丽江”的整体感知印象。此外，应加强区域之间的联动性，促使丽江市积极融入大滇西旅游环线，与昆明、大理、香格里拉等地紧密联合、共同发展；开发多样化的休闲娱乐产品，强化度假品牌，融合乡村旅游、特色高原体育旅游、民族文化旅游等多样化的旅游方式，将丽江市建成一个文化资源和自然资源两翼平衡、协同发展的世界文化旅游名城。

（四）丽江市游客体验质量综合评价

根据本书所设计《丽江市游客体验质量综合评价问卷》中的20个游客体验质量测量题项，对丽江市餐饮体验、酒店体验、交通便捷程度、购物体验、夜间娱乐体验、旅游从业人员服务、旅行社服务质量、旅游投诉机制、景区基础设施、互联网通信、金融支付方式、物价水平、休憩设施、医疗条件、景观质量、环境质量、历史文化氛围、社会治安、居民友好程度、整体形象等方面进行了调查统计，并结合实地访谈、大众点评网相关网络评论进行了分析（见表3）。

表3 丽江市游客体验质量综合评价问卷数据统计

类别	题项	非常不满意	不满意	一般	满意	非常满意
旅游要素体验	您对丽江餐饮体验是否满意	2. 27%	5. 00%	33. 64%	45. 45%	13. 64%
	您对丽江酒店体验是否满意	2. 73%	2. 27%	26. 82%	50. 45%	17. 73%
	您对丽江交通便捷程度是否满意	2. 73%	8. 18%	33. 18%	43. 18%	12. 73%
	您对丽江购物体验是否满意	3. 18%	9. 09%	44. 55%	34. 09%	9. 09%
	您对丽江夜间娱乐体验是否满意	0. 91%	4. 55%	25%	48. 18%	21. 36%
	您对丽江旅游从业人员服务是否满意	1. 82%	6. 36%	33. 19%	46. 36%	12. 27%
	您对丽江旅行社服务质量是否满意	1. 82%	6. 82%	42. 27%	40%	9. 09%
	您对丽江旅游投诉机制是否满意	2. 27%	3. 18%	34. 09%	47. 73%	12. 73%
城市功能体验	您对丽江景区基础设施是否满意	1. 36%	2. 73%	21. 82%	54. 09%	20. 00%
	您对丽江互联网通信是否满意	0. 91%	2. 27%	20. 00%	58. 64%	18. 18%
	您对丽江金融支付方式是否满意	0. 92%	1. 36%	13. 18%	61. 36%	23. 18%
	您对丽江物价水平是否满意	1. 82%	12. 73%	42. 73%	32. 27%	10. 45%
	您对丽江休憩设施是否满意	0. 91%	3. 18%	24. 09%	52. 27%	19. 55%
	您对丽江医疗条件是否满意	1. 36%	5. 45%	41. 82%	40. 45%	10. 92%

续表

类别	题项	非常不满意	不满意	一般	满意	非常满意
城市氛围体验	您对丽江景观质量是否满意	1.36%	1.36%	19.09%	45.45%	32.74%
	您对丽江环境质量是否满意	1.36%	2.27%	18.64%	50.00%	27.73%
	您对丽江历史文化氛围是否满意	0.91%	2.73%	18.18%	46.82%	31.36%
	您对丽江社会治安是否满意	1.36%	1.36%	22.73%	56.82%	17.73%
	您对丽江居民友好程度是否满意	1.36%	1.83%	20.00%	55.45%	21.36%
	您对丽江整体形象是否满意	1.36%	0.91%	19.09%	54.55%	24.09%

通过分析问卷调查结果发现，除购物体验、旅行社服务质量以及物价水平外，游客对于丽江市旅游体验总体较为满意，说明丽江市文化旅游市场游客体验质量总体较好，但在一些方面仍需提升，具体分析如下：

首先，从旅游要素体验方面来看。游客对夜间娱乐的体验感受最好，满意及以上等级占比达到了69.54%，说明了丽江市的夜间娱乐基础设施较为完善，夜经济发展潜力巨大。许多游客表示："丽江古城的夜景真的很绝""到了晚上整座古城都热闹起来，到处可以听到鼓声、歌声，灯光璀璨，很棒!"① 另外，对丽江市旅游投诉机制的满意度也较高，"古城里随处可见投诉电话，对不良商家起到了一定的震慑力"；也有游客表示在景区遇到问题打了投诉电话后执法大队带着商家来道歉，解决问题效率高。不过，游客对丽江市购物体验的满意度较低，不满意及非常不满意的占比达到了12.27%。出现这种情况的原因主要是"古镇里面商业化太严重""商铺同质化很严重""宰客现象严重"等②，说明了丽江市文化旅游市场还需进一

① 资料来源：https://m.dianping.com/ugcdetail/1148852201?sceneType=1&bizType=1&utm_source=ugcshare&msource=Appshare2021&utm_medium=h5.

② 资料来源：https://m.dianping.com/ugcdetail/1141148602?sceneType=1&bizType=1&utm_source=ugcshare&msource=Appshare2021&utm_medium=h5.

步规范和创新，需要在保护古城特色的前提下，满足游客购物需求。对于丽江市旅行社服务质量的满意度也稍显不足，在一些景区存在旅行社强制消费的情况，以及很多游客认为跟着旅行社提供的旅游线路，“没有好好体验一下当地人民的生活”[①]。

其次，从城市功能体验方面来看。丽江市基础设施建设、金融支付方式、休憩设施等方面都呈现出较高的满意度。游客在丽江市游玩的过程中能够使用手机支付，方便快捷；也有游客提到古城中有很多酒吧、咖啡馆以及独具特色的客栈，“逛累了可以找个店坐坐，喝茶赏花拍照”[②]，感觉古城中的生活很惬意。但是多数游客认为丽江市的医疗水平有待提高，旅游区（点）的物价水平偏高，影响了游客的消费。

最后，从城市氛围体验方面来看。游客对丽江市的文化氛围、景观质量、环境质量、社会治安的满意度普遍较高，体现出丽江市在文化旅游资源方面的优势比较明显，“城市整体布局，建筑物的风格，售卖的货物都很有自己的特色”[③]，传统品牌吸引力仍然较强。在丽江古城景区游览的游客在居民友好程度以及城市整体形象方面也有着较高的满意度，“不管是当地居民还是来旅游的游客，大家都非常惬意，享受当下的人文风景”，感觉到丽江市是一个“很舒服的城市”[④]。

二、丽江市文化旅游市场扩容的路径与对策

（一）文化旅游市场扩容的路径

1. 打造世界级文化旅游品牌

文化旅游品牌是由文字、标记、符号、图案和颜色等要素构成的集合，用来区别某个文化旅游景区或某一文化旅游地的文旅产品或服务，并使之与竞争对手的产品或服务相区别的文化旅游名称及文化旅游标志（王佳佳等，2022）。

三项世界遗产及享誉海内外的玉龙雪山等，成为丽江市文化旅游产业发展过程中最亮眼的名片。丽江市打造世界文化旅游名城的品牌设计在基于玉龙雪山、丽江古城、老君山等高等级景区基础上，应进一步凸显其多元文化、慢旅休闲、康体养

---

① 资料来源：https://m.dianping.com/ugcdetail/765736464?sceneType=1&bizType=1&utm_source=ugcshare&msource=Appshare2021&utm_medium=h5.

② 资料来源：https://m.dianping.com/ugcdetail/1150374066?sceneType=1&bizType=1&utm_source=ugcshare&msource=Appshare2021&utm_medium=h5.

③ 资料来源：https://m.dianping.com/ugcdetail/1151671504?sceneType=1&bizType=1&utm_source=ugcshare&msource=Appshare2021&utm_medium=h5.

④ 资料来源：https://m.dianping.com/ugcdetail/1108388594?sceneType=1&bizType=1&utm_source=ugcshare&msource=Appshare2021&utm_medium=h5.

生、生态观光等多元品牌IP主题，打造国际化、世界级文旅休闲康养形象。品牌标识要尽量做到简洁醒目、易读易记、巧妙构思，突出丽江市的民族文化、休闲生态、健体养生等特色底蕴内容。在品牌的宣传过程中要体现丽江市世界文化旅游名城的主题与背景，由丽江市文化和旅游局牵头，组织各大型文旅企业对丽江市主要国际客源市场进行细分，在细分旅游目标市场的基础上，进行相应的品牌宣传。

同时，应充分运用互联网和其他新兴媒体强化丽江市世界文化旅游名城品牌宣传力度，还应重视名人效应，选择符合丽江市国际旅游形象的代言人，形成名人效应。此外，在品牌宣传和定位方面，应加强对国际旅游市场的消费调研，密切与国外旅游消费者的经常性沟通，以便及时调整相应的品牌策略，适应国际客源市场旅游消费者的消费心理，正确引导消费倾向，从而确保丽江市国际旅游品牌的持久性和生命力。

2. 提升世界级旅游供给水平

立足丽江市世界文化旅游名城建设实际，在“食、住、行、游、购、娱”六要素上全面进行质量提升，构建有效满足国际旅游市场需求的品质化、高端化旅游供给体系。

其一，建立世界级旅游美食餐饮体系。深入挖掘丽江市特色餐饮、民族美食、生态农产品等美食资源及相关美食文化资源，在保留美食菜系的原有文化背景基础上大力开展美食菜品风味创新，打造符合不同国家旅游者口味的特色美食，努力构建丽江市美食品牌并加以推广，推动美食餐饮业提档升级，扩大特色餐饮的国际知名度。

其二，建立世界级旅游休闲住宿度假体系。引导各类酒店和民宿改变经营策略，打造兼顾国际、国内不同消费层次需求且具有独特文化特色的休闲度假住宿体系，筛选出高等级酒店和代表性特色民宿开展旅游住宿服务标准化试点和示范单位创建工作，形成良性的内部竞争，提升旅游住宿业整体质量水平。

其三，创建世界级旅游交通体系。打造水陆空全方位、系统化发展的“快进慢游”旅游交通体系，避免旅游交通拥挤、停车位不足、交通运行体验差等问题发生，为国际、国内旅游市场提供畅通、舒适、完善的旅游运行网络体系。

其四，打造世界级文化旅游产品体系。依托具有国际竞争力的世界级民族文化资源、山水景观资源、生态养生资源、节庆赛事资源、特色美食资源等高层次文化旅游资源，不断挖掘高级文化旅游资源的潜力，打造具备世界影响力和竞争力的国际文化旅游产品，增加文化旅游产品的附加价值，提升丽江市世界级旅游产品供给能力。

其五，打造世界级旅游购物体系。依托丽江市丰富多元的雕刻、农产品、美食、手工艺品、民族服饰品、保健养生品等商品资源，联合打造丽江市原创旅游购品；积极挖掘丽江市历史文化与历史事迹，设计富含文化底蕴的文创产品。此外，积极争取商务部、文化和旅游局批准建立丽江市免税店和保税区，引进国外奢侈品和高档纪念品，增强游客吸引力和购买力。

其六，打造世界级旅游娱乐体系。设计全域、全时、全季、全龄层休闲娱乐产品，加大对文化体验、休闲旅居、康体养生旅游项目建设，延长国外旅游者的停留时间；结合不同季节、不同群体打造差异化旅游娱乐产品，满足国际旅游市场的多元化娱乐需求。

3. 建设世界级旅游服务设施体系

以推动丽江市世界文化旅游名城建设与市场扩容为出发点，从培养国际化旅游服务理念、提升旅游服务品质、重视旅游地公众参与等多维度建设符合国际市场需求的旅游服务设施体系。

其一，重视推动自身行政管理职能向公共服务职能转变。首先，对旅游规划管理工作进行完善，将世界文化旅游名城建设纳入社会发展与国民经济发展规划中，并重视对世界遗产、自然保护区、风景名胜区的保护性利用；其次，通过完善立法来为旅游主管部门的管理工作和旅游企业的发展提供法律依据，结合丽江市旅游发展情况和经济发展情况推动旅游服务标准化建设，并明确各个部门的工作内容、职责分工等；最后，树立旅游公共服务理念，围绕经济效益来推动旅游服务与公共产品的开发，并将重点放在旅游服务质量的提升上。

其二，推动旅游服务品质提升。丽江市世界文化旅游名城建设过程中面临着旅游产业转型升级的问题，这对丽江市旅游服务水平提出了较高要求（赵纯等，2011）。旅游业发展需重视旅游服务品质，助力丽江市文化旅游产业国际竞争力的提升和市场扩容。一是重视旅游诚信网络平台建设，通过构建旅游企业、旅游资源及从业人员信息库，记录企业以及从业人员的诚信情况等方式强化对企业及企业从业人员的管理，进而推动旅游服务质量提升。二是创新旅游质量监督体系，优化旅游市场秩序、健全旅游市场管理机制，开展旅游服务问题定期调研，实时了解旅游服务问题并加以解决，从而为游客提供良好的旅游服务与环境。

其三，重视旅游者参与。文化旅游市场经济体制的完善有利于旅游地社会治理结构的积极变化，旅游者对旅游服务管理的参与已成为旅游服务科学管理的重要趋势。因此丽江市世界文化旅游名城的旅游公共服务体系建设，应重视引导旅游者积极参与，鼓励其为旅游服务水平的优化提出具有针对性的建议和意见。在此过程中，丽江市需为旅游者提供良好的利益需求和意见建议表达平台，并及时对这些需求和意见做出总结与归纳，以作为丽江市旅游服务优化提升的重要内容，从而确保旅游服务体系的建设能够真正满足旅游者的服务需求并实现服务高质量提升。

4. 加强国际化旅游合作

主动融入国家“一带一路”、东南亚与南亚开放门户城市群建设战略，遵循《云南省“十四五”文化和旅游发展规划》布局，构建辐射南亚、东南亚的丽江古城—玉龙国际旅游中心、联通“茶马古道”跨境旅游带。同时，基于国际友好城市（山峰）等载体，推动建立深层次的国际旅游合作关系。

首先，基于丽江古城—玉龙国际旅游中心构建辐射南亚、东南亚的多边型国际旅游合作格局（陈利君，2015）。充分发挥丽江市世界级文化旅游资源和优质生态资源等优势条件，辐射缅甸内比都、泰国曼谷、柬埔寨金边和越南河内等中心城市，构建跨越南亚、东南亚的多边形旅游城市合作格局，进一步提升文化旅游品牌的国际影响力与世界知名度，扩展南亚、东南亚旅游市场规模。

其次，重建“茶马古道”经济走廊，建设国际茶马古道文化旅游带。滇、川、藏作为“茶马古道”经济走廊的核心区，在“茶马古道”经济走廊建设中发挥着重要作用。丽江市作为“茶马古道”上通向西藏和中亚的重要驿站，依托丽江市丰富的茶马古道文化和民族文化旅游资源，沿着滇藏线茶马古道，打造一条起于普洱，经由大理、丽江、香格里拉、四川德钦、西藏拉萨，由亚东出国通向中亚尼泊尔的国际文化旅游带；沿着滇藏茶马古道反向线路，起于丽江，经由普洱、景洪、勐海，由打洛出国通向景栋、内比都、曼谷的国际文化旅游带。借助滇藏线构建国际茶马古道文化旅游带，主动融入“一带一路”建设，扩大丽江市国际区域合作规模，强化国际间经济、文化交流合作。

最后，依托国际友好城市（山峰），形成辐射点，构建入境旅游发展突破口。借助“一带一路”和南亚、东南亚辐射中心建设机遇，以高质量互动合作为前提，在经济发展势头好、政治稳定、人口较多的周边国家，如印度、印度尼西亚、土耳其、沙特阿拉伯、哈萨克斯坦等，选取重点城市，缔结国际友好城市关系，开展国际旅游合作。持续加强丽江市与云南省外事部门的合作，探索建立省地双方国际友好城市、友好省州旅游资源的对接与共享机制，实现由点到面的旅游资源扩展与互补，拓展国际友好城市旅游合作的思路和格局，实现国际友好城市旅游资源的高质量利用。

（二）文化旅游市场扩容的策略

1. 文化旅游特定市场营销策略

积极探索青年市场。青年游客生活在一个经济快速发展、经济和社会福利不断改善、文化更加开放包容的时代，是丽江市客源市场的重要群体，也是最具有活力的市场。这一阶段的游客群体年轻、充满活力、喜欢探索、热爱冒险，对旅游活动更具探索和好奇心理。相比之下，青年游客出游意愿较高，更易成群结队出游。所以针对这一类游客群体，丽江市各大旅游区应抓住其旅游特征进行市场营销。展现丽江市生态景观、山水文化的独特魅力，增加高探索性和高参与度的文化体验项目，如水上游览、研学教育、科技体验、登山探险、低空飞行等旅游项目。还可以通过引爆话题的销售方式吸引青年游客的到来，如通过举行中华成人礼、宣传红色文化等，使青年游客在活动中接受历史文化的熏陶。

稳步扩展壮年市场。壮年游客往往拥有子女和稳定的工作，在社会劳动力中担任着重要角色。他们比其他代际群体有更强的经济实力和出游目的，他们渴望在忙碌的工作之余，和家人一起外出旅游，从而获得精神上的放松、愉悦及家庭幸福感，是丽江市旅游市场中最稳定的客源。针对壮年客源市场，关键是满足其多元的旅游需求，设计有民族文化体验、生态观光游览、家庭亲子互动、高体验度和参与性强的旅居、休闲、漂流、自驾游、登山游等旅游项目。

继续开发老年市场。老年游客多数即将退休或者已经退休，他们有足够的经济基础和闲暇时间，在整个丽江市的客源市场中占有重要地位。因此，在开发旅游服务与产品时，应充分考虑老年人的代际特征，营造丽江市浓郁的非遗文化、民族文化、养生文化内涵，以便满足老年人的人文情怀。积极开展特色民族风情游、红色爱国文化游等旅游项目，创新养生旅游模式，针对性开发养老养生休闲、禅修养生等旅游产品。

2. 文化旅游市场价格竞争策略

在旅游产品定价的方法中，除了最常见的以成本为中心的定价方法以外，还可以采用需求导向定价、竞争导向定价等（邹光勇等，2018）。政府作为引导和监督旅游企业制订价格的主体力量，在实际的企业定价过程中发挥着监督者和调控者的作用，在具体定价策略方面，旅游企业的定价策略往往是根据市场的具体情况，从定价的目标出发，灵活运用价格手段，使其适应市场的不同情况，实现企业的营销目标。

价格制订方面，丽江市政府在旅游产品价格制订过程中，应把好关、制定严格的监督与管制策略。如在撇脂定价中，应对高价格的制订予以特别的关注，确保制订价格的合理性和合法性（唐瑄等，2020）；同时还应该积极配合旅游企业开展调查研究，了解消费者对旅游产品价格的接受程度，及时做好价格的调整措施。在开展新型旅游产品定价时，务必做到优质优价，赢得消费者的信赖，扩展旅游市场；要不断地了解旅游消费者对新型旅游产品的动态变化需求，不断提高游客的感知价值，并且根据游客对产品的感知效果确定或调整价格。

具体操作中，丽江市政府应根据丽江市国际客源市场的主要级别和相对应的类型，采用区分需求定价，如针对一级客源市场可以相应地实行价格优惠，包括对这些国家游客的团体价实行大幅度折扣等；在二级客源市场适当调低价格以吸引潜在游客；针对国内客源市场，对应不同等级市场也应进行相应优惠以吸引更多旅游者。同时，可以采取淡旺季的差别定价方式，如在丽江市旅游淡季，对国外游客的旅游通票提供价格优惠，增强旅游市场吸引力。同时，其他的价格优惠或是价格折扣措施也应该积极落实并进行推广，如旅游线路优惠券、旅游线路套票等方式都可以在一定程度上刺激国外旅游消费者购买。在旅游消费的支付方式方面，政府应该积极地为入境游客提供便利的支付方式，如所有景区、饭店、酒店等外国游客能通达的地点都有银联的刷卡服务，不需要外国游客再去银行、机场等兑换人民币。此外，还可以推出公交、出租车等旅游一卡通，对持卡的外国游客提供优惠乘坐出租车、公交车等服务，极大方便国际游客游览与消费，塑造丽江市在国际旅游客源市场中的良好形象。

3. 文化旅游合作营销策略

在文化旅游业竞争日益激烈的今天，任何一个旅游城市想要占据大规模旅游市场，单凭自身力量基本上是不可能实现的，开展旅游资源的整合与跨区域旅游合作显得尤为重要。因此，丽江市文化旅游市场扩容也应建立科学的纵、横向合作营销思维。

其一，纵向联合营销。旅游目的地纵向联合营销是在供应链上或营销渠道上存在利益相关关系的上下游旅游企业之间的联合（王晨光，2005）。处在旅游产业链条上的各方凭借着旅游业务上的承接关系，提供客源和相关文旅产品，相互之间致力于开拓新的客源市场，从而建立起长期较为稳定的协作关系。实践中，丽江市应该不断加强与国际知名的旅游经销商合作，设立在海外的旅游联络处，加强对丽江市的旅游宣传。同时，旅游目的地与旅游企业联合举办促销展会等也是联合营销的重要途径。丽江市政府应牵头和境外的旅游企业合作举办各种推介丽江市旅游的展销会、展览会，积极组织丽江市旅游企业、航空公司和演艺队伍到主要客源国开展广泛的宣传推广。此外，还应强化对一级客源市场的宣传促销力度，通过与主要客源国举办双向旅游文化交流活动不断开拓国际客源市场；对于相对薄弱的二级国际客源市场，应加强和当地的旅游部门的联系，积极利用我国驻国外的客源地旅游办事处等资源，为旅游企业选择合适的营销方式和渠道，开展广泛的国际文化旅游合作。

其二，横向营销策略。由两个或两个以上的旅游目的地进行区域内或是跨区域的旅游市场合作，进行统一规划和投入，共同开发新的旅游市场机会，从而有效地整合旅游市场的资源，这种联合方式就是横向联合营销（王晨光，2005）。丽江市旅游合作要想取得成功，一定要发挥政府的主导作用，在政府层面上应该出台一些新的政策，冲破地方性局部狭隘的利益观念，意识到区域联合的双赢作用和效果，制定向区域合作靠拢或倾斜的旅游地方性法规及具体的实施规则。丽江市位于中国疆域的西南端，既受到大滇西旅游环线的串联带动，又受到川渝旅游经济圈的辐射，是对接南亚、东南亚的重要城市。近年来，在丽江市文化旅游发展过程中，丽江市政府越来越意识到加强区域旅游合作的重要性，虽然区域合作的机会较多，但打破行政区划的限制，互相开放市场、消除障碍，实现旅游发展优势互补的能力尚显薄弱。丽江市文化旅游市场扩容应充分抓住区域间合作的时机，国际层面，不断开展国际旅游经济的合作，切实利用"一带一路"建设、"茶马古道"文化以及云南全力建设面向南亚、东南亚辐射中心等战略机遇，以旅游经济合作体的身份应对全球竞争，努力实现共赢。国内层面，积极与省内迪庆、大理、楚雄、昆明等旅游州市，省外与四川省、重庆市、贵州省、珠三角、长三角、粤港澳、京津冀等省、市、地区开展相关旅游合作，实现旅游市场共享、旅游资源互补、旅游产品共建，最大程度拓展国际、国内旅游市场规模。

4. 文化旅游危机公关策略

旅游业的良性发展来自公众对旅游目的地安全性和稳定性的信心，而危机事件的发生在一定程度上会使公众特别是游客降低对旅游目的地的信心，长此以往将产生连锁效应，影响到旅游产业链的各个环节。解决以上这种问题就要靠危机公关，它是一种特殊的营销手段，在转化危机为转机的过程中尽量控制旅游危机所带来的负面影响。良好及时的危机公关策略可以起到重新塑造旅游目的地的形象、挽回旅游目的地经济损失的作用。

近年来，丽江市遭受到大小不同的旅游危机事件，这应该引起丽江市政府和旅游企业的高度重视，不同行业或不同类型的危机事件都可能会影响到丽江市文化旅游产业发展，对培养游客忠诚度及形成稳定的客源市场均会造成不利影响。为此，应积极探索旅游危机公关的常态化应对机制，在日常的管理中应树立危机意识，切实将应对和解决危机事件做到实处，制订机动性强的应急计划，建立透明有效的多方沟通渠道；大力改善丽江市旅游发展软环境，提升丽江市群众尤其是文化旅游业相关从业人员的职业技能和文化素养等；提高政府旅游管理水平，强化政府监管，对政府相关部门监管不到位的情况应及时予以纠正，努力提高文化旅游服务质量。

当相关旅游危机事件发生后，丽江市政府可以大力发挥外联的作用，与主要客源市场的政府、媒体、旅游组织进行及时沟通和交流，引导舆论宣传向有利于丽江市旅游业的方向发展，加大文化旅游宣传推介力度。还应积极开展国内外文化旅游宣传等促销活动，主动邀请主要客源市场的旅游中间商或是相关媒体前来丽江市进行实地考察，重新树立丽江市国际、国内文化旅游新形象。此外，应大力整治被投诉的企业，采取整合或是连锁经营的方式引导优秀企业进入丽江市文化旅游市场，并定期对这些企业实行绩效评分，强化市场退出机制。总之，丽江市应该避免故步自封，消除地方保护主义，严格防范各类旅游危机事件的发生，最小化危机事件影响，以保持丽江市对客源市场的吸引力和影响力。

三、丽江市文化旅游消费提振的方案与策略

旅游经济运行过程，是旅游产品生产、交换、消费三个环节循环运转的过程，当然也是旅游产品购买与销售的过程（刘涛等，2020）。在这之中，决定着旅游经济能否正常运行的关键之处就在于能不能刺激消费增长（马聪玲，2021）。旅游消费是旅游经济发展的原始动力，是实现和满足旅游需求的前提，是不断创新旅游产品，实现并检验旅游产品价值的必要条件（郑岩等，2020）。丽江市应充分发挥资源优势，对标国际知名旅游目的地，实施提质增效计划；着力培育国际化文旅消费热点，实施基础提升计划；持续促进文旅消费环境国际接轨，实施城乡协调计划；大力开拓泛文旅消费空间，实施政策保障计划，激发国内外文旅消费需求。与此同时，要积极培育旅游消费新业态，扩大对外开放，提升旅游服务质量和国际化水平，打造世界知名的国际文旅消费胜地，以供给侧结构性改革为主线，按照高质量发展要求，不断优化发展环境，进一步开放文旅消费领域，积极培育文旅消费新业态、新热点，提升高端文旅消费水平，推动文旅消费提质升级；进一步释放消费潜力，积极探索消费型经济发展的新路径，打造业态丰富、品牌集聚、环境舒适、特色鲜明、生态良好的国际文旅消费胜地（见图12）。

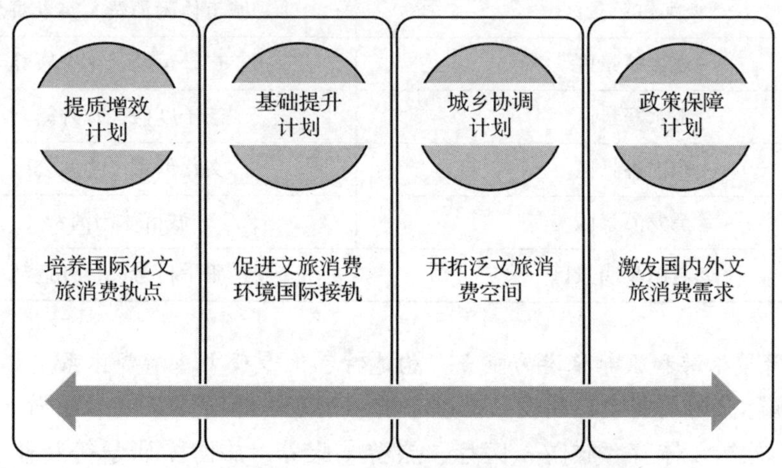

图12 丽江市文化旅游消费提振的方案策略

（一）实施提质增效计划，着力培养国际化文旅消费热点

1. 大力发展休闲度假，构建高端文旅消费体系

加快推动丽江市文旅消费资源的品质升级、品牌升级和服务升级，以玉龙雪山、丽江古城、泸沽湖为试点，集中优势资源培育打造具有国际吸引力和影响力的重点旅游精品以及集生态、文化、旅游、娱乐、消费于一体的高端文旅发展示范区。积极利用5G、人工智能、元宇宙等高新技术，加大对传统旅游资源创新和新业态开发力度，推动消费新业态、新产品、新品牌、新场景、新平台加快发展，满足国内外游客不断变化升级的旅游消费需求。实施现有景区消费业态转型升级工程，鼓励社会资本大力开发温泉、体育、山地、康养等休闲度假旅游产品。以丽江古城、玉龙雪山、泸沽湖、束河古镇等为试点景区，依托现有旅游设施和旅游资源，建设一批高水平旅游度假产品和满足多层次多样化休闲度假需求的国际度假地。依托《丽水金沙》《印象·丽江》《丽江千古情》等演艺产品，进一步支持重点景区和区域积极发展户外类旅游演艺节目，以玉水寨景区、东巴谷景区为依托建设一批主题公园（见表4）。

表4 丽江市重点景区消费业态转型工程

景区名称	消费业态转型
丽江古城景区	城市休闲消费、文化创意
玉龙雪山景区	滑雪、户外运动、度假
泸沽湖景区	度假、生态康养、实景演艺
束河古镇景区	城市休闲消费、实景演艺
观音峡景区	户外运动、生态康养
玉水寨景区	亲子度假、户外露营
东巴谷景区	文化创意、主题公园
黑龙潭景区	城市休闲消费
老君山黎明景区	研学科考、户外运动

2. 以研学旅游和康养旅游为重点，构建特色化专项文旅消费体系

围绕国际旅游消费中心建设，推进旅游+消费、旅游+工业、旅游+农业、旅游+会展、旅游+体育、旅游+医疗、旅游+康养、旅游+研学等新业态。此外，重点擦亮、用好丽江市“二山、一城、一湖”的文化旅游名片，大力弘扬发展最具

丽江市特色的纳西文化、历史文化遗存，聚焦“红色丽江、多彩丽江、乡愁丽江、艺术丽江、创意丽江”五大IP，推动其与旅游融合发展，培育一批精品特种消费业态。策划推出丽江市“跨境游”精品项目，共建国际化旅游服务品牌，创建丽江市地域文化交流品牌，打造高端国际会议品牌，培育丰富丽江市文创品牌。

其中，以老君山—黎明片区、老君山—九十九龙潭片区、新主天然植物园、利苴—滇金丝猴栖息地、摩梭家访点、丽江皮革厂等为重点，支持建设一批研学旅行基地，鼓励各地依托自然和文化遗产资源、红色旅游景点景区、大型公共设施、知名院校、科研机构、工矿企业、大型农场开展研学旅行活动。加强国际研学旅行交流，依托境外营销机构，规范和引导开展入境研学旅游活动。另外，推出一批集生态康养、温泉保健、文化体验于一体的康养旅游示范消费业态。以滇重楼、云木香、云当归、程海螺旋藻等优质的中药材资源为基础（邓琳等，2021），寻求大型专业医疗科研机构的合作，在有条件的地方建设中医药健康旅游产业示范园区，推动中医药产业与旅游市场深度结合，在业态创新、机制改革、集群发展方面先行先试。扩大海外宣传，推动中医药康养旅游国际交流合作，使传统中医药文化通过旅游走向世界。

3. 丰富提升特色旅游商品

以非遗文创产品、中药产品、原生态土特产品为重点，扎实推进旅游商品的大众创业、万众创新，鼓励市场主体开发富有特色的旅游纪念品，丰富旅游商品类型，增强对游客的吸引力。培育一批旅游商品研发、生产、销售龙头企业，加大对老字号商品、民族旅游商品的宣传推广力度。加快实施旅游商品品牌提升工程，继续完善丽江市“十大特产”名优土特产品系列商标，进一步创新有丽江市特色的系列旅游商品。鼓励在主要口岸、机场、码头等旅游购物区和城市大型商场超市设置“丽江名产购物店”，鼓励丽江市优质特色旅游商品进驻海外销售，建设“丽江在线商城”，支持在线旅游商品在海内外销售。

（二）实施基础提升计划，持续促进文旅消费环境国际接轨

1. 着力改善旅游消费软环境

促进丽江市地域文旅服务与产品质量标准与国际化接轨，规范旅游经营服务行为，提升酒店、景点景区、旅行社等管理服务水平，激发海内外文旅消费潜力。鼓励开展“丽江游”“云南游”“自驾游”“包车游”“家庭游”等各种形式的旅游活动。支持银行业金融机构在依法依规的前提下发行“丽江文旅”、国家5A级旅游景区、非物质文化遗产等文化和旅游消费主题文创联名银行卡，对联名银行卡持卡人在景点门票、道路交通、酒店住宿、农家乐餐饮、旅游特色项目等提供折扣优惠、消费分期支付等特色权益，优化文化和旅游消费支付体验。鼓励各类文化和旅游消费场所升级改造，完善休闲、餐饮、文创产品展示销售等消费功能。开展放心消费旅游景区创建工作，继续实施无理由退货诚信服务，打造放心消费景区，营造诚信经营氛围。推动旅游服务开放水平和管理水平全面提升，加快营造与国际规则衔接、开放包容的旅游消费市场环境。

2. 建设国际化文旅消费平台

加快推进丽江市国际文旅消费城市的培育与建设。积极建设大研古镇、玉龙雪山、泸沽湖三大文旅消费中心，改善基础设施和服务环境，提升流通循环效率和消费承载力。与国（境）外机构合作建设涉外消费专区。鼓励各地区围绕商业、文化、旅游、体育等主题有序建设一批设施完善、业态丰富、健康绿色的消费集聚区，稳妥有序推进现有步行街设施改造和业态升级，积极发展文旅消费商圈（见图13）。推动建设各级别便民生活圈，优化配置社区生活消费服务综合体。建立促进文旅消费常态化机制，培育一批特色消费活动品牌。

3. 提升文旅消费智慧化水平

积极鼓励丽江市培育本土化在线文旅平台企业，支持有条件的企业进行互联网金融探索，打造在线文旅企业第三方支付平台，拓宽移动支付在文旅行业的普及应用，推动境外消费退税便捷化；放宽在线度假租赁、旅游网络购物、在线旅游租车平台等新业态的准入许可和经营许可制度；探索建立以大数据为依托的“云监管”服务平台，建立旅游诚信系统、旅游信用账户，严厉打击扰乱旅游市场秩序的违法违规行为，积极营造稳定有序的旅游消费环境。

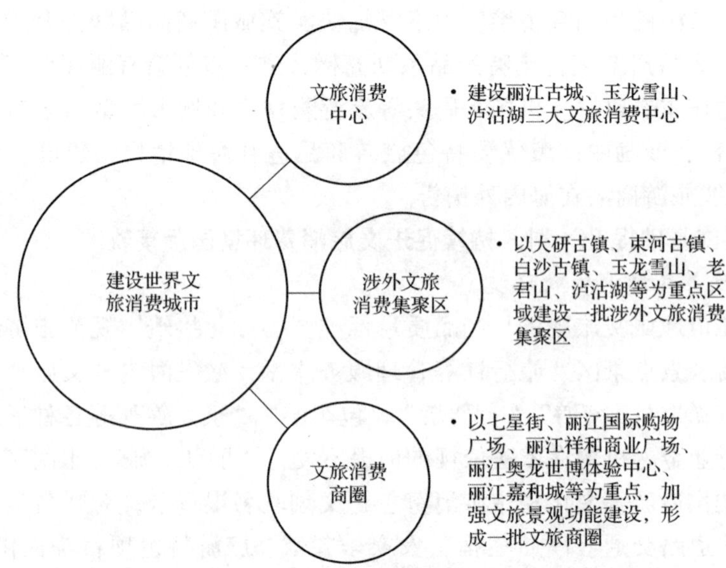

图13 丽江市国际化文旅消费平台建设体系

4. 提升文旅消费便利水平

培养旅游消费领域外语人才，促进旅游外语服务水平提升。提升入境游客在丽江市移动支付、消费服务等方面的便利化水平。实现旅游景点、酒店和大中型商场在线支付、终端支付全覆盖，提高外币兑换便利性。实施国际通信服务水平提升工程，为外国游客提供便利化通信。加快提升综合交通枢纽能级，不断强化联通世界、通达全球功能，优化通关和签证的入境旅游消费便利性，全面提升旅游交通、旅游信息、旅游集散网络的国际通达度。同时，还要打通堵点，加快推动旅游景区、购物商圈、商务中心、文化设施、交通枢纽之间的便利化建设改造，彻底改变资源匹配不足甚至相互脱节、相互掣肘等现象。

（三）实施城乡协调计划，大力开拓泛文旅消费空间

1. 大力发展特色城镇文旅消费空间

推动新型城镇化建设与现代文化旅游产业发展有机结合，在大研主城区、新团片区、玉龙县城和南口工业片区等区域，加快推动环城市休闲度假带建设，鼓励城市发展休闲街区、城市绿道、骑行公园、慢行系统，拓展城市休闲空间。以大研古镇、束河古镇、白沙古镇为重点，建设一批集观光、休闲、度假、康体、购物等功能于一体的特色旅游城镇和旅游名镇。

充分利用丽江古城典型经验，做强国家级夜间文化和旅游消费集聚区，培育一批网红品牌，构建新型时尚消费场景，建设国际消费中心城市。整合历史文化资源和休闲旅游景观，彰显以纳西族为代表的少数民族文化魅力，提升纳西文化内涵，建设“大研古镇—黑龙潭”城市客厅。推动大玉龙雪山创建世界级旅游景区，做优以束河古镇、白沙古镇为重点的文旅名镇。建设以黑龙潭公园、清溪公园、中济海公园为核心的公园绿地体系。深度挖掘城市独特文化资源，塑造特色城市风貌，明确城镇建设风貌管理重点，合理引导城市天际线、街道空间、建筑色彩与建筑风格、景观绿化、夜景照明、慢行系统、公共艺术等要素管控（王德刚等，2020）。实施城市老旧小区改造，推进城市有机更新，保护历史文化名城名镇、历史文化街区、历史地段和地名文化遗产，推动非物质文化遗产融入城镇建设，把文化赋能与完善功能有机融合，留住城市记忆，打造丽江市现代文旅新城。加快提升丽江市国际旅行消费商圈的能级，通过传统精品旅游项目的升级改造和引进新的高端旅游精品项目，着力打造一批享誉全球的标志性高端旅游消费商圈。

2. 形成乡村文旅消费新空间

推动实施一批具有较强带动作用的乡村旅游重点项目，形成一批具有市场竞争力的特色文化旅游产业品牌，建成一批特色鲜明、优势突出的文旅特色乡镇、特色村落，推出若干具有国际影响力的文化旅游产业赋能乡村振兴典型范例。从而使优秀传统乡土文化得到有效激活，乡村人文资源和自然资源得到有效保护和利用，乡村一二三产业有机融合，乡村文化旅游消费空间得到进一步拓展与更新。

大力挖掘开发地方特色饮食文化、民族歌舞乐艺术、地方特有的民俗节庆文化、传统手工制作技艺，以及散落在山间乡村里的历史遗址、古建筑、民间故事等文化遗产。鼓励开展“吃农家饭、做农家活、交农家情、赏农家景、住农家院、享农家乐”等体验消费，打造“茶马古道骑马游”“徐霞客游线游”“红色文化游”“乡村健身徒步游”“古村落文化遗产游”等一系列文旅消费活动项目。支持各区域实现地方特色农业文化创意提升，提升雪桃、螺旋藻、杧果、软籽石榴、花卉、食用菌等农业作物的文化创意附加值。推动非物质文化遗产融入乡村旅游各环节，支持利用非遗工坊、传承体验中心等场所，培育一批乡村非物质文化遗产旅游体验基地。建设农耕文化体验场所，弘扬优秀农耕文化，塑造丽江市乡村文旅消费系列特色品牌，形成具有国际影响力的乡村旅游消费名片（见图 14）。

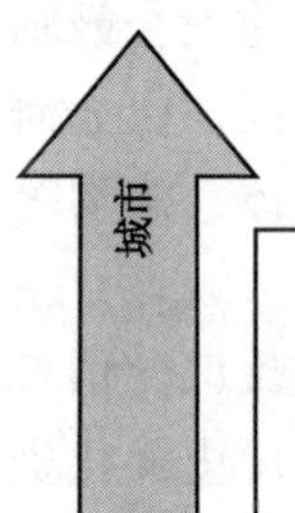

在大研主城区、新团片区、玉龙县城和南口工业片区等区域，加快推动环城市休闲度假带建设

以大研古镇、束河古镇、白沙古镇为重点，建设一批特色旅游城镇和特色景观旅游名镇

建设“大研古镇—黑龙潭”城市客厅

建设以黑龙潭公园、清溪公园、中济海公园为核心的公园绿地体系

打造现代文旅新城

推动实施一批特色鲜明、优势突出的文旅特色乡镇、特色村落

大力挖掘开发地方特色饮食文化、民族歌舞乐艺术、地方特有的民俗节庆文化、传统手工制作技艺、文化遗产

支持各区域实现地方特色农业文化创意提升，提升雪桃、螺旋藻、杧果、软籽石榴、花卉、食用菌等农业作物的文化创意附加值

培育一批乡村非物质文化遗产旅游体验基地

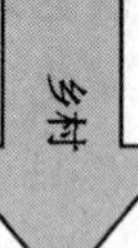

图 14 “城市—乡村”文旅消费空间新格局

（四）实施政策保障计划，激发国内外文旅消费需求

1. 加大政府支持力度

在具有地域特色的旅游商品、休闲商品领域加快实施境外游客购物离境退税政策。设立丽江市文化旅游消费促进基金，鼓励有条件的地方政府设立文化旅游产业促进基金。支持企业通过政府和社会资本合作模式投资、建设、运营文旅项目。各级人民政府要加大对重点旅游景区、重点旅游线路等旅游基础设施和公共服务设施

的支持力度。优化旅游交通网，推进区域内旅游客运线路、旅游直通车建设，重点增加公交线路或客运班线运行密度，优化站点布局。建设现代化国际枢纽机场，推动干支线机场新建、改扩建，重点加密国际航班；推进“公共交通+定制出行+共享交通”多元化出行服务，推动休闲绿道、历史文化步道、旅游铁路、通用航空等体验客运系统建设，支持建设旅游驿站、飞行营地、房车营地，依托汽车客运站拓展旅游集散功能，全面提升游客出行体验。

2. 完善入境旅游政策

适时启动入境旅游促进行动，出台入境旅游发展支持政策，丰富和提升丽江市文化旅游形象，审时度势采取有力措施推动入境旅游高质量发展。推动优化整合旅游办事处职能、拓展布局设点范围。与旅游客源国、客源地在国际航运、边境通行、疫苗接种、旅游团队组织、医疗保险等方面加强沟通，严格执行国际客运航班“熔断”措施，动态精准调整来华人员入境政策。科学制定并实施入境旅游疫情防控技术指南，强化入境旅游接待重点人员、重点场所防控，严格落实门票实名制预约制度。在此基础上，进一步提升入境服务水平，优化境外预订、金融支付、网络服务、语言标识等服务。

3. 拓展旅游企业融资渠道

支持符合条件的文旅企业上市，鼓励金融机构按照风险可控、商业可持续原则加大对文旅企业的信贷支持。推动金融机构结合文旅企业特点创新信贷产品，探索开展门票收费权、未来收益权等质押贷款业务，加大对文旅企业的信贷投放。鼓励金融机构通过银团贷款、绿色贷款、绿色金融债券等方式支持丽江文旅企业承办省内、国内乃至国际热门旅游活动和项目。支持符合条件的旅游企业发行信用类债券，拓宽融资渠道，鼓励保险资金通过债权投资计划、股权投资计划、信托计划等方式投资丽江文旅企业。积极发展面向小微企业的旅游风险补偿基金，建立文旅企业白名单制度，推动金融机构开展“贷款+保险”“贷款+担保+风险补偿”“互联网+产业金融”等新型金融服务，鼓励政府性融资担保公司为旅游企业提供融资担保。

参考文献

[1] 陈利君．云南建设辐射中心的内涵与对策建议［J］．云南社会科学，2015（6）：1-6.

[2] 邓琳，王元钦．借势 COP15 推进云南中草药产业集群发展［J］．创造，2021，29（12）：28-30.

[3] 刘涛，周枣．国家文化和旅游消费试点城市建设的理论基础与重点任务［J］．中国国情国力，2020（11）：36-38.

[4] 马聪玲．推动国内旅游消费复苏，助力构建新发展格局［J］．中国发展观察，2021（23）：77-78.

[5] 史鹏飞，明庆忠，韩剑磊，等．游客感知与政府宣传：资源相似型旅游目的地形象维度对比研究——以云南西双版纳州和德宏州为例［J］．旅游研究，2021，13（1）：14-31.

[6] 唐瑄，郑晓娜．考虑参考价格效应和网络效应的新产品定价策略［J］．企业经济，2020（4）：58-63.

[7] 王晨光．旅游目的地营销［M］．北京：经济科学出版社，2005.

[8] 王德刚，王娟．供给与消费两端发力，促进消费拉动增长——关于疫情防控常态化背景下提振文化和旅游消费的思考［J］．人文天下，2020（11）：8-11.

[9] 王佳佳，田彩云，裴正兵．“三山五园”文化旅游品牌建设研究［J］．资源开发与市场，2022，38（5）：622-626.

[10] 赵纯，和沁，许健，等．转型升级中的云南省丽江市文化旅游产业［J］．思想战线，2011，37（5）：122-123.

[11] 郑岩，宿伟玲．新时代文化与旅游消费高质量发展对策研究［J］．文化创新比较研究，2020，4（26）：178-180.

[12] 邹光勇，刘明宇，何建民．从单边市场到双边市场：旅游定价文献综述［J］．旅游学刊，2018，33（2）：77-89.

附 录

附录1 世界文化旅游名城评价指标体系与评分标准

序号	指标	分档计分		
		大项分值	中项分值	小项分值
1	文旅吸引力国际化水平（220分）			
1.1	文旅吸引物等级与丰度	120		
1.1.1	城市拥有世界遗产数量		40	
	a）拥有世界文化遗产、世界自然遗产、世界文化与自然双重遗产、世界记忆遗产、人类非物质文化遗产，每项得10分			30
	b）拥有中国世界文化与自然遗产预备名录，每项得2分			10
1.1.2	城市拥有国家级称号旅游区（点）		30	
	拥有国家级称号旅游区（点），每项得2分			30
1.1.3	城市拥有国家4A级及以上旅游景区数量		10	
	a）拥有4A级及以上旅游景区数量≥20个			10
	b）拥有4A级及以上旅游景区数量≥10个			5
	c）拥有4A级及以上旅游景区数量≥5个			3
1.1.4	城市拥有旅游度假区数量		10	
	a）拥有国家级旅游度假区，每项得分10分			10
	b）拥有省级旅游度假区，每项得分5分			5
1.1.5	城市拥有国家级非物质文化遗产数量		10	
	a）拥有国家级非物质文化遗产数量≥20处			10
	b）拥有国家级非物质文化遗产数量≥10处			5
	c）拥有国家级非物质文化遗产数量≥5处			3

续表

序号	指标	分档计分		
		大项分值	中项分值	小项分值
1.1.6	城市拥有国家级重点文物保护单位数量		20	
	a）拥有国家级重点文物保护单位数量≥20 处			20
	b）拥有国家级重点文物保护单位数量≥10 处			15
	c）拥有国家级重点文物保护单位数量≥5 处			10
1.2	文旅品牌形象建设	100		
1.2.1	城市获得国际性旅游组织授予的荣誉称号数量		30	
	城市获得国际性旅游组织授予的荣誉称号，每项得分 5 分			30
1.2.2	城市是否为国家文化和旅游消费（试点）城市		20	
	城市是国家文化和旅游消费（试点）城市			20
1.2.3	城市拥有国家级夜间文化和旅游消费集聚区数量		15	
	拥有国家级夜间文化和旅游消费集聚区，每项得 3 分			15
1.2.4	城市拥有国家级全域旅游示范区数量		15	
	拥有国家级全域旅游示范区，每项得 5 分			15
1.2.5	城市拥有国家级旅游休闲街区数量		10	
	拥有国家级旅游休闲街区，每项得 2 分			10
1.2.6	城市拥有国家级文旅示范村、镇、基地数量		10	
	a）拥有国家级文旅示范镇、村、基地数量≥8 处			10
	b）拥有国家级文旅示范镇、村、基地数量≥5 处			5
	c）拥有国家级文旅示范镇、村、基地数量≥2 处			3
2	产业发展能力国际化水平（500 分）			
2.1	旅游经济状况	80		
2.1.1	城市文化旅游产业增加值占城市 GDP 的比重		15	
	a）文化旅游产业增加值占城市 GDP 的比重≥15%			15

续表

序号	指标	分档计分		
		大项分值	中项分值	小项分值
	b）文化旅游产业增加值占城市 GDP 的比重≥10%			10
	c）文化旅游产业增加值占城市 GDP 的比重≥5%			5
2. 1. 2	城市文化旅游产业对城市就业的综合贡献率		10	
	a）文化旅游产业对城市就业的综合贡献率≥8%			10
	b）文化旅游产业对城市就业的综合贡献率≥5%			5
	c）文化旅游产业对城市就业的综合贡献率≥3%			3
2. 1. 3	城市入境游客占游客总接待量的比重		10	
	a）入境游客占游客总接待量的比重≥15%			10
	b）入境游客占游客总接待量的比重≥10%			5
	c）入境游客占游客总接待量的比重≥5%			3
2. 1. 4	城市入境游客增长率		15	
	a）入境游客年度增长率≥10%			15
	b）入境游客年度增长率≥5%			10
	c）入境游客年度增长率≥3%			5
2. 1. 5	城市旅游外汇收入占旅游总收入比重		20	
	a）旅游外汇收入占旅游总收入比重≥10%			20
	b）旅游外汇收入占旅游总收入比重≥5%			15
	c）旅游外汇收入占旅游总收入比重≥3%			10
2. 1. 6	城市旅游外汇收入增长率		10	
	a）旅游外汇收入增长率≥10%			10
	b）旅游外汇收入增长率≥5%			5
	c）旅游外汇收入增长率≥3%			3
2. 2	产品供给能力	90		

续表

序号	指标	分档计分		
		大项分值	中项分值	小项分值
2.2.1	城市拥有特色旅居度假产品数量		15	
	a）拥有地域鲜明、当地特色的旅居度假产品数量≥15 个			15
	b）拥有地域鲜明、当地特色的旅居度假产品数量≥10 个			10
	c）拥有地域鲜明、当地特色的旅居度假产品数量≥5 个			5
2.2.2	城市拥有特色夜间旅游产品数量		15	
	a）拥有特色夜间旅游产品数量≥20 个			15
	b）拥有特色夜间旅游产品数量≥10 个			10
	c）拥有特色夜间旅游产品数量≥5 个			5
2.2.3	城市旅游产品年度更新率		20	
	a）年末新增旅游产品数与年初数之比≥20%			20
	b）年末新增旅游产品数与年初数之比≥10%			15
	c）年末新增旅游产品数与年初数之比≥5%			10
2.2.4	城市拥有多产融合的文旅服务主体数量		10	
	a）拥有多产融合的文旅服务主体数量≥20 个			10
	b）拥有多产融合的文旅服务主体数量≥10 个			5
	c）拥有多产融合的文旅服务主体数量≥5 个			3
2.2.5	城市拥有文旅装备制造和创意研发企业数量		10	
	a）拥有文旅装备制造和创意研发企业数量≥15 个			10
	b）拥有文旅装备制造和创意研发企业数量≥10 个			5
	c）拥有文旅装备制造和创意研发企业数量≥5 个			3
2.2.6	城市拥有规模以上文旅企业数量		20	
	a）年营收入超过 1 亿元的文旅企业数量≥20 家			20
	b）年营收入超过 1 亿元的文旅企业数量≥10 家			15
	c）年营收入超过 1 亿元的文旅企业数量≥3 家			10

续表

序号	指标	分档计分		
		大项分值	中项分值	小项分值
2.3	服务保障能力	110		
2.3.1	城市拥有国际旅行社数量		10	
	a）国际旅行社数量≥30 个			10
	b）国际旅行社数量≥20 个			5
	c）国际旅行社数量≥10 个			3
2.3.2	城市拥有国际知名品牌酒店数量		10	
	a）高星级（四星级及以上）数量≥15 家			10
	b）高星级（四星级及以上）数量≥10 家			5
	c）高星级（四星级及以上）数量≥5 家			3
2.3.3	城市拥有限额以上旅游餐饮单位数量		10	
	a）限额以上旅游餐饮单位数量≥30 家			10
	b）限额以上旅游餐饮单位数量≥20 家			5
	c）限额以上旅游餐饮单位数量≥10 家			3
2.3.4	城市拥有国际旅游服务队伍数量		10	
	a）拥有国际旅游服务队伍数量≥20 支			10
	b）拥有国际旅游服务队伍数量≥10 支			5
	c）拥有国际旅游服务队伍数量≥5 支			3
2.3.5	城市拥有旅游集散中心与咨询中心数量		15	
	a）在建或建设完成的旅游集散与咨询中心的数量总和≥15 个			15
	b）在建或建设完成的旅游集散与咨询中心的数量总和≥10 个			10
	c）在建或建设完成的旅游集散与咨询中心的数量总和≥5 个			5

续表

序号	指标	分档计分		
		大项分值	中项分值	小项分值
2.3.6	城市拥有旅游专线运营总长度		15	
	a）城市拥有旅游专线运营总长度≥2000公里			15
	b）城市拥有旅游专线运营总长度≥1500公里			10
	c）城市拥有旅游专线运营总长度≥800公里			5
2.3.7	城市旅游厕所等级及密度		10	
	a）市区每万人A级及以上旅游厕所数≥5			10
	b）市区每万人A级及以上旅游厕所数≥3			5
	c）市区每万人A级及以上旅游厕所数≥1			3
2.3.8	城市主要文旅消费点智慧旅游平台覆盖率		10	
	a）城市主要文旅消费点智慧旅游平台（一机游、智慧文旅公共服务平台等）覆盖率≥90%			10
	b）城市主要文旅消费点智慧旅游平台（一机游、智慧文旅公共服务平台等）覆盖率≥80%			5
	c）城市主要文旅消费点智慧旅游平台（一机游、智慧文旅公共服务平台等）覆盖率≥70%			3
2.3.9	城市主要旅游区（点）医疗点覆盖率		10	
	a）主要旅游区（点）医疗点覆盖率≥90%			10
	b）主要旅游区（点）医疗点覆盖率≥80%			5
	c）主要旅游区（点）医疗点覆盖率≥70%			3
2.3.10	城市能够提供游客旅游保险险种数量		10	
	a）城市提供游客意外伤害保险、旅游人身意外伤害保险、旅游救助保险等旅游险种8种以上			10
	b）城市提供游客意外伤害保险、旅游人身意外伤害保险、旅游救助保险等旅游险种5种以上			5

续表

序号	指标	分档计分		
		大项分值	中项分值	小项分值
	c）城市提供游客意外伤害保险、旅游人身意外伤害保险、旅游救助保险等旅游险种 3 种以上			3
2.4	文旅营销水平	75		
2.4.1	城市是否有特色鲜明的国际旅游宣传口号		10	
	城市有特色鲜明的国际旅游宣传口号，每条得 2 分			10
2.4.2	城市年度举办（参与）国际文旅推介会数量		10	
	a）举办或参与国际文旅推介会数量≥10 次			10
	b）举办或参与国际文旅推介会数量≥5 次			5
	c）举办或参与国际文旅推介会数量≥3 次			3
2.4.3	城市已建立国际友好城市关系数量		10	
	a）与该城市缔结国际友好城市数量≥20 个			10
	b）与该城市缔结国际友好城市数量≥10 个			5
	c）与该城市缔结国际友好城市数量≥5 个			3
2.4.4	城市在国际主要搜索引擎搜索指数		20	
	a）国际著名搜索引擎（Google、YouTube、Facebook 三者搜索均值）搜索指数≥300			20
	b）国际著名搜索引擎（Google、YouTube、Facebook 三者搜索均值）搜索指数≥200			15
	c）国际著名搜索引擎（Google、YouTube、Facebook 三者搜索均值）搜索指数≥100			10
2.4.5	城市官方设立的文旅类外语网站数量		15	
	a）城市建立旅游类英语、泰语、日语、韩语等外文网站的数量≥30			15

续表

序号	指标	分档计分		
		大项分值	中项分值	小项分值
	b）城市建立旅游类英语、泰语、日语、韩语等外文网站的数量≥20			10
	c）城市建立旅游类英语、泰语、日语、韩语等外文网站的数量≥10			5
2.4.6	城市官方文旅新媒体活跃度（更新频率）		10	
	a）官方文旅新媒体每周更新频率≥5 次			10
	b）官方文旅新媒体每周更新频率≥3 次			5
	c）官方文旅新媒体每周更新频率≥1 次			3
2.5	市场治理能力	65		
2.5.1	城市是否设有党政统筹的文旅综合监管机制		15	
	a）设立文化和旅游局或其他专门旅游管理部门			15
	b）建立有旅游综合监管指挥平台、旅游市场执法队伍和多个涉旅执法部门维护旅游市场秩序			10
2.5.2	城市主要景区、度假区是否设有旅游综合执法部门		10	
	主要景区、度假区设立旅游综合执法部门			10
2.5.3	城市是否建有旅游公共服务与监管的志愿者队伍		10	
	建有旅游公共服务于监管的志愿者队伍			10
2.5.4	城市出台的文旅发展地方标准数量		10	
	a）出台的文旅发展地方标准数量≥15 条			10
	b）出台的文旅发展地方标准数量≥10 条			5
	c）出台的文旅发展地方标准数量≥5 条			3
2.5.5	城市是否建立游客投诉的有效受理平台		10	
	已建立游客投诉受理平台			10

续表

序号	指标	分档计分		
		大项分值	中项分值	小项分值
2. 5. 6	城市受理旅游投诉结案率		10	
	a）当年结案投诉数与正式受理投诉数之比≥100%			10
	b）当年结案投诉数与正式受理投诉数之比≥80%			5
	c）当年结案投诉数与正式受理投诉数之比≥60%			3
2. 6	旅游地可持续发展能力	80		
2. 6. 1	城市制订文旅发展专项规划、行动计划数量		20	
	a）该城市近三年对文旅发展工作制订专门的发展规划、行动计划、专项规划等数量总和≥50 项			20
	b）该城市近三年对文旅发展工作制订专门的发展规划、行动计划、专项规划等数量总和≥30 项			15
	c）该城市近三年对文旅发展工作制订专门的发展规划、行动计划、专项规划等数量总和≥10 项			10
2. 6. 2	城市文旅发展专项资金投入规模		15	
	a）该城市年度对文化旅游项目总投资额度≥1000 亿元			15
	b）该城市年度对文化旅游项目总投资额度≥500 亿元			10
	c）该城市年度对文化旅游项目总投资额度≥100 亿元			5
2. 6. 3	城市文旅资源保护资金投入规模		15	
	a）该城市近三年对文化旅游资源保护总投资额度≥10 亿元			15
	b）该城市近三年对文化旅游资源保护总投资额度≥5 亿元			10
	c）该城市近三年对文化旅游资源保护总投资额度≥3 亿元			5
2. 6. 4	城市是否建立游客流量监控机制		10	
	该城市主要、大型旅游景区游客流量实现实时监控并予以发布			10

续表

序号	指标	分档计分		
		大项分值	中项分值	小项分值
2.6.5	城市主要景区、度假区专职环保人员数量		10	
	a）该城市主要景区、度假区专职环保人员数量≥150人			10
	b）该城市主要景区、度假区专职环保人员数量≥100人			5
	c）该城市主要景区、度假区专职环保人员数量≥80人			3
2.6.6	城市主要旅游设施建设生态化比例		10	
	a）该城市主要旅游设施生态化比例≥100%			10
	b）该城市主要旅游设施生态化比例≥80%			5
	c）该城市主要旅游设施生态化比例≥60%			3
3	城市高质量发展国际化水平（490分）			
3.1	城市整体发展水平	100		
3.1.1	城市的城镇化率		20	
	a）该城市的城镇常住人口占总人口的比例≥60%			20
	b）该城市的城镇常住人口占总人口的比例≥50%			15
	c）该城市的城镇常住人口占总人口的比例≥40%			10
3.1.2	城市第三产业增加值占GDP的比重		20	
	a）该城市第三产业年度增加值占GDP的比重≥60%			20
	b）该城市第三产业年度增加值占GDP的比重≥50%			15
	c）该城市第三产业年度增加值占GDP的比重≥40%			10
3.1.3	城市居民人均可支配收入		25	
	a）该城镇居民家庭人均可用于最终消费支出和其他非义务性支出以及储蓄的总和≥40000元			25
	b）该城镇居民家庭人均可用于最终消费支出和其他非义务性支出以及储蓄的总和≥30000元			20
	c）该城镇居民家庭人均可用于最终消费支出和其他非义务性支出以及储蓄的总和≥20000元			15

续表

序号	指标	分档计分		
		大项分值	中项分值	小项分值
3.1.4	城市居民人均消费支出		15	
	a）城市居民人均消费支出≥20000 元			15
	b）城市居民人均消费支出≥10000 元			10
	c）城市居民人均消费支出≥8000 元			5
3.1.5	城市社会消费品零售总额		10	
	a）对居民、社会集团的消费品零售总和≥1000 亿元			10
	b）对居民、社会集团的消费品零售总和≥500 亿元			5
	c）对居民、社会集团的消费品零售总和≥200 亿元			3
3.1.6	城市实际外商直接投资额		10	
	a）外商投资企业总投资≥8000 万美元			10
	b）外商投资企业总投资≥5000 万美元			5
	c）外商投资企业总投资≥1500 万美元			3
3.2	基础设施及配套	120		
3.2.1	城市公共交通运营线路长度		10	
	a）城市公共交通运营线路总长度≥5000 公里			10
	b）城市公共交通运营线路总长度≥3000 公里			5
	c）城市公共交通运营线路总长度≥2000 公里			3
3.2.2	城市民用商业航线总条数		20	
	a）民用商业航线总条数≥150 条			20
	b）民用商业航线总条数≥100 条			15
	c）民用商业航线总条数≥80 条			10
3.2.3	城市人均公园绿地面积		15	
	a）城市人均公园绿地面积≥20 平方米			15
	b）城市人均公园绿地面积≥15 平方米			10
	c）城市人均公园绿地面积≥10 平方米			5

续表

序号	指标	分档计分		
		大项分值	中项分值	小项分值
3.2.4	城市商业购物场所规模		15	
	a）该城市商业总体量≥200 万平方米			15
	b）该城市商业总体量≥100 万平方米			10
	c）该城市商业总体量≥50 万平方米			5
3.2.5	城市医疗康复机构数量		20	
	a）该城市医疗康复机构数量≥1000 个			20
	b）该城市医疗康复机构数量≥800 个			15
	c）该城市医疗康复机构数量≥500 个			10
3.2.6	城市冷链物流基地数量		10	
	a）该城市建有冷链物流基地数量＞20 个			10
	b）该城市建有冷链物流基地数量≥10 个			5
	c）该城市建有冷链物流基地数量≥5 个			3
3.2.7	城市拥有 5G 基站数量		10	
	a）该城市开通 5G 基站数量≥1000 个			10
	b）该城市开通 5G 基站数量≥800 个			5
	c）该城市开通 5G 基站数量≥500 个			3
3.2.8	城市警察、消防及特种救援队伍规模		10	
	a）该城市警察、消防及特种救援队伍总数≥30 万人			10
	b）该城市警察、消防及特种救援队伍总数≥20 万人			5
	c）该城市警察、消防及特种救援队伍总数≥10 万人			3
3.2.9	城市无障碍服务设施覆盖率		10	
	a）该城市无障碍服务设施项目覆盖率≥90%			10
	b）该城市无障碍服务设施项目覆盖率≥60%			5
	c）该城市无障碍服务设施项目覆盖率≥40%			3

续表

序号	指标	分档计分		
		大项分值	中项分值	小项分值
3.3	城市人文环境	100		
3.3.1	城市特色文化形态数量		20	
	a）城市拥有历史文化、民族文化等各类特色文化形态数量≥20种			20
	b）城市拥有历史文化、民族文化等各类特色文化形态数量≥10种			15
	c）城市拥有历史文化、民族文化等各类特色文化形态数量≥5种			10
3.3.2	城市特色文化地标建筑数量		15	
	a）该城市特色文化地标建筑数量≥10个			15
	b）该城市特色文化地标建筑数量≥5个			10
	c）该城市特色文化地标建筑数量≥3个			5
3.3.3	城市人均公共文化场所数量		10	
	a）城市每万人均拥有公共文化场所（图书馆、博物馆、美术馆、展览馆等）数量≥2个			10
	b）城市每万人均拥有公共文化场所（图书馆、博物馆、美术馆、展览馆等）数量≥1个			5
	c）城市每万人均拥有公共文化场所（图书馆、博物馆、美术馆、展览馆等）数量≥0.5个			3
3.3.4	城市居民对旅游发展支持程度		10	
	a）通过现场实地调研，抽样计算城市居民（≥80%）对当地旅游发展的支持			10
	b）通过现场实地调研，抽样计算城市居民（≥60%）对当地旅游发展的支持			5

续表

序号	指标	分档计分		
		大项分值	中项分值	小项分值
	c）通过现场实地调研，抽样计算城市居民（≥40%）对当地旅游发展的支持			3
3.3.5	城市居民对城市文化的认同感		15	
	a）通过现场实地调研，抽样计算城市居民（≥80%）对城市文化的认同			15
	b）通过现场实地调研，抽样计算城市居民（≥60%）对城市文化的认同			10
	c）通过现场实地调研，抽样计算城市居民（≥40%）对城市文化的认同			5
3.3.6	城市流动人口对城市生活的满意度		10	
	a）通过现场实地调研，抽样计算城市流动人口（≥80%）对当地生活的满意			10
	b）通过现场实地调研，抽样计算城市流动人口（≥60%）对当地生活的满意			5
	c）通过现场实地调研，抽样计算城市流动人口（≥40%）对当地生活的满意			3
3.3.7	城市获得专业机构人文环境评价荣誉数量		20	
	a）城市获得专业机构对人文环境方面评价的荣誉数量≥5个			20
	b）城市获得专业机构对人文环境方面评价的荣誉数量≥3个			15
	c）城市获得专业机构对人文环境方面评价的荣誉数量≥1个			10

续表

序号	指标	分档计分		
		大项分值	中项分值	小项分值
3.4	城市生态环境	100		
3.4.1	城市人均碳排放量		15	
	城市的二氧化碳排放总量除以人口数量≤2 吨			15
3.4.2	城市空气质量优良天数比重		20	
	a）年空气质量良好及以上天数与全年天数之比为 100%			20
	b）年空气质量良好及以上天数与全年天数之比≥80%			15
	c）年空气质量良好及以上天数与全年天数之比≥50%			10
3.4.3	城市饮用水源水质达标率		25	
	a）全市使用安全饮用水的户数与总户数之比为 100%			25
	b）全市使用安全饮用水的户数与总户数之比≥90%			20
	c）全市使用安全饮用水的户数与总户数之比≥80%			15
3.4.4	城市环境噪声达标区覆盖率		15	
	a）城市环境噪声达标区覆盖率≥90%			15
	b）城市环境噪声达标区覆盖率≥80%			10
	c）城市环境噪声达标区覆盖率≥70%			5
3.4.5	城市森林覆盖率		15	
	a）城市森林覆盖率≥70%			15
	b）城市森林覆盖率≥50%			10
	c）城市森林覆盖率≥30%			5
3.4.6	城市生活垃圾无害化处理率		10	
	a）生活垃圾无害化处理量与产生量之比≥95%			10
	b）生活垃圾无害化处理量与产生量之比≥80%			5
	c）生活垃圾无害化处理量与产生量之比≥60%			3

续表

序号	指标	分档计分		
		大项分值	中项分值	小项分值
3.5	创新发展能力	70		
3.5.1	城市制定科技创新、产业创新发展政策数量		15	
	a）近三年相关政府制定科技创新、产业创新发展政策数量总和≥15 条			15
	b）近三年相关政府制定科技创新、产业创新发展政策数量总和≥10 条			10
	c）近三年相关政府制定科技创新、产业创新发展政策数量总和≥5 条			5
3.5.2	城市金融业规模		15	
	a）城市全年贷款累计发放额≥500 亿元			15
	b）城市全年贷款累计发放额≥300 亿元			10
	c）城市全年贷款累计发放额≥100 亿元			5
3.5.3	城市拥有专业科研单位数量		10	
	a）拥有专业科研单位数量≥15 个			10
	b）拥有专业科研单位数量≥10 个			5
	c）拥有专业科研单位数量≥5 个			3
3.5.4	城市创新发展智库人才储备数量		10	
	a）该城市创新发展智库人才储备数量（包括专家、博士、硕士等）≥100 名			10
	b）该城市创新发展智库人才储备数量（包括专家、博士、硕士等）≥80 名			5
	c）该城市创新发展智库人才储备数量（包括专家、博士、硕士等）≥50 名			3

续表

序号	指标	分档计分		
		大项分值	中项分值	小项分值
3. 5. 5	城市社会 R&D 经费支出比重		10	
	a）城市社会 R&D 经费支出相当于 GDP 的比重≥5%			10
	b）城市社会 R&D 经费支出相当于 GDP 的比重≥3%			5
	c）城市社会 R&D 经费支出相当于 GDP 的比重≥1%			3
3. 5. 6	城市拥有专利授权数量		10	
	a）专利行政部门授予专利的数量≥1500 个			10
	b）专利行政部门授予专利的数量≥800 个			5
	c）专利行政部门授予专利的数量≥350 个			3
4	市场发育潜力国际化水平（190 分）			
4. 1	国际交流便捷度	70		
4. 1. 1	城市国际航线吞吐量		15	
	a）城市国际航线吞吐量≥2 万人次			15
	b）城市国际航线吞吐量≥1 万人次			10
	c）城市国际航线吞吐量≥0. 5 万人次			5
4. 1. 2	城市国际航线通达境外城市数量		15	
	a）城市国际航班、航线通达境外城市数量≥20 个			15
	b）城市国际航班、航线通达境外城市数量≥10 个			10
	c）城市国际航班、航线通达境外城市数量≥5 个			5
4. 1. 3	城市固定国际航班数量		10	
	a）具有固定国际航班数量≥30 条			10
	b）具有固定国际航班数量≥15 条			5
	c）具有固定国际航班数量≥10 条			3
4. 1. 4	城市国际电信通达率		10	
	a）城市国际电信通达率≥90%			10
	b）城市国际电信通达率≥70%			5

续表

序号	指标	分档计分		
		大项分值	中项分值	小项分值
	c）城市国际电信通达率≥50%			3
4.1.5	城市国际货币汇兑率		10	
	a）国际主要通行的信用卡、支票及外国货币的汇兑率≥90%			10
	b）国际主要通行的信用卡、支票及外国货币的汇兑率≥60%			5
	c）国际主要通行的信用卡、支票及外国货币的汇兑率≥50%			3
4.1.6	城市国际互联网普及率		10	
	a）区域内互联网的使用用户数与同一区域内常住人口数量之比≥90%			10
	b）区域内互联网的使用用户数与同一区域内常住人口数量之比≥80%			5
	c）区域内互联网的使用用户数与同一区域内常住人口数量之比≥60%			3
4.2	国际开放度	120		
4.2.1	城市外资企业数量		10	
	a）外资企业数量≥100 个			10
	b）外资企业数量≥50 个			5
	c）外资企业数量≥30 个			3
4.2.2	城市常住外籍居民比例		15	
	a）持外国人居留证人员数与中国居民数之比≥20%			15
	b）持外国人居留证人员数与中国居民数之比≥10%			10
	c）持外国人居留证人员数与中国居民数之比≥3%			5

续表

序号	指标	分档计分		
		大项分值	中项分值	小项分值
4.2.3	城市举办国际会议会展数量		15	
	a）举办国际会议会展数量≥10 场			15
	b）举办国际会议会展数量≥5 场			10
	c）举办国际会议会展数量≥3 场			5
4.2.4	城市举办世界级文旅活动数量		20	
	a）举办世界级文旅活动数量≥10 场			20
	b）举办世界级文旅活动数量≥5 场			15
	c）举办世界级文旅活动数量≥3 场			10
4.2.5	城市由政府组织的跨国出访频次		15	
	a）由政府组织的跨国出访频次≥10 次			15
	b）由政府组织的跨国出访频次≥5 次			10
	c）由政府组织的跨国出访频次≥3 次			5
4.2.6	城市签证办理的便利性		25	
	a）城市有对多数国家（超过 15 个）免签证制度			25
	b）城市有对多数国家（超过 20 个）144 小时过境免签制度			20
	c）城市有对多数国家（超过 20 个）72 小时过境免签制度			15
4.2.7	城市多（外）语种标识系统覆盖率		20	
	a）城市主要景区、度假区等多（外）语种标识系统占总标识系统的比例≥100%			20
	b）城市主要景区、度假区等多（外）语种标识系统占总标识系统的比例≥80%			15
	c）城市主要景区、度假区等多（外）语种标识系统占总标识系统的比例≥60%			10

附录 2　世界文化旅游名城游客评价打分标准

项目	1 分	2 分	3 分	4 分	5 分
A1 您对该城市餐饮体验是否满意					
A2 您对该城市酒店体验是否满意					
A3 您对该城市交通便捷度是否满意					
A4 您对该城市购物体验是否满意					
A5 您对该城市夜间娱乐体验是否满意					
A6 您对该城市旅游从业人员服务是否满意					
A7 您对该城市旅行社服务质量是否满意					
A8 您对该城市旅游投诉机制是否满意					
A9 您对该城市景区基础设施是否满意					
A10 您对该城市互联网通信是否满意					
A11 您对该城市金融支付方式是否满意					
A12 您对该城市物价水平是否满意					
A13 您对该城市休憩设施是否满意					
A14 您对该城市医疗条件是否满意					
A15 您对该城市景观质量是否满意					
A16 您对该城市环境质量是否满意					
A17 您对该城市历史文化氛围是否满意					
A18 您觉得该城市社会治安是否满意					
A19 您对该城市居民友好度是否满意					
A20 您对该城市整体形象是否满意					
最终得分	= A1 + A2 + A3 + A4 + A5 + A6 + A7 + A8 + A9 + A10 + A11 + A12 + A13 + A14 + A15 + A16 + A17 + A18 + A19 + A20				

项目策划：张芸艳
责任编辑：张芸艳
责任印制：孙颖慧
封面设计：武爱听

图书在版编目（CIP）数据

世界文化旅游名城的理论与实践探索 / 明庆忠等著.
-- 北京 ：中国旅游出版社，2023.8
（国家自然科学基金旅游研究项目文库）
ISBN 978-7-5032-7174-8

Ⅰ. ①世… Ⅱ. ①明… Ⅲ. ①旅游城市-城市规划-研究-丽江 Ⅳ. ①F592.774.3

中国国家版本馆 CIP 数据核字(2023)第 135945 号

书　　名：世界文化旅游名城的理论与实践探索

作　　者：明庆忠　史鹏飞　和丽斌　等
出版发行：中国旅游出版社
（北京静安东里 6 号　邮编：100028）
http://www.cttp.net.cn　E-mail:cttp@mct.gov.cn
营销中心电话：010-57377103，010-57377106
读者服务部电话：010-57377107
排　　版：北京天韵科技有限公司
经　　销：全国各地新华书店
印　　刷：三河市灵山芝兰印刷有限公司
版　　次：2023 年 8 月第 1 版　2023 年 8 月第 1 次印刷
开　　本：720 毫米×970 毫米　1/16
印　　张：24.5
字　　数：472 千
定　　价：59.80 元
I S B N　978-7-5032-7174-8